JN277173

司法書士の専門家責任

加藤 新太郎

弘文堂

はしがき

　本書は、司法書士の執務のあり方について、規範的観点から考察するテキストである。
　近時の司法書士をめぐる問題状況には大きな変化がみられた。周知のように、司法書士の職務内容は、従来、①登記・供託手続の代理、②裁判所・検察庁・法務局・地方法務局に提出する書類作成、③登記・供託に関する審査手続の代理とされてきたが、司法制度改革の中で司法書士法が改正（平成15年4月1日施行）され、司法書士に、④簡易裁判所における通常訴訟のほか、限定付ではあるが、訴え提起前の和解手続、支払督促手続および民事調停法に規定する手続等について訴訟代理権が付与され、⑤これらの事件について、相談に応じ、または裁判外の和解について代理することができるようになった。
　そこで、職層としての司法書士は、従来からの守備範囲であった不動産登記申請代理の分野において、過誤を防止し、水準を向上させるとともに、新たな職域である簡易裁判所における訴訟代理人としての役割を過不足なく果たしていくという課題に当面している。すなわち、司法書士は、その執務のいずれにおいても、法律専門職として求められる注意義務を過不足なく尽くすとともに、倫理にかなうパフォーマンスを示すことが求められているのである。
　本書は、この問題を「司法書士の専門家責任」として括り、司法書士の執務のあり方について、主として裁判例を素材にして、補助的に設例をもとにして考察するものである。その特色は、次の点にある。
　第1に、司法書士の現在状況に着目して、その執務における規範を明示していることである。司法書士の司法制度における位置づけの変更に加えて、不動産登記法も全部改正されているという現在の状況下において、司法書士の執務をどのように考えるかという問題を基礎にして、司法書士を規律する規範について、抽象的レベルから具体的レベルに演繹して言語化することに努めている。
　第2に、裁判例を素材にしたことである。司法書士の専門家責任が問題とさ

れるケースは、司法書士の業務の総量と比較すると多いとはいえないが、従来からの職務の主戦場であった不動産登記申請代理に関する裁判例はいくつかある。それらはいずれも、司法書士の専門家責任規範を明らかにするものであるから、これを正確に認識し、自覚的に検討を加えて咀嚼し、自らの力量を向上させていく糧とすべきである。さらに、訴訟代理に関しては、弁護過誤ケースを他山の石とすることが求められている。

　第3に、司法書士の自律的な執務はいかにあるべきかについて、読者に自分の問題として考える契機となるような叙述を心がけたことである。司法書士のある執務が、民事法上の義務違反もなく、司法書士倫理にも違反しているとはいえなくても、依頼者の失望をもたらし、第三者や世間の顰蹙・反感を買うことがあるが、これを回避するためには、義務論や責務論に限定されない、司法書士にゆとりある自律的な姿勢が求められる。司法書士の専門家責任論は、そのような意味で、司法書士役割論であるという問題意識に基づくものである。

　本書の名宛人は、主として司法書士であるが、司法書士の民事責任をめぐる事案に遭遇した弁護士、裁判官、このテーマに関心を持たれる研究者も視野に入れている。本書が多くの方々に受け入れられれば、幸いである。

　本書は、日本司法書士会連合会の機関誌である『月報司法書士』に連載した「講座　司法書士の専門家責任」をベースにし、加筆・修正を施したものである。このような機会を与えていただいた日本司法書士会連合会の関係の方々に厚くお礼を申し上げたい。

　本書刊行にあたっては、弘文堂の北川陽子さんにお世話いただいた。きめ細かな配慮とよりよい書籍をつくり上げようという熱意をもった仕事ぶりに、心から感謝申し上げたい。

　　2013年9月

　　　　　　　　　　　　　　　　　　　　　　　　　　加藤　新太郎

はしがき　i

第1章 司法書士と依頼者との関係 ──1

- I 司法書士の執務をめぐる状況　1
- II 司法書士と依頼者との関係　2
  - 1) 司法書士・依頼者間の契約の法的性質　2) 委任契約の条文との関係
- III 合意規範と関係規範　6
  - 1) 司法書士の注意義務　2) 合意規範　3) 関係規範
  - 4) 説明義務における合意規範と関係規範
- IV 司法書士との委任契約の成立時期　9
  - 1) 委任契約の成立時期　2) 本判決の概要　3) 考　察

第2章 司法書士業務の基礎としての相談 ──15

- I はじめに　15
- II 相談についての司法書士の権限　15
  - 1) 平成14年司法書士法改正前　2) 平成14年司法書士法改正後
- III いわゆる5号相談　17
  - 1) 5号相談について　2)「依頼者の依頼内容を法律的に整序すること」の意義
- IV いわゆる7号相談　20
  - 1) 7号相談について　2) 民事に関する紛争
  - 3) 簡易裁判所における民事訴訟法の規定による訴訟手続の対象となるもの
  - 4) 7号相談の性質　5) 7号相談を受ける場合の留意点　6) 考　察
- V 相談過誤――無料法律相談における過誤　25
  - 1) 設　例　2) 地主との話し合いの助言
  - 3) 否認することもあり得るという助言　4) 考　察
- VI 相談過誤――有料法律相談における過誤　28
  - 1) 設　例　2) 1回目の法律相談　3) 2回目の法律相談　4) 考　察
- VII 受任事務の放置　31
  - 1) 設　例　2) 受任を前提とした法律相談　3) 考　察

第3章 司法書士相談における倫理 ──── 34

- I はじめに　34
- II 法律相談の倫理　35
  - 1）相談の法的性質と倫理　2）中立公正性、真摯・誠実性　3）秘密保持
- III 誤りのない回答をすること　37
  - 1）法令実務の精通　2）相談に対する誤回答の民事責任
  - 3）司法書士の民事責任肯定事例
- IV 相談者との対応における注意事項　41
  - 1）設　例　2）法律相談に対する回答　3）回答に不満な相談者に対する対応
  - 4）その後に電話をしたことの評価　5）相談料を返すことにしたことの評価
  - 6）倫理的観点からの考察

第4章 必要書類保管義務 ──── 50

- I はじめに　50
- II 登記申請代理における善管注意義務　51
  - 1）善管注意義務の内実　2）善管注意義務の類型　3）裁判例の傾向
- III 司法書士の必要書類保管義務　53
  - 1）リーディング・ケースとしての必要書類保管義務違反事例
  - 2）事案のアウトライン　3）原判決の概要　4）本判決の概要　5）考　察

第5章 登記義務者と登記権利者との利害対立の洞察［その1］ ──── 59

- I 登記申請における登記義務者と登記権利者との利害対立　59
- II 登記申請代理の特色　60
  - 1）双方代理の禁止の原則　2）登記申請代理
- III 登記義務者による委任契約の任意解除との関連　63
- IV 登記義務者による単独での委任契約の解除　65
  - 1）総　説　2）事案のアウトライン　3）原判決の概要
  - 4）《5−1》判決の概要　5）考　察
- V 第三者への所有権移転登記申請手続を受任したことの通知義務　68
  - 1）総　説　2）事案のアウトライン　3）《5−2》判決の概要　4）考　察

第6章 登記義務者と登記権利者との利害対立の洞察[その2] ―― 72

- I はじめに―《4－1》の考え方の射程　72
- II 登記申請代理の受任後の手続遅滞　73
  - 1) 総　説　2) 事案のアウトライン　3) 第一審判決の概要
  - 4) 本判決の概要　5) 考　察
- III 登記義務者から他の登記手続の依頼を受けた場合における登記権利者に対する通知　77
  - 1) 総　説　2) 事案のアウトライン　3) 本判決の概要　4) 考　察
- IV 書類保管義務の範囲　80
  - 1) 総　説　2) 事案のアウトライン　3) 本判決の概要　4) 考　察

第7章 登記書類調査義務[その1] ―― 84

- I はじめに　84
- II 登記書類調査義務　85
  - 1) 問題の所在　2) 裁判例の動向
- III 登記書類調査義務の形式的把握　86
  - 1) 登記申請代理業務のプロセス　2) 本判決の概要　3) 考　察
- IV 登記申請に添付すべき書類に対する調査義務　88
  - 1) 総　説　2) 事案のアウトライン　3) 本判決の概要　4) 考　察
  - 5)「特段の事情」アプローチ
- V 登記済証の偽造の看過　91
  - 1) 総　説　2) 事案のアウトライン　3) 本判決の概要　4) 考　察
- VI 関連する問題　95
  - 1) 問題の所在　2) 二つの考え方

第8章 登記書類調査義務[その2] ―― 97

- I はじめに　97
- II 委任契約前の注意義務　98
  - 1) 総　説　2) 事案のアウトライン　3) 本判決の概要　4) 考　察
- III 登記済証の偽造の看過―責任肯定事例　102
  - 1) 総　説　2) 事案のアウトライン　3) 本判決の概要　4) 考　察

Ⅳ　相続登記申請を依頼された司法書士の調査義務
　　―責任否定事例　106
　　1）総　説　2）事案のアウトライン　3）本判決の概要　4）考　察

第9章 / 登記書類調査義務［その3］――― 110

　Ⅰ　はじめに　110
　Ⅱ　事案の概要　111
　　1）事案の要旨　2）事案のアウトライン　3）Xの主張　4）Yの主張
　Ⅲ　登記書類調査義務についての一般的判示　113
　Ⅳ　本件における当てはめ　115
　Ⅴ　司法書士の職責と過失　118
　　1）不動産売買におけるリスク
　　2）本件における判断枠組みと印鑑登録証明書等の偽造の看過の評価
　　3）登記官との差異と司法書士の注意義務　4）本判決の教訓

第10章 / 依頼に応じる義務［その1］――― 123

　Ⅰ　はじめに　123
　Ⅱ　依頼に応じる義務　124
　　1）依頼に応じる義務の実質的根拠　2）簡裁訴訟代理等関係業務との異同
　Ⅲ　正当な事由　126
　　1）正当な事由の意義　2）司法書士の実態調査にみる登記依頼拒否
　Ⅳ　依頼に応じる義務に関する裁判例　128
　　1）総　説　2）事案のアウトライン　3）《10－1》判決の概要
　　4）《10－2》判決の概要　5）考　察

第11章 / 依頼に応じる義務［その2］――― 134

　Ⅰ　はじめに　134
　Ⅱ　本判決の要旨　134
　Ⅲ　本判決の概要　135
　　1）事案のアウトライン　2）Xの請求原因　3）原判決の概要
　　4）本判決の概要

Ⅳ 本判決の考察　139
　　1）本判決の意義　2）不法行為責任であることの意味合い
　　3）不法行為の要件該当性
Ⅴ 依頼拒否とその後の発言の法的評価　142
　　1）要件②該当性——依頼拒否とその後の発言の違法性
　　2）要件③該当性——司法書士の過失
Ⅵ 本判決の読み解き　145
　　1）「正当な事由」再考——《11》判決の理解
　　2）《11》判決の教訓——過誤を避けるための方法

第12章　立会いにおける注意義務 ——————— 148

Ⅰ はじめに　148
Ⅱ 立会いと説明・助言義務——《12-1》　150
　　1）本判決の要旨　2）事案のアウトライン　3）本判決の概要　4）考　察
Ⅲ 立会いと調査義務——《12-2》　154
　　1）本判決の要旨　2）事案のアウトライン　3）本判決の概要　4）考　察
Ⅳ 不動産売買契約に立ち会う趣旨——《12-3》　158
　　1）本判決の要旨　2）事案のアウトライン　3）本判決の概要　4）考　察
Ⅴ 融資立会いと説明義務——《12-4》　160
　　1）本判決の要旨　2）事案のアウトライン　3）本判決の概要　4）考　察
Ⅵ 立会いにおける執務上の留意事項　163

第13章　不動産取引における司法書士の立会いと弁護士の立会い ——————— 165

Ⅰ はじめに　165
Ⅱ 立会人として不動産売買に関与した弁護士の責任
　　——《13-1》　166
　　1）本判決の要旨　2）事案のアウトライン　3）本判決の概要　4）考　察
Ⅲ 売主の成りすましの代理人となった弁護士の責任
　　——《13-2》　174
　　1）本判決の要旨　2）事案のアウトライン　3）本判決の概要　4）考　察
Ⅳ 司法書士の立会いとの異同　179

第14章 / 本人確認義務［その1］ ——————— 181

I 本人確認の位置づけ　181
　1）本人確認情報提供制度の創設　2）司法書士の本人確認　3）本章の目的

II 登記義務者成りすましを看過した保証書の作成
　　—《14−1》　184
　1）本判決の趣旨　2）事案のアウトライン　3）本判決の概要　4）考　察

III 偽造登記済権利証と偽造運転免許証による成りすまし
　　—《14−2》　188
　1）本判決の趣旨　2）事案のアウトライン　3）本判決の概要　4）考　察

IV 現行不動産登記法の下における本人確認義務
　　—《14−3》　193
　1）本判決の要旨　2）事案のアウトライン　3）本判決の概要　4）考　察

第15章 / 本人確認義務［その2］ ——————— 199

I はじめに　199
II 登記義務者成りすましを看過した場合の司法書士の民事責任　200
　1）本判決の要旨　2）事案のアウトライン　3）《15−1》判決の概要
　4）《15−2》判決の概要　5）考　察
III 規範としての本人確認義務　205
　1）《14−3》と《15−2》との比較　2）規範モデルの定式化
IV 本人確認不十分と懲戒処分—《15−3》　208
　1）本判決の要旨　2）事案のアウトライン　3）本判決の概要　4）考　察
V 虚偽の本人確認情報提供と刑事責任—《15−4》　212
　1）本判決の要旨　2）本判決が認定した犯罪事実　3）考　察

第16章 / 登記意思確認義務 ——————— 218

I はじめに　218
II 登記意思確認義務および代理権確認義務—《16−1》　219
　1）本判決の要旨　2）事案のアウトライン　3）本判決の概要　4）考　察
III 司法書士の民事責任否定事例　223
　1）《16−2》の概要　2）《16−3》の概要　3）《16−4》の概要

4)《16-5》の概要　5)《16-6》の概要　6) 考　察
　Ⅳ　司法書士の責任肯定事例　232
　　　　1)《16-7》の概要　2)《19-4》の概要　3) 考　察

第17章 登記申請に関する説明・助言義務 [その1] ― 235

　Ⅰ　はじめに　235
　Ⅱ　専門家責任論における説明義務の位置づけ　236
　Ⅲ　形式的処理モデルにおける説明・助言義務　237
　　　　1) 委任者の申請登記に優先する登記があることの説明・助言義務─《17-1》
　　　　2) 必要書類持参督促義務─《17-2》
　Ⅳ　実質的処理モデルにおける説明・助言義務　241
　　　　1) 事務の遂行に関する説明・助言義務─《17-3》
　　　　2) 登記関係費用の支払がないことに関する説明義務─《17-4》
　　　　3) 競売申立書作成における司法書士の助言義務─《17-5》
　　　　4) 登記手続の段取りを説明した事例─《17-6》
　Ⅴ　むすび　249

第18章 登記申請に関する説明・助言義務 [その2] ― 251

　Ⅰ　はじめに　251
　Ⅱ　所有権移転仮登記を抵当権設定登記に優先させたことの説明義務
　　　　─《18-1》　252
　　　　1) 本判決の要旨　2) 事案のアウトライン　3) 本判決の概要　4) 考　察
　Ⅲ　持分を相互に移転する旨の所有権移転登記手続についての説明義務
　　　　─《18-2》　256
　　　　1) 本判決の要旨　2) 事案のアウトライン　3) 本判決の概要　4) 考　察
　Ⅳ　仮登記の移転登記申請代理を受任した場合の説明義務
　　　　─《18-3》《18-4》　260
　　　　1) 本判決の要旨　2) 事案のアウトライン　3) 一審判決の概要
　　　　4) 控訴審判決の概要　5) 考　察
　Ⅴ　司法書士の説明義務の現在　264

第19章 登記申請代理における善管注意義務の諸相 ―― 267

- I　はじめに　267
- II　登記書類を盗取された場合――《19－1》　268
  - 1）本判決の要旨　2）事案のアウトライン　3）本判決の概要　4）考　察
- III　登記申請代理を他の司法書士に復委任した場合
  ――《19－2》　271
  - 1）本判決の要旨　2）事案のアウトライン　3）本判決の概要　4）考　察
- IV　司法書士の補助者に関する民事責任――《19－3》　275
  - 1）本判決の要旨　2）事案のアウトライン　3）本判決の概要　4）考　察
- V　司法書士の補助者に関する民事責任――《19－4》　279
  - 1）本判決の要旨　2）本判決の構成
  - 3）補助者に対する登記申請手続の一任という執務の問題性　4）考　察

第20章 登記申請代理における善管注意義務と倫理 ―― 285

- I　はじめに　285
- II　執務の構造との対応と倫理　286
  - 1）司法書士の執務の目的との関係　2）司法書士の執務の構造との対応
- III　不動産登記手続における倫理　290
- IV　登記申請代理の善管注意義務に関する判例法理　292
  - 1）いくつかの最高裁判例　2）判断モデルと考慮要素

第21章 訴訟代理における善管注意義務と倫理 ―― 299

- I　はじめに　299
- II　受任できない事件　301
  - 1）訴訟代理と登記申請代理との異同
  - 2）業務を行うことができない事件（総説）
  - 3）相手方の協議を受けて賛助した事件
  - 4）相手方からの依頼による他の事件の受任
  - 5）共同事務所の同僚司法書士の相談案件

Ⅲ 複数の依頼者からの受任　306
　　1）主債務者と連帯保証人からの受任　2）共有物分割の訴えの受任
Ⅳ 訴訟代理における善管注意義務の発現　308
　　1）総　説　2）受任時における説明　3）事情聴取・資料収集・事実調査
　　4）法的検討・具体的措置の選択・説明と承諾　5）職務遂行と依頼者との連絡
Ⅴ 委任事務の終了時の善管注意義務　312
　　1）総　説　2）設　例　3）一審判決が出された後の助言のあり方
　　4）事務員が顧客から連絡を受けた場合の態勢

第22章　訴訟代理における第三者に対する専門家責任　317

Ⅰ はじめに　317
Ⅱ 職務過誤としての不当訴訟　318
　　1）提訴者の不当訴訟による民事責任　2）司法書士の不当訴訟による民事責任
Ⅲ 職務過誤としての違法な弁論活動　326
　　1）総　説　2）いわゆる「司法書士会埼玉訴訟」　3）弁論活動に関する裁判例
　　4）司法書士の弁論活動における行為規範
Ⅳ その他の職務過誤類型　337

第23章　債務整理をめぐる専門家責任　339

Ⅰ はじめに　339
Ⅱ 債務整理を受任した司法書士の責任──法廷意見　340
　　1）本判決の要旨　2）事案のアウトライン　3）本判決の概要　4）考　察
Ⅲ 債務整理を受任した司法書士の責任──大橋補足意見　345
　　1）大橋裁判官の補足意見　2）考　察
Ⅳ 債務整理を受任した司法書士の責任──田原補足意見　347
　　1）田原裁判官の補足意見（総論）　2）総論についての考察
　　3）田原裁判官の補足意見（各論）　4）各論についての考察
Ⅴ 専門家責任論からのまとめ　357

第24章 司法書士の執務をめぐるその他の問題 ─── 359

- I はじめに　359
- II 公正証書作成にかかる事務─《24−1》　359
  - 1）本判決の要旨　2）事案のアウトライン　3）本判決の概要　4）考　察
- III 司法書士立会いの下に作成された公正証書遺言の効力
  ─《24−2》　365
  - 1）本判決の要旨　2）事案のアウトライン　3）本判決の概要　4）考　察
- IV 司法書士の守秘義務─《24−3》　369
  - 1）本判決の要旨　2）事案のアウトライン　3）本判決の概要　4）考　察

第25章 専門家責任論と司法書士の諸相 ─── 372

- I はじめに　372
- II 専門家責任論の意味合い　372
  - 1）総　説　2）専門家に共通する専門家責任を観念することができるか
  - 3）検　討
- III 司法書士の専門家責任論の内実と方向　376
- IV 民事訴訟にあらわれた司法書士　378
  - 1）総　説
  - 2）【エピソード1】領収書の発行を助言しない司法書士
  - 3）【エピソード2】本人の意思確認をしない司法書士
  - 4）【エピソード3】金銭消費貸借契約を仲介する司法書士
  - 5）【エピソード4】司法書士資格を有する会社支配人　6）検　討
- V むすび　384

　　事項索引　386
　　判例索引　389

第1章　司法書士と依頼者との関係

I　司法書士の執務をめぐる状況

　司法書士の職務内容は、従来、①登記・供託手続の代理、②裁判所・検察庁・法務局・地方法務局に提出する書類作成、③登記・供託に関する審査手続の代理とされてきた（旧司法書士法2条）。ところが、司法制度改革の中で司法書士法が改正（平成15年4月1日施行）され、司法書士に、④簡易裁判所における通常訴訟のほか、限定付ではあるが、訴え提起前の和解手続、支払督促手続および民事調停法に規定する手続等について訴訟代理権が付与され、⑤これらの事件について、相談に応じ、または裁判外の和解について代理することができるようになった（司法書士法3条1項6号、7号）。

　司法制度改革論議の中で、簡裁訴訟代理権を司法書士に付与するという議論が出てきた際には、これほどスムースに具体化されると予想されてはいなかった。しかし、司法制度改革は弁護士制度・法曹養成制度の見直しをも迫り、社会全体のリーガルサービス供給の総量を広げていくという理念に後押しされて、司法書士代理を構想しようという流れになった。それは、これまで司法書士層が登記代理を中心として、地道に、質の高い仕事を積み上げてきて、社会、あるいは社会の構成員である市民が司法書士層に対して信頼していたということが基礎にあると考えられる。

　司法書士に簡裁代理権が付与されたことは、①司法システム全体にとって、リーガルサービス供給の総量を広げていくという意味、②司法システム利用者である市民にとって、自分たちに身近な法律家に、これまでは簡裁事件でも裁判書面を書いてもらえるだけだったのが、訴訟代理をしてもらえるのであるから、司法手続へのアクセスという観点からの意味、③司法書士層にとって、職

域を広げるという意味がある[1]。さらに、簡裁の訴訟代理権を得たことは、とりもなおさず司法書士のプロフェッション性が強まったということを意味する。

そこで、職層としての司法書士としては、従来からの守備範囲であった不動産登記申請代理の分野において、過誤を防止し、水準を向上させるとともに、新たな職域である簡易裁判所における訴訟代理人としての役割を過不足なく果たしていくことが、重要な課題となる。すなわち、司法書士は、その執務のいずれにおいても、法律専門職として求められる注意義務を過不足なく尽くすとともに、倫理にかなうパフォーマンス[2]を示していくことが必要になっているのである。

司法書士の執務のあり方を考察するには、その前提として、司法書士と依頼者との関係について押さえておくことが必要である。本章は、司法書士と依頼者との関係における基本問題を考えることにする。

II 司法書士と依頼者との関係

1 司法書士・依頼者間の契約の法的性質

司法書士と依頼者との間の契約の性質については、通常、委任ないし準委任（民法643条、656条）と解されている[3]。委任は法律行為を委託するもの、準委任は法律行為でない事実行為を含めた事務を委託するものである。

委任契約は、その性質上、相手方の人格・識見・知能・技量等を信頼する精神的要素を中核とするものといわれる。司法書士・依頼者間の契約は、登記申請代理契約においても、訴訟代理契約においても、まさしく、この委任契約本来の特色を持つものである。そうしたことから、委任説が通説である。

---

[1] 加藤新太郎＝馬橋隆紀『簡裁訴訟代理と手続の基本〔簡裁民事実務NAVI 第1巻〕』89頁〔加藤〕（第一法規・2011）。
[2] 日本司法書士会連合会は、司法書士が訴訟代理権を得たことを契機として、裁判書面の作成業務や登記関係業務にも存在した倫理を、自覚的に整理して、「司法書士倫理」という目に見える会規の形でまとめた。司法書士倫理研究会編『注釈 司法書士倫理』（日本加除出版・2004）。
[3] 加藤新太郎『弁護士役割論〔新版〕』69頁、347頁（弘文堂・2000）。

これに対して、司法書士・依頼者間の契約には、委任・準委任のほかに、書類作成業務のような結果の実現を要する請負的要素の強いものもある（委任と請負の混合契約）し、社内司法書士のような雇用的要素の強いもの（雇用と請負の混合契約）もあるから、一元的には説明できないという多元説もある[4]。また、委任といわなくても法的役務提供契約という無名契約と解するべきであるという説もあり得る。

　さらに、最近では、樋口範雄教授のように、弁護士・依頼者関係について信認関係と捉えるべきであるとして、弁護士・依頼者間の契約を委任契約と解すること、契約構成で説明しようとすることについて疑問を呈する見解[5]もみられる。樋口説では、司法書士・依頼者間の契約に対しても、信認関係と解することになろう。

　学説は、以上のような状況であるが、法的性質論としては、通説でいわれている委任、準委任と捉え、そこでの規律を判断枠組みとして考えていくことが、実態にも即し、思考経済にも適しているように思われる。《23 − 1》も債務整理を目的とする弁護士・依頼者契約を委任契約であるとする。もっとも、民法の条文の規律するところは司法書士・依頼者関係の現実ないし実態と整合するところもあるが、乖離するところもあることには、一定の注意が必要となる。

2) 委任契約の条文との関係

(1) 修正すべき要因

　民法の委任契約の条文ごとにみていくことにしよう。

---

4) 多元説は、弁護士・依頼者間の契約についての見解であるが、司法書士・依頼者間の契約についても同様に解するものと思われる。小林秀之「弁護士の専門家責任」専門家責任研究会編『専門家の民事責任』〔別冊NBL28号〕77頁、78頁（商事法務研究会・1994）、岡孝「弁護士の責任」川井健先生退官記念『専門家の責任』208頁（日本評論社・1993）。

5) 樋口範雄教授は、医師・患者関係について、準委任契約であると解することに、いくつかの点から疑問を呈される。この点につき、樋口範雄『医療と法を考える―救急車と正義』10頁（有斐閣・2007）。そして、同様に、弁護士・依頼者間の契約についても、契約構成とすること自体に問題があるとされる。この点につき、同「依頼者と弁護士」小島武司＝柏木俊彦＝小山稔編『テキストブック　現代の法曹倫理』55頁（法律文化社・2007）。

第1に、冒頭規定である643条（委任）は「委任は、当事者の一方が法律行為をすることを相手方に委託し、相手方がこれを承諾することによって、その効力を生ずる」という、当事者双方の合意が成立要件になっている。契約における私法上の原則であるが、司法書士法上、訴訟代理関係業務以外は司法書士に受任義務があることには注意を要する。すなわち、例えば、登記申請代理は正当な事由がない限り受任しなければいけないという受任義務がある（司法書士法21条）。これは、Ⅲでみる合意規範と関係規範という問題に関わるものであるが、契約当事者の合意の自由を前提にする643条は、司法書士の公共的性格から、修正される場面があるということになる[6]。

　第2に、委任の解除に関して、651条1項（委任の解除）では「委任は、各当事者がいつでもその解除をすることができる」としている。つまり、委任契約を解除する時期は自由である。しかし、司法書士の業務の性質と内容を考えてみると、いったん受けた仕事について時期を問わず解除していいのかは疑問である。仕事の途中で解除すると依頼者が困る場合があるから、この点も一定の修正を要する。

　第3に、645条（受任者による報告）では報告について「受任者は、委任者の請求があるときは、いつでも委任事務の処理の状況を報告し、委任が終了した後は、遅滞なくその経過及び結果を報告しなければならない」と定める。その文言上は、委任者が求めると初めて報告義務が発生するように読めるが、それでは委任者の求めがなければ説明・報告義務がないとしてよいのかという問題がある。司法書士と依頼者とが有する情報の非対称を是正するという観点から、司法書士としては、依頼者からの求めがなくても、適時に適切な報告をすることが必要であるように思われる。すなわち、委任者の求めがなくても受任者は必要に応じて適時に報告をする義務を肯定すべきであり、645条を修正するか、644条に基づく善管注意義務の一内容と解するか、いずれかの解釈が必要となる。

　第4に、646条2項（受任者による受取物引渡し義務）は「受任者は、委任者のために自己の名で取得した権利を委任者に移転しなければならない」と定め

6）加藤新太郎「司法書士の専門家責任（民事責任）」東京司法書士会『判例・先例研究〔平成20年度版〕』15頁（2009）。

る。しかし、司法書士が業務の中で自己の名で権利を取得するということは、通常想定されない。646条2項があるから、司法書士は自己の名で権利を取得していいということにはならない。別の倫理上の問題が生じるのである。この点にも、司法書士委任契約の性質に由来する限定があると解される。

第5に、647条では受任者が金銭を消費した場合の責任が定めるが、司法書士が預託された金銭を自己のために消費することは基本的にはない。これをしたら使い込みということになりかねない。この点にも修正があるわけである。

第6に、648条（受任者の報酬）では、委任契約に特約がない限り報酬を請求することはできないという無報酬の原則を定める。しかし、職業として司法書士が仕事をする以上は原則として報酬が発生しなければおかしい。条文解釈としては、司法書士の場合には、依頼者との間で、黙示の合意（報酬の特約）があるから報酬が発生すると解すれば不都合はなく、通説はそう解しているのである[7]が、この点も原則と例外が逆になっているのである。

第7に、650条（受任者による費用等の償還請求等）は、受任者が自己に過失なく損害を受けた場合の損害賠償の定めであるが、司法書士が業務遂行中に、損害を受けるというのは想定しにくいところである。稀有な例ではあるが、司法書士が依頼者のため法務局に駆けつける途中で何も過失なくしてひき逃げにあったような場合が、これである。しかし、このような場合に、民法650条3項によって、依頼者に損害賠償ができるのか、その実質的根拠はあるのかについては疑問がある[8]。

第8に、653条は委任の終了事由として、受任者が破産手続開始決定を受けたこと、後見開始の審判を受けたことなどを事由に挙げるが、司法書士が一般的にそうなることはあまり想定されない[9]。

（2）委任契約との整合性

委任契約の条文には、委任契約との親和性・整合性のあるものも少なくない。

第1に、委任契約では、民法644条により、受任者に善管注意義務が課せ

---

[7] 加藤・前掲注3) 247頁。
[8] 樋口・前掲注5)「依頼者と弁護士」57頁。
[9] もっとも、近時の高齢社会を前提とすると、司法書士が後見開始の審判を受けることがまったく想定されないわけではない。司法書士が破産手続開始決定を受けることも同様であろう。

られるが、これは適切である。

第2に、民法651条による解除自由は、時期の点は問題であるが、解除事由がフリーという点は、依頼者・司法書士関係には信頼関係が基礎になければならないから、整合する定めである。

第3に、委任事務終了時の報告（645条）や受取物引渡義務（646条）については、委任者からの求めがなくても義務づけられている点は、依頼者・司法書士関係にマッチする。

以上のとおり、司法書士・依頼者間の契約は、善管注意義務を中核とした規律をする委任契約と解することが相当であるが、(1)でみたとおり、個々の条文の適用に当たっては一定の修正が必要な場面がある[10]。

III 合意規範と関係規範

1 司法書士の注意義務

司法書士は依頼者に対して、善管注意義務（民法644条）を負うが、この善管注意義務は、職務の性質上高度で専門的なものである。また、司法書士は、職能上、常に品位を保持し、業務に関する法令および実務に精通して、公正かつ誠実に、その業務を行わなくてはならない（司法書士法2条）。すなわち、司法書士は、高度の専門的知識と技能を備え、高い職業倫理が要請されるのである。このように、司法書士の責任は、他の分野の専門家責任と共通するものがある。

司法書士は、登記申請代理においても、市民の権利について重大な影響のある職務を遂行するが、万全を尽くしたつもりでも、その職務遂行行為に過誤が生じることがある。司法書士が、職務遂行の過程で、過失によって、依頼者または第三者に損害を与えたときは、債務不履行（民法415条）または不法行為（民法709条）に基づく損害賠償請求責任を負わなければならない。

司法書士は、依頼者である顧客に対して善管注意義務および忠実義務を負い、

---

10) 加藤・前掲注6）16頁。

顧客の権利および利益を護るべく、誠実に執務していくことが義務づけられる。そして、司法書士は、顧客の利益擁護一辺倒に止まるのではなく、社会正義を実現すべき公益的役割をも有することに留意すべきである。すなわち、司法書士は顧客との信認関係に由来する義務に基づき最大限の努力を傾注してその権利実現・利益擁護に邁進すべきであるが、そのために社会正義その他の法規範に違反し、または公益ないし公的価値に抵触することは許容されないのである。この点は、弁護士の責任ないし倫理と全く同様の構造にある[11]。

２）合意規範

司法書士が専門家として担う責任の根拠となるのは、まず、司法書士と依頼者との間の委任契約から導かれる善管注意義務である（民法644条）。

司法書士の登記申請代理における注意義務となる、必要書類保管義務、登記書類調査義務、登記義務者と登記権利者との利害対立があることを察知したときに通知など適切な措置を講ずべき義務などは、いずれも善管注意義務の具体的なあらわれである。そして、善管注意義務は委任契約という合意が基礎となるものであるから、合意規範と呼んでよいであろう[12]。

３）関係規範

法律専門職である司法書士の責任には、合意規範だけでカバーし尽くされないものがある。合意規範に加えて、「司法書士・依頼者関係」そのものから発生するルールがあるのである。「司法書士・依頼者関係」は、専門家と非専門家の関係であり、関係規範は、司法書士制度に内在する司法書士固有の職責から導かれる規範といってもよい。

司法書士法２条には「品位を保持し、法令実務に精通し、公正、誠実に職務を遂行しなければいけない」旨の定めがある。これは、司法書士の品位保持義

---

[11] 加藤・前掲注3）6頁、71頁、164頁。
[12] 弁護士の執務を規律する合意規範と関係規範については、加藤新太郎『コモン・ベーシック弁護士倫理』219頁（有斐閣・2006）。

務、法令実務精通義務、公正誠実職務遂行義務の実体法上の根拠となっている。しかし、このような義務は、仮に、司法書士法2条の定めがなくても、司法書士の職責および依頼者との信認関係（信任関係）が実質的根拠となり、関係そのものから出てくるルールと考えるのが相当である。

　例えば、公正誠実職務遂行義務（忠実義務）というのは、依頼者の求める事務を誠実かつ適切に処理し、依頼者の利益を優先し、自分あるいは第三者の利益を優先しないという義務である。利益相反を回避することがその典型例である。また、司法書士の依頼に応じる義務（司法書士法21条）なども関係規範である[13]。すなわち、司法書士の執務を規律するものとして、合意規範とは別の、「司法書士・依頼者関係」そのものから生ずるルール群があり、これらを関係規範ということができる。

④ 説明義務における合意規範と関係規範

　このように司法書士には、合意規範と関係規範とがあり、その執務のあり方については、両方の規範によって規律されているのである。

　説明義務を例にして、合意規範と関係規範の内容を考えてみよう。同じように「説明義務」といわれるものでも、その内容は異なるものである場合がある。

　まず、合意規範である説明義務は善管注意義務の内容の一つである。合意規範として説明義務は、司法書士が依頼者に対し、依頼者の目的を果たすためには一定の事柄をする必要があることについて、過不足のない十分な情報を提供し、情報を付与したあとで、そのようにすることにつき同意をもらうというプロセスにおいて、要請されるものである。すなわち、依頼者からインフォームド・コンセントを得る前提としての説明（情報提供）である。この場合に、司法書士が依頼者に対してする説明の中身は法律専門職として期待される水準のものである必要がある。

　これに対して、関係規範としての説明義務は、司法書士の公正誠実職務遂行義務（忠実義務）を具体化するものである。そして、この義務は、司法書士の

---

[13] 関係規範の代表的である、司法書士の依頼に応じる義務（司法書士法21条）については、本書第10章、第11章参照。

職責を担う者として、依頼者の利益に対して自己や第三者の利益を優先してはならないという規範である。具体的には、司法書士倫理24条（公正を保ち得ないおそれ）に定められているように、「司法書士は、職務の公正を保ち得ない事由の発生するおそれがある場合には、あらかじめ依頼者に対し、その事情を説明し、職務を行うことができないことについて、同意を得るように努めなければならない」。つまり、司法書士は、後で利益相反する事由が顕在化した場合にはすべての依頼者の代理人となることができないことになるから、「私はこういう関係があり、利益相反になりそうな場合には辞任しなければなりません。それでも受任するということでいいですか」というのが、関係規範としての説明義務である。これは善管注意義務とは関係ない義務であることは明らかであろう[14]。

以上のように、司法書士に合意規範と関係規範があることは、その専門家責任を考察するに当たっても、基本となる事項である。

IV 司法書士との委任契約の成立時期

1) 委任契約の成立時期

司法書士との委任契約は、いつ成立するのであろうか。この点について判示した裁判例が、《1－1》東京地判昭和52・6・28（判時873号62頁）である。

《1－1》は、「司法書士に対する登記申請手続の委任契約は、特段の事情がない限り、依頼者が必要な書類を整備して司法書士に交付したときに成立する」としたケースである。

委任契約は、不要式・諾成契約であるから、当事者の意思が合致したとき、すなわち合意が成立したときに成立する。委任契約書を作成する場合には、そのときに契約成立としてよいが、契約の成否に争いが生じた場合には、個別具体的な事情により成立時期が認定される。本件では、登記申請手続の委任契約につき、依頼者が必要な書類を整備して司法書士に交付したときに成立すると

---

14) 加藤・前掲注6）16頁。

判示したものである。

２）本判決の概要

（1）事案のアウトライン

　Aは、Bから土地を買い受け、Xにこれを転売した。Xは、Aとともに司法書士Yに登記申請の事務処理を依頼した。その際、Aは、Bの代理人としてB名義の印鑑登録証明書および白紙委任状等を、Xは、自己の印鑑登録証明書および実印等をそれぞれ交付したが、登記済証の交付はしなかった。Yは、受領した書類を確認したうえ、登録免許税および手数料等を概算で算出し、Xから金員の交付を受け、仮領収書をXに交付した。

　その後、Bは、本件土地に処分禁止の仮処分決定がされたことを知り、仮処分に基づく登記を免れる手段として本件土地の所有名義を一時Cに移転しようと考え、Aと相談してCへの所有権移転登記の申請をすることとした。Bは、Yに上記登記の申請事務処理を委任し、登記済証等の書類を交付した。そして、YがBの委任に基づき登記申請を行ったため、Cへの所有権移転登記がされ、XがYに依頼した登記申請の履行は不能となった。

　そこで、Xは、Yに対し、債務不履行に基づく損害賠償を請求した。

（2）本判決の判旨

　本判決は、次のように判示して、Xの請求を棄却した。

　「司法書士は他人の嘱託を受けて、その者が裁判所、検察庁又は法務局若しくは地方法務局に提出する書類を作成し、及び登記又は供託に関する事務を代わってすることを業とする者（司法書士法1条〔現行法3条〕）であって、その業務は公共的性質を帯有するから、その処理に関しては公正、迅速かつ誠実を旨としなければならず（同法施行規則12条）、わけても、業務処理の順序は、特別の事由がないかぎり嘱託の順序に従わなければならないと解される（改正前の同規則14条1項参照。なお、右条項は昭和42年12月23日法務省令63号によって削除された。）が、右業務処理の順序に関する原則は、司法書士が登記に関する事務の嘱託を受けた場合は特に厳格に遵守されなければならない。けだし、登記の先後関係は嘱託者及びその利害関係人の権利関係に重大な影響を及ぼす

からであり、司法書士が特別の事由なくして右業務処理の順序に違背した場合には、その事務所の所在地を管轄する法務局又は地方法務局の長から懲戒処分を受けることになる（同法12条）。そして、一般に司法書士に対する登記事務の嘱託に当たっては、嘱託者において必要な書類を整備してこれを司法書士に交付するのが通例であるから、特段の事情のない限り右書類交付の時に嘱託（委任関係）が成立するものと解するのが相当であり、これによって定まる嘱託時期の先後関係が、司法書士の業務処理の順序を決定する基準となるものというべきである。

　ところで、不動産登記の申請に当たっては、登記義務者の権利に関する登記済証（いわゆる権利証）の提出が要件であることは（旧）不動産登記法35条1項が明定するところであるが、前記認定のとおり、Xが本件委任契約が成立したとする昭和46年9月13日には、Yは本件権利証の交付を受けなかったのであって、XからYに対する本件登記申請事務の嘱託は、少なくともこの点において必要書類が完備されていなかったことが明らかである。」

③　考　察

　委任契約は当事者の合意（申し込みと承諾の合致）によって成立するのが原則である。当事者の合意が契約書などにより客観化されておらず、その契約の成立時期に争いがあれば、個別具体的な事情により成立時期を認定する必要がある。

　本件は、まさに委任契約の成立時期が争点であったが、本判決は、委託者が必要な書類を整備してこれを司法書士に交付した時期に委任契約が成立するとしたうえで、契約が成立したことを前提として重要な必要書類である登記済証の交付がなく、停止条件未成就であるとして、司法書士の債務不履行責任を否定したのである。

　委任契約の成否および成立時期について、裁判例には、①本判決のように、特段の事情のない限り必要書類交付時に契約（委任関係）が成立するとするもののほか、②必要書類がすべて交付されていなくても委任契約の成立を認めるもの（《1－2》名古屋地判昭和57・2・10金判643号42頁）がみられる。これ

は委任契約の成否および成立時期が、契約内容の確定性や当事者の意思など具体的事情に基づく契約の解釈の問題であることに由来するものであり、基本的な理解が異なるものではない[15]。

学説にも、例えば、司法書士と依頼者との間には、書類が整備・完備される前から契約的な関係にあるとみてよい場合があるとする見解[16]もみられるが、具体的事情に基づく契約の解釈としてそのようにみるのが相当なケースがあるということである。

委任契約の成否いかんにより、司法書士の履行義務が生じ、それを適切に履行するため善管注意義務が具体化し、これに違反すると債務不履行になるという関係に立つことが原則である。しかし、例外的に、委任契約の成否にかかわらず債務ないし注意義務が発生することがある。

例外その1は、司法書士として登記必要書類の交付を受けた場合には、委任契約成立前であっても、その予約に基づく登記必要書類保管義務がある。司法書士がこの義務に違反すれば、債務不履行または不法行為責任を負う[17]。

例外その2は、委任契約が成立していない段階でも、当該状況いかんによっては、司法書士に信義則上の義務があるとされることがある。《6−2》横浜地判昭和58・9・30（判時1092号87頁、判タ511号148頁）がこれである[18]。

これは、「司法書士が、後日抵当権設定登記申請手続を受任する予定で登記関係書類を預かっていた場合において、登記義務者からこの抵当権設定登記ができなくなるような新たな登記申請手続を受任しこれを行ったときに、登記権利者に対する通知義務があるか」という問題が論点となった。本判決は、信義則を根拠として、司法書士において登記権利者の権利が阻害されないよう防止する義務を想定し、同義務の発現としての通知義務を観念したが、結論として

---

15) 本文で述べたとおり、委任契約は当事者の合意によって成立するが、契約締結までに交渉が積み重ねられていくようなタイプの契約（例えば、不動産売買契約）では、契約の重要事項についての合意があっただけでは足りず、後日の正式な契約書作成まで契約の成立が留保されている場合もある。この点につき、能見善久＝加藤新太郎編『論点体系 判例民法5 契約I』15頁〔有賀恵美子〕（第一法規・2009）。

16) 山崎敏彦『登記代理委任契約論』75頁（一粒社・1988）。

17) 國井和郎＝下村信江「司法書士の損害賠償責任をめぐる裁判例の分析」阪大法学49巻1号13頁（1999）。

18) 本書第6章77頁参照。

は、通知義務違反はなかったとして、司法書士に対する不法行為に基づく損害賠償請求は否定した。すなわち、本件では、委任契約が成立していないことから、原則として登記権利者に不利益な状況になるという事情（本件ではＸの抵当権設定登記ができなくなるような他の登記申請手続の委任があったこと）の通知義務はなく、「諸般の事情によっては、登記権利者に対し事情を通知し、その権利の阻害されることを未然に防止せしめるべき注意義務を負うに至ることもこれまた否定できない」と判示したのである。

委任契約の成否といった事項を後の争点とすることを回避するためには、司法書士としては、報酬など基本事項を説明したうえで、委任契約書を作成する執務を徹底することが要請される。書面化は、法律専門職の執務の基礎である。

司法書士の専門家責任論に関する参考文献
① 山崎敏彦『登記代理委任契約論』（一粒社・1988）
② 同「登記代理委任契約の成立について─最近の理論状況」半田正夫教授還暦記念『民法と著作権の諸問題』407頁（法学書院・1995）
③ 同「司法書士の登記代理業務にかかる民事責任─最近の動向」鈴木禄弥先生古稀記念『民事法学の新展開』420頁（有斐閣・1993）
④ 同「司法書士の登記代理業務にかかる民事責任─最近の動向・補論(上)(下)」青山法学論集38巻3＝4号93頁（1997）、40巻3＝4号259頁（1999）
⑤ 同「司法書士の義務と責任」山川一陽＝根田正樹編『専門家責任の理論と実際』135頁（新日本法規・1994）
⑥ 同「司法書士・土地家屋調査士と民事責任」鎌田薫ほか編『新不動産登記講座(7)』300頁（日本評論社・1998）
⑦ 同「司法書士の責任」川井健＝塩崎勤編『新・裁判実務大系(8) 専門家責任訴訟法』110頁（青林書院・2004）
⑧ 同「司法書士と専門家責任」月報司法書士392号2頁（2005）
⑨ 鎌田薫「登記申請業務にかかわる注意義務(上)(下)」登記先例解説集339号6頁、341号38頁（1990）
⑩ 同「わが国における専門家責任の実情」専門家責任研究会編『専門家の民事責任』〔別冊NBL28号〕63頁（商事法務研究会・1994）
⑪ 林豊「司法書士に対する損害賠償」判タ512号53頁（1984）
⑫ 同「司法書士の不法行為責任」山口和男編『裁判実務大系(16) 不法行為訴訟法(2)』165頁（青林書院・1987）
⑬ 佐藤康「司法書士の責任」小川英明＝長野益三編『現代民事裁判の課題(1)』705頁（新日本法規・1989）

⑭ 矢野義宏「司法書士の民事責任」篠原弘志編『判例研究 取引と損害賠償』299頁（商事法務研究会・1989）

⑮ 住吉博「不動産登記手続代理について」曹時43巻7号1頁（1991）

⑯ 櫻井登美雄「司法書士の注意義務」岡部彰夫＝白石悦穂編『裁判実務大系⑫ 不動産登記訴訟法』480頁（青林書院・1992）

⑰ 小野秀誠「司法書士の責任」川井健先生退官記念『専門家の責任』327頁（日本評論社・1993）〔同『専門家の責任と権能』（信山社・2000）に所収〕

⑱ 工藤祐巌「『専門家の責任』と主要判例の分析（下）」法時67巻3号68頁（1995）

⑲ 同「わが国における専門家責任事件の具体的展開」山田卓生編集代表・加藤雅信編『新・現代損害賠償法講座3』403頁（日本評論社・1997）

⑳ 國井和郎＝下村信江「司法書士の損害賠償責任をめぐる裁判例の分析」阪大法学49巻1号1頁（1999）

㉑ 國井和郎＝若松陽子「専門家たるべき司法書士の職務内容に関する考察」阪大法学50巻2号1頁（2000）

㉒ 弥永真生「専門家責任(1)〜(3)」月報司法書士334号10頁、335号8頁（1999）、336号12頁（2000）

㉓ 川井健＝西嶋梅治〔司会〕「シンポジウム 専門家の民事責任」私法57号3頁（1995）

㉔ 川井健〔司会〕「〔座談会〕『専門家の責任』法理の課題」法時67巻2号30頁（1994）

㉕ 山崎敏彦＝山野目章夫＝齋藤隆夫＝井上繁規＝加藤新太郎〔司会〕「〔座談会〕司法書士の職務と民事責任」判タ1071号4頁（2001）

㉖ 加藤新太郎編『判例Check 司法書士の民事責任』（新日本法規・2002）

㉗ 加藤新太郎「司法書士の専門責任（民事責任）」東京司法書士会『判例・先例研究〔平成20年版〕』14頁（2009）

㉘ 一木孝之「司法書士・行政書士・税理士の責任」能見善久＝加藤新太郎編『論点体系 判例民法8 不法行為Ⅱ』177頁（第一法規・2009）

㉙ 升田純「連載コンプライアンス道場（第1回）〜（第60回）」登記情報548号〜607号（2007〜2012）

㉚ 七戸克彦「不動産登記業務における司法書士の専門家責任をめぐる近時の動向」市民と法58号51頁（2009）

㉛ 同「近時の司法書士懲戒事例の傾向分析」月報司法書士476号2頁（2011）

㉜ 仁木恒夫「司法書士の紛争処理機能」樫村志郎＝武士俣敦編『現代日本の紛争処理と民事司法② トラブル経験と相談行動』167頁（東京大学出版会・2010）

㉝ 不動産取引とリスクマネジメント研究会編『不動産取引とリスクマネジメント』（日本加除出版・2012）

㉞ 平沼直人「法律専門職の職業倫理と司法書士賠償責任保険」月報司法書士493号28頁（2013）

㉟ 藤田耕三ほか「特集 利益相反からみる専門家責任」月報司法書士494号4頁（2013）

㊱ 石谷毅＝八神聖『司法書士の責任と懲戒』（日本加除出版・2013）

第2章 司法書士業務の基礎としての相談

I はじめに

　本章は、司法書士の相談を対象とする。司法書士の相談業務における制度的基礎と相談過誤をテーマとして、あるべき司法書士相談について考察する。

　ところで、相談は、司法書士における業務の基礎ということができる。

　司法書士の執務の流れは、八つの過程で構成される。すなわち、「①事情聴取、②事実の吟味・事実調査、③資料収集、④法的検討、⑤具体的措置の選択、⑥インフォームド・コンセント、⑦職務遂行、⑧依頼者に対する報告・連絡」である。これに即して考えると、相談は、①から⑥までに当たる。すなわち、司法書士が受任する業務にはさまざまなものがあるが、どのような業務であっても、常に相談という作用を内包するという意味で、相談は執務の基礎なのである。

　本章では、相談についての司法書士の権限という法制上の問題、いわゆる5号相談と7号相談の意義と内実についての問題、司法書士がそれらの相談を行うに当たっての留意点のほか、相談過誤の問題をカバーすることにしたい。

II 相談についての司法書士の権限

1) 平成14年司法書士法改正前

　司法書士が相談に応じることができるのは、どのような根拠によるものであるのかについて押さえておこう。相談についての司法書士の権限は、平成14年に司法書士法が改正される前後で、大きな差異がある。

　司法書士は、平成14年に司法書士法が改正される以前から、改正前の法2

条1項各号に掲げる事務（現行司法書士法3条1項1号から4号に掲げる事務に対応）について、相談に応じることができた。その事務は、次のようなものである。
① 登記・供託に関する手続の代理（司法書士法3条1項1号）
② 法務局に提出する書類の作成（同2号）
③ 登記・供託に関する審査請求の手続の代理（同3号）
④ 裁判所・検察庁に提出する書類の作成（同4号）
　（現行法では、筆界特定手続において提出する書類の作成も、同4号において司法書士の権限とされている）

　司法書士が、これらの事務につき相談に応じることについては、明文の定めはなかったが、改正前の法2条1項各号の解釈として当然できるものと解されていた。すなわち、司法書士が、これらの事務につき相談に応じた場合には、例えば、登記に関する代理の受任に至らないときでも、相談料を請求することができると解されていたのである。

２）平成14年司法書士法改正後

　平成14年改正法により、司法書士には、簡裁訴訟代理権が付与された。そして、簡裁訴訟代理関係業務の一環として、民事に関する紛争について相談に応じることが、司法書士の業務として明記されることになった（司法書士法3条1項7号。これを「7号相談」という）。そうなると、その反対解釈として、従前から認められていた登記手続の代理などの事務についての相談に応じることは司法書士としての業務とならないと解されるおそれがあるが、そのように解される余地を残しておくことはまずい。そこで、現行司法書士法3条1項5号において、「本項1号から4号までの事務について相談に応ずること」が、司法書士の業務として明記されることになった（これを「5号相談」という）。

　つまり、司法書士の相談には、司法書士法3条1項5号と同7号という二つの法的根拠がある。法的根拠が異なることに伴い、5号相談と7号相談とは性質が異なると解されている。この点について、Ⅲ、Ⅳでみておこう。

III いわゆる5号相談

1) 5号相談について

　司法書士法3条1項5号において、「本項1号から4号までの事務について相談に応ずること」と定められている、いわゆる5号相談の対象は、登記手続の代理や裁判書類の作成等の事務などである。

　依頼者が司法書士に対して、例えば、「これこれの登記手続をしてほしい」という依頼をしたり、「このような内容の裁判書類を作成してほしい」と依頼をするような場合、司法書士は、依頼の趣旨に沿って適切な書類を作成することになる。そのために必要な範囲内の相談が、いわゆる5号相談であると解されている。こうした依頼をする場合、依頼者は、その目的をはっきり認識していることが多い。そこで、司法書士の行う相談も、通常は、依頼者の依頼の趣旨にそって適切な書類を作成するために必要な範囲内のものであり、依頼内容を法律的に整序するためのものであると考えられている[1]。つまり、5号相談は、「依頼者の依頼内容を法律的に整序するための相談」である。

2) 「依頼者の依頼内容を法律的に整序すること」の意義

　それでは、「依頼者の依頼内容を法律的に整序すること」とは、どのような意味であろうか。これに関連して、司法書士が裁判書類を作成する場合において、法的判断作用をどのような形で用いるかについては、①法的判断を目的との関連で捉える見解（目的的法的判断肯定説）と②整序という作用を重視する見解（法的判断限定説）という二つの考え方に大別される。

　第1に、司法書士が依頼者から裁判書類の作成を依頼された場合には、依頼者の目的がどこにあるか、書類作成を依頼することがどのような目的を達するためなのかについて、依頼者から聴取したところにより、その真意を把握し、依頼の趣旨に合致するように、法的判断を加えて、その案件について法的に整

---

1) 小林昭彦＝河合芳光『注釈司法書士法〔第3版〕』46頁（テイハン・2007）。

え完備した書類を作成すべきであるとする立場がある。これは、司法書士は、単にその依頼者の口述に従って機械的に書類作成に当たるのではないとするものであり、目的的法的判断肯定説ということができる。

《2-1》松山地西条支判昭和52・1・18（判時865号110頁、判タ351号210頁）は、「司法書士が、依頼者のため、横領被害の回復につき相手方と示談交渉をすること、依頼者の代理人として相手方との間に公正証書を作成して担保物件の競売延期を画策すること、依頼者から預った手形の手形金債権につき、疑義があるにもかかわらず、その支払を請求する（さらに、相手方から支払確約の覚書を徴する）ことは、司法書士としての業務範囲を超え、自己の判断をもって法律事件の紛議の解決を図るものとして、弁護士法72条の禁止する法律事務の取扱いに該当する」と判示したケースであるが、判決理由中で、目的的法的判断肯定説の立場を示している。

第2に、司法書士が依頼者から裁判書類の作成を依頼された場合に、司法書士が行うべき法的判断作用は、依頼者の依頼の趣旨・内容を正確に表現し、訴訟の運営に支障をきたさない限度、すなわち、法律常識的な知識に基づく整序的な事項に限られるという立場がある。これが、法的判断限定説である。

《2-2》高松高判昭和54・6・11（判時946号129頁、判タ388号57頁）（《2-1》の控訴審判決）は、「司法書士が、嘱託人の訴提起に際し助言指導することも、一般的な法律常識の範囲内で、かつ個別的な書類作成行為に収束されるものであれば、弁護士法77条、72条に違反しない」としたものであるが、判決理由中で、法的判断限定説の立場を示している。

以上の二つの見解を比較すると、「依頼者の依頼内容を法律的に整序すること」という表現は、法的判断限定説の立場をとるものであり、5号相談・法的整序説というべきものであることが分かる。5号相談・法的整序説の立場からすると、司法書士としては、依頼者の依頼の趣旨に合致するように、その内容を法律的に整序することが、相談に応じる場合の重要なポイントということになる。この立場は、熱心な相談推進論者からすると、物足りない感があるが、弁護士の法律業務独占の原則（弁護士法72条）との関係で、厳格に解しているものであることを理解する必要がある。もっとも、この見解によっても「法律常識的な知識に基づく」ということであるから、その内実は固定的なものでは

なく、社会およびその構成員のその時点における法律常識を前提に考えていくことになる点には留意すべきであろう。

そこで検討するに、5号相談は、「依頼者の依頼内容を法律的に整序すること」という限定があるにしても、程度の差こそあれ、法律専門家である司法書士の法的判断作用が必要とされていると解される。この点に関し、竹下守夫教授は、裁判書面作成について、依頼の真の目的に適ったものでなければ意味がないが、そのためには、依頼の目的が、どのような手続的効果を持つ書面の作成に向けられ、また終局的にはそれによっていかなる実体的効果を得ようとしているのか、それらの手続的および実体的効果を得るにはどのような事項を記載しなければならないかについて、法律的判断を加えなければならないのが、むしろ原則であるとされる[2]。これは、裁判書面作成の目的を考えると、依頼者の依頼内容を法律的に整序するということは、法律的判断を抑制することを意味しないという見解であり、事柄の性質に照らし相当と解される。つまり、司法書士法が、裁判書面作成を、一定の法律的知識の修得を資格要件とする司法書士の業務内容として認める以上、単に定型的な書類のみではなく、法律的判断を前提とする書類の作成にも及ぶと解されるのである。

そのように考えると、目的的法的判断肯定説と法的判断限定説との実際上の差異がどのようなものかについては検討を要するといえる。また、5号相談を法律相談というかどうかは、法律相談をどのように定義するかという問題に重なることとなる。

ところで、法律相談とは、相談者が抱える問題事案を理解し、その事実に法律（法令）を当てはめ、法的判断（権利義務に関する判断）をするとともに、問題解決のための法的手続を教示するプロセスである。そのように定義すると、例えば、登記申請などのように、依頼者（相談者）が自分の抱える問題事案をきちんと認識し、問題解決のための法的手続（登記申請手続）を知っている場合であっても、登記必要書類について教示し、それが欠けている場合の対応に

2）兼子一＝竹下守夫『裁判法〔第4版〕』452頁（有斐閣・1999）。なお、伊藤眞教授は、司法書士の業務の実態をみれば、《2－2》よりも《2－1》の考え方により高い説得力が認められるとされる。この点につき、伊藤眞「弁護士と当事者」新堂幸司編集代表『講座民事訴訟③ 当事者』120頁（弘文堂・1984）。

ついて質問されたときには、司法書士は一定の法的判断をしたうえで回答することになる。その意味では、5号相談も、法律相談の定義に該当する面があるといえる。もっとも、書類作成の目的という限界があるわけであり、その限界を超えて、他人間の法律的紛争に立ち入っていくことは許容されないのである。

IV いわゆる7号相談

1) 7号相談について

司法書士法3条1項7号において、「民事に関する紛争（簡易裁判所における民事訴訟法の規定による訴訟手続の対象となるものに限る。）であって紛争の目的の価額が裁判所法第33条1項1号に定める額を超えないものについて、相談に応じ」ることと定められている、いわゆる7号相談の対象は、民事に関する紛争についてのものである。ただし、①簡易裁判所における民事訴訟法の規定による訴訟手続の対象となるものであること、②紛争の目的の価額が裁判所法33条1項1号に定める額（140万円）を超えないものであることが必要であることも、明文で定められているところである。

7号相談を定める司法書士法3条1項7号は、弁護士法72条との関係では、その特則という位置づけとなる。

2) 民事に関する紛争

民事に関する紛争とは、私法上の法律関係・権利義務の関係についての紛争である。それでは、紛争とは、当事者間において、ある事柄に関する主張が一致しないことから、その間に生じた具体的な争いのことをいう。

そのようなことから、7号相談には、具体的な紛争を前提としない、一般的な法律相談は入らないと解されている[3]。

---

3) 小林＝河合・前掲注1）114頁。

③ 簡易裁判所における民事訴訟法の規定による訴訟手続の対象となるもの

7号相談の対象は、民事に関する紛争のうち、簡易裁判所における民事訴訟法の規定による訴訟手続の対象となるものである。7号相談の権限は、司法書士に簡裁訴訟代理権が付与されたことにより認められるようになったものであるから、その対象が、民事に関する紛争のうち、簡易裁判所における民事訴訟法の対象となるものに限られるのは、当然ということになる。

簡易裁判所における民事訴訟法の規定による訴訟手続の対象とならないものには、人事訴訟（人事訴訟法4条）、家事審判事項（家事事件手続法39条、別表1・2）、行政事件訴訟（裁判所法33条1項1号）、会社関係訴訟で地方裁判所の専属管轄になっている事件（株主総会等の決議の不存在または無効確認の訴え＝会社法828条、835条、株主総会等の決議の取消しの訴え＝同831条、835条、会社解散の訴え＝同833条、835条、責任追及の訴え＝同847条、848条など）がある。これらについては、司法書士は、7号相談に応じることはできない。

④ 7号相談の性質

7号相談は、簡易裁判所における民事訴訟法の対象となり得る民事紛争についての相談である。したがって、依頼者のために、積極的に手続的な法律問題、実体法上の法律問題の教示や法的助言をしていくことになる。そこでは、法的手段を示すこと、法解釈を提示すること、証拠について法的判断を示すことが必要となる。その意味で、7号相談は、文字どおり、法律相談である[4]。

そうすると、法律相談である7号相談との対比では、5号相談は「依頼者の依頼内容を法律的に整序すること」であって、法律相談ではないというのが公式見解ということになる。公式見解は、認定司法書士は、法律相談に応じることができるが、そうでない司法書士は、法律相談に応じることができないという言い方をすることになり、ある意味では、明快である。

これに対して、私見は、前述のとおり、5号相談も、法律専門家である司法

---

4) 小林＝河合・前掲注1) 119頁。

書士の法的判断作用が必要とされていることから、法律相談と捉えている。これは、すでに述べたように、結局のところ法律相談をどのように定義するかという問題に解消されるが、公式見解は、弁護士法72条を意識した法律相談の定義をしている。つまり、公式見解は、狭義の法律相談（7号相談）だけを法律相談であると定義しているのである。これに対して、私見は、法律相談とは、相談者が抱える問題事案を理解し、その事実に法律（法令）を当てはめ、法的判断（権利義務に関する判断）をするとともに、問題解決のための法的手続を教示するプロセスであると定義したうえで、法律専門家である司法書士の受ける相談は、法的判断作用を欠かせないという考え方の下に、法律相談には、①広義の法律相談（5号相談と7号相談）と②狭義の法律相談（7号相談）とがあると解している。

5　7号相談を受ける場合の留意点

　7号相談は、司法書士に簡裁訴訟代理権が付与されたことにより認められるようになったものであるから、紛争の目的の価額が裁判所法33条1項1号に定める額（140万円）を超えないものであることが必要である。認定司法書士としては、このことを意識して、相談を受けるようにすることが要請される。紛争の価額とは、請求額（それに相当する財産権の価額）のことである。
　具体的に、どのような注意が必要となるのかについて、みていくことにしよう。
　第1に、紛争の目的の価額が140万円を超えることが明らかな案件について、司法書士は相談に応じることはできない。
　第2に、その価額が算定不能である場合、算定が極めて困難な場合は、その価額が140万円を超えるものとみなされる（民訴法8条2項）から、司法書士は、そうした案件について相談に応じることはできない。
　第3に、紛争の目的の価額が140万円以内であるかどうかはっきりとしない場合には、事情を聴取してみないことには、その価額も判明しない。そのような場合には、司法書士はとりあえず相談に応じることは可能である。しかし、例えば、家主である依頼者から借家人に対して延滞賃料を請求したいという内

容の相談の過程において、実は延滞賃料の金額が140万円を超えることが分かった場合には、その時点で、依頼者にその旨を説明して、7号相談を打ち切ることが必要になる。そのような場合には、一般的に5号相談に切り替えることはできない。司法書士が相談を受けることのできる根拠が異なるからである。これは依頼者にとっても不便なことではあるが、立法論は別として、認定司法書士制度は、そのようなものとして定められているものであるから、解釈論としてはいたしかたない。

もっとも、この場合であっても、例えば、依頼者が訴状の作成を依頼する可能性があるようなときには、それを前提とする5号相談に切り替えることができるときがあると解される[5]。

⑥ 考　察

具体的な状況に応じて、5号相談と7号相談との間で司法書士としての対応の仕方が異なることが生じる場合があることには注意が必要である。

例えば、「貸金業者から借入金を借り替えようとする者が、業者から担保を入れるように要求され、自己所有の不動産に抵当権設定登記を設定しようと考え、司法書士にその旨を依頼してきたケース」について考えてみよう[6]。これは、登記申請代理の依頼であるから、5号相談であり、「依頼者の依頼内容を法律的に整序」するものという限定がある。そうすると、この場合には、司法書士としては、関係事項を聴取して、抵当権設定登記の申請に必要な書類の持参を指示し、自ら所要の書類を作成すれば、依頼の趣旨からして執務として十分ということになりそうである。ところが、このケースにおいて、司法書士が、元利金返済の状況をきちんと聴取して、利息制限法に基づき引き直し計算をすると、業者から言われ依頼者が存在すると思い込んでいる被担保債権がないことが分かるような場合には、どのように考えるべきか。

---

[5] 小林＝河合・前掲注1）119頁。なお、加藤新太郎＝馬橋隆紀『簡裁訴訟代理と手続の基本〔簡裁民事実務NAVI 第1巻〕』19頁〔馬橋〕（第一法規・2011）は、7号相談から5号相談への移行を否定しているが、依頼者が訴状の作成を依頼する余地がある場合まで5号相談への移行を認めない趣旨ではないと解される。

[6] 本書第20章297頁。

これには、いくとおりもの考え方ができる。
　第1の見解は、このケースの依頼の趣旨は、抵当権設定登記手続申請であると考え、司法書士は、その前提となる実体的法律関係にまで踏み込むべきではない、それは依頼内容の法律的整序を超えるものであるとする立場である。5号相談の限界を考えて対応することが必要であるという考え方である。
　第2の見解は、このケースの依頼の趣旨を抵当権設定登記手続申請であると考えるが、司法書士の業務の実質的処理モデルの観点（本書53頁）から、前提となる実体的法律関係にまで踏み込むべきであって、被担保債権がないことにつき説明・助言義務があるとする立場である。この立場によれば、司法書士が、こうした説明・助言をしない場合には、債務不履行責任が発生する。
　第3の見解は、5号相談の意義と限界を考慮する一方、司法書士の業務の実質的処理モデルにも配慮し、被担保債権がないことを説明・助言することは望ましいが、それをしなかったとしても、債務不履行責任が生じることはないとする立場である。
　第4の見解は、このケースの依頼の趣旨は、貸金業者との間の借入金借り替えに関する問題状況の解決であると考え、司法書士は、当然に実体的法律関係にまで踏み込むことが必要であるとする立場である。これは、7号相談と捉えるものであり、司法書士が、被担保債権がないことを説明・助言しない場合には、債務不履行責任が発生する。もっとも、この見解が妥当するのは、認定司法書士である場合に限られる。
　これは、実は難問であるが、司法書士の執務における示唆を与えるものである。すなわち、相談における依頼者の依頼の趣旨をどのように把握するかにより、異なる理路に進み得るのであるから、その点をしっかり確認することが重要であることが分かる。また、5号相談の限界と業務の実質的処理モデルとは、逆の方向に働くものであるから、両者の関係については、さらに検討を深めることが必要となろう。
　専門家責任論の観点からは、第2の見解がもっとも司法書士に厳しく、緊張感を与えるものであるが、現状では、第3の見解が穏当のように解される。

Ⅴ 相談過誤──無料法律相談における過誤

1 設 例

> A司法書士は、無料法律相談で、甲から次のような相談を受けて、次のように対応した。
> 甲　私は、地主との間で借地契約をして、家を建てて居住しています。地代増額請求をされ、釈然としなかったのですが、成りゆきで承諾してしまいました。しかし、納得できず、増額賃料を支払わずにいたところ、賃料支払の催告を受けました。どのようにしたらよいでしょうか。
> A　地主さんとよく話をすることをお勧めします。
> 甲　増額賃料を支払わないで済む方法はありませんか。
> A　一般論としては、賃料増額の合意について証拠がなければ、これを否認することも一つの方法としてないわけではありません。
> A司法書士の対応について、どのように評価することが相当であろうか。

2 地主との話し合いの助言

　A司法書士は、無料法律相談で、借地上に家を建てて居住しているという甲から、「地主から地代増額請求をされ、成りゆきで承諾したものの、増額賃料を支払わずにいたら、賃料支払の催告を受けたが、その対応をどうしたらよいか」という趣旨の相談を受けた。

　これに対し、A司法書士は、まず、「地主さんとよく話をすることをお勧めします」と助言した。地主との話し合いを勧めたことは、それ自体は適切であろう。私法上の法律関係は、私的自治の原則に支配され、当事者間で話し合いをして、合意による解決ができればそれにこしたことはないからである。地主が話し合いに応じるようなシチュエーションかどうかは不明であるが、話し合いができるのであれば、選択肢として挙げることは相当である。

　もっとも、甲のような相談者は、話がつかないから司法書士のもとに相談に来ていることが実際は多いであろう。したがって、話し合いを勧めるだけでは、

役に立たない相談だという批判がされかねない。

③ 否認することもあり得るという助言

次に、相談者の甲としては、「いや、地主さんと話をすることをお勧めしますとは言われてもなあ……」ということで、「実はこういうことを聞きたいのだ」という話をした。それが、「増額賃料を支払わないで済む方法はありませんか」という問いかけである。

これに対して、A司法書士は、「一般論としては、賃料増額の合意について証拠がなければ、これを否認することも一つの方法としてないわけではありません」と助言した。これは、俗に言えば、「証拠がなければシラを切っていい」というものである。

一般論であるという留保付きではあるが、「合意について証拠がなければこれを否認するということも一つの方法」という助言をしたことを、どのように考えるべきか。実際に賃料増額の合意をしているのに、「証拠がなければシラを切っていい」ということが一つの方法としてあり得るのか。

民事訴訟における証明の問題として、争いのある事実の証明ができなければ、その事実の存在を前提とした法律効果は生じることにはならない。しかし、相談者の甲は、釈然とはしなかったが、成りゆきであっても賃料増額について承諾しましたと述べている。すなわち、事実としては賃料増額の合意があったと自覚しているのである。したがって、それにもかかわらず、民事訴訟において、これを否認することは、民事訴訟法2条（信義誠実訴訟責務）の精神に反することになるし、また訴訟上の真実義務にも反するものである。

訴訟上の真実義務は、当事者は自己に不利なことを積極的に言うことはないが、積極的に嘘をついてはいけないという義務である。本設例の場合には、甲は積極的に嘘をつくことになるから、真実義務違反と評価されることになる。

また、司法書士が、簡裁訴訟代理または裁判書類作成関係業務を受任した場合に、事実を曲げたり、あるいは証拠がないのに作出したり、故意に証拠を改ざんするという行為は、いずれも倫理違反となる。すなわち、司法書士倫理65条は、「司法書士は、勝敗にこだわって真実の発見をおろそかにしてはなら

ない」、同 69 条は、「司法書士は、偽証若しくは虚偽の陳述をそそのかし、又は虚偽の証拠を提出し、若しくは提出させてはならない」と定めている。

そうすると、A司法書士の本件法律相談の助言は、相談者に訴訟法上の義務違反を勧めるものであるばかりか、倫理的にも重大な問題があり、不相当であるとみるべきであろう。

④ 考　察

この設例は、実際にあった無料相談における弁護士の過誤事例を素材にしたものである（《2－3》東京地判昭和 57・5・10 判時 1064 号 69 頁）。

地方公共団体主催の無料相談を担当した弁護士（登録 1 年目）が、相談者甲から設例のような質問をされて、このような助言をしたところ、甲は増額賃料の支払催告を無視して賃料不払いを続けた。その結果、甲は地主から債務不履行・賃料不払いにより借地契約を解除され、建物収去・土地明け渡し請求訴訟を提起された。そこで、甲はこの弁護士に訴訟代理を委任して訴訟追行をしたが敗訴し、自己の所有する建物を収去して、借地から立ち退かざるを得なくなった。

こうした経緯で、相談者甲は相談および訴訟追行を担当した弁護士に対して、不法行為に基づく損害賠償を請求した。弁護士の助言に問題があるのは、前記のとおりあるが、相談者も、自分に都合のいい助言を「錦の御旗」にして賃料増額合意はないと嘘をつくという戦術をとるよう弁護士に求めたのであるから、感心しない。

《2－3》判決は、結論としては、弁護士の責任はないとした。その理由は、一般論として述べられた「証拠がなければ賃料増額の合意を否認できる」旨の回答から、相談者甲が直ちに賃料不払いを決断したのは軽率であり、弁護士の回答は違法性あるものとはいえないというものである。これは、一種の救済判例であり、甲の身勝手さは法的保護に値しないと解したものであろう。しかし、現在こういうケースが出てくれば、相談者の不行き届きについて過失相殺をすることはあるとしても、弁護士に債務不履行（民法 415 条）に基づく民事責任を認めるのが相当と解される。なぜなら、相談者は、法律の素人なので、法律

専門家である弁護士の述べたことを正しいと受け止め、その助言に従う蓋然性は高いと考えられるからである[7]。

VI 相談過誤──有料法律相談における過誤

1 設 例

B司法書士は、有償の法律相談で、乙から相談を受けて、次のとおり対応した。

（第1回）

乙　私は、貸金90万円の担保として、阿部興産が振り出し、伊藤商事および内田物産が裏書したこの手形＝「受取人欄と振出日欄が白地の約束手形」（手形金額100万円）を受け取りました。ところが、阿部興産は、廃業してしまいました。約束手形の取り立てをしたいのですが。

B　白地の振出日欄を補充して、満期に手形を支払呈示すればいいのですよ。

（第2回）

乙　言われたとおりにして満期に手形の支払呈示をしたのですが、不渡りになりました。

B　裏書人に対して手形訴訟を起こすことができますよ。ただ、この手形は、受取人欄が白地になっていますね。

乙　はい。前回お見せしたとおりですが。

B　手形を呈示した後で、受取人欄を補充しても無効なのですよ。ですから、裏書人に対して手形訴訟を起こしても勝訴の見込みはないということになります。

乙　それならば、どうして、前回、振出日欄だけでなく、受取人欄も補充して、手形の支払呈示をしなさいと教えてくれなかったのですか。

---

[7] 加藤新太郎編『リーガル・コミュニケーション』99頁（弘文堂・2002）、加藤新太郎『弁護士役割論〔新版〕』96頁（弘文堂・2000）。なお、髙中正彦『判例 弁護過誤』89頁（弘文堂・2011）も参照。

B　いや……（まずかったという思いで言葉を濁す）。阿部興産に対して提訴することはできます。
　　　　また、伊藤商事・内田物産（裏書人）が手形呈示後の受取人欄の補充であることを気づかない場合には、請求がそのまま通ることもありますよ。

　　その後、乙は、本人で、伊藤商事・内田物産（裏書人）に対して手形訴訟を提起したが、被告側が支払呈示当時のマイクロフィルムを提出し、手形呈示後の受取人欄の補充であることを立証したため、敗訴した。阿部興産に対しても提訴して、これは勝訴したが、資力はなく貸金の回収はできなかった。
　　B司法書士の対応について、どのように評価することが相当であろうか。

２）１回目の法律相談

　有償の法律相談において、乙が、「私は貸金90万円の担保として、阿部興産が振り出し、伊藤商事および内田物産が裏書したこの手形を受け取りました」と述べ、B司法書士に約束手形を見せた。ところが、その手形は、受取人欄と振出日欄が白地であった。
　１回目の相談で、B司法書士は振出日欄の白地部分には気づいたが、受取人欄が白地であることを見落としてしまった。したがって、「白地の振出日欄を補充して、満期に手形の呈示をすればいい」という助言をするにとどまっている。見落としをしなければ、「受取人欄と振出日欄と両方補充して、支払呈示しなさい」と助言したはずである。そうしていれば、その後の問題は発生することはなかった。したがって、B司法書士の手形受取人欄の白地の見落としという不注意は致命的であった。

３）２回目の法律相談

　B司法書士が、「白地の振出日欄を補充して、満期に手形の呈示をすればいい」

という助言をしたので、乙はそのとおりにしたが、不首尾に終わった。

乙の再来訪時に、B司法書士は、手形受取人欄が白地になっていることに気づいた。そして、「手形を呈示した後で、受取人欄を補充しても無効であるから、裏書人に対して手形訴訟を起こしても勝訴の見込みはない」と説明したが、これは正しい説明である。

しかし、当然のことながら、乙は納まらず、「どうして、前回、振出日欄だけでなく、受取人欄も補充して、手形の支払呈示をせよと教えなかったのか」と抗議する。そこで、B司法書士は、「振出人の阿部興産に対して提訴することはできます」と答えたが、阿部興産は廃業しており、債権回収は事実上困難である。やむなく、B司法書士は、「裏書人である伊藤商事・内田物産に対し請求し、手形呈示後の受取人欄の補充であることに伊藤商事・内田物産が気づかない場合は、請求がそのまま通ることがある」旨の説明をした。

その後、乙は、伊藤商事、内田物産に対して手形の訴訟を提起したが、被告側が支払呈示当時のマイクロフィルムを提出して、手形呈示したときには受取人欄が白地だったことを立証したため、敗訴した。阿部興産に対しても提訴して、勝訴したが、廃業後であるので資力がなく、資金の回収はできなかった。

B司法書士の「被告側が気づかない場合には請求が通ることがある」旨の説明は、Ⅴの設例において、一般論として証拠がなければ云々という助言に似ている。これでは、司法書士として、1回目の法律相談での過誤を挽回しようとして、傷口を広げたことになる。

④ 考　察

この設例は、実際にあった弁護士の相談過誤事例を素材にしたものである（《2-4》広島地判平成7・7・17判タ895号153頁）。《2-4》判決では、弁護士の債務不履行責任が認められた。司法書士が、本件のような対応をした場合も同様に解される。

設例では、民事責任も生じるし、司法書士倫理上も問題になる。司法書士倫理9条は、「司法書士は、依頼の趣旨を実現するために、的確な法律判断に基づき、説明及び助言をしなければならない」と定めるが、1回目の法律相談に

おいて、B司法書士は、相談者に適切な助言をせず、同条の倫理に反していることになる。

2回目の法律相談における説明は、虚偽の証拠の作出をそそのかすものであり、司法書士倫理69条に抵触している。

したがって、この設例からは、①相談者の持参した書類については、法的観点から精査すべきであること、②虚偽証拠の提出のそそのかしは厳禁であることを学ぶべきであろう。法律相談が有償か無償かという点は、司法書士の善管注意義務に差異を生じるものではなく、相談過誤においては、その結論が異なるものにはならない点にも留意したい。

VII 受任事務の放置

1) 設 例

> C司法書士は、丙から、クレ・サラ3社に対する過払い金返還請求についての相談を受けた。このうち、2社については、丙の手持ちの証拠で計算可能であったので、提訴することを勧め、受任した。
> しかし、Cは、もう1社についても検討しようと考えて、こちらも受任したが、多忙であることもあって、手をつけないまま、放置した。そうしているうちに、この会社は民事再生手続開始の申立てをするに至った。
> C司法書士の対応について、どのように評価することが相当であろうか。

2) 受任を前提とした法律相談

C司法書士は、丙からクレ・サラ3社に対する過払い金返還請求についての相談を受けたが、この3社のうち2社については丙の手持ち証拠で計算可能であったので、提訴することを勧め、受任した。この2社について受任するのは、何ら問題はない。また、残りの1社についても受任をするところまでは別に問題はない。

しかし、C司法書士は他1社についても検討しようと考えていたが、放置し

た。その間に当該会社は民事再生手続に入ってしまうという事態が生じた。司法書士は、事件を受任したら、速やかに着手すべきであることは、委任契約上の債務である。また、「司法書士は、事件を受任した場合には、速やかに着手し、遅滞なく処理しなければならない」（司法書士倫理21条）。このように、C司法書士が受任した事件について、理由はともあれ、放置した結果、事実上債権回収をできなくさせてしまったことは、債務不履行というだけでなく、倫理上も問題がある。

3）考 察

この設例は、多数の不動産の所有権回復措置についての法律相談を受けたのにもかかわらず、一部の不動産についてしか提訴しなかったという弁護士の過誤事例を参考にしたものである（《2－5》大阪地判平成5・9・27判時1484号96頁）。弁護過誤訴訟の裁判例をみると、弁護士が事件を受任したが消滅時効にかけてしまったことで、債務不履行責任が認められている案件は相当数みられる[8]。

本件は、受任を前提にした法律相談についての過誤事例である。司法書士として、すぐ手がつけられない案件については、受任すべきではない。ただ、3社のうち2社だけ受けて、1社断るというのも、面倒なものは受けない、楽なものだけ受任するというスタンスと見られることになり、司法書士の品位（司法書士倫理3条）にかかわり、プロフェッションとしていかがなものかという評価になることはある。

司法書士としては、サラ金会社に対し、過去の取引履歴を出すよう折衝すべきであるが、仮に、判例法理[9]を知らず、取引履歴を出させるのは厄介である

8）東京地判昭和52・9・28（判時886号71頁）、東京地判平成16・10・27（判時1891号80頁）など。後者は、交通事故ケースを受任した弁護士が、高額の損害賠償金を加害者に請求できるところを消滅時効にかけてしまい損害賠償責任を負ったケースである。

9）貸金業者は、債務者から取引履歴の開示を求められた場合には、その開示要求が濫用にわたると認められるなど特段の事情のない限り、貸金業法の適用を受ける金銭消費貸借契約の付随義務として、信義則上、保存している業務帳簿（保存期間を

と考えて手をつけなかったとすれば、その点も過誤になる。つまり、法令等の精通という見地（司法書士倫理4条）から倫理上問題があるという評価もされ得るのである。

　したがって、この設例は、司法書士が民事責任にも問われるし、倫理違反であるとして処分を受ける可能性の高いケースであるといわなければならない。

経過して保存しているものを含む）に基づいて取引履歴を開示すべき義務を負い、この義務に違反して取引履歴の開示を拒絶したときは、その行為は違法性を有し、不法行為を構成する（最判平成17・7・19民集59巻6号1783頁）。

第3章 司法書士相談における倫理

I はじめに

　本章では、司法書士が相談に当たり遵守すべき倫理と実際における留意点について設例をもとに論じることにしたい。

　相談の基本型は、傾聴に始まり、結論の提示に終わる。その過程では、事実関係の整理、論点の整理、選択肢の説明（利害得失の助言）、手続の説明、費用の説明をして、結論と問題解決の方向性が示される。相談の過程において、司法書士が相談者の言いたいことを聴くことができたか、相談者の理解能力に応じた説明をすることができたか、どのような姿勢と心構えを形成して相談に当たることが相当かなどの面接技法（面接スキル）に関わる問題も大切である。もっとも、そうした事項については、コミュニケーション論やカウンセリング論からの考察をすることが不可欠となる。そこで、これらについては、他の文献[1]に譲り、本章では、司法書士の相談のあり方について専門家責任論の観点から規範的な議論を展開することにしたい。

---

1) 法律相談における面接技法については、菅原郁夫＝下山晴彦編『21世紀の法律相談―リーガルカウンセリングの試み〔現代のエスプリ415号〕』（至文堂・2002）、伊藤博「相談面接の基礎」加藤新太郎編『リーガル・コミュニケーション』63頁（弘文堂・2002）、柏木昇「弁護士の面接技術に関する研究」日弁連法務研究財団編『法と実務3』4頁（商事法務・2003）、菅原郁夫＝岡田悦典編・日弁連法律相談センター面接技術研究会『法律相談のための面接技法―相談者とのよりよいコミュニケーションのために』（商事法務・2004）、菅原郁夫＝下山晴彦編『実践 法律相談―面接技法のエッセンス』（東京大学出版会・2007）、加藤新太郎編『事項別 司法書士のための法律相談 NAVI』第1編第1章〔加藤執筆〕（第一法規・2008）など参照。

II 法律相談の倫理

1 相談の法的性質と倫理

司法書士の相談は、どのような法的性質のものと捉えることができるか。

この点については、弁護士による法律相談について、「弁護士が依頼者に対し、当該相談に対する法的助言・指導などのアドバイスというサービスを提供し、依頼者はその対価として相談料を支払うことを内容としているから、法律相談自体、委任又は準委任契約（法律相談契約）とみることができる」旨判示する裁判例（《3－1》大阪地判平成5・9・27判時1484号96頁）が参考になる[2]。司法書士による法律相談についても、その法的性質は、同様に、委任契約または準委任契約と解される。したがって、司法書士は、法律相談において、相談者が自ら問題状況を解決するための方策・手続を教えるなど、何らかの法的措置を講じるようにするために説明・助言義務がある。そして、司法書士がこの義務に違反し、その結果相談者に不測の損害を与えた場合には、法律相談契約上の善管注意義務違反による債務不履行として損害賠償義務を負うことになる。

それでは、司法書士が法律相談を行う場合、どのような倫理が要請されるか。

司法書士の行う相談業務も当然のことながら司法書士倫理が要請される。中立公正性、真摯・誠実性、法令実務の精通（コンピテンシー）、秘密保持などいくつかあるが、相談に特有のものがあるわけではない。

2 中立公正性、真摯・誠実性

司法書士は、信義に基づき公正・誠実な執務が求められる（司法書士倫理2条）

---

2) 《3－1》大阪地判平成5・9・27（判時1484号96頁）は、「弁護士が多数の不動産の所有権回復措置についての法律相談を受けたにもかかわらず、一部の不動産についてしか提訴しなかった行為、土地明渡しの仮処分申立てをしたものの、占有していると思われる者を脱漏したために目的を達しなかった行為、仮処分を受任しながら本案訴訟の提起等究極的な事件解決の方法を指導・助言しなかった行為が債務不履行とされ、弁護士に損害賠償責任が認められたケース」である。これにつき、髙中正彦『判例 弁護過誤』50頁（弘文堂・2011）。

が、これは司法書士の職責である「常に品位を保持し、業務に関する法令及び実務に精通して、公正かつ誠実にその業務を行わなければならない」という定め（司法書士法2条〔司法書士の職責〕）に由来する[3]。法律相談においても同様である。例えば、法律相談においては、「誠実に傾聴すること」は面接技法としても有益であるが、そのような真摯・誠実性は倫理としても要請されているのである。

また、中立公正性も当然のことであるが、法律相談は、一方の当事者から事情と言い分を聞き、一定の回答をするものであるから、相手方のあり得る言い分や対応を予測しつつ、助言することが不可欠となる。そのためには、相談者の言い分を何の裏づけもなく前提とするのではなく、一定の証拠・データに基づいて事実を認識することが大切である。このことが、法律相談において倫理としても要請される司法書士の中立公正性の中身である。

③ 秘密保持

司法書士には秘密保持の義務があり、司法書士法24条は、「司法書士又は司法書士であった者は、正当な事由がある場合でなければ、業務上取り扱った事件について知ることのできた秘密を他に漏らしてはならない」と定めている。これに違反した場合については、司法書士法76条に定めがあり、「第24条の規定（秘密保持の義務）に違反した者は、6月以下の懲役又は50万円以下の罰金に処する」ということになる。司法書士の守秘義務違反は、懲役・罰金が課せられる犯罪という位置づけがされているのである。

そればかりではなく、司法書士法47条により、懲戒処分も想定される。同条は、「司法書士がこの法律又はこの法律に基づく命令に違反したときは、その事務所の所在地を管轄する法務局又は地方法務局の長は、当該司法書士に対し、次に掲げる処分をすることができる。戒告、2年以内の業務の停止、業務の禁止」と定めており、そうした公法上のサンクションが科せられる。こうし

3）司法書士法2条は、司法書士倫理3条（品位の保持）、4条（法令等の精通）、5条（自由独立）の根拠でもある。司法書士倫理研究会編『注釈司法書士倫理』16頁（日本加除出版・2004）。

た司法書士法上の規範を受けて、司法書士倫理10条でも、「司法書士は、正当な事由のある場合を除き、職務上知り得た秘密を保持しなければならない。司法書士でなくなった後も同様とする」と定めている[4]。

このように守秘義務違反は、刑事罰が科せられるうえに、司法書士としての資格にもかかわる重大な倫理違反なのである。また、守秘義務違反により、民事上の責任（民法415条、709条）が生じることもある。司法書士の守秘義務の実質的根拠は、これらの規範により、依頼者が自分の秘密に属する事柄、プライベートな事柄を、安んじて司法書士に相談できることを保障するところに求められる[5]。

秘密保持は、登記申請代理の案件でも、訴訟代理を受任し、その準備をする場合にも要請される。無料法律相談などでは、相談者との信頼関係は、受任した依頼者との関係と比較すると薄いが、そうした場合にも、同じように、秘密保持義務があることに注意が必要である。

III 誤りのない回答をすること

1) 法令実務の精通

専門職はコンピテンシィを持たなくてはならないといわれるが、コンピテンシィとは、有能さという意味である[6]。これも、司法書士法2条（司法書士の職責）に根拠を持ち、司法書士には法令等に精通する責務（司法書士倫理4条）が求められる。すなわち、司法書士は、法令実務に精通して、依頼を引き受けられるだけの十分な力量を備えていることが要請される。

具体的には、勉強不足で当該法律相談そのものに対応できないレベルの司法書士がいたとすると、その司法書士が法律相談を行うことは倫理的にも問題となる。司法書士としては、当該法律相談の事実関係を認識したうえで問題の所

---

4) 司法書士倫理研究会編・前掲注3) 21頁。
5) 倫理としての守秘義務の規範の構造は、司法書士も弁護士も同様である。加藤新太郎『コモン・ベーシック弁護士倫理』104頁（有斐閣・2006）。
6) 弁護士が執務においてコンピテンシィを有することが倫理上の要請であることについては、加藤・前掲注5) 24頁。司法書士についても、このことは同様である。

在の把握、論点の分析を通じて方向性を示すことができる有能さが求められる。言うまでもなく、誤りのない回答をすることが専門職に要請されるわけである。

司法書士にそれだけの力量がない場合には、「とても自分としてはできない」と判明した段階で、相談者にその旨を知らせ、「よく知らない案件については断る」というのが、倫理的な要請である。法律専門職として、「できるものは受任するが、できないものはやらない」という当然の事理の発現である。もっとも、登記申請代理・裁判書類作成業務など司法書士法3条1項1号から5号までに定める業務については、司法書士は受任が義務づけられており、正当な事由がないときに断るのは違法となる（司法書士法21条）[7]。すなわち、不動産登記の専門家である司法書士は、例えば、登記申請代理について「力が及ばないので、やりません」と拒否するのは原則として許されない。しかし、認定司法書士が訴訟代理案件などその他の事務について、自分が自信のない依頼を断わることは、正当な事由になると解される。

自信がないまま受任して、過誤を起こして依頼者に損害を与えることを回避することは、むしろ倫理的な執務態度として評価されるのである。

２）相談に対する誤回答の民事責任

相談に対し誤回答をされたことによる損害賠償請求に関し、参考になる裁判例として、《３－２》東京地判平成21・2・19（判時2059号72頁）がみられる。

本件の相談相手は、司法書士や弁護士ではなく、税理士である。このケースは、弁護士法人が原告（依頼者）で、税理士が被告であった。

弁護士法人は、その設立に当たって「節税の観点から資本金額をいくらにしたらよいか」という質問をしたのに対し、税理士（具体的には、その事務員）が、「資本金額はいくらでもいい」と回答した。そのため、弁護士法人は、資本金額を1000万円として設立したが、資本金額が1000万円未満であれば消費税が課せられなかったのに、消費税が課せられることになった。そこで、弁護士法人が、税理士に対し、誤回答をされたことにより、資本金額を1000万円未

---

[7] 本書第10章123頁。

満にすれば課せられないで済んだ消費税相当額の損害を被ったと主張して、不法行為に基づき損害賠償請求訴訟を提起したのである。

　この判決では、相談者（弁護士）と税理士およびその事務員との面談の場面において、税理士（具体的には、その事務員）が「資本金額はいくらでもいい」という回答をした事実が認められないとして事実認定のレベルで請求が棄却された。

　本件は、相談者（弁護士）の言い分と本人尋問が信用されなかったという点でも興味深いケースであるが、相談のあり方についても示唆するところの多い裁判例である。

　まず、この税理士は、執務の相当部分を事務員に行わせていたことがうかがわれるが、事務員では対応が困難な事項やケアフルな執務が要請される場面では、丸投げ態勢では問題発生が避けられない。執務態勢として一考を要するところであろう。税理士と事務員との間において連絡・連携を緊密にとっている場合には、税理士において、依頼者の相談内容を詳細かつ正確に把握できるから、補助者を使うときには、最低限度、そのような態勢を組むべきであろう。

③ 司法書士の民事責任肯定事例

　有限会社から株式会社に組織変更するに当たって、司法書士およびその補助者の説明義務違反が肯定され、損害賠償責任が認められた事例として、《3－3》東京地判平成14・5・20（判タ1123号168頁）がある。

　このケースについて、本判決は、「司法書士の補助者であるY_1は、司法書士であるY_2に変わって有限会社から株式会社への組織変更手続について説明するに際し、Xが増資を伴う組織変更を頼んでいるのに、これと別の手続（実際に増資することなく、利益準備金を組み入れて資本金を増加させる方法）を教示し、その結果、Xらに多額の税金を負担させる結果となったが、このようなY_1の説明は不適切で、違法というべきであり、Y_1は司法書士資格を有していないのであるから、Xから増資を伴わない組織変更をして、法律上、税務上、何らの問題はないかと質問された際、これに安易に答えるのではなく、これを持ち帰りY_2に聞くなどして、後日回答するのが相当であるところ、このような手

続を採らなかった Y_1 に過失がある」と判断し、Y_1 には不法行為に基づき、Y_2 には使用者責任・債務不履行に基づき、損害賠償請求を認めた。

　背景となった事実を整理しておくと、元来有限会社から株式会社に組織変更するに当たり、増資をすることなく利益準備金を組み入れて資本金を増加させる手法をとった場合、組入額は利益の配当とみなして（いわゆる「みなし配当」）、課税の対象となっていた。ところが、平成2年の商法改正により株式会社の最低資本金が300万円から1000万円に引き上げられたことに伴い、増資の便宜を図るという観点から、時限立法で平成4年4月1日から同8年3月31日までは、「みなし配当」は非課税とされた。しかし、平成9年4月1日から同13年3月31日までは、再び「みなし配当」は課税の対象とされた。平成11年5月当時、増資をすることなく株式会社に組織変更をする場合、株主に「みなし配当」の課税がされるのに、Y_1 はこのことを知らず、Xに対し、有限会社の会社財産が1000万円以上あれば、増資をすることなく株式会社への組織変更登記が可能であると説明した。

　Y_1 は、組織変更手続の説明において、増資を伴う組織変更手続についてはまったく説明せず、もっぱら増資を伴わない組織変更手続についてのみ説明した。この点も、依頼者のニーズに適切に応じたものとは解せないところであり、あるべき相談の手法に照らして問題である。また、Y_1 は、Xに対し、「税金のことは司法書士ではなく、税理士に相談するように」との説明もしていない。専門外の事項について、不確かな知識で対応しているものであり、執務の基本姿勢に難があると評価されるべきであろう。

　このケースでも、司法書士の補助者が執務の相当部分を行っていたが、補助者では対応が困難な事項やケアフルな執務が要請される場面における執務態勢に問題があった。司法書士と補助者との間において連絡・連携を緊密にとることもなかったため、無資格の補助者の誤回答が是正されることのないまま、事務が進行し、依頼者に損害を与えたものである。このケースでは、法令実務の精通と並んで、それより以前の補助者を使う執務態勢を整備することが課題というべきであろう[8]。

8）司法書士が補助者を使う場合における執務のあり方については、本書第19章275頁参照。

Ⅳ 相談者との対応における注意事項

1) 設 例

【司法書士事務所で】
　山本認定司法書士は、A（女性）から、次のような法律相談を受けた。30分の予定のところ、相談の時間は1時間かかった。

　A「私は甲会社に途中入社しました。入社間もなく、会社の男性同僚2人から飲酒に誘われ、居酒屋に一緒に行きました。途中で1人が帰りましたが、私は残ったBと飲み続けました。私は酔ってしまい、気がついたらラブホテルに連れ込まれていて、Bから性行為を強要されました。私は大変傷つきましたが、Bは同僚であり、希望した甲会社に入社することができたばかりであったので、その件を警察に届けることはせず、上司にも報告しませんでした。
　その後、Bから誘われても断っていたのですが、そのため度々嫌がらせをされました。そこで、上司にセクシャルハラスメントとして報告したところ、Bは始末書を書かされ、私は配置換えになりました。
　Bは、私が上司に報告したことに腹を立て、その後も私の悪口を言いふらし、そのため私は他の同僚からも「暗い」と言われるなどいじめを受けるようになり、昨年退職せざるを得なくなりました。
　私は、Bに対して、性行為を強要されたことについて、甲会社に対して、従業員のセクシャルハラスメント、パワーハラスメントを放置したことについて、損害賠償を求めたいと思いますが、助言をお願いします。」

　山本司法書士は、Bに対する関係では、①性行為の強要はラブホテルという密室内で行われていること、②その出来事から3年近くたっていること、③警察はもとより上司にも告げていないため、事実を証明する客観的資料が何もないことから、性行為の強要の事実を立証することは大変難しいと説明した。さらに、Bが、仮に性関係を認めたとしても、合意のう

えであったとか、Aに落ち度があったなどと主張することが考えられ、精神的に非常につらい思いをすることもあるとも助言した。

また、甲会社に対する関係では、①上司は、Aの報告を受けてBに事実確認をしたうえで、始末書を書かせることでケジメをつけ、Aを配置換えして環境を変えていることからすると、それなりの対応をしていると評価されること、②他の同僚のいじめの内容も「暗い」と言われるという程度で、パワーハラスメントとみることは難しいと思われることなどを説明した。

そして、山本司法書士は、結論としては、訴訟を提起するよりも民事調停を申し立てることがよいと思うと助言した。

すると、相談者のAは、説明を聞いて怒り出し、「あんたには被害者の気持ちは分からない。そもそも、あんたは、この種の事件を経験したことがあるのか」とまで言い出した。

山本司法書士は、「セクシャルハラスメント、パワーハラスメント問題を扱ったことはありますが、経験豊富というわけではありません。ご希望であれば、経験豊富な女性弁護士さんを紹介します」と答えたが、Aは「紹介なんかいらない」と憤然とした様子だ。

法律相談料については、事務員が電話での予約受付の際に、30分5500円と説明していたので、実際の相談時間は1時間であったが、5500円受領した。Aは、この支払について異議を述べることはなかった。

【電話で】

山本司法書士は、Aの当面する状況に同情していたので、後味のよくない相談ではあったが、終わった後も何とか力になれないかを考えた。そして、性行為の強要を強姦刑事事件と捉えたとすると、時効があることも考慮して、被害届を少しでも早く出した方がよいことを告げようと思いついた。そこで、相談日の夕刻、聞いていた携帯電話番号に電話し、その旨の助言をした。そうすると、Aは、「あんたの相談はまったく役に立たなかったので、相談料を返してほしい」と強い口調で言い出した。山本司法書士は、その言い分は理不尽であると思ったが、あまりの激昂ぶりに嫌気がさし、とっさに「送料や実費を控除していいなら、すぐに現金書留で返金す

る」と言うと、Aは「それでいい」と述べ、自分の住所を言うといきなり電話を切ってしまった。

　山本司法書士は、3000円を返還することにし、「本来返還する必要はないのですが、あなたのような方とトラブルになり無駄なエネルギーを使いたくありませんので返金します」という内容の書面とともに、現金書留により送付した。

　山本司法書士のような法律相談に対する助言およびこれにまつわる対応は、法律専門職のパフォーマンスとして、どのように評価するのが相当であろうか。

2）法律相談に対する回答

　Aの相談の要旨は、「①Bに対しては、性行為を強要されたことに関する損害賠償請求、②甲会社に対しては、従業員のセクシャルハラスメント、パワーハラスメントを放置したことに関する損害賠償請求がしたい」というものである。この種の相談の中には、同様の事実を前提にしていたとしても、「腹立たしく、Bや甲会社に謝罪させたり、償わせようと思うが、どうしたらよいか分からない」という相談者も少なくないが、Aの相談の目的は、損害賠償請求というはっきりしたもののである。

　損害賠償請求をすることができるかという問いかけに対しては、①一般的観点から（Aの言い分を認めることができるという前提に立って）損害賠償請求をすることできるかどうかという問題と、②民事訴訟を提起することを視野に入れて、客観的証拠との関係で、事実を証明することができるかという実際的観点から、損害賠償請求をすることが可能かどうかという問題に分けて考えることが必要となる。①は実体法からの考察であり、②は訴訟法および訴訟実務を織り込んだ考察である。

　損害賠償請求の可否の観点からは、Bの行為については、(i)ラブホテルに連れ込まれての性行為を強要されたこと、(ii)その後誘われ断ると度々嫌がらせをされたこと、(iii)始末書を書かされた後も、悪口を言いふらしたことを問題とす

べきであろう。一般的観点からすると、(i)から(iii)の行為は、これらを前提とすれば、不法行為を構成するものと考えられるから、AからBに対して損害賠償請求をすることは可能である。

これに対して、客観的証拠との関係で、民事訴訟において、(i)の事実を証明することができるかという実際的観点からみて、損害賠償請求をすることが実効的といえるか。設例のケースでは、①BのAに対する性行為の強要はラブホテルという密室内で行われ、②その出来事から3年近くたっているばかりか、③Aは警察にはもとより上司にも告げていないため、事実を証明する客観的資料が何も残っていない。こうしたことを考えると、実際問題として、性行為の強要の事実を立証することは大変難しいといわざるを得ない。さらに、Bが、仮に性関係があったことを認めたとしても、「合意のうえであった」とか、「Aにも落ち度があった」などと主張することも考えられる。

そのようなことから、(i)の事実の認定は難しく、Bが事実を争うことによってAが精神的に非常につらい思いをすることもあるという山本司法書士の助言は、適切であったということができる。もっとも、(ii)の事実は、Bが始末書を書かされているから、証明することは可能であるが、(iii)の事実まで証明することができるかは分からない。Aの当面する状況に同情して味方してくれる同僚が「Bから度々Aさんの悪口を聞いたことがある」というような証言をするとか、陳述書を作成してくれるという事情があれば別であるが、そうでなければ、(iii)の事実の認定も難しいと思われる。

また、甲会社に対する関係では、一般的観点からしても、不法行為を構成するかどうかは微妙である。すなわち、第1に、上司は、Aの報告を受けてBに事実確認をしたうえで、始末書を書かせることでケジメをつけ、Aを配置換えして環境を変えている。この事実は、甲会社は、セクシャルハラスメント、パワーハラスメントに対して、それなりの対応をしていると一応は評価される。第2に、他の同僚のいじめの内容は、Bの悪口を契機として「暗い」と言われたという程度のものである。そうすると、具体的に、仲間はずれにされて仕事に支障をきたしたという事情でもあれば別であるが、これだけでは違法なハラスメントとみることは難しいように思われる。

したがって、Aの相談に対して、法的な観点からは、「訴訟を提起するより

も民事調停を申し立てることがよいと思う」という山本司法書士の助言は適切であったということができる。

３）回答に不満な相談者に対する対応

　Aは、相談の回答・助言が法的観点からは適切であったのにもかかわらず、強く反発した。山本司法書士の説明を聞いて怒り出し、「あんたには被害者の気持ちは分からない。そもそも、あんたは、この種の事件を経験したことがあるのか」とまで言った。相談内容がすこぶるセンシティブなものであるから、Aの主観においてはやり切れない思いがあることは理解できる。

　このような場合には、相談者は興奮し、感情的になっているから、司法書士としては、同じレベルで対応することは禁物である。努めて冷静になり、相談者が、どうしてこのような態度をとるのかをよく考えることが必要である。そうすると、Aが「この種の事件を経験したことがあるのか」と言うのは必ずしも司法書士の経験の有無や程度を尋ねているわけではなく、「私の気持ちを分かってくれているのか」という疑問を強調するものであると解される。だから、「セクシャルハラスメント、パワーハラスメント問題を扱ったことはありますが、経験豊富というわけではありません。ご希望であれば、経験豊富な女性弁護士さんを紹介します」と答えても、Aとしては「紹介なんかいらない」という反応を示すことになるわけである。

　このような場合には、例えば、次のような質問をしてみることが有益である。

　「どうして、（私・山本司法書士が）被害者の気持ちは分からないと思うのですか。」

　これで、Aが、「自分の気持ちはどういうものなのか」を深く考えはじめることになれば、自分の気持ちと助言内容のギャップとを語ることができるようになるかもしれない。

　Aは、損害賠償請求が認めてもらえるかどうかという問題は、二の次で、自分の受けた仕打ちの酷さを社会的に訴えたいという気持であった可能性もある。また、せめて司法書士には、自分の受けた仕打ちの酷さを認めてもらいたい（受容されたい）ということであったとも考えられる。

しかし、山本司法書士としては、この点には思い至らず、「損害賠償請求をしたい」という言葉を正面から受け止め、法的な観点からの助言をしたことから、本件のようなやりとりになってしまったという面がある。

設例のケースのように、法的な観点からの助言では不満を示す相談者に対しては、司法書士としては、なぜ相談者がそうした不満を示すのか考えて対応することが望まれる。もっとも、このような場合に、司法書士が「どうして、(私が)被害者の気持ちは分からないと思うのですか」と水を向けても、なお感情的な応答を継続する相談者もみられないでもない。

④ その後に電話をしたことの評価

山本司法書士が、その後に、Aに電話をしたことはどのように評価されるか。相談者のことをよく考えて執務に当たっている誠実な専門家とみられるか。それとも、別の見方がされるか。

相談者が帰ってしまえば、それで終わりで、頭を切り替えて、次の仕事をしていく司法書士よりも、その後も何とか力になれないかを考えて、思いついた有益な事柄について情報提供するのは良心的であるようにも思われるかもしれない。しかし、相談者との間で、さらに調査して追加の助言をするという約束をした場合を除いて、その後に電話をして、追加の助言をすることは避けた方が賢明である。

このような電話をすることは、もちろん場合により、さらには相談者のパーソナリティによっては感謝されることもないとはいえない。しかし、そうしたことよりも、相談者は「なぜ、相談の時に、そのような助言をしてくれなかったのか」と司法書士の能力に対する不信を抱くことが少なくない。そればかりか、「自分にその件を依頼していただければ、上手くやりますよ」とアピールしているように受け止められ、営業をかけてきたと思われるおそれもある。したがって、相談後に電話をするのは、一回的な相談者に対しては原則として避けるべきである。相談時に集中して過不足のないクオリティの高い助言をすることに全力を尽くすのが基本である。

山本司法書士は、設例では、主観的には親切心で電話をしたと思われるが、

3年近くも前の性行為の強要を強姦刑事事件として被害届を出した方がよい旨の助言は、ややピントがずれている。この種の事柄は、被害直後であれば、警察も動くが、古い出来事であるし、損害賠償請求の前提として被害届を出すということが分かれば、事情は聞いてくれるとしても、被害届としては受け付けないこともあり得る。そして、Aは、これまで被害届を出すことをしてこなかったのであるから、ここでそうする気持ちになるとは思えない。そのような検討が十分であったか疑問である。そうしたことから、設例でも、「あんたの相談はまったく役に立たなかった」とAに立腹されてしまったということであろう。

5) 相談料を返すことにしたことの評価

それでは、かけるべきではない電話をした挙句、「あんたの相談はまったく役に立たなかったので、相談料を返してほしい」と言われ、「送料や実費を控除していいなら、すぐに現金書留で返金する」と返答したことについては、どのように評価されるか。

Aの言い分は、客観的にみれば理不尽極まりないものである。相談に対する解答は、Aには不満であったとしても、相応の内容のものであった。相談料を支払う合意も事前にしている。したがって、本件の場合に、山本司法書士が相談料を返す必要はもちろんない。「相談料を返してほしいと言われても、そういうわけにはいかないのですよ」と丁寧に説明して納得してもらうようにすべきであった。

しかし、山本司法書士は、Aのあまりの激昂ぶりに嫌気がさし、返金する旨の返答をしてしまった。そうすると、「送料や実費を控除して現金書留で返金する」という合意がされたと考えられる。そうした約束をしてしまった以上、相談料一部返還の合意が形成されたことになるから、山本司法書士としては、これを履行すべきであると考えられる。もっとも、この場面は「売り言葉に買い言葉」の応酬にすぎないのであって、返金の合意とみるべきではないと解する余地もないわけではない。ただ、山本司法書士は法律専門職であるから、素人と同じような弁明をすることは躊躇われるところである。

それでは、設例のような経過があったとして、いくら返したらよいのか。これは、なかなか難しいところがある。というのは、本来、相談料は「30分5500円」であるところ、Aの実際の相談時間は1時間であったにもかかわらず、30分の料金分である5500円しか受領していないからである。この場合に、実費等をいくらとし、いくら返還するかは一義的に決まらないが、設例のような経過をたどった以上、問題を残すことないよう全額を返還することも一つの考え方であろう。

6 倫理的観点からの考察

設例は、いくつかの実例を組み合わせ、解説の便宜を考えていくらか脚色もしており、単一のモデルに依拠するものではない。

弁護士に相談するケースでは、相談をしようとする者が弁護士の専門分野を知るために、弁護士会のホームページに設置されている検索欄（例えば、「ひまわりサーチ」）に当該弁護士が重点取扱業務として掲げる分野を参考にすることが少なくない。司法書士への相談についても、事務所のホームページで得意分野を掲げている場合には、相談者が専門家と考えて法律相談をすることがあると考えられる。そこで、司法書士が自分の専門分野・得意分野を表示する場合において、従前の経験はないが、「これから得意分野にしたい」というものを掲げることは倫理的にどのように評価されるかという問題が生じる。司法書士倫理の観点からは、当該分野の経験が実際には乏しい（ない）のにもかかわらず、これがあるように装い宣伝することは、品位保持の面において問題にされるように思われる[9]。

さらに、設例において相談料を返還する際、通知書に、「本来返還する必要はないのですが、あなたのような方とトラブルになり無駄なエネルギーを使いたくありませんので返金します」旨の書面を同封したことは、どのように評価

9）広告宣伝について、司法書士倫理16条は、「司法書士は、不当な目的を意図し、又は品位を損なうおそれのある広告宣伝を行ってはならない」と定めている。「品位を損なう」とは、司法書士の職業的名誉や信用を傷つけることをいうと解されている。司法書士倫理研究会編・前掲注3）25頁。

すべきであろうか。

　前段はそのとおりであるし、後段も山本司法書士の正直な気持ちであろう。「売り言葉に買い言葉」という形で書かれたとみることもできる。しかし、相談者は、自分の人格を傷つける内容であると受け止める可能性がある。その意味では、書面の内容は措辞不適切との誹りは免れない。このような書面は同封すべきではなかった。しかし、本件書面を送付するに至った経緯、事情等を考えるならば、司法書士として品位を失うものとまで評価することは酷であろう。

第4章 必要書類保管義務

I はじめに

　本章から、司法書士の登記申請代理における執務のあり方について、主として裁判例を素材にして、考察していくことにしたい。司法書士の専門家責任が問題とされるケースは、司法書士の業務の総量と比較すると多いとはいえない。

　裁判例が少ない理由は、いくつかあるが、第1に、そもそも司法書士が依頼者から職務過誤により責任追及される事例が少ないことによると考えられる。これには、司法書士による職務過誤そのものが少ないこと、仮に職務過誤があっても、依頼者が司法書士に対して民事責任を追及しようとはあまり考えないことの両方があろう。前者は、わが国の司法書士の有能さを示すものといえるが、後者は、いわゆる裁判嫌いの国民性ということから説明されるかもしれない。しかし、詐欺的な不動産売買により被害を受けた当事者が、騙した相手方とともに、登記申請代理において不手際のあった司法書士を被告にして損害賠償請求をするケースは増加傾向にある。これには、司法書士の職業責任賠償保険をアテにしているものが少なくない。

　第2に、裁判例が少ない理由として、職務過誤責任追及訴訟が提起されても、職業責任賠償保険が付されている場合には、和解による解決が少なくないことも挙げられよう。

　第3に、被告とされる司法書士の見通しが適切であり、事案に適合的な和解に赴くことが少なくないことも考えられる。

　司法書士の登記申請代理における執務のあり方を問題にする裁判例は、司法書士に課せられている専門家責任規範を明らかにするものであるから、これを正確に理解し、咀嚼しておくことが求められる。改めて足元を見つめ直すという効用もあると考えられる。

II 登記申請代理における善管注意義務

1) 善管注意義務の内実

　司法書士が不動産登記申請代理をする場合における規範は、善管注意義務であり、これが各場面によって、さまざまなバリエーションをみせることになる[1]。

　これを敷衍すると、司法書士は、当該登記申請に必要な書類を作成し、取り揃え、これによって登記申請行為をすべきものであるが、その際、依頼者の指示どおりに執務すれば足りるというものではなく、依頼の趣旨にそって、登記の専門家として備えていてしかるべき知識・情報・経験・技能に基づき適切な裁量をもって、公正かつ誠実に登記申請にかかる事務を行うべきであり、必要とあらば登記必要書類の真否・登記申請意思の存否等について相応の手段・方法による調査・確認、さらには依頼者に対して適宜な説明・通知・指示・助言などをすべきものである[2]。

2) 善管注意義務の類型

　登記申請手続の流れにそって、司法書士の善管注意義務をみると、次のようにまとめることができる。このうち、登記申請手続履践義務などは本来的給付義務であるが、説明義務などは付随義務である。

① 登記必要書類を指示して、持参するよう促すべき義務
② 登記書類保管義務
③ 登記書類調査義務
④ 登記申請意思調査・確認義務
⑤ 本人同一性確認義務
⑥ 説明・助言義務
⑦ 登記申請手続履践義務

---

1) 加藤新太郎編『判例 Check 司法書士の民事責任』6頁（新日本法規・2002）。
2) 山崎敏彦「司法書士の責任」川井健＝塩崎勤編『新・裁判実務大系(8) 専門家責任訴訟法』112頁（青林書院・2004）。

⑧ 登記識別情報の通知義務

　また、合意規範である善管注意義務とは別系統である関係規範から生じる、依頼に応じる義務に関する裁判例もみられる。

③　裁判例の傾向

　裁判例を素材にして、不動産登記申請代理における司法書士の責任が追及されるケースについて考察すると、全体として、次のような特色を指摘することができる。
　第1に、現象面からみると、司法書士が不動産登記申請代理をする場合において、民事責任が認められるケースが漸増してきているといえる。司法書士の専門家責任の厳格化が進行しているのである。
　第2に、司法書士の専門家責任が肯定される裁判例がみられることは、司法書士の中に善管注意義務を欠く執務がみられることを例証するものである。
　第3に、それだけでなく、司法書士の執務の前提となる基盤に変化がみられることも、専門家責任の厳格化の背景にあるとみられる。
　司法書士は、従来、権利変動など法律関係の実体にはかかわることなく、もっぱら登記申請という手続に形式面でかかわるものであるという（いわゆる代書業のイメージ）理解がされていた。山野目章夫教授は、不動産登記申請代理において契約当事者間の実体的権利関係が既に形成されていることを前提にして、司法書士が、実体的権利関係の内容を最小限の範囲で確認し、そこで得られた認識をもって法律判断をあまり加えることなく、所要の書類作成および手続を進めるという形態を「業務の形式的処理モデル」と呼ぶ。
　しかし、司法書士の執務においてこのような「業務の形式的処理モデル」をもってしては、依頼者の権利・法益を十分守ることが困難になりつつある。登記権利者と登記義務者との間において、ある時点で利害が対立する事態が生じることがあるし、司法書士を不正に利用し、詐欺的な手段により利得を図ろうとする依頼者がいるという現実がある[3]からである。

　3）司法書士を不正に利用し、詐欺的な手段により利得を図ろうとする依頼者としては、例えば、登記済証その他関係書類を偽造して、土地の所有権移転登記申請手続の代

そうであるとすると、司法書士は、契約当事者間の実体的権利関係を積極的に確認し、それが未だ形成されていない部分について、司法書士自身の法律的判断に基づいてその形成に専門的助言を与えることを役割としなければ、依頼者の権利・法益を保護することができない。すなわち、司法書士は、法律実務家として、応分の役割を果たすことが規範的に要求されるようになっているのである。山野目章夫教授は、司法書士が、法的判断を加えて、書類の作成や登記申請手続をする場合にも実質的確認をしていくような執務の形態を「業務の実質的処理モデル」という。このように定式化すると、専門家責任の裁判例の考察の結果からは、司法書士の執務のあり方として、「形式的処理モデル」から「実質的処理モデル」にシフトすべきであることを示唆しているということができるのである[4]。

　第4に、このことは、司法書士の義務の高度化と広範化を意味するとともに、その役割の実質化を含意する。司法書士は、依頼者に対する関係において、後見的な関わりをすることが必要になってきているとともに、依頼者性善説に立って執務をしていけばよいという時代ではなくなっていることを認識すべきであるといえよう。

III　司法書士の必要書類保管義務

1）リーディング・ケースとしての必要書類保管義務違反事例

　司法書士の専門家責任を認めた最高裁判例のリーディング・ケースとして、登記関係書類の返還に当たっての注意義務に関する《4－1》最判昭和53・7・10（民集32巻5号868頁）がある。

　このケースの論点は、「司法書士は、登記義務者に登記関係書類を返還するに当たり、登記権利者の同意を得る義務があるか」というものであった。

　　理を依頼するようなケースが、その典型である。《8－2》東京地判平成13・5・10（判時1768号100頁）。
4）山崎敏彦＝山野目章夫＝齋藤隆夫＝井上繁規＝加藤新太郎〔司会〕「〔座談会〕司法書士の職務と民事責任」判タ1071号14頁〔山野目発言〕（2001）。

この論点について、《4－1》判決は、「司法書士が登記権利者及び登記義務者双方から登記申請手続の委託を受け、その手続に必要な書類の交付を受けた場合においては、登記申請手続の完了前に登記義務者からこの書類の返還を求められても、登記権利者に対する関係では、同人の同意があるなど特段の事情のない限り、その返還を拒むべき委任契約上の義務がある」と判示した。司法書士の登記書類保管義務の内実について明示したものである。

司法書士が、登記権利者に同意を求めるためのコミュニケーションを図れば、登記義務者と登記権利者の利害が対立していることが判明し、登記権利者としては「書類を返還されては困る」という意向があることが確認できたといえようから、そのような調査・確認義務の一つのバリエーションであると位置づけることもできる。

2) 事案のアウトライン

X_1・X_2（本件土地の買主）とAは、Bとの間でBから各土地を買い受ける旨の売買契約を締結し、後にAは、X_3に対し買主の地位を譲渡した。Xらは、それぞれ手付金を支払ったうえ、買主の権利を保全するため、各土地につき、Xらを登記権利者、Bを登記義務者とする（旧）不動産登記法2条1号の仮登記手続をすることとした。そして、Bや売買契約の仲介者らを同行して、司法書士Yの事務所を訪れ、Yに対し、上記仮登記申請手続を委任し、Xらの印鑑証明書、委任状等の必要書類を交付した。Yは、これら必要書類やBの印鑑証明書等を確認して受領したうえ、「書類は完備している。1週間後に登記済証を渡す」などと述べて同手続の委任を受け、手数料を受領した。

10日ほど後、仲介者らが登記済証を受け取るためYの事務所を訪れた。ところが、Yは、その1週間ほど前、Bから、「他の物件の登記をするため印鑑証明書等が必要となった。2、3日したら新しいものを持参する。Xらの承諾は得ている」と聞いてこれを信じ、Bに対し関係書類を返還してしまい、仮登記手続をしていなかった。

Xらは、Bの行為は詐欺に等しいとして手付金の返還を請求したが、すでにBは倒産して私的整理に入っており、各土地は第三者に対する所有権移転登記

がされていた。

そこで、Xらは、Yに対し、①登記義務者に必要書類を返還するに当たっては、登記権利者の同意を得る義務があるのにこれを怠り、②仮に同義務がないとしても、登記権利者の同意なくして返還した場合には速やかにこれを報告する義務があるのに怠ったと主張して、手付金相当額（ただし、配当金額を控除）の損害賠償を求めた。

第一審（大阪地判昭和48・11・26民集32巻5号875頁）、第二審（大阪高判昭和50・9・23民集32巻5号884頁）ともに請求棄却。そこで、Xらが上告した。

3）原判決の概要

「売買契約の当事者は売買契約に基づく履行の関係として、登記権利者、登記義務者の関係に立ち、登記手続をする旨の合意をして、同一の司法書士に登記手続の委任をするのが一般である。しかし、当事者双方間の合意と当事者双方と司法書士との間の委任契約とは、三者間に特段の約定がなされない限り、運命を別にし、司法書士はその合意に左右されるものではなく、委任契約に拘束されるだけである。さらに、登記権利者、司法書士間の委任関係と登記義務者、司法書士間の委任関係とは、三者間の特段の約定のない限り、単純に併存しているにすぎないのであって、ただ司法書士（受任者）が登記手続を行う時点までこの二つの委任関係が併存していなければ当該司法書士は登記手続を代理することができないという関係にあるという点では、二つの委任は無関係でないといえるが、そのほかに一方の委任関係が他方のそれによって制約を受けたり、運命をともにしなければならなかったりする関係にはないものと解すべきである。そして、委任契約は当事者間の信頼関係に基づくものであるから、特段の事由がなくても、委任者は民法651条により委任契約を解除できるのであり（ただし、委任が受任者の利益をも目的とするときは格別）、他方の委任契約の委任者の同意を要するものではなく、他方の委任者に無断で解除することが双方の委任者間の前記合意の違反になることがあっても、このことは受任者に対する解除の効力に影響を与えるものではない。

本件では、BからYに対し、後日新しいものを持参するといって必要書類の

返還を求めたのであるから、外観上は単なる差し替えのための返還要求であって、登記手続委任契約の解除の意思表示があったものとはいえないかもしれないが、委任者であるＢは、いつでも受任者であるＹに対し委任契約を解除できるのであるから、このような解除権を有する者から後日の差し替えを理由に必要書類の返還を要求された場合には、受任者がこれを拒み得る理由はないといわなければならない。」

4）本判決の概要

《４－１》判決は、「①売主である登記義務者と司法書士の間の登記手続の委託に関する委任契約と②買主である登記権利者と司法書士との間の登記手続の委託に関する委任契約とは、売買契約に起因し、相互に関連づけられ、①は、登記権利者の利益をも目的としているというべきであり、司法書士が受任に際し、登記義務者から交付を受けた登記手続に必要な書類は、同時に登記権利者のためにも保管すべきものというべきである」としたうえで、「司法書士が登記権利者及び登記義務者双方から登記申請手続の委託を受け、その手続に必要な書類の交付を受けた場合においては、登記申請手続の完了前に登記義務者からこの書類の返還を求められても、登記権利者に対する関係では、同人の同意があるなど特段の事情のないかぎり、その返還を拒むべき委任契約上の義務がある」と判示して、Ｙの債務不履行責任を認め、原判決を破棄して審理を大阪高裁に差し戻した[5]。

5）考　察

《４－１》判決において、司法書士が登記義務者と登記権利者の双方から登記申請手続の委任を受けた場合に、二つの委任契約が成立するという考え方は、

---

[5] 評釈・解説として、榎本恭博「解説」最判解説昭和53年度283頁（1982）、中井美雄「判批」民商80巻6号96頁（1979）、高島平蔵「判批」判評244号18頁（判時922号148頁）（1979）、大島俊之「判批」法時51巻5号122頁（1979）、石田喜久夫「判批」判タ臨増390号86頁（1979）、木茂隆雄「判批」ジュリ臨増693号76頁（1979）。

原判決と変わらない。しかし、登記義務者と司法書士の間の委任契約が登記権利者の利益をも目的としていることに着目し、相互に強い関連性を有するとしたところに決定的な違いがある。委任契約は、各当事者が原則としていつでも解除することができる（民法651条）が、登記義務者と司法書士の間の委任契約が登記権利者と司法書士との間の委任契約と相互に関連づけられ、前者が登記権利者の利益をも目的としている以上、登記権利者の同意があるなどの特別の事情がない限り、任意に解除することは許されないと解される[6]から、司法書士としては、登記義務者から必要書類の返還を要求された場合であっても、これを拒絶するのが相当と解されるのである。これが原審判決を破棄した主な理由となったものである。

　本件のような問題状況を実質的観点から観察した場合、司法書士が、預かった不動産登記関係書類を登記義務者である売主に返還したら、第三者に不動産が処分されるなどのリスクが想定され、ひいては、登記権利者である買主の求める所有権移転登記ができなくなるおそれがある。本判決の上告理由では、司法書士が登記義務者から必要書類の返還要求に応じることが容易に許されることになると、世上一般に行われている不動産取引において、司法書士に安心して登記手続を委任することができなくなるとして、上記の危惧が表明された。登記の専門家である司法書士としては、このようなリスクにも配慮して、登記義務者から必要書類の返還要求があった場合には、少なくとも登記権利者に意向を確認すべきであろう。

　司法書士の専門家責任としては、登記関係書類を申請代理のため預かった限り、それが登記義務者から預かったものであり、当の登記義務者から返還の求めがあったとしても、そのことを登記権利者に対し確認し、または、その承諾を得ないで漫然と返還してしまった場合には、原則として、その後登記権利者の側に生じた損害について賠償責任を負うことになる。

　《4－1》判決は、その後の裁判例（《4－2》名古屋地判昭和57・2・10金判643号42頁、《4－3》大阪地堺支判昭和60・3・7判時1166号123頁など）で、同旨の判断が示されていることから明らかなように、リーディングケースとし

---

6) 榎本・前掲注5) 290頁。

て機能している。

　《4−2》は、登記義務者と登記権利者の双方から登記申請手続の委任を受けた司法書士が、登記義務者から登記関係書類の返還を求められた場合に、これを拒むべき義務があったとして、登記権利者からの司法書士に対する、委任契約上の債務不履行に基づく損害賠償請求が肯定された事例である。

　《4−3》は、「後に条件が整えば土地の所有権移転登記申請の委任をする予定で、司法書士が売主から登記関係書類を預かり、登記権利者である買主からは委任状が交付されておらず、登記費用の授受がされていないが、買主に預り証を発行した場合において、売主の求めに応じて登記関係書類を返還したことは、買主に対する書類保管義務違反による不法行為を構成し、司法書士は、その損害を賠償すべき責任がある」と判示したものである。

　《4−1》の判例の考え方が定着した結果、司法書士は、実務上、登記義務者から書類の返還を求められても、これを拒否する根拠を得た[7]。

　《4−1》判決から、司法書士の執務のあり方として何を学ぶべきであろうか。

　登記義務者と登記権利者の双方から登記申請手続の委任を受けた司法書士としては、登記義務者から登記関係書類の返還を求められた場合には、①両者の利害が対立した状況になっているのではないかを考え、②登記関係書類の返還をしたときには、どのような事態が想定されるかに思いを至し、③不利益を被る可能性のある相手方の意向を確認することなしには、これに応じることはできないことを学ぶべきである。

---

[7] 山崎ほか・前掲注4）16頁〔齋藤隆夫発言〕。

第5章 登記義務者と登記権利者との利害対立の洞察[その1]

I 登記申請における登記義務者と登記権利者との利害対立

　第4章では、司法書士が登記関係書類の返還に当たって要求される注意義務に関する《4－1》最判昭和53・7・10（民集32巻5号868頁）を考察した。これは、司法書士が、「登記義務者と登記権利者の双方から登記申請手続の委任を受けた場合において、登記義務者から登記関係書類の返還を求められたときには、登記権利者の同意を得る義務がある」という規範を定立するものであった。司法書士に、このような注意義務が要求される背景には、登記義務者と登記権利者との利害が対立していることがあるからである。

　そもそも登記申請代理は、登記権利者と登記義務者双方の意向を受けて行われるものであり、円滑に執務が遂行されるのが通常であり、登記権利者と登記義務者の利害対立が顕在化することは少ない。そうしたことから、登記申請代理においては双方代理が許されてきたのである。本章では、登記申請代理において双方代理が許されてきたことの意味合いを振り返り、《4－1》判決について、司法書士の専門家責任を民法651条1項の委任契約の任意解除と関連づけて理解すべきかどうかを考える。そして、登記義務者が単独で委任契約を解除することができる特段の事情について判示した裁判例をみることにする。さらに、登記義務者と登記権利者との利害対立がみられる場合に、そのこととの関係において、司法書士の注意義務が、どのような内容のものとして具体化するかについて考察する。こうした考察を通じて、《4－1》判決に対する理解を深めることにしたい。

II　登記申請代理の特色

1　双方代理の禁止の原則

　登記申請代理については、双方代理が許されてきたが、一般的に、双方代理は禁止されている。

　双方代理とは、甲が、例えば、不動産の売買契約に関して、売主Aと買主Bの両方の代理人になることである。Aの代理人である甲が、Bの代理人である甲との間で、売買契約を締結するわけである。民法108条は、このような双方代理の禁止を定めている。甲としては、Aの利益を図ろうとして、売買代金を高く設定しようとすると、Bの利益を害することになる。逆に、Bの利益を図ろうとして、売買代金を安く設定しようとすると、今度はAの利益を害することになる。代理人は、もっぱら本人の利益のために行動する義務（忠実義務）があるが、このような場合には、定型的に、忠実義務が全うされない危険がある。代理人が、このような利益相反状態におかれることを避けるために、双方代理は禁止されるのである[1]。

　代理人は、そもそも双方代理を行う代理権を有しないと考えられる。したがって、代理人甲が、双方代理の禁止に違反した場合は、無権代理になる。そうすると、本人は追認（民法113条、116条）することができる。民法108条は、本人の利益を保護するものであるから、AおよびBが、甲のした双方代理の売買契約について、その代金額を含めてリーズナブルであると考えて、追認した場合には、本人であるAおよびBに効果が帰属するのである。

　双方代理の禁止の例外としては、①債務を履行する場合、②本人が許諾している場合がある（民法108条但書）。すでにある債務の履行に関しては、本人を害することがない（①）し、本人が許諾している場合（②）には、その限りで本人の利益は問題にならないからである。

---

1) 我妻栄『新訂 民法総則』342頁（岩波書店・1965）、加藤雅信『新民法大系Ⅰ 民法総則〔第2版〕』305頁（有斐閣・2005）、河上正二『民法総則講義』449頁（日本評論社・2007）、山本敬三『民法講義Ⅰ総則〔第3版〕』366頁（有斐閣・2011）、中舎寛樹『民法総則』303頁（日本評論社・2010）、能見善久＝加藤新太郎編『論点体系 判例民法1 総則』212頁〔細野敦〕（第一法規・2009）など。

民法108条の趣旨は、代理人が本人の利益を犠牲にして利益相反行為をすることを禁止したものであると解されるから、実質的利益相反行為にも類推適用される。すなわち、①実質的自己契約、②代理人選任の事前委託などが、実質的利益相反行為である[2]。①は、例えば、代理人が自分の妻と契約を締結する場合である。代理人が経済的基盤を同じくする妻を契約の相手方としているため、実質的に自己契約に相当すると解されるのである。②は、相手方が本人から代理人の選任を事前に委託されている場合である。相手方が自分に都合のよい者を代理人に選任するようなことがあれば、本人の利益が害されるおそれが強いといえるから、これも禁止されるのである。

２　登記申請代理

　このような双方代理の議論状況の中において、登記申請代理については、学説・判例ともに、一人の司法書士が登記権利者・登記義務者双方の登記申請代理人になることを許容している。問題は、「なぜ双方の登記申請代理人になることが許容されるか」である。

　まず、登記先例は、古くから、登記申請についての双方代理は「債務ノ履行ニ準スヘキモノナルヲ以テ」許されるとしてきた[3]。

　判例は、同一人が登記権利者および登記義務者の双方を代理して登記申請行為をしても、民法108条ないしその法意に違反しないとする（最判昭和43・3・8民集22巻3号540頁、大判昭和19・2・4民集23巻42頁）。その理由は、①登記申請行為は、国家機関に対して一定内容の登記を要求する公法上の行為であって、民法上の法律行為ではなく、また、②すでに効力を発生した権利変動につき法定の公示を申請する行為であり、登記義務者にとっては義務の履行にすぎず、登記申請が代理人によってなされる場合にも代理人の申請によって新たな利害関係が創造されるものではないというところにある。すなわち、登記申請行為の法的性質論（公法上の行為、非法律行為）およびその実質的性質論（義務履行）を、その理由とするのである。

[2] 山本・前掲注1）368頁。
[3] 大正9・5・4民事1307号民事局長回答先例集上454頁。

学説も、登記先例および判例に同調する。例えば、「登記申請行為は私法上の行為ではないから、民法の代理の規定の当然の適用はない。かつ、登記申請は当事者間に新たな実体法上の利益交換を生ずるものではないから、これに仮に民法108条を類推適用するとしても、『債務ノ履行』に準ずるものとして、同条但書に該当する場合というべきである」とする見解[4]が、代表的なものである。

　ところが、近時、登記申請代理は、狭義の登記過程では双方代理の形式で行われるが（これは、法的に許容される）、広義の登記過程では、代理人が一人しか選任されていない場合であっても、実質的には取引当事者の一方のみの代理人となる（したがって、そもそも双方代理にはならない）とする見解[5]がみられる。登記権利者代理人説と呼ばれる見解である。これに対して、司法書士は、登記権利者・登記義務者双方の受任者として事務処理をするが、それは中立的な法律専門家として公正誠実に執務するものと信頼する委任当事者の意思に基づき、義務履行の一環として嘱託がされるものであるとして、登記義務者に対して何らの（契約）責任を負わないことになる登記権利者代理人説は相当でないと批判する見解[6]もみられる。

　この論争は、登記申請における双方代理の許容性について、どのように説明するかという性質のものである。登記権利者代理人説は、緻密な分析を基にしたものであるが、判例の説くところも説得的であり、登記権利者代理人説に対する批判説もよいところを突いている。したがって、登記申請代理は、実務的にも、理論的にも、登記申請行為の法的性質論（公法上の行為、非法律行為）と実質的性質論（義務履行）を根拠とする双方代理禁止原則の例外であると考えるのが相当であろう。もっとも、判例が双方代理を許容する理由は、確定的に権利変動が生じ、利益相反状態が解消された後の受任であるという点にあるか

---

4) 幾代通=徳本伸一『不動産登記法〔第4版〕』102頁注(3)（有斐閣・1994）、於保不二雄編『注釈民法(4)』86頁〔椿寿夫〕（有斐閣・1967）など。
5) 住吉博『不動産登記と司法書士職能』87頁以下（テイハン・1986）。
6) 山崎敏彦『登記代理委任契約論』38頁（一粒社・1988）。なお、いわゆる「登記代理論」は歴史的意義はあるものの、現時点では、登記申請委任契約と法的性質決定をしたうえで、司法書士は代理権を授与されてこれを行うものと解することで足りると考える。いわゆる登記代理論については、石谷毅=八神聖『司法書士の責任と懲戒』12頁～32頁（日本加除出版・2013）参照。

ら、確定的に権利変動が生じていない場合の登記申請の依頼には司法書士としては、慎重に対応することが要請されるといえよう。

　登記申請代理は、比喩的に言えば、登記権利者および登記義務者の双方から、「ありがとうございました」と感謝される業務なのである。ところで、司法書士は、こうした利害調節型ともいうべき登記申請の双方代理に慣れてしまうことにより、二つの傾向が生じやすい。第1は、双方代理的業務が日常的になることで、ともすると利益相反の判断が甘くなることである[7]。第2は、一方の当事者のために闘うという党派的役割を有する訴訟代理人としての活動が適切にできにくくなることである[8]。簡裁訴訟代理権が認定司法書士に付与された現在、これらの点に十分留意することが必要であろう。

III　登記義務者による委任契約の任意解除との関連

　《4−1》判決をめぐって問題となったのは、司法書士の責任を民法651条1項の委任契約の任意解除と関連づけて理解すべきかどうかであった。この論点については、二つの考え方がみられる。

　第1は、①登記義務者が司法書士との委任契約を解除することができるかどうかの問題と②司法書士が登記義務者から交付された必要書類を返還することが登記権利者との関係で債務不履行になるかどうかの問題とは結び付けて考える必要はないとする見解[9]である。この見解は、登記義務者から書類の返還を求められても、司法書士としては、登記権利者の意思を確認し、または遅滞なく登記権利者に連絡するなどして、登記権利者に損害を及ぼすことのないよう配慮すべき義務があると考える。それは、登記権利者・登記義務者の双方から

---

7) 加藤新太郎＝馬橋隆紀『簡裁訴訟代理と手続の基本〔簡裁民事実務NAVI 第1巻〕』96頁〔加藤〕（第一法規・2011）、加藤新太郎「第15回日司連中央研修会レポート—訴訟制度における代理」月報司法書士348号70頁。
8) 新堂幸司「明日の司法書士像」同『司法改革の原点』59頁（有斐閣・2001）、新司法書士法施行50周年記念シンポジウム「司法制度改革と司法書士」月報司法書士348号55頁〔新堂幸司発言〕。
9) 高島平蔵「判批」判評244号18頁（判時922号148頁）（1979）、中井美雄「判批」民商80巻6号96頁（1979）。

登記申請事務を依頼されている司法書士の善管注意義務であり、それを怠れば委任契約上の債務不履行と評価され、登記義務者と司法書士との間の委任契約の解除の有無にかかわらないものと解するのである。

　第2は、司法書士の債務不履行責任は、登記義務者との間の委任契約の解除の可否を前提として判断する見解[10]である。これが、《4－1》の採用した考え方であった。すなわち、登記義務者と司法書士の間の委任契約が登記権利者と司法書士の間の委任契約と相互に関連づけられ、前者が登記権利者の利益をも目的としている以上、民法651条1項の規定にもかかわらず、登記権利者の同意があるなどの特段の事情がない限り、解除することができないから、司法書士としては、登記義務者から必要書類の返還を要求された場合であっても、これを拒絶することができると解するのである。

　司法書士は、《4－1》のケースにおいては登記権利者・登記義務者の双方から登記申請事務を依頼されている。司法書士の専門家責任の法的枠組みの観点から、この議論をみると、両説とも、登記権利者・登記義務者双方との委任契約の関係を考慮したうえで責任を規律しようとしている点は共通している。もっとも、専門家責任の基礎づけとしては、第1の見解がよりストレートであるのに対して、第2の見解は、契約法理である民法651条1項の規定を意識することによって、より精緻な契約の解釈論となっていると解される。もっとも、第1の見解においても、登記義務者が司法書士との委任契約を解除することができるかどうかの問題を別途考えるというのであるから、その限りで、両者の違いは、相対的なものとはいえよう。

　《4－1》の考え方からすると、登記義務者が司法書士との委任契約を単独で解除することができる特段の事情があるのは、どのような場合であるかが問題となる。より具体的にいえば、「登記権利者の同意があるなど」と説示しているが、その他の場合にも特段の事情があるといえる場合があるかという問題である。

---

10) 榎本恭博「解説」最判解説昭和53年度311頁（1982）、大島俊之「判批」法時51巻5号123頁（1979）。

IV 登記義務者による単独での委任契約の解除

1) 総　説

　判例のいう登記義務者が司法書士との委任契約を単独で解除することができる特段の事情には、「登記権利者の同意がある」場合以外に、どのような場合があるかに答えたのが、《5－1》仙台高判平成9・3・31（判時1614号76頁、判タ953号198頁）[11]である。

　これは、司法書士の専門家責任が問題とされたものではなく、登記義務者による委任契約の解除の有効性および登記の効力が争点とされたケースであった。このケースでは、司法書士が登記義務者と登記権利者双方から登記申請代理を依頼されたところ、登記義務者が一方的に委任契約を解除した後に、司法書士が登記手続をした場合について、登記義務者による上記登記の抹消登記請求を認めたのである。

2) 事案のアウトライン

　X（実際には複数であったが単純化して1名として表示）は、所有する土地の一部をA社に売却しようとしたが、契約書を作成する際、立ち会ったY社従業員Bらに言われるままに、根抵当権設定契約証書、担保提供承諾書および登記委任状に署名し、Bが押印を代行した。Xは、すぐに不審に思い、立会司法書士Cらに問い合わせをし、弁護士名で「本件根抵当権設定契約を詐欺により取り消す、同契約は錯誤により無効である、手続を進めず関係書類の返還を求める」という内容の通知をCら関係者に送付した。通知を受領したCは、Xの弁護士に対しては事件性があるから手続を進めないと言いながら、上記登記委任状等によりDを債務者、Yを根抵当権者とする根抵当権設定登記申請をした。

　そこで、Xは、Yに対し、根抵当権設定契約の不成立、錯誤無効ないし詐欺取消し、委任契約の解除を主張して、上記登記の抹消登記を請求した。

---

11) 評釈等として、石田喜久夫「判批」私法判例リマークス17号55頁（1998）、中井美雄「判批」判評470号19頁（判時1628号181頁）（1998）。

第一審（福島簡判平成7・9・5）はXの請求を認容し、控訴審（福島地判平成8・9・30判時1614号78頁）もYの控訴を棄却した。そこで、Yが上告した。

3) 原判決の概要

「登記手続の両当事者（登記義務者及び登記権利者）が、その基本契約に基づき同一の司法書士に手続を委任した場合には、各当事者は、通常、登記手続が支障なく行われることによってその基本契約が履行されることを期待しているものであるから、登記義務者と司法書士の委任契約は、登記権利者の利益をも目的としていると解すべきであり、このような場合には、その委任契約は、契約の性質上、民法651条1項の規定にもかかわらず、登記権利者の同意等特段の事情のない限り、解除することができないものと解するのが相当である。（中略）委任契約の時日、理由、手続の状況及び登記権利者の利益に加え、根抵当権設定契約に至る過程、契約時の状況に照らせば、本件においては、登記権利者は、登記手続が支障なく行われることを期待できない事情が存したといえるから、登記義務者である被控訴人らの解除を認める特段の事情が存在するものと解される。」

4)《5-1》判決の概要

「登記義務者が登記権利者と共に司法書士に登記手続を委任した場合において、登記義務者が単独で委任契約を解除することができる特段の事情がある場合（《4-1》）とは、所論の登記権利者の同意またはこれと同視できる事情がある場合に限られるものではなく、当該委任契約の基になった登記原因たる契約の成否ないし効力に関して契約当事者間に争いがあって、登記を妨げる事由があるとの登記義務者の主張に合理性が認められ、かつ司法書士としても登記義務者の主張に合理性があると判断するのに困難はないと認められるような事情がある場合も含まれると解される。このような事情がある場合には、むしろ登記権利者の勝訴の判決を待って初めて登記を許すのが公平の観点からいって相当であり、こうした場合にまで登記義務者による委任契約の解除を否定し、

登記自体はいったん許容すべきものとして登記権利者の利益の保護を貫くのはかえって公平を欠くと考えられるからである。《4－1》判決が、特段の事情について所論にいうほど限定的な趣旨で判示したものとは考え難い（この判決は、正常な取引を前提として、登記義務者の一方的な行動を規制することにより善良な登記権利者を保護する趣旨の下になされたものであることを忘れてはならない。また、同意又はこれと同視できる事情があるなら、登記義務者のみによる解除が許されるのはむしろ当然のことといえるのであって、あえて特段の事情というに及ばない）。」

5）考　察

　登記権利者と登記義務者が同一司法書士に登記手続を委任した場合における登記義務者による委任契約の解除の可否について、《4－1》は、「登記権利者の同意等特段の事情」があれば可能であるとした。《5－1》判決は、これを受けて、「当該委任契約の基になった登記原因たる契約の成否ないし効力に関して契約当事者間に争いがあって、登記を妨げる事由があるとの登記義務者の主張に合理性が認められ、かつ司法書士としても登記義務者の主張に合理性があると判断するのに困難はないと認められるような事情がある場合」には、当初の委任契約に基づいて司法書士が登記手続を進めるのではなく、いったん登記義務者からの委任契約の解除を認めたうえで、勝訴判決を待って登記するのが相当と判示した。

　《5－1》判決は、登記義務者からの委任契約の解除が認められる場合の特段の事情として、「登記権利者の同意があること」以外に、①「当事者間に争いがあって登記義務者の主張が合理的であること」および②「司法書士が登記義務者の主張の合理性を判断するのに困難はないと認められること」という要件を具備した場合を挙げている。この要件を満たせば、登記義務者による委任契約の解除は有効であるとされ、後に登記権利者と登記義務者との間の訴訟において登記義務者が敗訴した場合であっても、この点には変わりはない。

　司法書士は、委任契約の趣旨に従い迅速に登記申請代理手続を処理すべき義務を負う。登記権利者と登記義務者が同一司法書士に登記手続を委任した場合

に、登記義務者が委任契約の解除をしたときに、司法書士は手続を進めるか、止めるかについて対応を迫られる。その対応を誤れば、登記義務者と登記権利者のいずれかから民事責任を追及されるリスクがある。その際に、司法書士としては、（A）「登記権利者の同意があること」または（B）「①当事者間に争いがあって登記義務者の主張が合理的であること、②司法書士が登記義務者の主張の合理性を判断するのに困難はないと認められること」を確認したうえで、登記義務者による委任契約の解除の効力を考えて、その対応を決めればよいのである。この場合において、司法書士としては、登記権利者の意向を聞くことは必要であろう。「登記権利者の同意」については、それが真意に出たものかどうかに留意すべきである[12]。

《5－1》判決は、登記義務者による委任契約の解除の要件を論じたものであるが、結果として、司法書士の専門家責任の成否の判断枠組みにもつながるものである。司法書士の専門家責任の観点から整理すると、司法書士が、上記のような対応をすべきであるのは、登記義務者と登記権利者との利害対立に配慮すべき義務から導かれると解される。《4－1》の考え方も、その基礎にあるのはこの点であると受け止められる。

V 第三者への所有権移転登記申請手続を受任したことの通知義務

1 総　説

司法書士の、登記義務者と登記権利者との利害対立に配慮すべき義務に関する裁判例にはどのようなものがあるであろうか。

これには、①土地の買主の利益に反する登記申請手続を受任した司法書士に、その旨の通知をするなど適切な措置を講ずべき義務違反を認めた、《5－2》福岡地判昭和61・5・16（判時1207号93頁）や、②根抵当権設定登記申請手続を合理的期間内にしようとせず、かえって他の根抵当権設定登記申請手続を進めた司法書士に、委任契約上の善管注意義務違反を認めた、《6－1》仙台

---

[12] 山崎敏彦「司法書士の登記代理業務にかかる民事責任──最近の動向・補論（下）」青山法学論集40巻3＝4号268頁（1999）。

高判昭和 62・4・27（判時 1238 号 93 頁、判タ 655 号 165 頁）などがみられる。これらは、登記必要書類返還の場面以外で登記義務者と登記権利者の利害が対立した場合にも、《4－1》判決の考え方が影響を及ぼしているものである。

ここでは、《5－2》のケースを考察してみよう。これは、「土地の買主から所有権移転登記申請手続の委任を受け、登記手続費用等を受領した司法書士が、売主から第三者への同一土地の所有権移転登記申請手続を受任してこれを完了した場合に、買主に対し同人の利益に反する登記申請手続を受任した旨を通知するなどの適切な措置を講じる機会を与えるべき義務がある」として、司法書士に対する債務不履行に基づく損害賠償請求を肯定した。

2) 事案のアウトライン

X（土地の買主）は、昭和〇年 3 月 5 日、本件土地をAから代金 481 万円で購入し、手付金 100 万円を支払った。そして、Aとともに、司法書士Yに対し、本件土地の所有権移転登記申請手続を委任して、委任状を交付し、かつ、概算により手数料も含めた登記手続費用を支払った。本件土地は分筆前の土地の一部であり、未だ分筆登記がされておらず、Aが、登記済証、印鑑登録証明書等の売主としての必要書類を持参していなかったため、直ちに登記手続をすることはできない状態であった。そのため、XとAのYに対する登記申請代理の委任契約は、Aにおいて上記必要書類を追完することが停止条件とされた。同日、Xは、Aに対し本件土地の残代金 381 万円を支払った。

ところが、Aは、2 週間後の 3 月 19 日、Yの事務所においてYの立会いの下、Bとの間で、AがBから金銭を借り入れるに当たり、本件土地を譲渡担保に供し、Aが借入金を返済したときにはXへの所有権移転登記（中間省略登記）をする旨の合意をしたうえ、Yに対し、AのBに対する所有権移転登記申請手続を委任した。Yは、この合意に基づき将来BからXへの所有権移転登記がなされるものと信じて、本件土地につきAからBへの所有権移転登記手続を完了した。Yは、この手続を進めるに当たり、Xに対し本件土地につきBへの所有権移転登記申請手続を受任したことの通知等をすることはなかった。

その後、Aは無資力となり、BからXへの所有権移転登記もなされなかった

ため、Xは、本件土地の所有権をBに対抗できず、支払済みの売買代金の回収も不可能となった。

そこで、Xは、XがAに対し本件土地の売買残代金381万円を支払ったのは、司法書士Yが本件土地のXに対する所有権移転登記申請手続を確実に行うと信じたためであると主張して、Yに対し、債務不履行に基づき上記残代金相当の損害賠償を請求した。

本判決は、Yの通知義務違反を認め、Yに対し381万円の支払を命じた。

3 《5−2》判決の概要

「Yは、登記手続に関する専門家の司法書士であるから、AがBに対し借入金の弁済ができないときには、Xにおいて本件土地についての所有権移転登記を受けることができなくなることは容易に予想することができたはずである。そして、Yは、前記認定のとおり、停止条件付であるとはいえXとの間で本件土地の所有権移転登記手続について委任契約を締結し、しかも、Xから手数料も含めた登記手続費用を受け取っていた。この事情からすると、Yは、Bへの所有権移転登記手続の委任を受けた際、Xに対し、その旨通知し、Xにおいて適切な措置を講じる機会を与えるべき注意義務があったというべきである。」

4 考 察

《5−2》判決は、登記義務者と登記権利者の利害が対立した場面において、「司法書士が、登記義務者から委任を受け、かつ、登記権利者の不利になり得る事項を、登記権利者に通知する義務があるか」が争点とされた。そして、登記権利者としては、登記に必要な書類をすべて交付し、手数料等の支払も済ませた以上、司法書士に信頼を寄せて、所定の登記がされるものと期待するのが自然であるから、これに反した結果を招くおそれのある他の登記手続の委任を受けた場合には、司法書士としては、登記権利者に通知し、登記権利者において適切な措置を講じる機会を与えるべき注意義務がある旨の規範を定立したの

である[13]。

　本件では、通知義務違反のほかに、分筆登記がなされないままでは所有権移転登記手続の履行が不可能であることを説明する義務の有無も問題となった。本判決は、「一般に不動産売買契約の買主が司法書士に対して登記手続の委託をした場合、その買主は、委託した登記手続が支障なく行われ、第三者にも対抗し得る完全な所有権を取得できると期待し、他方、登記手続の委託を受けることを業とする司法書士としても、そのことを十分に認識しているものということができる。しかしながら、（中略）ＸＹ間の委任契約は、本件土地につき分筆登記がなされ、かつ、売主の必要な書類が提出されることを停止条件とする委任契約であった。したがって、かかる場合には、移転登記手続の委任を受けたＹとしては、Ｘにおいて当然そのままでは移転登記ができないことを知っていると考えるのが自然」である旨判示して、説明義務を否定した。しかし、登記申請代理の依頼者、とりわけ不動産業者ではない者は、司法書士が申請どおりの登記ができるか調査し、できそうにない場合には善後措置を指示してくれるものと考えても不合理とはいえない[14]。司法書士の専門家責任規範の観点からは、委任者の属性により説明義務の広狭が決せられると解すべきであろう。

　いずれにしても、本件においては、司法書士としては、登記義務者と登記権利者との利害対立を洞察し、適切な対応として通知すべきであったと評価されてもやむを得ないであろう。

Ⅴ ◎第三者への所有権移転登記申請手続を受任したことの通知義務

---

13) 山崎敏彦「判批」判評342号30頁（判時1234号192頁）(1987)。
14) 山崎・前掲注13) 判評34頁（判時196頁）。

第6章 登記義務者と登記権利者との利害対立の洞察［その2］

I はじめに―《4−1》の考え方の射程

　第4章、第5章では、司法書士が、登記義務者と登記権利者の双方から登記申請手続の委任を受けた場合において、登記義務者から登記関係書類の返還を求められたときに要求される注意義務に関する《4−1》最判昭和53・7・10（民集32巻5号868頁）を考察し、その背景に登記義務者と登記権利者との利害対立が生じている場合があること、司法書士はそれを的確に洞察して相応の配慮をすべきであることなど、専門家責任の構造についての理解を深めてきた。

　本章では、第5章で積み残した、①根抵当権設定登記申請手続を合理的期間内にしようとせず、かえって他の根抵当権設定登記申請手続を進めた司法書士に、委任契約上の善管注意義務違反を認めた事例（《6−1》仙台高判昭和62・4・27判時1238号93頁、判タ655号165頁）を考察する。登記必要書類返還の場面以外においても登記義務者と登記権利者との利害が対立した場合における配慮義務の具体化という意味で意義のあるケースである。

　そして、司法書士の専門家責任を否定した裁判例であるが、②司法書士が登記義務者から他の登記申請手続を受任した場合において登記権利者に対して通知をしなかったが、義務違反はないとして損害賠償請求を棄却した、《6−2》横浜地判昭和58・9・30（判時1092号87頁、判タ511号148頁）、③書類保管義務の範囲の観点から、司法書士の民事責任を否定した、《6−3》名古屋地豊橋支判平成2・8・21（判時1374号87頁、判タ746号171頁）を考察する。これらを通じて、責任否定事例においても、その基本的な考え方は《4−1》判決と異なるものではないことを明らかにしたい。

II 登記申請代理の受任後の手続遅滞

1）総　説

　司法書士が委任内容にそった登記申請手続を遅滞なく（速やかに）履践することは、その基本的な義務である。「速やかに」と「遅滞なく」とは同義ではないが[1]、要するに、司法書士が合理的期間内に登記手続をしているか否かが債務不履行の分水嶺となる[2]。しかし、登記義務者と登記権利者の利害が対立し、またはそのことがうかがわれる場合においては、司法書士としては、登記をすることにより立場が不利になる側に対して相応の配慮をすることが要請される。

　このような場合における司法書士の専門家責任の成否が争点になったケースが、《6－1》仙台高判昭和62・4・27（判時1238号93頁、判タ655号165頁）である。この裁判例は、「司法書士が、根抵当権設定登記申請手続を受任したにもかかわらず合理的期間内に申請をしようとせず、かえって他の根抵当権設定登記申請手続を先に進めたため順位が遅れ、その結果、委任者が競売に基づく配当金を受けられなかった場合には、司法書士に債務不履行に基づく損害賠償責任が生ずる」旨判示した。

1）「速やかに」と「遅滞なく」は、ともに時間的即時性をあらわす用語であり、類語として、「直ちに」がある。これらのうち、「直ちに」が、最も時間的即時性が強い。これに対し、「遅滞なく」は、時間的即時性は強く要求されるが、その場合においても、正当な理由ないし合理的な理由に基づく遅滞は許されると解されている。すなわち、「遅滞なく」は、事情の許す限り最も速やかにという趣旨をあらわす場合に用いられるのである。「遅滞なく」が使われている例として、委任契約の受任者の委任者に対する報告義務について定める民法645条がある。また、「速やかに」は、できるだけ早くという意味であるが、訓示的な意味で使われ、その違反が直ちに違法とはならない場合に使われることが多いといわれる。これに対して、「直ちに」や「遅滞なく」は、違反した場合には違法と評価されることになる場合が多い。林修三『新版法令用語の常識』26頁（日本評論社・1958）。

2）司法書士が登記申請代理の受任後、登記手続を進める場合には、注1）で説明した観点からすると、「遅滞なく」行われることが求められるといえよう。

② 事案のアウトライン

　金融会社であるXは、Aとの間で、A所有の土地建物について極度額3000万円の根抵当権設定契約を締結し、これを担保として6回にわたり合計3100万円を貸し付けた。Xは、この貸付に先立ち、昭和〇年3月14日、司法書士Yに対し、上記契約に基づく根抵当権設定登記申請手続を委任し（直ちに設定登記がなされれば十分な担保価値があると考えた）、同日および翌日に手続費用とYの報酬を支払ったが、Yは、これを同年7月13日まで行わなかった。Yは、その間に、Aや金融機関等と協議して、本件土地建物に金融機関等を権利者とする4件の抵当権または根抵当権の登記と1件の所有権移転仮登記を、Xの根抵当権設定登記に優先させた。その結果、Xの根抵当権設定登記は、上記各抵当権等の登記の後順位となってしまった。同年9月、本件土地建物につき抵当権実行に基づく競売がされたが、Xは、配当金を受けることができなかった。

　そこで、Xは、損害を被ったのは、Yが根抵当権設定登記申請手続を約4か月も放置していたためであると主張して、極度額相当の損害賠償を求めた。これに対し、Yは、Xとの間で、Xの根抵当権設定登記を他の抵当権等の登記よりも後順位とする旨の合意があったとして争った。

　第一審判決（青森地判昭和59・11・12判タ655号171頁）は、は、Xの請求を棄却した。そこで、Xが控訴した。

③ 第一審判決の概要

　第一審判決は、委任の当時Aは金融機関等から多額の融資を受けるために、それらの者の抵当権設定登記等を優先させ、その順位を調整する必要に迫られており、Xの根抵当権設定登記を先順位にすることは客観的に不可能な情勢にあったという事実認定したうえで、Yの抗弁である「YはXから他の抵当権等の登記がなされた後に、Xからの指示を受けて本件根抵当権設定登記をなすよう委任されたものである」旨の主張を認め、債務不履行はないとして、Xの請求を棄却した。

④ 本判決の概要

《6－1》判決は、要旨次のとおり判示して、Ｙが根抵当権設定登記申請手続の委任を受けた後４か月も登記を行わなかったことは債務不履行に当たると判断して、Ｙの損害賠償責任を肯定した。もっとも、Ｘは、４か月間Ｙから登記事務処理の報告もないのに調査等をせず、Ａに対する貸付を続け、他の抵当権設定登記等が経由された後も1800万円の貸付をし、損害が増大する原因を作ったという事情があり、この点においてＸにも過失があるとして、４割の過失相殺をした。

「Ｘから本件根抵当権設定登記申請手続の委任を受けたＹは、特段の事情がない限りは、受任後合理的に手続のために必要とされる期間内に手続を進めるべきであり、その期間をはるかに過ぎたと評価せざるを得ない約４か月後に至って他の根抵当権設定登記に遅れて本件根抵当権設定登記手続をなしたことは、Ｙに、委任の趣旨に反する債務不履行があったものとして、その結果Ｘに生じた損害の賠償をなすべき義務があるというべきである。

Ｘは本件根抵当権設定契約がなされた当時の登記簿上の記載に基づく順位により根抵当権設定登記を経由すれば十分の担保価値があるとの前提のもとに根抵当権設定と金員貸付の契約をし、またその登記申請手続が遅滞なくなされるように、同日直ちにＹに対して申請手続を委任し、そのための所要の書類を交付するとともに手続費用及び報酬の一切を翌日までに急いで支払った。これに対し、Ｙは、速やかにその受任にかかる登記申請手続を遂行することが可能であったのに、その後に受任した他の根抵当権設定登記等の申請関係者やＡの関係者との協議結果のみにとらわれて、先に委任を受けたＸの意向を確かめることもないままに本件根抵当権設定登記申請手続を後に回して放置し、他の登記申請手続を先に進めてしまったとの疑いが濃厚である。」

⑤ 考 察

司法書士は、委任契約上、遅滞なく登記手続を履践すべき義務を負うことは異論をみない。ただ、登記義務者と登記権利者の利害が対立していることがう

かがわれる場合には、司法書士として、どのように対応すべきかについては個別具体的な事情に応じて困難な問題が生じる。

　本件の事実経過をみると、Xが、①3月14日の時点で、本件土地建物につき直ちに根抵当権設定登記がされれば十分な担保価値があると考え、②委任の翌日までに登記手続費用や報酬を全額支払ったのにもかかわらず、③Yは7月にXの督促を受けるまで4か月も手続をしなかったという点に特徴がある。これに対し、Aの意向は、X以外からも多額の金融を求めており、Xの根抵当権を先順位にするつもりはなかったように見受けられる。司法書士Yは、登記権利者Xと登記義務者Aの双方から委任を受けているが、上記のようにX・Aの利害が対立する本件においては、どのように対応すべきであったといえるか。

　本判決が認定した事実経過からすると、Xは報酬の支払まで済ませ、登記手続の専門家であるYに信頼を寄せて、所定の登記がされるものと期待していたのであって、他の登記を優先することを容認していたとは考えられない。そうすると、登記義務者Aには別の意向があったとしても、YにはXとの委任契約の趣旨に沿って遅滞なく手続を進め合理的期間内に登記を行う義務があると解される。そして、4か月という期間は、「遅滞なく」手続を進めたという評価はされないであろう。その結果、登記権利者に不利になる状況を招いたのである。

　《4－1》判決は、登記義務者と登記権利者の利害が対立する場合において、登記義務者の意向にのみ沿って登記権利者に不利になるような行為をした司法書士の専門家責任を肯定した事例と位置づけてよいであろうが、そうすると、本判決も、同一の価値判断に立つものと解することができる。

　ただし、司法書士の専門性への期待の保護は、委任者が素人である場合に高く、本件のような金融会社の場合には、その要請は相対的に低いと考えられる。それにもかかわらず、本件において、Yの善管注意義務違反が認められたのは、Yが遅滞なく委任事務を処理すべきという基本的な注意義務に違反し、その落度が決して小さなものではないという評価によるものと考えられる。そして、Xが金融会社であり、落ち度がみられる等の事情は、過失相殺において斟酌されている。

　《6－1》判決からは、「遅滞なく登記申請手続を進めることは司法書士の基本的な職務であり、このことは、司法書士が登記義務者と登記権利者の双方か

ら委任を受けた場合でも、原則として変わらない」ことを学ぶべきであろう[3]。

III 登記義務者から他の登記手続の依頼を受けた場合における登記権利者に対する通知

1) 総　説

　登記義務者と登記権利者との利害が対立する場合における司法書士の配慮義務がどのように具体化するかという問題を考えるに当たっては、登記義務者から他の登記手続の依頼を受けた場合における司法書士の登記権利者に対する通知義務の有無が争点になったケースは参考になる。
　《6－2》横浜地判昭和58・9・30（判時1092号87頁、判タ511号148頁）がこれである。この裁判例は、「司法書士が、後日抵当権設定登記申請手続を受任する予定で登記関係書類を預かっていたのに、登記義務者からこの抵当権設定登記ができなくなるような新たな登記申請手続を受任しこれを行った場合に、司法書士の登記権利者に対する通知義務違反はなかったとして、司法書士に対する不法行為に基づく損害賠償請求が否定されたケース」である。

2) 事案のアウトライン

　金融業を営むX（本件土地の抵当権者、抵当権設定登記の登記権利者）は、昭和〇年9月18日、Aに対し600万円を貸し付け（弁済期12月7日）、Aとの間で、AがBから譲り受けた本件土地（分筆前）につき抵当権設定契約を締結した。そして、Aとともに、司法書士Yに対し、B名義の土地の分筆登記、BからAへの所有権移転登記、本件土地についての抵当権設定登記の各申請手続を依頼した。しかし、分筆登記に必要な地積測量図の添付もなかったことから、Yは、この段階における上記各手続の受任を断った。すなわち、X・Y間には抵当権設定登記申請手続の委任契約は成立しなかった[4]。ただ、Yは、後日必要書類

---

3) 加藤新太郎編『判例Check 司法書士の民事責任』142頁〔松田典浩〕（新日本法規・2002）。
4) Xは、委任契約に基づく債務不履行責任を主張したが、本判決は、委任契約は成立していないとして、債務不履行責任を否定した。

が追完されたら正式に受任する予定で、登記関係書類を預かり、後日、Aの求めに応じてこれをAに返還した。

Aは、12月28日、Yに対し、「Xとの話はすべて解決済みである」と述べて、分筆後の本件土地につきBのCに対する所有権移転登記申請手続を委任した。Yは、Aの言を信じて、Xの了解を得ることなくこれを受任し、C名義の所有権移転登記が経由された。その結果、Xの抵当権設定登記ができなくなったが、その後、Aは無資力となりXのAに対する貸金の回収が不可能となった。

そこで、Xは、①YがXに無断でAに対し権利証を返還したこと、②YがXの了解を得ずにBのCに対する所有権移転登記手続を受任して同手続をしたことについて、主位的に債務不履行に、予備的に使用者責任に基づき、Yに対し、貸金相当額600万円の損害賠償を請求した。

3) 本判決の概要

《6-2》判決は、①については、抵当権設定登記申請手続の委任契約が成立していない以上、関係書類の返還を求められたらこれを返すのが当然であり、Yに過失はないと判示し、②についても、以下のとおり判示して、Yの責任を否定した。

「司法書士が、不動産の登記につき登記権利者及び登記義務者から登記手続に関する委託の申込みを受け関係書類の不備等のため一応受託を断ったが、不備が是正されたときに新たに委託の申込みを受託する意図の下に関係書類の一部を預かった場合において、後日、申込者の一方である登記義務者から、先の申込みの趣旨に反し登記権利者の権利を害するような登記申請手続の委託の申込みがあり、これを受託するには、必ずしもX主張のように登記権利者の同意ないしは了解を要するものではないが、諸般の事情によっては、登記権利者に対し事情を通知し、その権利の阻害されることを未然に防止せしめるべき注意義務を負うに至ることもこれまた否定できない。

ただし、本件においてYがBのCに対する所有権移転登記申請手続を受任して同手続をしたのは、Aの『Xとの話はすべて解決済みである。』との言葉を信用したためであり、しかも、XのAに対する貸金の弁済期が到来したにもか

かわらず、XからYに対し何の連絡もなかったことによれば、Yが本件抵当権設定登記の登記権利者であるXに対し、登記義務者たるAから新たに認定どおりの登記申請手続の委託があった旨の通知をすべき信義則上の注意義務が発生したとは到底考えられないし、他にこの注意義務を認めるに足りる証拠は全く存しない。」

④ 考　察

　《6-2》判決は、委任者に不利益な状況になるという事情の通知義務の有無に関し、司法書士の義務違反を否定する結論をとったが、通知義務それ自体を一般的に否定したものではない。本判決は、信義則を根拠として、司法書士において登記権利者の権利が阻害されないよう防止する義務を想定し、そうした義務の発現としての通知義務を示唆している[5]。しかし、本件では、委任契約が成立していないことから、原則として登記権利者に不利益な状況になるという事情（本件ではXの抵当権設定登記ができなくなるような他の登記申請手続の委任があったこと）の通知義務はなく、「諸般の事情によっては、登記権利者に対し事情を通知し、その権利の阻害されることを未然に防止せしめるべき注意義務を負うに至ることもこれまた否定できない」と判示するにとどまった。

　本判決の根底にある考え方は、委任者が登記手続の専門家である司法書士に対して寄せる期待の保護である。これは、司法書士の執務に対する今日的な要請に沿うものである。その意味では、第5章でみた司法書士の委任者に対し第三者への登記申請手続を受任したことの通知義務を認めた、《5-2》福岡地判昭和61・5・16（判時1207号93頁）の考え方と同一のものであるといえる。

　もっとも、このような司法書士の専門性に対する期待の保護の要請は、前述のとおり、委任者が素人である場合に高く、不動産業者や金融業者の場合には、相対的に低い。そのようなこともあって、本判決は、①Yが、Xとの話はすべて解決済みであるとのAの言を信じたこと、②金融業者XがAに対する貸金の弁済期が到来した後も、Yに肝心の抵当権設定登記申請手続につき問い合わせ

5）國井和郎＝下村信江「司法書士の損害賠償責任をめぐる裁判例の分析」阪大法学49巻1号37頁（1999）。

等をしていないことを考慮して、諸般の事情により通知義務を負うというべき場合には当たらないと判断したものとみられる。金融業者Ｘとしては、抵当権設定登記申請手続について書類の不備を放置したまま、問い合わせ等もしなかったのであるから、実質的にみて、受任を断ったＹに通知義務まで負わせるのは酷であるといえよう[6]。

《６－２》判決からは、「司法書士は、信義則により、委任者に不利益な状況になるという事情について通知義務が認められる場合があること、委任者が登記の素人であるときには、通知義務が肯定されやすくなること」を学ぶべきであろう[7]。

Ⅳ 書類保管義務の範囲

1) 総　説

司法書士の書類保管義務の範囲、具体的には、「書類保管義務は登記権利者に対する関係のみにとどまるか」が争点となったケースがある。

《６－３》名古屋地豊橋支判平成２・８・21（判時1374号87頁、判タ746号171頁）がこれである。この裁判例は、「司法書士が登記権利者の承諾等がないのに登記義務者に根抵当権設定登記の登記済証を交付し、この登記義務者が登記済証を悪用して根抵当権を抹消した場合に、これを正当なものと信じて新たな根抵当権を設定した第三者の司法書士に対する損害賠償請求が否定された事例」である。

2) 事案のアウトライン

Ｘは、Ａに対する貸金債権を担保するため、Ｂ所有の土地（本件土地）に根

---

[6] 本件では、委任契約が成立していないから問題とはならなかったが、委任契約が成立している場合には、登記義務者の求めに応じて登記関係書類を返還するに当たり、登記権利者の同意を得る義務があるか否かについて問題となる。
[7] 加藤編・前掲注３）146頁〔松田〕。

抵当権を設定した。本件土地は、かつてCを根抵当権者とする根抵当権が設定されていたが、この根抵当権はすでに解除を原因として抹消されており、Xの根抵当権設定当時これに優先する担保権は存在しなかった。ところが、その後、Cが提起した根抵当権の抹消回復登記請求が認容され、その旨の回復登記がされた。その結果、本件土地につき後に実施された不動産競売事件の配当手続において、Cの根抵当権を承継したDが配当金を取得し、そのためXは配当を受けられなかった。

司法書士Yは、Cから本件土地に対する根抵当権設定登記申請手続を受任して手続をし、その完了後に法務局から交付を受けた登記済証を、Cの承諾等を得ることなく、Bに引き渡した。Bは、これを利用して、Cの根抵当権設定登記を抹消したのであり、Xは、このような経緯から、Cの根抵当権がないものと信じて本件土地に根抵当権を設定した。

Xは、Yには、登記権利者であるCの承諾等を得ることなく、登記義務者であるBに登記済証を引き渡した過失があると主張して、Yに対し、配当金相当の損害賠償を求めた。

3) 本判決の概要

本判決は、次のように判示して、Xの請求を棄却した。

「根抵当権の設定登記申請手続の依頼を受けた司法書士の職務上の注意義務を考えるに当たっては、司法書士の職責等を規定する司法書士法によって検討するのが相当と解されるところ、同法によれば、司法書士は、登記申請手続の専門家として、依頼者の意に沿った正確な登記を実現することはもとより、登記完了後は依頼者から預かった関係書類あるいは登記所から交付を受けた登記済証等をそれぞれ還付を受けるべき依頼者に間違いなく引き渡し、もって依頼者の権利が十分に保全されるような善良な管理者として十分注意を尽くすべき義務を負っていることは明らかである（同法1条、1条の2〔現行法2条〕、2条〔現行法3条〕）。したがって、司法書士として、登記権利者の承諾等がないのに、登記済証を登記義務者に引き渡すというようなことは、依頼者である登記権利者に対する関係で重大な義務違反であることはいうまでもない。

しかしながら、司法書士が負担するこれらの注意義務は、司法書士と依頼者との関係を（準）委任とみるか請負とみるか等の法的性質の点はともかく、登記の依頼を受けた者として依頼者に対して負担する債権関係上の義務に止まるものであって、司法書士法8条（現行法21条）ないし11条（現行法24条）に定められているような一般第三者に対する関係で抽象的一般的に負担する司法書士の地位に付随する職務上の義務であると解することはできない。なお、同法1条の2（現行法2条）の規定も司法書士に対してそのような義務を課したものとは解されない。すなわち、司法書士には、登記済証を登記権利者の承諾等を受けずに登記義務者に引き渡し、違法な登記がなされるといったことがないように注意すべき一般的な職務上の義務はない。

　確かに、Yが、登記権利者であるCの承諾等を得ることなく登記済証を登記義務者であるBに交付した行為は、登記申請事務の専門家である司法書士として軽率であるし、登記義務者がこれら登記済証を悪用して第三者から不法に金融を得ることもあり得ることからすれば、Yの行為が社会的にも消極的評価を受けるべきは当然である。しかしながら、登記済証を受け取った登記義務者が常にこのような違法行為に出るという経験則はなく、Yの行為自体が直ちに一般市民の財産、自由に対し危険を与える行為とまではいえないものであることなどに鑑みると、Yにおいて、登記済証をBに交付する際、同人がこれを悪用してCの根抵当権を抹消するなどした上、Xを含む第三者に対し根抵当権を設定して金融を得るような行為に出ることを予見し、あるいは容易に予見できるような特別の事情でもあれば格別、そのような事情のない限り、Yの行為をもって条理上も社会的に危険な違法行為（過失）とまで評価することはできない。」

４）考　察

　《6－3》判決は、登記申請手続の専門家である司法書士の職責にかんがみて書類保管義務を観念し、「登記権利者の承諾等がないのに、登記済証を登記義務者に引き渡すことは、委任者である登記権利者に対する関係で義務違反になる」という規範を明示したものである。登記関係者の利害が対立する場合における司法書士の配慮義務の具体化という点において、《4－1》判決の流れ

をくむ。当時は、登記済証は、登記権利者が今度は登記義務者となって登記申請手続をする場合に必ず必要となるものであり（旧不動産登記法35条1項3号）、登記手続が完了したときには登記権利者に還付することとされていた（旧60条1項）から、司法書士が登記権利者に対し登記済証の保管義務を負うことは当然である。

問題は、「司法書士の書類保管義務が登記権利者に対する関係のみにとどまるか」である。この点については、一般論としては、本判決のように肯定することになろう。また、本件は、第三者からの責任追及ケースであるから、司法書士の民事責任について消極とする結論もそれほどの違和感はない。

しかし、司法書士のあるべき執務という観点からは、司法書士Yの対応には大きな問題がある。例えば、司法書士は、登記申請事務終了後、登記済証を登記権利者に引き渡すべき義務があり、特段の事情がないのに登記済証を登記義務者に引き渡すというようなことはあってはならないとする見解[8]がある。本判決は、「登記義務者が登記済証を悪用して第三者から不法に金融を得ることもあり得る」が、「登記義務者が常にこのような違法行為に出るという経験則はない」と判示する。しかし、専門家としては、登記義務者が登記済証を悪用する可能性を想定したうえで、相応の対応をすることが求められるというべきであろう。すなわち、専門家責任論の観点からみた場合には、本判決も判示するとおり、司法書士Yが登記済証を登記義務者であるBに引き渡した行為は、登記申請手続の専門家として軽率の誹りを免れないというべきである。

そのようにみてくると、司法書士の行為規範としては、登記義務者から登記済証の交付を求められた際、登記義務者の意図にかかわらず、登記権利者の承諾がなければ応じられないという対応をすることが相当であろう。こうした対応をすれば、本件のような第三者との間のトラブルも未然に防止できることになるのである[9]。

8）山崎敏彦「司法書士の登記代理業務にかかる民事責任──最近の動向」鈴木禄弥先生古稀記念『民事法学の新展開』460頁〜463頁（有斐閣・1993）。
9）加藤編・前掲注3）150頁〔松田〕。

第7章 登記書類調査義務［その1］

I はじめに

　司法書士の専門家責任を追及する裁判例としては、登記申請業務の過誤に関するものが多い。それは、登記申請業務が、従来から司法書士の業務の主要分野を占めていたことによる面が大きい。これは、いわば客観的理由である。

　これに対して、司法書士に対して登記申請業務に関して専門家責任を追及する側にも、それなりの主観的理由がみられる。鎌田薫教授は、この点について、①不動産の価格が高額であること、②不動産登記手続に誤りがあったという事実それ自体は多くの場合外形上明白であり、証明の困難が存しないこと、③司法書士は個人の資格で独立の事務所を開設して業務を行っており、不動産会社のように解散することがないこと、④そのため取引の相手方に対する損害賠償請求に実効性がない場合に、最後の拠り所として、司法書士を被告にする訴えが提起される場合がありうること、⑤さらに、詐欺的な不動産取引においては、しばしば不動産登記に対する信頼が悪用されるため、いずれかの段階で司法書士が関与させられているケースが多いことを指摘される[1]。いずれも首肯できる理由であると思う。

　上記の⑤の詐欺的不動産取引に関していえば、例えば、司法書士に交付された登記済証（権利証）等が偽造されたものである場合には、司法書士に対してこれを見破ってほしいという社会的期待がある。司法書士が偽造書類であることを看過してしまうと、登記官の審査でチェックされない限り、実体を反映しない不正な登記がされ、関係者に大きな損害が生じてしまうからである。つまり、詐欺的不動産取引を防ぐためにも、専門家である司法書士の役割に期待さ

1）鎌田薫「わが国における専門家責任の実情」専門家責任研究会編『専門家の民事責任』〔別冊NBL28号〕65頁（商事法務研究会・1994）。

れるところは大きいのである。本書は、さまざまな局面において、このような司法書士の専門家責任の構造を解明することを目的としている。

II 登記書類調査義務

1) 問題の所在

　司法書士が登記申請業務を受任した場合には、依頼者からの登記申請の委託事項に沿った登記申請に必要な登記書類の取揃えを依頼者に指示して、それらの書類に基づいて登記申請書を作成するという執務手順をとる。その過程において、司法書士は、依頼者が用意した登記申請に添付すべき書類について調査・確認して、不備があれば再度の指示・調整をすることになる。この場合において、司法書士は、どのような内容と程度の登記書類調査義務を負うことになるであろうか。
　これが、司法書士の専門家責任の観点からの登記書類調査義務の問題である。この問題について、本章から第9章において考察することにしたい。

2) 裁判例の動向

　司法書士の登記書類調査義務に関する裁判例をながめると、一定の傾向がみられる。結論を先取りして言うと、司法書士の登記関係書類の調査確認義務は、形式的な把握から実質的なものとして把握され、義務が広がる方向に進んでいる。このことは、司法書士の執務において、「形式的処理モデル」から「実質的処理モデル」へとシフトすべきであるという考え方と符節を一にしている[2]。
　すなわち、裁判例においては、当初は、司法書士の登記書類調査確認義務は限定的に捉えられていた（III）が、「特段の事情」または「相当の理由」がある場合には、登記書類調査確認義務を負い、これに反したときには民事責任を負うという判断枠組みが示された。そして、この「特段の事情」の内実につい

---

2) 本書第4章53頁参照。

て実質化が進行し、当該具体的事案に即した検討がされるようになってきているのである（Ⅳ、Ⅴ）。司法書士の義務違反の判断基準が深化し、専門家責任法理が形成される途上であると解される。

本章では、司法書士が登記済権利証の偽造を看過した結果、依頼者に損害が発生したケースに関する善管注意義務（登記書類調査義務）違反の存否ついて、以上のような裁判例の動向を考察することにしたい。

Ⅲ 登記書類調査義務の形式的把握

1) 登記申請代理業務のプロセス

司法書士の登記申請代理業務は、登記申請に必要な添付書類を依頼者へ指示し、持参されたものをもとにして、司法書士が登記申請書を作成して登記申請を代理するものである。そうしたプロセスにおいて、司法書士は、依頼者が準備して持参した添付書類の項目や記載内容が当該申請にかかる登記に整合するものであるかどうかについて調査確認する。添付書類と登記申請とが不整合であった場合には、その登記申請は登記官により受理されないから、登記申請代理事務を依頼の趣旨に沿って履行するために、そうした調査確認は不可欠である。したがって、司法書士には、そのような意味における登記書類調査義務が課せられている。

ところが、時に、添付書類（例えば、不動産売買契約書や登記済権利証）が偽造されているような場合がみられないわけではない。このような添付書類の内容や作成の真正については、登記権利者・登記義務者間の問題であるから、当事者間の事情を正確に把握・認識しているわけではない司法書士には直ちに判断することはできない。

それでは、司法書士が登記申請書類作成の依頼を受けた場合に、この申請に要する登記済権利証、印鑑証明書その他関係書類の真偽を調査確認する義務があると考えるべきであろうか。《7－1》京都地判昭和40・2・23（訟月11巻7号996頁）は、この問題につき消極に解し、司法書士にはそうした登記書類調査義務はないと判示した。

2 本判決の概要

《7−1》の事案は、次のとおりである。

XとAとの間で、本件土地につきBからXへの中間省略登記がされることを停止条件とし、代金を150万円とする売買契約が締結された。XはAから交付を受けた、Bの前主CからBへ本件土地を譲渡した旨の登記済証、Bの印鑑証明書、委任状など登記申請に必要な書類一切を司法書士Yに持参して、BからXに対する所有権移転登記を嘱託した。Yはこれを引き受け、所轄法務局に対し申請をしたところ、これが受理され、所有権移転登記がされた。しかし、Xは、Bから、本件登記は偽造書類によりBの意思に基づかずにされたものであるとして、所有権移転登記抹消登記請求訴訟を提起され、敗訴して、上記登記が抹消されてしまった。そこで、Xが、Yに対し司法書士の職務上の善管注意義務違反を理由として、損害賠償請求をした（Xは、登記官の過失を理由に国に対し国家賠償請求も提起した）。

この請求について、《7−1》判決は、以下のように判示して、Xの請求を棄却した。

「司法書士は、他人の嘱託を受けて登記申請書類を作成することを業とするものであって、通常実体上の取引行為の結果、当事者間において授受された登記の原因証書たる売買契約書その他の書類の呈示を受け、これに基づいて申請書類を作成するに当たり形式的に必要書類を整えその記載要件の欠缺のないようにする注意義務があるに過ぎず、本件においても、全立証をもってしてもその例外をなすものとはいえないから、Y及びその補助者には、本件登記済証及び印鑑証明書などAから呈示を受けた書類が真正なものであるかどうかについてまで逐一審査確認すべき注意義務は存せず、いわんや登記官吏と同一程度の審査義務があるとは到底いえない。このことは、Yの受任者としての善管義務を否定するものではなく、Yが委任の本旨に従って登記申請書類を作成すべき義務のあることは勿論であるけれども、本件の場合、Aから呈示を受けた各書類の真偽を確認すべきことが上記善管注意義務の内容をなすとは到底いえないであろう。」

③ 考　察

《7－1》の判示は、司法書士は、登記申請書類を作成することを業とするものであるから、依頼者から呈示を受けた書類に基づいて申請書類を作成するに当たっては形式的に必要書類を整えその記載要件の欠缺のないようにする注意義務を負うにとどまり、書類が真正であるかについての審査確認すべき注意義務は存しないとするものである[3]。

まさに、司法書士の執務につき、「形式的に必要書類を整えその記載要件の欠缺のないようにする注意義務はある」が、「登記書類が真正であるかの調査義務はない」とするのであるから、業務の形式的把握ということになろう[4]。

Ⅳ　登記申請に添付すべき書類に対する調査義務

① 総　説

業務の形式的把握を前提に司法書士の登記書類調査義務を考えると、その義務は限定的なものと観念される。すなわち、登記申請書類に添付すべき書類が真正なものか偽造かについての調査義務はないということになる。しかし、どのような場合であっても、こうした調査義務がないということでよいのかについて疑問を呈する裁判例が登場した。

これが、《7－2》東京高判昭和48・1・31（判タ302号197頁、金判360号19頁）である。この裁判例は、「司法書士は、偽造・変造の事実が一見明白であるとか、依頼人から調査依頼を受けた等特段の事情がある場合でない限り、登記申請に添付すべき書類が偽造であるかどうかの調査義務を負わない」と判示したものである。

---

[3] 山崎敏彦『登記代理委任契約論』107頁（一粒社・1988）。
[4] 七戸克彦「不動産登記業務における司法書士の専門家責任をめぐる近時の動向」市民と法58号57頁（2009）は、本判決を、旧来の「形式的処理モデル」に立脚したものという。

2 事案のアウトライン

　司法書士Ｙは、以前に自己が登記申請をした登記済権利書を提示されて登記の申請を依頼された。しかし、その権利書は偽造されたものであり、また、依頼者の意思に基づいて第三者が届けてきた登記義務者の住民票も改ざんされたものであった。しかし、Ｙはこれが偽造ないし改ざんされたものであることに気づかず、これに基づいて登記の申請をし、登記を完了した。Ｘは、その結果権利を侵害されたとして、Ｙおよび国を相手に、共同不法行為であるとして、損害賠償請求を提起した。

3 本判決の概要

　《7－2》判決は、次のように判示して、Ｘの請求を棄却した。
　「司法書士はその職務の性格からみて、依頼人からその交付を受けた登記申請に添付すべき書類が偽造のものであるかどうかの調査義務は、特段の事情がない限りこれを負わないものである。そして、上記にいう特段の事情とは、当該書類が偽造又は変造されたものであることが一見明白な場合とか、特に依頼人からその成立の真否についての調査を委託された場合等をいうのであって、当該書類が自己の作成名義のものであるとの一事によって、直ちにその成立の真否についての調査義務を負うものとすることはできない。司法書士が受託事件簿の調整及び事件簿閉鎖後5年間その保存を義務づけられているのは、別の理由に基づくのであって、このことから、かつて受託した事件については、すべて、自己の責任において調査する義務があるとするのは、無理な立論といわなければならない。
　当該事実関係の下では、偽造されたことが一見明白であったとはいい難く、Ｘ側から書類の真否についての調査依頼もなかったのであって、Ｙには偽造ないし変造を看過した点において過失があったとはいえない。」

④ 考　察

《7−2》判決は、原則として司法書士が添付書類の偽造・変造等に対する調査義務を負わないという。これは、業務の形式的把握を前提に司法書士の登記書類調査義務を考えているということになる。

しかし、《7−2》判決は、その例外的場合についても具体的に説示している点に意義がある。司法書士業務の実質的把握に一歩踏みだしたものと評することができる。本判決は、「特段の事情」の例示として、①偽造・変造の事実が一見明白である場合、②依頼人から調査依頼を受けた場合を挙げている。司法書士をリーガル・プロフェッションであると性格規定をした場合には、専門職として漫然と執務をすることは許容されない。原則として司法書士が添付書類の偽造・変造等に対する調査義務を負わないという立場に立ったとしても、専門家責任論の観点からは、偽造・変造の事実が一見明白である場合には例外とみることが相当といえよう。①の場合についての説示は、このような専門家責任論に基礎づけられるものと解される。

これに対して、②の場合は、依頼者が登記申請添付書類の成立の真否につき調査を依頼するということであるから、登記申請嘱託契約における内容となるものと解される[5]。したがって、この場合は、司法書士が添付書類の偽造・変造を調査することは、契約の本来的債務になっているのである。②の場合についての説示は、契約責任論に基礎づけられるものと解される。

⑤ 「特段の事情」アプローチ

本判決のような「特段の事情」アプローチは、例えば、《7−3》東京地判昭和52・7・12（判タ365号296頁）などその後の裁判例でも踏襲されている。

《7−3》判決は、「司法書士が依頼者から登記手続について嘱託を受け、添付書類の交付を受けたときは、当該書類が登記手続法所定の要件を具備し有効

---

[5] 山崎・前掲注3）14頁は、本判決は、司法書士が登記申請添付書類の成立の真否につき調査するということが具体的な「嘱託契約」において給付内容となり得ることを定式化しているという。

な登記をすることができるか否かを調査点検し、委任状に押捺された印影と印鑑証明書に押捺された印影とが一致するか否かを照合すべき義務を負うが、この義務の内容及び程度は、特段の事情のない限り、上記各印影を肉眼で対照してその大きさ、形、字体等に差異がないか否かを検討すれば足り、逐一、拡大鏡や印鑑対照検査機を用いた精密な照合をすべき義務まで負うものではない（結論義務違反否定）」旨判示したものである。

もっとも、《7-3》は、《7-2》判決と同じく「特段の事情」という表現を用いているが、司法書士が、「登記書類が登記手続法所定の要件を具備し有効な登記をすることができるか否かを調査点検」すべき義務を肯定し、具体的に、(A)「委任状に押捺された印影と印鑑証明書に押捺された印影とが一致するか否かを照合すべき義務」を導いている点に留意すべきである。《7-3》は、そのうえで、「特段の事情」として、当事者の一方の印影の同一性に明白な疑問があるのに、他方がそれに気づいていないことがうかがわれる場合、当事者の一方または双方から印影の照合を依頼された場合を挙げ、このような場合には、(B)「拡大鏡や印鑑対照検査機を用いた精密な照合をすべき義務」があると解しているものである。すなわち、印鑑証明書につき印章を偽造している事実が一見明白である場合でなくても、司法書士には、(A)のような義務があるというのであるから、司法書士業務の実質的把握が深化し、基本的な調査義務の範囲が広がってきているということになる[6]。

V 登記済証の偽造の看過

1) 総　説

次に、取り上げるのは、司法書士が登記申請書類の点検を依頼された事例である。《7-4》東京地判平成9・9・9（金法1518号45頁）は、「不動産を担

---

[6] 《7-3》判決は、「司法書士の被用者として司法書士業務の補助に携わる者は、その業務の処理に当たっては、司法書士と同内容、同程度の照合義務を負う」旨の判示もしていることに留意すべきである。司法書士の補助者に対する日常的な指導・監督に関する教訓を付与するものということができる。

保として金銭を貸し付けるに際し貸主から登記申請書類の点検を依頼された司法書士が登記済証の偽造を看過したときは貸主に対し債務不履行の責任を免れない」旨判示した。

2) 事案のアウトライン

Xは、平成7年12月、不動産を担保として、Aと自称する人物に1億円を貸し付けたが、その際、司法書士であるYに、Aが持参する登記申請書類の点検を依頼し、報酬および登記手続費用として76万余を支払った。

ところが、Xが、貸付に際して受け取った登記済証が偽造であることが判明し、根抵当権設定登記申請手続が法務局により受理されず、貸金を回収することができなくなった。そこでXは、登記済権利証が偽造であることを看過したYに過失があると主張し、Yに対し、債務不履行ないし不法行為に基づいて総額1億576万円余の損害賠償を請求した。

3) 本判決の概要

《7-4》判決は、次のとおり判示して、Xの請求を一部認容した。

「登記申請書類の点検を依頼された司法書士には、単に形式的に登記申請に必要な書類が整っているか否か確認するのみならず、有効に登記が経由できるように依頼者から示された書類の真否についても善良な管理者としての注意を尽くすべき義務があるところ、X会社代表者から示された本件土地の登記簿謄本の表題部によれば、本件土地は、昭和51年5月1日に区画整理された結果、所在の表示が『川口市十二月田町』から『川口市朝日5丁目』に変更されたにもかかわらず、昭和48年2月22日に作成された本件土地の登記済権利証の物件の表示欄においては、所在が変更後の『川口市朝日5丁目』と表示されていたというのであるから、専門的な知識を有する司法書士に要求される善管注意義務を尽くせば、当然に登記済権利証が偽造であることを看破し得たというべきであり、この点を看過したYは債務不履行責任を免れないといわなければならない。

本件契約の締結に直接携わったＸ会社代表者は、約15年の不動産取引の経験を有し、本件契約と同様の取引をこの４、５年の間、年に４、５回はしていたというのであるから、不動産を業務上扱う者として不動産の権利関係や担保提供者の意思について慎重に調査すべきことが要求されているというべきである。特に、本件契約は、２か月ほど前に知り合ったＢが持ち込んだものであり、Ｂが最初に持ち込んだＣとの業務委託契約においては委託者であるＢから約定の委託料が支払われなかったというのであるから、そのようなことのないように本件契約の委託者については十分に調査すべきであったということができる。しかしながら、Ｘは、２億円という金額からすれば疑ってかかる余地があるにもかかわらず、『家族には内緒でまとまったお金を調達しなければならない。』というＢの説明を安易に信じ、本件土地の担保価値を調査しただけで、Ａ本人に事前に直接確認することをせず、Ｂに言われるままに本件契約の締結を急ぎ、Ｂから話が持ち込まれたほぼ半月後の平成７年12月４日には、本来の資金調達先でない株式会社から一時的に借り入れた8000万円に手持資金を加えた１億円を自称Ａに貸し付けているのであって、Ｘには過失があるといわなければならない。
　しかしながら、Ｙの善管注意義務違反の過失が登記済権利証と登記簿謄本の比較という基本的な審査を十分にしなかった点にあることからすると、契約者の本人性の確認についてＸが本来責任を負うべきであるという点を考慮しても、Ｘの損害額から３割５分を減額するにとどめるのが相当である。」

④　考　察

　登記済証（権利証）は、登記官が登記を完了したときに登記権利者に還付する書面で、登記申請の際に提出された登記原因書または申請副本に登記官が登記済みの旨その他所定の事項を記載したもの（旧不動産登記法60条）である。したがって、住民票や戸籍謄本など官公署が作成する書面とは異なり、もとは登記申請代理の委託を受けた司法書士が作成する書類である。そして、その記載内容が登記申請に当たり添付する書類と整合するかどうかは、登記申請が登記官に有効なものとして受理されるかどうかに直結する事項である。したっ

て、司法書士は、その限りで、依頼者から示された書類の記載内容が登記申請に当たり添付する書類と整合するかについて調査することが求められる。

本件においては、司法書士YはXから登記申請書類の点検を明示的に依頼されており、「特段の事情」がある場合ということができるから、抵当権設定義務者であり、Xの融資相手である自称Aの持参した権利証の記載事項が本件抵当権登記申請に整合し問題のないものかについて、Xが自称Aに1億円を貸し付ける前に調査義務があった。そして、司法書士Yとしては、物件の所在の表示の齟齬に気づくべきところであったのにもかかわらず、それに気づかなかったのであるから、この点について、Yの善管注意義務違反があったと評価することは相当であろう[7]。

《7-4》判決に対して、一見すると司法書士に過大な義務を負わせているように思われないではないとしつつ、登記申請を依頼した者の依頼の趣旨、依頼の経緯、依頼の際の言動、提出された書類の状況、提出の状況等の事情によっては、通常の司法書士であればその書類の偽造の有無を比較的容易に発見することができることがあるとし、《7-4》判決は、その前提となる具体的事実関係の下で、司法書士の注意義務を例外的に認めたものと論評する見解[8]もみられる。

ところで、司法書士の職務上の注意義務違反に基づき損害が発生した場合において、登記の依頼者または司法書士の申請代理した登記を信頼して取引に入った第三者との関係で、不動産代金・融資金など損害額が多額にのぼることがある。そうした場合に、損害の公平な分担の見地から、被害者側の落度が斟酌され、過失相殺がされることがある（民法418条、722条2項）。本件では、過失相殺については、高額な契約をしたのに、担保不動産の価値を調査しただけで、本人に直接確認をせず、本件契約の締結を急いで1億円を貸し付けたXの過失をもって過失相殺して3割5分減額している。

《7-4》判決と同旨の裁判例としては、《7-5》大阪地判昭和62・2・26

---

[7] 加藤新太郎編『判例Check 司法書士の民事責任』41頁〔福島政幸〕（新日本法規・2002）。

[8] 升田純「最近における司法書士の専門家としての責任」登記情報459号40巻2号38頁（2000）。

（判時1253号83頁）がある。

《7-5》判決は、①司法書士は、依頼者から関係書類の真否について調査を依頼された場合および関係書類の偽造を疑わしめるに足りる相当な理由を自ら有する場合には、通常の場合以上に関係書類を仔細に検討し、その結果必要に応じて他の調査に及ぶなどしてその真否を確認する注意義務を負う旨判示した。そして、②司法書士の知識および経験から、本件登記申請にかかる関係書類が場合によれば偽造・変造ではないかとの疑念を持つことができたもので、登記申請にかかる添付書類について慎重に調査吟味すべきであったとし、登記済権利証について、登記権利者の住所が現存しないものであること、登録免許税の価額の表示が誤っていることおよび通常あり得ない官公署の抵当権の登記済印の顕出があることから、司法書士としては、当該登記済証が偽造のものであることを看破することができたか、あるいはさらに詳細な調査に及ぶことが期待されたにもかかわらず、これらを看過した過失があるとした。さらに、③依頼者の側にも、不動産取引業を営むものとして極めて軽率で、重大な落度があったとして、9割の過失相殺をしたのである。

VI 関連する問題

1) 問題の所在

《7-4》は、顧客である登記権利者から登記申請書類の点検を依頼されたケースであるが、逆に、登記権利者が司法書士に調査は不要である旨を告げた場合についてはどのように解するのが相当であろうか。

これが、司法書士の登記書類調査義務の免除の可否の問題である。もっとも登記権利者は登記書類が不備であれば登記ができないことになるから、通常は、司法書士に対し調査は不要であるという指示をすることはないであろう。したがって、この問題は、現実には起こらない教室設例にすぎない[9]。ただ、この

---

[9] この問題に関連して、旧不動産登記法の下においては、保証書依頼者による司法書士の保証書作成にかかる調査保証義務の免除の可否という論点があった。これについては、肯定する裁判例（東京高判昭和55・10・29判タ433号99頁）と否定す

問題は、司法書士の職務の性質を考えるに当たり有益であるから、ここで検討してみよう。

② 二つの考え方

第1の見解は、こうである。登記申請代理にかかる契約は私法上の契約である。したがって、私的自治・契約自由の原則が妥当するから、依頼者である登記権利者が司法書士の登記書類調査義務を免除することは許容されるはずである。そして、調査義務が免除されれば、当然のことながら、その点に関する司法書士の登記権利者に対する責任は免除されることになる。これは、司法書士の登記書類調査義務の免除肯定説である。

これに対して、第2の見解は、司法書士としては、登記の専門家として登記の実体法的正確性の担保という公益的職責を負うものと考える。したがって、私的自治・契約自由の原則があるからという理由で登記権利者が司法書士に対し調査義務を免除すること自体が許されない。この考え方は、司法書士の登記書類調査義務の免除否定説である。

専門家責任論の観点からすると、第2の見解が相当であると考えられる。実体を反映しない登記により第三者に損害を与える事態を想定すれば、司法書士に調査義務を免除することが相当でないことは明らかである。すなわち、登記権利者が司法書士に対し調査義務を免除したとしても、司法書士は専門職として課せられている登記書類調査義務に違反した結果、実体を反映しない登記が作出され、それによって損害を被った第三者からの損害賠償請求に対する免責の効果は生じないと解すべきである[10]。

　　る裁判例(仙台高判昭和56・2・17判タ438号119頁)とがみられた。専門家責任論の観点からすると、否定する裁判例が相当であると考えられる。この点につき、加藤編・前掲注7) 255頁〔影浦直人〕。
10) もっとも、依頼者が司法書士の登記書類調査義務を免除しておいて、過誤があったとして民事責任を問うことを許容するのは相当でない。調査義務の免除につき、民事責任を追及しない旨の特約、損害賠償請求権の放棄の特約と捉える見解があるが、支持してよいであろう。山崎敏彦「司法書士・土地家屋調査士と民事責任」鎌田薫ほか編『新不動産登記講座(7)』321頁(日本評論社・1998)。

第8章 登記書類調査義務［その2］

I はじめに

　前章から、司法書士が登記関係書類（例えば、委任状、印鑑証明書、戸籍謄本、旧不動産登記法における登記済証〔権利証〕）が偽造されていることを見過ごした場合についての裁判例を通じて、司法書士の登記書類調査義務に関する検討を進めている。裁判例の傾向は、形式的処理モデルにより登記書類調査義務は限定的に捉えられていたが、「特段の事情」アプローチにより、一定の場合には、登記書類調査義務を負い、これに反したときには民事責任を負うという判断枠組みが示され、具体的事案に即した検討がされるようになってきているというものであった。

　これまでに考察した裁判例の中で、結論として、(1)司法書士の民事責任を肯定したものには、《7－5》大阪地判昭和62・2・26（判時1253号83頁）、《7－4》東京地判平成9・9・9（金法1518号45頁）があり、(2)民事責任を否定したものには、《7－1》京都地判昭和40・2・23（訟月11巻7号996頁）、《7－2》東京高判昭和48・1・31（判タ302号197頁、金判360号19頁）、《7－3》東京地判昭和52・7・12（判タ365号296頁）があった。ただし、専門家責任の観点からすると、結論がどのようなものかもさることながら、どのように法的構成をして請求を組み立て、それを受けて、裁判所が、どのような判断枠組みで、結論を導いているかという点がより重要である。

　本章でも、そのことを前提としつつ、次の裁判例を素材にして、このテーマについて理解を深めることにしよう。考察する裁判例は、①登記手続申請の委任契約の前に登記関係書類を預かった場合における司法書士の当該登記書類の審査調査義務に関する、《8－1》大阪地判昭和57・12・24（判タ496号148頁）、②司法書士の責任肯定事例である、《8－2》東京地判平成13・5・10（判時

1768号100頁、判タ1141号198頁）、③責任否定事例である、《8－3》大阪地判昭和61・1・27（判時1208号96頁、判タ612号59頁）である。

II 委任契約前の注意義務

1) 総　説

　司法書士は、登記手続申請の委任契約の前に登記関係書類を預かった場合に、当該書類の調査義務があるか。この点について、《8－1》大阪地判昭和57・12・24（判タ496号148頁）は、「司法書士が顧客から後日登記手続の依頼を受けることを前提として、登記済証、印鑑証明書、登記申請についての白紙委任状等を預かって預り証を作成した場合において、司法書士に委任状と印鑑証明書の印影が一致しているか否かを確かめる注意義務はない」として、その不法行為責任を否定した。まず、この裁判例をみてみよう。

2) 事案のアウトライン

　Xは、不動産の仲介売買業者Y_1からA所有の土地（本件土地）の購入を勧められ、昭和〇年12月4日、本件土地の所有権移転登記手続をXの修正申告の時期（翌年2月ないし3月頃）までにする約束でY_1から買い受けた。Xは、Y_1に本件土地の所有権移転登記手続に必要なXの住民票、登記申請の白紙委任状を交付した。Y_1は、同年12月18日、司法書士Y_2に対し、「後日登記手続をしてもらうが今はしないのでとりあえず預かってほしい」と申し入れ、A所有名義の本件土地についての登記済証、Aの印鑑証明書、同人名義の登記申請についての白地委任状、Xの住民票、Xの登記申請についての白地委任状および本件土地の売渡証を預けた。Y_2は、これらの書類の預り証を作成し、宛名はY_1の希望によりXの名を記載してY_1に交付した。

　A名義の登記委任状の印影はAの印鑑証明書の印影とは異なっていた。しかし、Y_2は、これらの書類を預かった際、印影の同一性については注意して見てはおらず、二つの印影が異なることに気づかなかった。

その後、Y₁は、Xに対し、本件預り証を示して、「売買残代金を支払えば直ちに本件土地の所有権移転登記手続をすることができる」と述べ、Xは、本件預り証が司法書士の発行のものであること等からY₁の言うことを信じて売買残代金を支払った。Y₁は売買代金を横領着服して行方をくらましたため、Xは、支払済みの売買代金の返還を受けることができず、本件土地の所有権移転登記手続をすることもできなかった。

　そこで、Xは、Y₁・Y₂に対し、不法行為に基づく損害賠償請求訴訟を提起した。

③　本判決の概要

　《8−1》判決は、以下のように判示して、Y₁に対する請求は認容したが、Y₂に対する請求は棄却した。

　「登記義務者及び登記権利者の双方が同一の司法書士に登記手続を委任する場合において、双方がそれぞれ登記手続に必要な書類の一切を司法書士に交付し、その際司法書士が委任状に押捺されている印影が印鑑証明書のそれと一致するか否か等を審査して委任を受けた登記手続が即時可能であることを確認し、その確認を待って双方が取引の決済等を行うことはよくあることで、このような場合、当該司法書士は、専門的な知識、経験を基礎として登記事務の委任を引受けることを業としているばかりでなく、そのことが司法書士法によって公認されていることに鑑み、周到な専門家としての高度の注意義務を負担するものというべく、司法書士がこのようにして登記事務を受任した以上、万が一にも登記ができないというようなことのないようにすべきことはいうまでもない。したがってまた、当該取引当事者は司法書士の上記のような確認を信頼して取引の決済を行って差支えないのである。しかしながら、本件においてはいまだ登記手続の委任はされていないのであるから、Y₂にこの種の注意義務を求めることのできないことはいうまでもない。（中略）

　叙上の司法書士の周到な専門官としての高度の一般的注意義務を斟酌しても、さらには近い将来に当該の登記事務を受任することが予定されていたとしても、Y₂が本件各書類を預かるに際し、委任状と印鑑証明書上の印影が一致してい

るか否かを審査せず、これが一致していないことに気付いていなかったことをもって注意義務違背があるということはできない。

　本件預り証が取引決済のために利用ないしは悪用されたものと言いうるが、一般に、このような預り証が取引の決済に利用される必要性を認めることはできず、現に一般にそのような利用の仕方がされているということを認めるに足りる何らの証拠もない。したがって、Y_2 は、司法書士として、本件のごとき預り証を発行するに当たって、それが取引の決済に利用されることを予想して何らかの間違いを生じないように配慮すべきものということはできない。」

④ 考　察

　司法書士は、依頼を受けた登記事務を遂行する過程で登記書類の調査を行うが、これは、登記申請代理業務の委託契約が顧客と司法書士との間に成立していることが前提となっている。司法書士における登記書類の調査義務は、登記申請代理に向けた準備行為であるから、将来委託することを予定してこれらの書類を預けた場合でも、その段階で直ちに司法書士に登記書類の真否等についての調査義務が生じるものとはいえない。これが原則であるが、例外的に、登記書類を預かった時点で登記申請手続についての委託契約が成立していない場合であっても、委託契約に先立って顧客が手持ちの登記書類の真否について司法書士に調査依頼をしたときは調査義務が生じる。

　この点に関連して、司法書士の登記事務の遂行過程のうち登記申請の前提である実体関係についての調査・確認・判断の段階をいわゆる「前段部分」、手続に関する書類を作成・調製し、登記申請手続を具体的にする事務を「後段部分」と区分したうえで、従来は登記申請手続の委託契約が直接目的とする後段部分を重視してきたのに対し、それ以前の依頼者と司法書士の関係は、契約内容や報酬に取り込まれない付随的なものあるいは事実上のものとされてきたことを問題視する見解もみられた[1]。しかし、現在の判例法理の下においては、

---

1) 前沢六雄「司法書士制度の現状」日本土地法学会編『不動産登記制度・建築確認制度（土地問題双書12）』32頁以下（有斐閣・1979）、山崎敏彦『登記代理委任契約論』55頁（一粒社・1988）。

委任契約がされた以上、司法書士が登記申請をする前提として一定の登記書類調査義務を負うと解されている[2]から、この見解は正当なものを含んではいるが、過渡期の議論というべきものであろう。

　また、登記申請手続の委託契約の成立時期について、従来は、司法書士が顧客から委任状あるいは登記書類を預かったときであるとされてきた。しかし、必ずしも契約の成立時期をそのように捉える必然性はなく、諾成契約であるから事実の実体に即して、これを顧客である依頼者と受託者である司法書士との登記申請手続の依頼に向けた交渉過程まで含めた契約的な関係を観念することも可能であるとする考え方[3]もあり得る。これは、契約の成立時期をどの点に求めるかという議論の一般論に解消されるものではあるが、個別具体的な状況を折り込むべきであるという指摘としては、相当なものと考えられる。

　本件では、XからY₂に対し事前の登記書類についての調査依頼をしたのではなく、「後日登記手続をしてもらうが今日はしないのでとりあえず預かってほしい」と申し入れたというのであるから、委託契約が成立したとはいえない。したがって、司法書士には登記書類の真否等についての調査義務が生じているとすることは困難であろう。

　本件は、司法書士の作成した預かり証が悪質なY₁に利用されたものといえる。

　本判決からは、①司法書士が顧客から登記書類を預かる場合には、その趣旨をよく確認して、ただ預かっておくだけなのか、書類の調査依頼を受けたのかを明確にすべきであること、②「預り証」などを発行する場合には、それが専門家である司法書士が発行したことを悪用されないよう配慮することを学ぶようにしたいものである[4]。

---

2) 本書第7章94頁。
3) 山崎・前掲注1) 75頁、76頁参照。
4) 加藤新太郎編『判例Check 司法書士の民事責任』28頁〔福島政幸〕（新日本法規・2002）。

III 登記済証の偽造の看過——責任肯定事例

1) 総　説

　司法書士の登記書類調査義務違反による責任肯定事例として、《8－2》東京地判平成13・5・10（判時1768号100頁、判タ1141号198頁）がある。
　《8－2》は、「司法書士が、土地の売買につき自称所有者から提供された登記済の偽造を看過したことが登記書類調査義務違反とされ、土地の買主で登記手続の依頼者である不動産業者が騙取された売買代金相当額の債務不履行責任が認められた事例（過失相殺6割）」である。

2) 事案のアウトライン

　不動産業者Ｘは、平成11年7月20日頃、不動産仲介業Ａの従業員であるＢからＣ所有の本件土地を代金3億円で購入するよう勧められ、購入することにした。Ｘは、7月下旬から翌8月初旬までの間、司法書士Ｙに対し、本件土地の取引の立会い、その所有権移転登記の申請手続を委任した。Ｙは、8月9日、本件委任契約に基づき、Ｘの取引金融業者であるＤの事務所に赴いて、本件土地の売買契約に立ち会い、Ｃと称する女性が本人であるかどうかの確認を同人の提示した運転免許証（ただし、偽造のもの）により行い、同人が持参した本件土地の登記済証（本件土地にかかる相続を原因とする所有権移転登記の申請書副本に東京法務局城南出張所登記官の登記済印が押捺された体裁の偽造のもの）等の登記申請に必要な書類の提示を受け、その記載内容を確認した。Ｙは、そのうえで、Ｘに対し、「申請添付書類には不備がない」旨告げた。
　そこで、Ｘは、自称Ｃとの間で本件土地を代金3億円で買い受ける旨の本件売買契約を締結し、Ｄから借り受けた金員の中から、自称Ｃに対して本件土地の売買代金として2億7000万円、Ａに対して仲介手数料840万円、Ｙに対して登録免許税等の諸費用788万8100円および司法書士手数料14万4900円をそれぞれ支払った。なお、東京法務局管内においては、平成8年12月1日をもって登記済印が改印され、その際、登記済印の下部に7桁の数字による整理番号

（コード番号）を記載する取扱いがされるようになったが、本件登記済証にはコード番号が記載されておらず、また、登記済印の受付年が「平成壱壱年」と記載されていた。

Yは、平成11年8月9日、本件委任契約に基づき、東京法務局城南出張所において、本件土地についてCとの間の売買を原因とする所有権移転登記の申請手続を行ったところ、翌10日、その旨の登記が経由され、DはXに対する債権を担保するために本件土地について極度額を3億6000万円とする根抵当権の設定を受け、Yの申請手続によりその旨の登記を了した。

Yは、同月24日、東京法務局城南出張所に補助者をして登記済証の受領に赴かせたところ、本件登記済証が偽造されたものであることを告げられ、Xが自称Cから金員を騙取されたことが明らかになった。

Cは、本件土地について、Xに対して所有権移転登記の、Dに対して根抵当権設定登記の各抹消登記手続を求める訴えを提起したが、いずれも認容判決が言い渡され確定し、各登記は抹消された。

Xは、その後、Aに支払った仲介手数料840万円については社団法人不動産保証協会から宅地建物取引業法所定の弁済業務保証金による弁済を受け、Yに支払った司法書士手数料14万4900円についてはXがYに対して負担していた他の債務と対当額で相殺することにより、それぞれ填補を受けた。

そして、XはYに対し、Yが委任契約上の善管注意義務に違反し登記申請書類の確認および適切な調査と助言を行わなかったとして、債務不履行に基づく損害賠償として損害額合計3億1768万6150円の一部である3億914万1250円およびこれに対する附帯請求をした。

3）本判決の概要

《8-2》判決は、次のとおり判示して、XのYに対する請求を一部認容した。
「司法書士は、登記手続に関する委任契約において登記原因の前提的事項や付随的事項についてまで当然に調査義務を負うものではなく、これを行うことが委任契約上の債務となるためには契約当事者間において特に委任事務の内容として合意することが必要であるというべきである。（中略）

司法書士が不動産登記の申請手続を受任した場合、実体的権利変動に符合した有効な登記がされるように登記原因たる法律行為等について調査すべき義務を負うことがあるのは前判示のとおりであるが、その職務上知り得る事実関係及び法律関係については自ら限界があるから、あくまでもその職責を遂行する上で収集し得る資料に基づいて調査すれば足りると考えられる。その反面、不動産登記手続を適正に行うことをその本来の職務とするからには、申請手続を行うに際して取り扱う各種資料については、その体裁や記載内容を調査すれば、不合理な点があるか否かを知り得るはずであるし、また、手続に関与する者に不自然な点があるか否かも経験上比較的容易に判明するはずである。したがって、司法書士は、依頼された登記手続を遂行する過程において、申請添付書類、殊に登記義務者の権利に関する登記済証のように重要な書類が真正に成立したものであるか否かについては慎重に検討し、その職務上の知識及び経験に照らして、一見して直ちに分かるような記載内容について不合理な点があれば、これを調査して依頼者に告げるべき義務があるというべきである。

　ところで、東京法務局管内の登記所においては平成8年12月以降登記済印の下部に7桁のコード番号が付記される取扱いがされており、Yにおいてもこれを知っていたことは前判示のとおりであるところ、本件登記済証には、このような取扱いに反して登記済印の下部にコード番号が記載されていない。また、証拠によれば、真正な登記済証には登記済印の受付年として『平成拾壱年』と記載されていることが認められているところ、本件登記済証には『平成壱壱年』と記載されていることは前判示のとおりである。これらは、いずれもYがXからの委任に基づき所有権移転登記手続を行ううえで、申請添付書類として取り扱った資料の記載内容に存する不合理な点であり、偽造であることを窺わせる徴憑であるとみることができる。そして、本件登記済証の登記済印の下部にコード番号が付記されていないことは一見して明らかであるから、前記のような調査義務を要求される司法書士がこれを確認した場合に、本件登記済証が偽造されたものであることを認識することはさほど困難でなかったとみることができるし、また、受付年の表示についても、該当欄を子細に観察すれば、その記載に疑念を抱くことができたと考えられる。

　しかるに、Yは、本件売買契約に立ち会い、本件登記済証の記載内容を確認

したにもかかわらず、前記の偽造を窺わせる事情を看過してその偽造に気付かず、Xに対して本件登記済証に不備がないと告げたのであるから、前記注意義務に違反し債務の本旨に従った履行をしなかったということができる。」

④ 考　察

　《8−2》判決は、土地の登記済権利証の偽造を見過ごした司法書士について、調査義務違反を認め、委任契約の債務不履行に基づく損害賠償責任を肯定した。前章で考察した《7−4》東京地判平成9・9・9（金法1518号45頁）のグループに属する裁判例である。
　本判決の判断枠組みは、次のようなものである。
【A】登記事務の委任を受けた司法書士の一般的調査義務については、実体的権利変動に符合した有効な登記がされるように登記原因たる法律行為について調査すべき義務を負うことがあるが、登記原因の前提的事項や付随的事項についてまで当然に調査義務を負うものではない。
【B】調査義務の範囲は、職務上知り得る事実関係および法律関係については自ら限界があるから、あくまでもその職責を遂行するうえで収集し得る資料に基づいて調査すれば足りる。
【C】登記申請手続を行うに際して取り扱う各種資料については、その体裁や記載内容を調査すれば、不合理な点があるか否かを知り得るはずであるし、また、手続に関与する者に不自然な点があるか否かも経験上比較的容易に判明するはずであるから、登記済証のように重要な書類が真正に成立したものであるか否かについては慎重に検討し、その職務上の知識および経験に照らして、一見して直ちに分かるような記載内容について不合理な点があれば、これを調査して依頼者に告げるべき義務がある。
【D】本件事実関係（本件登記済証の体裁など）の下においては、司法書士はその職業に照らした通常の注意を払えば当該登記済証が偽造であることを認識することができたのにもかかわらず、この義務に違反した。

　《8−2》判決の【A】は、司法書士は登記原因の前提的事項や付随的事項についてまで当然に調査義務を負うものではないとするが、その旨の合意をす

ることにより委任契約上の債務とすることができるという。この点について、依然として古いタイプの司法書士像を念頭に置いた判決であると批判する見解[5]がみられる。司法書士が実体的な権利変動について調査義務を負うか否かについては、どこまで業務の実質的処理モデルを徹底することができるかという問題の一分枝である[6]。ここでは安直に結論を出すことは控え、さらにいくつかの裁判例を検討したうえで結論を示したいと考える。

本件土地の取引価額は3億円と多額であるのに対して、司法書士手数料は14万4900円である。報酬に比して責任追及される損害賠償金額が多額である。本判決は、この点について、「Xは、不動産取引を業として行う者として本件売買契約締結に当たり相当の調査をすべきことが求められているのにこれを行わず、本件事業を進めることを急ぎ、自ら金員の騙取を防ぐ機会を逸し、自称CをC本人であると信じたまま本件売買契約を締結して、売買代金名下に金員を騙取され、その他の諸費用を支出するに至ったのであって、軽率であったといわざるを得ず、Yには登記済証の偽造を看過したという司法書士として基本的な注意義務違反があることを考慮しても、Xが損害を被ったことについてX自身にもYを超える落ち度があったというべきである」として、6割の過失相殺をしている。

IV 相続登記申請を依頼された司法書士の調査義務—責任否定事例

1) 総　説

司法書士に相続の実体関係の存否を調査確認する義務があるか否かに関して、「依頼者の代理人と称する者から送付を受けた偽造の戸籍謄本等に基づいて相続登記申請手続をした司法書士に過失がないとされたケース」がみられる。《8－3》大阪地判昭和61・1・27（判時1208号96頁、判タ612号59頁）がこれである。

---

5) 七戸克彦「不動産登記業務における司法書士の専門家責任をめぐる近時の動向」市民と法58号62頁（2009）。
6) 本書第4章53頁。

② 事案のアウトライン

Xは、Aから同人名義の本件土地を買い受け、手付金等を支払い、所有権移転登記をした。ところが、その後、Bから、土地はB所有であったものを、Aが戸籍謄本等を勝手に偽造し、Bが生存しているにもかかわらず死亡したものとしてA名義に相続登記したものであることを理由に、AからXへの所有権移転登記抹消登記請求訴訟を提起された。Xは敗訴判決を受け、判決は確定した。

そこで、Xは、手付金、登記費用等について損害を被ったとして、本件土地の相続登記手続を代理した司法書士Y_1および登記を受け付けた国に対し、損害賠償を提起した。

③ 本判決の概要

《8-3》判決は、次のように判示して、Xの請求を棄却した。

「司法書士が他人の嘱託を受けて登記に関する手続についての代理及び法務局に提出する書類の作成等をその業務としていること（旧司法書士法2条〔現行法3条〕）、当該業務は法定の資格を有し登録された者のみに認められた専門的業務であること、真正な登記の実現は不動産登記制度の根幹をなすものであることに鑑みれば、司法書士は、虚偽の登記を防止し、真正な登記の実現に協力すべき職責を有するものである。したがって、登記申請手続を代理するに当たっては、登記申請書添付書類の形式的審査をするにとどまらず、受任に至る経緯や当事者あるいは代理人から事情聴取した結果など職務上知り得た諸事情を総合的に判断し、当該登記申請の真正を疑うに足る相当な理由が存する場合には、登記申請の前提となる実体関係の存否を調査確認する義務があると解するのが相当である。

しかるところ、本件相続登記の前提となる実体関係は相続による権利変動であり、訴外Aの意思に基づくことなく開始するものであって、本件の相続開始の事実及び相続人の資格の最も確実な証明手段は訴外Bの戸籍謄本、除籍謄本、訴外Aの戸籍謄本等の公文書であるところ、本件では相続を証する公文書が外見上整っており、相続放棄の可能性なり上記公文書を審査する以上に実体関係

を調査すべき事情も認められない。」

④ 考　察

《8-3》判決の判断枠組みは、次のとおりである。

【A】司法書士が登記申請手続を代理するに当たっては、①登記申請書添付書類の形式的審査をするにとどまらず、②職務上知り得た事情を総合的に判断して当該登記申請の真正を疑うに足る相当な理由が存する場合には、登記申請の前提となる実体関係の存否を調査確認する義務がある。

【B】本件においては、登記申請の真正を疑うに足る相当な理由はなく、したがって、調査・確認義務違反の前提を欠く。

この点について、「司法書士は、委任に至る経緯、嘱託人・依頼者の動作・言動などの諸事実・事情を総合判断して、登記申請の適正につき確認をなし、もしこうした諸事情からして、当該登記申請の適正につきこれを疑うに足りる相当な理由があるとみられるとき、委任者から特に調査を依頼されているときには、通常以上に仔細に検討し、必要に応じて能動的な、しかし委任契約上の受任者という法的地位に見合うしかも迅速な申請という要請からして適宜な調査手段を尽くした上で、これを確認して登記申請手続をなすに及ぶべきであるとされているものとみうる」と分析し、このような司法書士の義務を「状況応接的調査・確認義務」とする見解[7]もみられる。

司法書士は、公文書については、一般的には、当該書面の形式が整っているか、登記簿ないし書面相互との対照等の審査をもって足りると解される。本件においても、調査の対象となる書類が戸籍謄本等の公文書であったことから、実体的な審査をする必要はないとされたように思われる[8]。

しかし、「職務上知り得た事情を総合的に判断して登記申請の真正を疑うに足る相当な理由が存する場合」[9]には、司法書士に調査義務が肯定されるが、

---

7) 山崎・前掲注1) 127頁、128頁。
8) 加藤編・前掲注4) 35頁〔福島〕。
9) 記載内容について一見して直ちに分かるような不合理な点がある場合（《8-2》東京地判平成13・5・10）などは、「登記申請の真正を疑うに足る相当な理由が存する場合」に当たる。

具体的にどのような場合が、想定されるであろうか。

　裁判例をみると、例えば、《7－3》東京地判昭和52・7・12（判タ365号296頁）は、「委任状に押捺された印影と印鑑証明書に押捺された印影とが一致するか否かを照合すべき義務」を肯定するが、委任状の偽造が巧妙だった（登記官も看破することができなかった）ことから、司法書士の義務違反を認めなかった。これは書類の真正を疑うに足る相当な理由を欠いていたということになる。

　また、《8－4》大阪高判昭和54・9・26（判タ400号166頁）は、登記済証の末尾にその日時の当時には官制上存在しなかった「神戸地方法務局西宮出張所」なる登記済印と庁印が押捺されていたケースである。この事案では、登記官には登記済証の偽造を看過した過失があったとしたのに対し、司法書士には上記以外の点でその真否に疑念を抱くべき点はなかったとして過失を否定した。これは、いうまでもなく司法書士と登記官との義務の内容・程度の微妙な差異がその判断の背景にある。

　さらに、《8－5》東京地判平成元・9・25（判タ730号133頁）は、偽造の住民票および登記済証が渡され、抵当権設定登記手続等の委任を受けた司法書士の調査義務違反につき消極の判断がされたケースである。住民票には、市長名義の認証部分があり、その方式および趣旨により市長が職務上作成したものであることに疑義を抱かせない体裁となっていることなど偽造を疑うことのできるような不自然なところがなかった。登記済証には、各土地の所在表示の不一致があるものの、自称権利者の説明や土地区画整理による換地処分の記載等から一応の合理的な説明がついていることから、偽造を看破することは難しかったという事情があったものである。

第9章 登記書類調査義務［その3］

I はじめに

　司法書士が登記関係書類（例えば、委任状、印鑑証明書、戸籍謄本、旧不動産登記法における登記済証〔権利証〕）の偽造を見過ごした場合における民事責任に関する裁判例の検討を重ねてきた。「司法書士の登記書類調査義務のあり方」の問題であるが、裁判例の傾向は、登記書類調査義務の形式的かつ限定的把握から、一定の場合には、登記書類調査確認義務を負うという実質的把握に移行していることが確認された[1]。

　そうすると、次の問題は、「実質的観点から、司法書士が登記書類調査確認義務に違反し関係者に損害を与えた場合に民事責任を負うケースは、どのようなものであるか」というものとなる。これまでに、責任肯定事例として、①《7－5》大阪地判昭和62・2・26（判時1253号83頁）、②《7－4》東京地判平成9・9・9（金法1518号45頁）、③《8－2》東京地判平成13・5・10（判時1768号100頁、判タ1141号198頁）について、責任否定事例として、④《7－1》京都地判昭和40・2・23（訟月11巻7号996頁）、⑤《7－2》東京高判昭和48・1・31（判タ302号197頁、金判360号19頁）、⑥《7－3》東京地判昭和52・7・12（判タ365号296頁）、⑦《8－3》大阪地判昭和61・1・27（判時1208号96頁、判タ612号59頁）を考察してきた。その際の検討の重点を、訴訟当事者はどのように法的構成をして司法書士の責任を追及する請求原因を組み立て、それを受けて、裁判所がどのような判断枠組みで結論を導いているかという点においた。

　本章は、司法書士の登記書類調査義務の締めくくりとして、裁判所は、具体

---

1) 本書第7章85頁。

的事案の中で、責任の成否の判断において、どのような要素に着目しているかについて検討することにしたい。考察の素材とする裁判例は、印鑑登録証明書の偽造等を発見できなかった場合における司法書士の調査義務違反に関して一審判決（《9－1》東京地判平成 16・8・6 判タ 1196 号 120 頁）と控訴審判決（《9－2》東京高判平成 17・9・14 判タ 1206 号 211 頁）とで判断の分かれたケースである。比較的新しいものでもあり、裁判所の考え方についてその内在的論理を確認しながら検討するには相応しいと考えられる。

　結論を先取りすると、司法書士の民事責任の成否は、個別の事実関係とこれを評価する際の規範的判断に左右されるものであり、抽象的な議論には限界があることが明らかにされる。そして、実践的な専門家責任論の観点からは、司法書士としては、責任肯定に傾くような要素を認識し、これらをクリアすることのできる力量を備え、ケアフルな執務で臨むことが期待されるというものである。

II 事案の概要

1）事案の要旨

　《9－1》東京地判平成 16・8・6（判タ 1196 号 120 頁）、《9－2》東京高判平成 17・9・14（判タ 1206 号 211 頁）は、司法書士が印鑑登録証明書の偽造等を発見できなかったことについて、登記申請書類の調査義務の違反の有無が争点とされ、一審判決は、義務違反を認め責任を肯定したのに対し、控訴審判決は、義務違反なしとして原判決を取り消したものである。

2）事案のアウトライン

　Xは、土地建物を買い受けるに当たってその登記申請を司法書士であるYに依頼した。ところが、売主Aが所有者の名をかたった無権利者Bであったため（成りすまし）、売買代金相当額を騙取された。そこで、Xは、Yに対し、業務遂行の過程で司法書士としての善良な管理者の注意義務に違反し、登記済権利

証および印鑑登録証明書が偽造であることを見過ごした過失がある旨主張して、債務不履行ないし不法行為に基づく損害賠償請求として、売買代金相当額および弁護士費用の合計2億1293万円余と遅延損害金を請求した。

《9－1》判決は、「Yにおいて、売主から提示を受けた偽造の印鑑登録証明書につき、真正な文書にあるべき透かしのないことを見過ごした点に過失があり、Xに対して不法行為に基づく損害賠償責任を負うが、Xにも相当な落ち度があり8割5分の過失相殺をすべきである」と説示して、3113万9606円の限度でXの請求を認容した[2]。

そのため、X・Yの双方が控訴した。

3）Xの主張

司法書士に登記申請を依頼する一般市民の常識としては、登記業務全般を依頼すれば、本人の意思確認を含めて申請書類の真正についても当然に依頼したと考えるのが通常であり、そのために特段の依頼や合意を要すると考えることはない。仮に司法書士に登記申請を依頼する際、特段の依頼等がない限り、司法書士は申請書類の真正について基本的に責任を負わないということになれば、一般市民の司法書士に対する信頼は失墜する。したがって、司法書士から申請書類の真正について委任業務の対象にならないとの告知がない限り、司法書士はその真正についても委任業務として誠実に行わなければならないというべきである。

本件においては、XがYに対し登記手続が確実に行われるように依頼したから、その依頼の内容には申請書類の真正について調査確認することも含む。

4）Yの主張

《9－1》判決は、Yについて、本件印鑑登録証明書を光源にかざし、透かしの有無を確認する義務があると判示するが、登記の代理申請の実務水準とし

---

[2] 一審判決を批判的に論評する見解として、升田純「コンプライアンス道場（第50回）」登記情報597号115頁（2011）。

て、司法書士には、少なくとも印鑑登録証明書の偽造を疑うべき事情のない限り、その透かしの有無を確認することまで求められてはいない。

　本件では、すでにYに依頼した経験のあるXが自称Aを伴い、両名がYに対し登記の代理申請を依頼しているのであり、通常このような経緯で受任する司法書士が、自己の依頼者の連れてきた人物の同一性を一から疑うというようなことはあり得ない。まして、Xと自称Aとの間で公正証書作成段階に達していたから、本人確認を問題にする必要性は乏しい。加えて、Yは、万が一に備えて、運転免許証の提示を求めるほか、自宅の電話番号を尋ねるなどして自称Aの本人確認を適正に終えているので、印鑑登録証明書など本人と確認された者が提示した書類については、真正に成立したものと考えるのが普通である。さらに、本件印鑑登録証明書の外観上カラーコピーなど偽造を疑わせる事情はなく、Yは本件印鑑登録証明書を裏返して変形菱形の影があることを確認している。したがって、本件においては、照明にかざして透かしを確認する義務までは発生しないものというべきである。

III 登記書類調査義務についての一般的判示

　《9－2》判決は、次のとおり判示して、Xの請求を棄却すべきであるとの逆転判決をした（【　】内のキーワードは筆者の注である）。
　まず、登記書類調査義務（書類の真否に関する調査義務はその一部）についての、一般的判示に関する部分をみてみよう。
　「(1) 一般に司法書士が登記申請を依頼される場合、司法書士は、依頼者の権利が速やかに実現されるように登記に必要な書類の徴求を指示し、依頼者が用意した書類相互の整合性を点検して、その所期の目的に適った登記の実現に向けて手続的な誤謬が存しないかどうかを調査確認する義務を負うものである（【一般原則】【一般的書類調査義務は肯定】）。しかし、依頼者の用意した書類が偽造、変造されたものであるか否かの成立に関する真否については、特に依頼者からその旨の確認を委託された場合や、当該書類が偽造又は変造されたものであることが一見して明白である場合、さらに後に述べる専門家としての立場から要請される場合を除き、司法書士は、原則としてその点に関する調査義務を

負わないものと解すべきである（【書類の真否に関する調査義務は限定的・例外的なもの】）。依頼者が司法書士に対して登記申請を依頼する本旨は、その所期する登記の速やかな実現であり、そもそも物権変動に係る法律関係の当事者でない司法書士においては、特段の事情のない限り書類の真否を知り得る立場にはないし、当事者の取引や内部事情に介入することはその職分を超えたものであって、書類の真否といった事柄は、本来的に依頼者において調査確認すべきものといえるからである（【依頼者の依頼の本旨】【司法書士と依頼者との役割分担】【依頼者の書類の真否に関する調査義務】）。

Xは、この点、司法書士に登記申請を依頼する一般市民の常識としては、登記業務全般を依頼すれば、本人の意思確認を含めて書類の真正についても依頼したと考えるのが通常であり、仮に特段の依頼等がない限り、司法書士が書類の真正について基本的に責任を負わないということになれば、一般市民の司法書士に対する信頼は失墜するなどと主張する。しかし、登記は形式的な事項に関しても極めて専門的技術的な側面を有し、登記申請の方法については不動産登記法（全部改正前の旧法）、不動産登記令（全部改正前の不動産登記法施行令）、不動産登記規則（全部改正前の不動産登記法施行細則）などの関係法令に細かい規定があって、必要書類の徴求や申請書類の作成に限っても、法律的な知識や実務に精通した司法書士の役割は大きいものであって、司法書士が基本的には書類の真正について責任を負わないと解したからといって、一般市民の司法書士に対する信頼が失墜するとの非難は当たらない（【市民の期待に対する司法書士の役割】）。

(2) 一方で、司法書士法は、司法書士の制度を定め、その業務の適正を図ることにより、登記等に関する手続の適正かつ円滑な実施に資し、もって国民の権利の保護に寄与することを目的として制定され（同法1条）、司法書士は、常に品位を保持し、業務に関する法令及び実務に精通して、公正かつ誠実にその業務を行わなければならず（同法2条）、他人の依頼を受けて登記又は供託に関する手続について代理するなどの事務を業として行うことが認められ（同法3条）、しかも、法定の資格を有する者のみが司法書士となり得るのである（同法4条）。これらの規定の趣旨に照らすと、司法書士は、国民の登記制度に対する信頼と不動産取引の安全に寄与すべき公益的な責務があるものと考えられ、

具体的な登記申請の受任に当たっても、依頼者としては司法書士の高度な専門的知識や職業倫理に期待を寄せているといって過言ではないし、司法書士としても、具体的な事案に即して依頼者のそのような期待に応えるべきであって、専門的知見を駆使することによって依頼に関わる紛争を未然に防ぐことも、登記の速やかな実現の要請とも相俟って、依頼者との委任契約上の善管注意義務の内容となり、若しくはこれに付随した義務の内容となり得るというべきである(【司法書士の職責と注意義務】)。

このような観点から書類の真否に関する調査確認義務の有無を改めて考察すると、前記のとおり、【1】依頼者から特別に真否の確認を委託された場合や(旧不動産登記法44条にいう保証を委託された場合も、当事者の同一性や登記意思に関する慎重な配慮が求められるから、その職責を果たす上で書類の真否を調査する必要が生じてくることもあろう。)、【2】当該書類が偽造又は変造されたものであることが一見して明白である場合のほか、【3】依頼の経緯や業務を遂行する過程で知り得た情報と司法書士が有すべき専門的知見に照らして、書類の真否を疑うべき相当な理由が存する場合は、その書類の成立について調査確認して依頼者に報告したり、少なくとも依頼者に対して注意を促すなどの適宜の措置を取る義務があるというべきである(【専門家として要請される事項からの書類の真否に関する調査義務の肯定】)。そして、司法書士がこのような義務に違反したと評価されるときは、司法書士は、依頼者に対し、委任契約上の善良な管理者としての注意義務を怠ったとして債務不履行責任を負うこととなり、不法行為責任を負うものと解する余地も出てくるのである。」

IV 本件における当てはめ

次に、《9−2》判決の、一般的判示部分を前提として、本件事実関係に当てはめをしている判示部分をみてみよう。

「(3) 本件におけるXとYとの間の登記申請に関する契約については、前記認定のとおり、登記の速やかな実現のための必要書類の徴求とそれに関する指示、並びに申請書類の作成や書類相互の形式的誤謬の是正といった事柄が依頼の内容になっていたものであり、書類の成立の真否に関わる事柄は、Xから依

頼されていなかったというべきである。Xは、書類の真否に関する調査確認も依頼の内容であった旨の主張をするが、これを認めるに足りる的確な証拠はない（【本件における依頼の趣旨＝書類の真否の調査確認につき明示的依頼なし】）。

しかしながら、司法書士が登記申請を受任するに当たって、書類の真否の調査確認について明示的に依頼されていなかったとしても、書類の真正について一切責任を負わないと解すべきでないことは前説示のとおりであり、書類の偽造又は変造が一見して明白である場合のほか、依頼の経緯や業務を遂行する過程で知り得た情報と司法書士が有すべき専門的知見に照らして、書類の真否を疑うべき相当な理由が存するときは、具体的事案に即してその点の調査確認義務を負うものであって、このような観点から、Yの委任契約における善管注意義務違反の有無を検討する必要がある（【判断枠組みの明示】）。そこで、Xは、Yにおいて本件登記済権利証及び本件印鑑登録証明書等の偽造を見過ごしたことをとらえて、その真偽を確認すべき善管注意義務を怠ったと主張するので、この点について順次判断する。

(4) 本件登記済権利証の偽造について

Xは、本件登記済権利証に記載された登記の日付のころには印影に朱肉印が使われており、これは登記実務上常識的なことで司法書士の一般的知見として知っておくべきことであるところ、同権利証にはスタンプ印が使われていたから、これを見過ごしたYに過失がある旨主張する（【朱肉印かスタンプ印か】）。

しかし、本件登記済権利証に記載された登記の日付である昭和52年から昭和53年にかけて、横浜地方法務局神奈川出張所において朱肉印が使われていたことが、Xの主張するように登記実務上常識的であったとか、司法書士が有すべき一般的知見であるなどとの事実を認めるに足りる証拠はない（【司法書士の知見の内実】）。

なお付言すると、証拠によれば、横浜地方法務局神奈川出張所において上記の期間に使用されていた登記済印（昭和48年4月から昭和60年3月まで使用されていた登記済印）は既に廃棄されているが、その印影が公印使用届の綴りに保管してあったこと、Yからされた本件の登記申請の審査に当たった登記官は、本件登記済権利証の登記済印の字体が少し違っている感じがしたことから、公印使用届を確認したところ、字体が真正のものと相異しており（【登記済印の字

体の相違】)、かつ、当時は朱肉印が使われていたことを知り、本件登記済権利証が偽造であることを見破ったことが認められるところ、登記官は、職務上の特別な立場を利用して偽造を見破ったものといえるし、その契機も字体の相違を疑ったことによるのであり、印影にかつて朱肉印が使われていたことは公印使用届を確認して知ったものとうかがえるのであって、司法書士であるYが印影が朱肉印でなかったことを見過ごしたからといって、前記の善管注意義務違反を問うことはできないというべきである(【登記官との差異と司法書士の注意義務】)。

(5) 本件印鑑登録証明書等の偽造について

ア Xは、本件印鑑登録証明書等がカラーコピーであったと主張するが、前記の認定に照らせば、かえってカラーコピーではなかったものと推認される。また、前記認定のとおり、本件印鑑登録証明書等の末端部に記載された『この用紙に横浜市章のすかしと、緑色で全面に「よこはま YOKOHAMA」の文字と市の花「バラ」のマークが入っていないものはコピーです。』という文字が、真正のものに比べて大きく、一部がこすれて不鮮明になってはいるが、証拠によれば、本件印鑑登録証明書等の上記の文字は、真正な証明書の文字よりやや大きい程度で、目に付くような態様ではなく、文字のこすれも同様であることが見て取れるというべきであり、上記の点があるからといって、特に印鑑登録証明書の形式として不自然であるとまではいえず、偽造が一見明白であるとは評価できないし、一審被告が本件印鑑登録証明書等の偽造を見過ごしたことが前記の善管注意義務違反に当たると解することはできない。

イ 次いで、Xは、前記のとおり、本件印鑑登録証明書等には横浜市章の変形菱形の透かしが施されておらず、これは光源にかざすことによって確認することができるところ、Yは光源にかざして透かしを確認することをしなかったから、この点において過失がある旨主張する(【透かしの有無】【透かしの確認】)。

ところで、一般に印鑑登録証明書等に施された透かしは、偽造防止を目的にしたものであるが、横浜市発行のものは、光源にかざすと変形菱形の模様が薄く見える程度のものであって、紙幣に施されている透かしほど精巧な作りとはいえず、偽造が困難というほどのものではない(【透かしの偽造の非困難性】)。本件印鑑登録証明書等には変形菱形の透かしはないものの、裏面に同様の形状

の透かし様の印刷がされていて、一見して透かしがあると誤認させるように細工が施され、その意味では極めて精巧な偽造であり、偽造が一見して明白であるとはいえないものであった（【偽造の精巧性】【偽造の一見非明白性】）。

さらに、前示のとおり、Yは、実印や関係書類に押捺された印影と本件印鑑登録証明書等の印影の照合を行い、これを裏返し、机の上で、変形菱形の影があることを確認し、透かしが施されていると判断し、また、四隅に不自然な余白はなく、コピーした用紙に顕出される「無効」「偽造」などの透かしが見られないのでカラーコピーでないことも確認している。これに加えて、Yは、登記申請書類の作成に当たり、自称Aに対して、運転免許証の提示を求めたり、事前に調べておいた自宅の電話番号を答えさせたり、委任状等に他の文書を参照することなく住所を書かせたりするなど、念入りに本人確認の措置を講じ、その結果、自称Aに不自然な仕草などは見られず、自称Aの取引の相手方であるXの関係者からも、この点について不安を覚えるようなそぶりもなかったことがうかがえる。したがって、自称Aの用意した本件印鑑登録証明書等の真否を疑うような契機はなかったということができる。

以上を考え合わせると、このような状況においては、Yとしては、更に本件印鑑登録証明書等を光源にかざして透かしの有無を念入りに点検すべきであったとまでいうことはできず、そのような点検がさほどの労力を要せず行うことが可能であったとしても、これを行っていなかった点だけをとらえて、Yに対して前記の善管注意義務違反を問うことはできないと解するべきである。」

V 司法書士の職責と過失

1) 不動産売買におけるリスク

不動産売買にはその他の取引と同様に一定のリスクが随伴する。目的物が買主の想定するようなものであるか、契約締結時から履行時・代金決済時まで売買当事者の経済的信用力が持続するかなどのほか、実体的権利のない者が詐欺的に契約に関与しているため所有権を得ることができないことも想定すると、そのリスクは多様であることが分かる。

このようなリスクは、売買契約の当事者が負うのが原則である。その意味では、《9－2》判決がいうように、関係書類の真否は、本来当事者が調査確認すべきものである。もとより、関係書類の真否確認について、法律専門職として司法書士や弁護士に依頼することは可能であるし、契約内容を点検し実体的に物権変動が誤りなく実現できるよう助言を求めることもできる。しかし、そのようにしない限り、司法書士は、内部事情は分からないし、書類の真否を知り得る立場にもない。つまり、専門家である司法書士を過度に頼ることはできず、あくまでも、不動産売買におけるリスクは当事者が負うべきである。

　ところで、不動産売買のリスクとして発生する損害は、その額が大きなものとなる。そこで、リスクが顕在化した場合に、不動産売買の相手方に対して損害賠償請求をしたとしても、実効性がないときには、最後の拠り所として、司法書士を被告にする訴えが提起されることがある[3]。司法書士の関与を一種の保険として機能させるという事象であるが、司法書士の得る報酬額との比較でみるとバランスを欠いていると感じられることが少なくない。本件も、司法書士の報酬は約20万円であるのに対して、請求された損害額は2億1293万円余である。しかし、司法書士に職務上の注意義務違反があったという要件が充たされた場合には、過失相殺がされるとしても、司法書士は損害賠償に応じなければならないのである[4]。

2）本件における判断枠組みと印鑑登録証明書等の偽造の看過の評価

　控訴審判決の判断枠組みは、Ⅲで引用した（1）（2）のとおりである。そして、【1】依頼者から特別に真否の確認を委託された場合、【2】当該書類が偽造または変造されたものであることが一見して明白である場合、【3】依頼の経緯や業務を遂行する過程で知り得た情報と司法書士が有すべき専門的知見に照らして、書類の真否を疑うべき相当な理由が存する場合には、書類の真否について

3）鎌田薫「わが国における専門家責任の実情」専門家責任研究会編『専門家の民事責任』〔別冊NBL28号〕65頁（商事法務研究会・1994）。
4）本件についても、一審判決は、8割5分という大幅な過失相殺をし、《8－2》東京地判平成13・5・10も6割の過失相殺をしている。

司法書士の調査義務があるという規範を明示する[5]。

　本件では、登記済証と印鑑登録証明書が偽造されていたが、司法書士は、この点を看過していた。《9－1》判決と《9－2》判決とで、結論を異にしたのは、印鑑登録証明書に透かしのないことを見過ごしたことの評価の違いである。印鑑登録証明書を光源にかざすと変形菱形の模様が薄く見えるかどうか分かるから、透かしの有無も確認することができる。司法書士が光源にかざし透かしのないことを確認さえしていれば、自称Aの詐欺が発覚し、Xは売買代金を支払うことを避けることができた。

　この点について、《9－2》判決は、司法書士が、①実印や関係書類に押捺された印影と印鑑登録証明書等の印影の照合、②印鑑登録証明書を裏返し、机の上で、変形菱形の影があることを確認したこと、③印鑑登録証明書の四隅に不自然な余白はなく、コピーした用紙に顕出される「無効」「偽造」などの透かしが見られずカラーコピーでないことの確認、④登記申請書類の作成に当たり、自称Aに対して、運転免許証の提示を求め、事前に調べておいた自宅の電話番号を答えさせ、委任状等に他の文書を参照することなく住所を書かせるなど、本人確認の措置を講じたが、自称Aに不自然な仕草などは見られなかったこと、⑤X関係者からも、不安を覚えるそぶりはなかったこと、という要素を重視している。そのうえで、①から⑤の事実関係の下では、自称Aの用意した本件印鑑登録証明書等の真否を疑うような契機はなかったと評価したのである。

　また、印鑑登録証明書につき②によって透かしが施されていると判断したのは、本件における偽造の精巧性、したがって偽造の一見非明白性を考慮したものとみることができる。

3) 登記官との差異と司法書士の注意義務

　本件について、登記官は、本件印鑑登録証明書等の偽造を見破っている。このことは、司法書士の調査義務違反の判定に当たり、どのように評価すべきか。

---

[5] この点について、実質的処理モデルに整合すると論評する見解として、七戸克彦「不動産登記業務における司法書士の専門家責任をめぐる近時の動向」市民と法58号58頁（2009）。

一般的にみて、登記官は、その職務上の特別な立場を有し、経験を積んでいるのであるから、司法書士に課せられる注意義務よりもその程度は高いと解される。したがって、登記官が発見できなかった委任状の偽造を司法書士が看過した場合に義務違反はないとされ（《7－3》東京地判昭和52・7・12判タ365号296頁）、登記官には登記済証の偽造を看過した過失があるとされても、司法書士に過失がないとされる（《8－4》大阪高判昭和54・9・26判タ400号166頁）ことがある[6]。

　《9－2》判決は、この点については、登記官が本件印鑑登録証明書等の偽造を疑ったのは、まず本件登記済証を疑い、これを調査した結果偽造であることが判明したので、印鑑登録証明書等も偽造されているのではないかと考えて点検したものであり、本件登記済証の偽造が発覚することがなければ、本件印鑑登録証明書等の偽造も判明しなかったとも考えられると判断した。つまり、司法書士と登記官との職責の差異を前提として、司法書士に義務違反なしとしたのは、本件状況下において司法書士には偽造を見破ることが困難であったことを理由にしているのである。

④　本判決の教訓

　司法書士の民事責任の成否は、注意義務として措定された規範を前提として、義務違反行為は何か（例えば、登記書類調査義務の具体化である、印鑑登録証明書を光源にかざして偽造を見つけなかった行為）、それを過失と評価することができるかによって判定される。それは、個別の評価に意味のある事実の主張・立証とその規範的評価・判断に左右される。したがって、責任判断の枠組みは、ある程度抽象的なものであることは事柄の性質上やむを得ないが、規範の当てはめは、《9－1》判決と《9－2》判決とを比較すれば明らかなように個別性・具体性が濃く、場合によっては紙一重の微妙なものである。

　司法書士の職務においては、紙一重で、登記書類調査義務がないとされる場合、登記書類調査義務はあるがその違反はないとされる場合もあるが、どのよ

---

[6]　本書第7章90頁、第8章109頁。

うな要素により、そうした判断がされることになるのかを十分認識したうえでの実践が必要である。そして、司法書士としては、書類の真否に問題がありそうだと感じることのできる力量を備え、ケアフルな姿勢を確立し執務に臨むことが要請されているのである[7]。

---

7) 本書第7章90頁、第8章109頁。

第10章 依頼に応じる義務[その1]

I はじめに

　本章と第11章は、関係規範の代表的なものである、司法書士の依頼に応じる義務（司法書士法21条）について検討を加えることにしたい。

　依頼に応じる義務とは、司法書士は、「正当な事由」がある場合でなければ依頼を拒むことができないという規範である。すなわち、司法書士は、登記申請手続の代理業務や裁判書類作成業務など司法書士法3条1項1号から5号までに定める業務については、正当な事由がある場合でなければ依頼を拒むことができないという義務が課せられているのである。

　司法書士に、この義務違反があった場合には、100万円以下の罰金に処せられる（司法書士法75条1項）ことがあるほか、懲戒事由になる（同法47条）。つまり、司法書士の依頼に応じる義務は刑事罰と行政上の処分により、その履行が担保されているのである[1]。

　もっとも、登記申請代理等業務に対して、簡裁訴訟代理等関係業務に関するものについては、依頼に応じる義務は課せられていない[2]。

---

1) 法務省令（司法書士法施行規則27条1項）において、司法書士は、簡裁訴訟代理等関係業務に関するものを除き、依頼を拒んだ場合において、依頼者の請求があるときは、その理由書を交付しなければならない。これは、手続的な定めではあるが、司法書士の依頼拒絶を行政上の処分につなげ得るものであり、司法書士にとっては、一種の心理強制として働くものということができる。
2) 司法書士も簡裁訴訟代理等関係業務については、弁護士の訴訟案件受任の場合と同様に、受任の自由がある。この点について、加藤新太郎『コモン・ベーシック弁護士倫理』20頁（有斐閣・2006）。

II 依頼に応じる義務

1) 依頼に応じる義務の実質的根拠

　それでは、司法書士の依頼に応じる義務の実質的根拠はどこに求められるのであろうか。

　この点について、①司法書士に登記申請代理等業務につき依頼に応じる法的義務が課せられているのはなぜなのか、②簡裁訴訟代理等関係業務に関するものについて除外されているのはなぜなのかについて、考察してきたい。

　まず、司法書士に登記申請代理等業務につき依頼に応じる義務が課せられるのは、公益上の理由による。司法書士は国家から独占業務資格を付与されている。これに対して、そうでない一般人が、人から頼まれ事をされたときの対応のあり方との対比で考えてみよう。一般人が、人から頼まれ事をされた場合、それを引き受けるかどうかを考慮する際に、それが自分にできることであっても、個人的な好き嫌いで断ることは格別非難できないであろう。また、依頼する者が、自分は嫌いではなくても、社会から反感をかっている人であったり、頼まれ事を引き受けることが自分の地域社会における評判にマイナスになることを考慮して消極的に対応することはやむを得ないと思われる。

　しかし、国家から独占業務資格を付与されている司法書士は、このような対応をすることが許容されるべきか。国家から独占業務資格を付与されている者は、公共的役割を担うものであるから、趣味嗜好や気分によって恣意的に、依頼者からの依頼を拒むことは相当とはいえない。依頼者は、その職層により業務を独占され、その力を借りなければ一定の目的（例えば、不動産登記手続）を達成することができない状態とされながら、恣意的な理由で受任を断られることがあるとすれば、国としてそのような独占業務資格制度を作った意味が乏しくなる。しかし、例外なく依頼に応じなければならないとすると、依頼の内容が既に受任した事務との関係で行うことが法的または物理的に不可能な場合には困ってしまう。そこで、正当な事由がある場合には、依頼に応じる義務が解除されるというルールが定められているのである[3]。

　3）小林昭彦＝河合芳光『注釈司法書士法〔第3版〕』222頁（テイハン・2007）。

メディカル・プロフェッションである医師も、医療業務を独占しており、人の健康及び健康生活の確保という公共的な責務を負う。このことから、診療に従事する医師は、患者から診療・治療の求めがあった場合には、正当な事由がなければ、これを拒んではならないとされる（医師法19条1項）。これは、医師の応招義務といわれる。医師はこの義務に違反しても罰則はないが、「医師として品位を損するような行為のあったとき」（同法7条2項）に該当し、業務停止等の処分を受ける可能性がある[4]。

　司法書士の依頼に応じる義務も、医師の応招義務と同様に公共的・公益的観点から、国家から独占業務資格を付与されている者として負うべき義務である。なお、弁護士も、その職務の公共的性格から、同様に、依頼に応じる義務が課せられる場合がある。すなわち、弁護士は、正当の理由がなければ、法令により官公署の委嘱した事項等を行うことを辞することができない（弁護士法24条）。例えば、弁護士が民事訴訟において弁論能力を欠く者に対する付添いを命じられた場合（民訴法155条2項）、刑事訴訟において国選弁護人に選任された場合（刑訴法36条〜38条）など、辞するには正当の理由がなければならないのである[5]。

２）簡裁訴訟代理等関係業務との異同

　それでは、司法書士の依頼に応じる義務について、登記申請代理等業務と簡裁訴訟代理等関係業務とで違いを設けているのは、どうしてなのか。

　この点については、登記申請代理等業務は、登記申請代理にしても、裁判書類作成業務にしても、新たな利害関係や法律関係を創造するものではなく、当事者の依頼の趣旨を法律的に構成することが業務の中心になり、そのため正当な理由がない場合において依頼に応じる義務を負わせても依頼の趣旨が損なわれるような事態に至るおそれがほとんどないからであると説明する見解[6]が一

---

[4] 医師の私法上の応召義務に関わる問題については、中村哲「救急医療を巡る法律問題について」同『医療訴訟の実務的課題』334頁（判例タイムズ社・2001）。
[5] 加藤・前掲注2）20頁。
[6] 小林＝河合・前掲注3）222頁。

般的である。この説明の「新たな利害関係や法律関係を創造するものでない」と表現している部分に、司法書士の代書的イメージが残っているようにも感じないわけではないが、簡裁訴訟代理等関係業務との比較においては、相対的にそのようにいうことができよう。したがって、この見解は相当なものとして支持できる。

　司法書士の簡裁訴訟代理等関係業務の受任の自由の実質的根拠は、「司法書士・依頼者関係」からも説明することができる。つまり、司法書士の受任の自由は、依頼者との関係が、「司法書士は依頼者の語る問題状況の基礎をなす事実関係がまったくの虚偽ではないという信頼をし、依頼者は司法書士の人格・識見・知識・スキル等を含めて、頼ることができると信頼をする」という、相互の信頼関係を基盤とするものであることによるのである[7]。

III 正当な事由

1) 正当な事由の意義

　正当な事由とは、具体的にどのようなものをいうか。この点については、形式説と実質説（実体説）とがみられる。

　形式説は、正当な事由とは、司法書士法22条の規定により業務を行うことができない事件について依頼を受けた場合のほか、司法書士の病気や事故、事務輻輳により業務遂行が困難な場合をいうと解する見解[8]である。司法書士が形式的な理由により業務を受任できない場合を、正当な事由というのである。この見解は、業務の受任の可否の限界である正当な事由には実質的な事柄は考慮すべきではないという含意がある。例えば、依頼者の態度が極端に横暴であるとか、事件のスジがよくない等の理由によっては依頼を拒むことはできないと考えるのである[9]。正当な事由は、このような形式説により理解するのが伝

---

[7] 小林＝河合・前掲注3）222頁。
[8] 小林＝河合・前掲注3）223頁。
[9] 山崎敏彦「司法書士の登記代理業務にかかる民事責任──最近の動向・補論(下)」青山法学論集40巻3＝4号260頁参照（1999）。

統的な立場であった。

　実質説（実体説）は、正当な事由に形式説のいう事由はもとより、案件の実質に着目して依頼を拒むことを正当化することができる事由も含めるべきであるという見解である。具体的には、司法書士は、登記申請代理事務の受任に当たり、当事者（不動産取引関係者）の確認、法律関係（物権変動の原因事実とその態様）の確認、当事者意思（物権変動意思、登記申請意思）の確認、目的不動産（登記申請対象物件）の確認などをすることが必要となるが、こうした点について確認することができない場合も、依頼を拒む正当な事由に当たると解するのである[10]。

　形式説と実質説（実体説）の考え方の背後にあるのは、司法書士についての役割観である。両説のいずれが相当かを検討するに当たり、次に、司法書士の実態調査により、登記依頼拒否の実際をみることにしたい。

２　司法書士の実態調査にみる登記依頼拒否

　日本司法書士会連合会が、平成２年に実施した司法書士実態調査がある。この調査において、「あなたが不動産登記の受託を拒否された理由は何ですか」という質問がされた。全国１万1062人から回答がされたが、そのうち2896人(26%)は受託を拒否したことがあるという結果であった。その回答の理由は、次のような内訳であった[11]。

　　① 当事者が確認できない状況であったから　　　　　　1291人
　　② 当事者本人の言動に不信を感じ信用できなかった　　723人
　　③ 違法または不正な取引の疑いがあったため　　　　　412人
　　④ 当事者の協力が得られなかったから　　　　　　　　247人
　　⑤ 実態の伴わない架空の登記であったため　　　　　　223人

　この実態調査の結果をみると、回答者の４分の１が登記受託拒否をした経

---

10) 山崎・前掲注9)260頁。なお、山崎敏彦「司法書士の責任」川井健＝塩崎勤編『新・裁判実務大系(8)専門家責任訴訟法』116頁（青林書院・2004）も参照。
11) 喜成清重「司法書士制度」鎌田薫＝寺田逸郎＝小池信行編『新不動産登記講座⑦』256頁（日本評論社・1998）。

験があるというのは、部外者（私）の印象では、予想よりも多いように思う。そして、登記受託の拒否の理由をみると、当事者が確認できない状況であった（①）、当事者本人の言動に不信を感じ信用できなかった（②）、違法または不正な取引の疑いがあった（③）というのは、まさしく、案件の実質に着目して依頼を受けるかどうかを判断しているのであるから、実質説（実体説）的な考え方に基づく対応ということができる。司法書士の登記申請代理事務の実態は、「代書人時代の申請書・附属書類の作成事務から質的に深化して」きたのであり、「最近は契約成立の段階から関わりを持ち、まさに当事者のパートナーとして当事者にアドバイスを行いながら、その成果として登記代理事務を行う傾向」がみられるのである[12]。

このような司法書士の執務実態は、正当な事由における形式説と実質説（実体説）とのいずれが相当かという議論においても、相応の配慮がされるべきであろう。

そこで、さらに、司法書士の依頼に応じる義務に関する裁判例を検討することにしよう。

Ⅳ 依頼に応じる義務に関する裁判例

1 総　説

司法書士の依頼に応じる義務に関する裁判例としては、《10－1》神戸地判平成9・1・21（判タ942号164頁）、《10－2》大阪高判平成9・12・12（判時1683号120頁、判タ980号185頁）、《11》最判平成16・6・8（判時1867号50頁、判タ1159号130頁）がみられる。

《10－1》は、司法書士の依頼に応じる義務が存在することの反面解釈として、正当な事由がある場合の依頼を拒否すべき義務を指定し、その義務違反ありとして、司法書士の職務過誤（専門家責任）を肯定するものであった。しかし、その控訴審である《10－2》は、司法書士の民事責任を認めたが、そのよう

---

12) 喜成・前掲注11) 256頁。

な構成を採用することをしなかった。これに対して、《11》は、最高裁レベルの依頼に応じる義務に関するものであり、その重要性を考えて、次章において本格的な検討を加えることにする。

2）事案のアウトライン

《10－1》《10－2》は、次のような事案である。

貸金業者であるXは、Aに対し、5000万円を貸し付け、A所有の本件土地につき極度額7500万円の根抵当権設定契約を締結した。そして、司法書士であるYに対し、根抵当権設定登記申請手続を委任し、これに基づき登記がされた。

その後、Aは期限を過ぎても貸金を返済しなかった。しかし、本件土地の交換価値は低く、Xが根抵当権を実行しても債権回収は不可能な状況である。それというのも、本件土地は、登記簿上は宅地であるが現況は道路であり、固定資産課税台帳上も公衆用道路とされ非課税となっているからである。Xはこの事実を認識していなかった。これに対して、司法書士Yは、過去の登記事務処理の経験を通じて、本件土地の現況が道路であり担保価値に疑問があることを知っており、しかも、Xが根抵当権設定登記をしたのは本件貸金を担保する目的であったことを認識していた。

以上のような事実関係の下に、Xは、Yが本件土地に担保価値のないことを告知する義務を怠り、また、YにはAの詐欺行為に加担した責任があるとして、Yに対し、貸金相当額5000万円の損害賠償を求めた。

3）《10－1》判決の概要

一審判決である《10－1》は、次のとおり判示して、Yの不法行為責任を認め、Xの請求を一部認容した。もっとも、Xが貸金業者として、固定資産評価証明書を取り寄せるなど通常の調査をすれば本件土地が公衆用道路であることを容易に発見できたとして、9割の過失相殺をした。

「司法書士は、常に品位を保持し、業務に関する法令、実務に精通して、公

正かつ誠実にその業務を行わなければならない（司法書士法1条の2〔現行法2条〕）から、Yは、Xに対し、本件土地が公衆用道路で無価値であることを告知すべき義務があるかのようである。しかし、司法書士は、正当な理由がある場合でなければ、業務上取り扱った事件について知ることができた事実を他に漏らしてはならない（同法11条〔現行法24条〕）との守秘義務があるから、告知義務まではない。したがって、原告の債務不履行の主張は理由がない。

次に、司法書士は、正当な事由がある場合でなければ、嘱託を拒むことができない旨規定されており（同法8条〔現行法21条〕）、その反面解釈として正当な事由があるときには登記の嘱託を拒否すべきであるというべきところ、本件は、無価値な本件土地を担保に高額な貸付がなされようとしていたのであるから、嘱託を拒否すべき正当な事由があるときに該当し、Yは、Xから本件根抵当権設定登記手続の代行を委任されたときこれを拒否すべきであった。しかしながら、Yは受任を拒否しないで手続を進めたのであるから、Aの違法行為を幇助したといわざるを得ない。したがって、Yは、Xに対し不法行為責任を負う。」

4）《10－2》判決の概要

控訴審判決である《10－2》は、次のとおり判示して、原判決を変更し、損害額を300万円に減額した。司法書士Yの債務不履行責任を認めたが、不法行為責任については、全証拠を検討しても、YがAの詐欺行為に加担、幇助したと認めるには十分でないと判断した。

「司法書士は、登記手続の委任を受けた場合、登記手続を適正かつ的確に行うため、単に形式的要件の審査に止まらず、嘱託された登記が当事者の登記目的に沿っているかについても検討し、助言、指導すべきであり、これは司法書士法1条、2条〔現行法1条、3条〕の趣意でもある。これによると、Yは、Xから本件登記手続を委任された際、Xに対し少なくとも本件土地の現況が道路であり固定資産課税台帳上公衆用道路とされ非課税となっていることを教示し、その上で、なお登記意思を確認すべきであった。本件土地が公衆用道路であり非課税となっていることは、本件土地に関する公然の事実であって特に秘匿す

べき合理的理由はなく（秘匿することはかえって不正目的を疑わしめかねない）、Xに教示することが司法書士法11条〔現行法24条〕に違反するとは到底解されない。

以上によると、YがXに対し本件土地の現況が道路であり、固定資産課税台帳上公衆用道路とされ非課税となっていることを教示しなかったことは委任の趣旨に反し、債務不履行である。」

5 考　察

《10－1》判決は、依頼に応じる義務との関係で、正当な事由がある場合でなければ登記嘱託を拒むことができないとされていることの反面解釈として、司法書士は正当な事由があるときには登記の依頼を拒否すべき義務があるとした点に特色がある。そのうえで、依頼を拒否すべき義務違反を不法行為と構成した。そして、司法書士が根抵当権設定登記申請手続を受任した場合における土地に担保価値がないことの告知義務の有無については、守秘義務を根拠にこれを否定している[13]。

これに対して、《10－2》判決は、司法書士が、登記簿上の地目は宅地であるが現況が道路である土地につき根抵当権設定登記申請手続の委任を受けた場合に、本件土地の担保価値が乏しいことを教示すべき義務があったとして、司法書士の教示義務違反＝債務不履行責任を肯定した[14]。

問題は、本件において、司法書士の民事責任を問う法的根拠があるかどうかである。

民事責任を肯定するためには、司法書士Yは、次のような状況におかれた場合に、どのような注意義務が想定されるかについて検討することが必要になる。

　ア　Yは、過去の登記事務処理の経験から、根抵当権の対象となる土地の現況が道路であり、固定資産課税台帳上公衆用道路とされ非課税となっていることを知っていた。

　イ　Yは、本件根抵当権設定登記申請手続をすることが、無価値な土地を担

---

13) 山崎・前掲注9) 260頁、280頁。
14) 山崎・前掲注9) 285頁。

保に高額な貸付がされるのを助けることになることを知っていた。

　ウ　Yは、Xに容易にアの事実を告げることができる。

《10－2》判決は、ア、イ、ウの状況下においては、司法書士は、Xに対しアの事実につき教示すべき義務があり、これをしなかった場合には、義務違反となると判断した。したがって、Yには民事責任がある（過失相殺9割4分）。

　これに対して、《10－1》判決は、次のような判断過程を経た。

【A】ア、イ、ウの状況下においては、司法書士は、業務の過程で知った秘密を開示することになるので、守秘義務を課せられているYは、アの事実をXに告げることはできない。

【B】しかし、無価値な土地を担保に高額な貸付がされることを助けるような業務を司法書士が行うことは相当でない。

【C】そこで、Yには正当な事由があるとして依頼を拒否すべき義務があった。しかし、本件では、Yは、依頼を拒否すべき義務に違反し、根抵当権設定登記申請手続を行った。したがって、Yには民事責任がある（過失相殺9割）。

　以上の検討によれば、《10－1》と《10－2》との判断の違いのスタートは、「Yは本件土地の現況が道路であることについて守秘義務を負うかどうか」である。《10－1》は、これを肯定した。しかし、本件土地の現況が道路であることは、現場に赴けば誰でも分かる事柄であるから、秘密とはいえない。したがって、アの事実は守秘義務の対象とならないとした《10－2》の判断が相当である。《10－1》は、司法書士の守秘義務を肯定した結果、教示すべき義務を導くことができなくなったため、依頼を拒否すべき義務を肯定するという理路をたどったのであるが、本件は、《10－2》のように、端的に司法書士の教示義務違反とするのが相当であった。

　一般的に考えても、ある結果を回避するために一定の行為を法的に義務づける場合には、その結果が発生する直近の行為規範の逸脱を義務違反（過失）として捉えることが望ましい。本件に即して言えば、本件根抵当権設定登記申請手続が行われ無価値な土地を担保に高額な貸付がされXに損害が発生する結果が発生するのを回避するため、司法書士には、依頼を拒否すべき義務よりも、教示すべき義務の方が結果発生の直近の行為規範であるから、教示義務違反とすることが、より適切であるということになるのである。

132

なお、《10－2》は、「判決が出た直後に司法書士界で大変話題となった裁判例」であった[15]。このように受け止めた向きの中には、抵当権設定登記申請手続の委任を受けた場合に、当該土地の担保価値の有無まで司法書士が検討し、依頼者に対し、助言、指導しなければならないとすれば、必ず現地に赴かなければならないのかという誤解もあったようである。《10－2》判決は、司法書士に対し、そこまで義務づけているわけではない。本件において、Yは本件土地の担保価値がないことを知っており、Xに対し容易にそれを告げることができたことが前提になっているのである。

また、Xは登録を受けた貸金業者であり、不動産担保による貸付を主たる業務としているのであるから、担保不動産の価値の把握は自らの責任で行うのが本則である。そのようにせず、たやすく登記簿の記載やAの説明を信じ、固定資産評価額証明書すら点検しなかったのはいかにも軽率であり、落ち度は大きい。本件において、Xにつき大幅な過失相殺がされていることもやむを得ないところであろう[16]。

---

15) 山崎敏彦＝山野目章夫＝齋藤隆夫＝井上繁規＝加藤新太郎〔司会〕「〔座談会〕司法書士の職務と民事責任」判タ 1071 号 22 頁〔山野目発言〕（2001）。
16) 加藤新太郎編『判例 Check 司法書士の民事責任』185 頁〔松田典浩〕（新日本法規・2002）。

第11章 依頼に応じる義務[その2]

I はじめに

　司法書士には、合意規範と関係規範とがあり、その執務のあり方は、両方の規範によって規律されている。前章と本章においては、関係規範の代表的なものである、司法書士の依頼に応じる義務（司法書士法21条）について考察をしている。

　本章では、《11》最判平成16・6・8（判時1867号50頁、判タ1159号130頁）について、検討を加える[1]。司法書士関係判例の中でも数少ない最高裁判例であり、かつ司法書士の職務過誤肯定事例である。

II 本判決の要旨

　《11》は、どのようなものか。これは、土地売買契約の当事者双方から所有権移転登記手続についての代理を嘱託された司法書士が嘱託を拒んだことに正当な事由があったかが争点になり、正当な事由はなかったとして、司法書士に不法行為責任を認めたケースである。

　その要旨は、次のとおりである。

(1) 土地売買契約の当事者双方から所有権移転登記手続についての代理を嘱託された司法書士が、(i)その土地につき払下げを登記原因として所有権移転登記を受けた会社から売主に対して真正な登記名義の回復を登記原因として所有権移転登記がされていること、(ii)その会社と商号および本

1）評釈等として、①山崎敏彦「判批」私法判例リマークス31号26頁（2006）、②加藤新太郎「司法書士の登記嘱託拒否と不法行為責任」市民と法30号58頁（2004）、③同「判批」NBL801号56頁（2005）。

店所在地を同じくする株式会社が時期を異にして2社存在した事実がうかがわれることのみを理由に、売買契約の決済日の当日になって、突然、当事者双方に対し、「目的物の土地についての実体的所有関係を確定することができず、本件売買契約によって当該土地の所有権が買主に移転するとは限らない」と述べ、登記申請代理の嘱託を拒んだことは正当な事由があるとはいえない。
(2) 司法書士が土地売買契約の当事者双方から所有権移転登記手続についての代理を嘱託されたが、それを正当な事由なく拒否したうえ、売買契約の合意解除を余儀なくさせる発言をした場合には、当事者に対する不法行為が成立する。

III 本判決の概要

1) 事案のアウトライン

本件における、司法書士Yが登記申請代理を嘱託された本件土地の来歴、売買契約の経過、登記申請代理の依頼、本件決済日などの事実関係について、時系列で整理すると、次のとおりである。

【本件土地の来歴】
① 平成4年10月3日、L(合筆前の本件土地の一部)につき、足利市から株式会社Dに対して「払下げ」がされた。
② 平成5年2月1日、Lにつき、足利市から株式会社Dに対して「払下げ」を登記原因とする所有権移転登記がされた。
③ 平成5年5月17日に株式会社Dから有限会社Eに対して「売買」を登記原因とする所有権移転登記がされた。
④ 平成7年5月18日、Lにつき、③の登記が「錯誤」により抹消、株式会社Dから有限会社Fに対して「真正な登記名義の回復」を登記原因とする所有権移転登記がされた。
⑤ 同日、本件土地に合筆(Lほか有限会社F名義の他の4筆の土地合筆)。
⑥ その後、本件土地の登記名義人につき、有限会社Fから株式会社Xに

変更（商号変更、本店移転、組織変更によるもの）。

【売買契約の経過・登記申請代理の依頼・本件決済日の事実関係】

⑦ 平成12年8月22日、X・B間で本件土地売買契約締結（A株式会社の仲介）。代金1800万円（契約締結時に手付金200万円、同年9月7日までに土地の引渡し・所有権移転登記手続完了と引換えに残代金1600万円の支払）。X・Bは、同年9月7日に売買代金の決済・本件登記手続を行うことを約定した。

⑧ 平成12年8月25日、Aの宅地建物取引主任者Cは、X・Bの了解を得て、司法書士Yに対し、本件登記手続についての売主および買主の代理の嘱託をした。

⑨ 平成12年9月7日、Yは、C、X代表者、Bに対し、事前の予告、説明もなく、突然に、「本件土地については、その実体的所有関係を確定することができず、本件売買契約によって本件土地の所有権がBに移転するとは限らないという問題があるので、本件嘱託を受けることはできない」旨を述べた。

⑩ 同日、Bは、Xに対し、「登記手続の専門家である司法書士が所有権移転登記手続についての代理の嘱託を拒むような物件を買うことはできないので、本件売買契約を解除したい」旨を申し入れ、Xは、やむなくこれに応じ（合意解除）、Bに対して手付金200万円を全額返還した。

2）Xの請求原因

以上のような事実関係の下に、Xは、司法書士Yに対して、不法行為による損害賠償請求をした。

その請求原因は、司法書士Yが、売買代金の決済および本件登記手続を行うことを約定した日の当日になって正当な事由なく本件嘱託を拒み、その際、買主であるBに対し、本件嘱託を拒む理由として、本件売買契約によって本件土地の所有権がBに移転するとは限らないなどと述べた行為が違法であり、Xは、これにより取引上の信用を毀損され、本件売買契約を合意解除することを余儀なくされ、損害を被ったというものである。

争点は、司法書士が登記代理嘱託を拒否し、売買契約の合意解除に至らせるような発言をしたことが違法と評価されるか（不法行為を構成するか）否かである。

3) 原判決の概要

　原判決（東京高判平成15・2・4）は、要旨次のように判示して、Xの請求を一部認容した。
　ア　Yが、「本件土地については、その実体的所有関係を確定することができず、本件売買契約によって本件土地の所有権がBに移転するとは限らないという問題があるので、本件嘱託を受けることはできない」との疑問を抱いて、本件の嘱託を拒んだこと自体について不当であるとまでいうことはできない。
　イ　Yの疑問は限定された資料に基づく抽象的なものにとどまるから、Yが積極的に買主であるBに告げた行為は、Xの信用を毀損するものとして不法行為を構成する。
　ウ　Xは、Yの不法行為により本件売買契約の解除を余儀なくされ、新たな売却先を探す必要が生じたことなどにより、無形の損害を被った。
　そこで、Yが、上告、上告受理の申立てをしたのである。

4) 本判決の概要

《11》判決は、次のとおり判示して、上告を棄却し、上告受理の申立てにつき、次のとおり応えた。
「司法書士法（平成14年法律第33号による改正前のもの）2条1項1号に規定する登記手続の代理事務に係る業務については、司法書士会に入会している司法書士でない者は、他の法律に別段の定めがある場合を除き、これを行ってはならないものとされていること（同法19条1項）及び上記業務の性質、内容等にかんがみ、司法書士は、正当な事由がある場合でなければ上記業務に係る嘱託を拒むことができないものとされており（同法8条）、嘱託を拒んだ場合において、嘱託人の請求があるときは、その理由書を交付しなければならないと

されている（平成15年法務省令第27号による改正前の司法書士法施行規則23条）。
（中略）

　しかしながら、所有権移転登記の登記原因である『払下』は、公売や競売等の公法上の処分がされた場合とは異なり、市町村が所有する普通財産を地方自治法238条の5第1項に基づき売り払った場合の登記原因であり、市町村が所有する普通財産の売払いは、私法上の売買と解されるから（最判昭和35年7月12日民集14巻9号1744頁参照）、『払下』を登記原因として所有権移転登記を受けた株式会社Dから有限会社Fに対して『真正な登記名義の回復』を登記原因とする所有権移転登記手続がされていることが、特段、不自然であるということはできない。そして、司法書士であるYは、上記の場合に、上記のような所有権移転登記手続が行われることが、特段、不自然なものではないことを、容易に理解し、認識することができたものというべきである。

　また、前記のとおり、商号を株式会社Dとし、本店所在地を前記の場所とする株式会社が時期を異にして2社存在したとしても、この事実のみから、直ちに、合筆前の本件土地につき足利市から『払下』を登記原因とする所有権移転登記を受けた株式会社Dと、有限会社Fに対する所有権移転登記手続を了した株式会社Dとの同一性を疑うに足りる相当の理由があるとまでいうことはできない。そうすると、仮に、Yが上記の同一性の点について懸念を持ったとしても、嘱託をしたXに対して上記の懸念を伝えて、この点に関する説明や商業登記簿謄本等の資料の提出を求めるなどの調査、確認もせずに、商号を株式会社Dとし、本店所在地を前記の場所とする株式会社が時期を異にして2社存在した事実のみに基づき、本件土地についての実体的所有関係を確定することができず、本件売買契約によって本件土地の所有権がBに移転するとは限らないと判断したことは合理性を欠くというべきである。現に、記録によれば、足利市から合筆前の本件土地の払下げがされた時点（平成4年10月3日）において、商号を株式会社Dとし、本店所在地を前記の場所として登記されていた会社は、上記時点以降、合筆前の本件土地につき有限会社Fに対する所有権移転登記手続がされた時点（平成7年5月18日）に至るまでの間、商号変更又は本店移転の登記をしたことはなく、上記の同一性の点は、優に肯認し得るものであることがうかがわれ、Yが上記の調査、確認をさえしていれば、Yの上記懸念は、

容易に解消することができたものというべきである。

　してみると、Yが、本件売買契約の決済日の当日になって、突然、X及びBに対し、本件土地についての実体的所有関係を確定することができず、本件売買契約によって本件土地の所有権がBに移転するとは限らない旨を述べ、これを理由に本件嘱託を拒んだことには正当な事由があるとはいえないものというべきであり、Yの本件嘱託の拒否及び上記の発言は、いずれも違法と解すべきであるから、本件事実関係の下において、Yの請求を一部認容した原審の判断は、結論において是認することができる。」

IV 本判決の考察

1) 本判決の意義

　《11》判決の意義は、司法書士の不動産登記申請代理の依頼拒否およびその理由を述べた発言により売買契約の合意解除を余儀なくさせたことが不法行為を構成することを肯定した点にある[2]。

　《11》判決は、司法書士の専門家責任を肯定した事例判例であり、数少ない最高裁判例である。司法書士の職務過誤事例については、下級裁判所のものはみられるが、最高裁判例は少ない。その意味では、《11》判決は、事例判例ではあるが、そこから、最高裁が発信している規範的メッセージを受け止めるべきであると考える。

　実際にも、司法書士が土地売買契約の当事者双方から所有権移転登記手続についての代理を依頼されることは多いであろう。そのような場合には、司法書

2）《11》判決は、依頼拒否ではなく、嘱託拒否と表現している。それは、平成14年改正法による改正前の司法書士法2条2項は、司法書士は「他人の嘱託を受けて」事務を行うと定められていたからである。現行法3条1項では、「他人の依頼を受けて」と改正された。旧法の「嘱託」は依頼の意味で用いられていたが、近時、「嘱託」という語は、公の機関が依頼する場合に限って用いるのが通例であり、「嘱託」を依頼の意味で用いるのは、公証人法1条に限られている。そのようなことから、平成14年改正法は、「他人の嘱託を受けて」を「他人の依頼を受けて」に改めたのである。この点につき、小林昭彦＝河合芳光『注釈司法書士法〔第3版〕』31頁（テイハン・2007）。

士として、関係資料から事実関係を押さえて、実体的な権利関係がどのようになっていて、依頼された所有権移転登記手続により、懸案の所有権移転が実体的に問題のない形で実現するかを検討することになる。司法書士が、そのような検討の結果、問題なく権利移転ができそうであるという認識が形成できればよいが、そうした認識ができないときには、どのように対応していくことが望ましいといえるか。《11》判決は、このような場面について、司法書士が依頼を拒むことの正当な事由の有無の判断を通じて、司法書士の職務のあり方を考えさせるものになっている。

2) 不法行為責任であることの意味合い

　本件では、司法書士の責任原因について、不法行為構成としている。これは、どうしてであろうか。

　第4章で、司法書士の専門家責任を認めた最高裁判例のリーディング・ケースとして考察した、《4－1》最判昭和53・7・10（民集32巻5号868頁）は、その責任原因について、債務不履行構成をしていた。このケースは、司法書士の登記関係書類の返還に当たっての注意義務に関する案件であり、「司法書士が登記権利者及び登記義務者双方から登記申請手続の委託を受け、その手続に必要な書類の交付を受けた場合においては、登記申請手続の完了前に登記義務者からこの書類の返還を求められても、登記権利者に対する関係では、同人の同意があるなど特段の事情のないかぎり、その返還を拒むべき委任契約上の義務がある」という判断をしたものであった[3]。つまり、司法書士の委任契約上の登記書類保管義務に違反したことに基づく責任であるから、債務不履行構成になっていたのである。

　これに対して、本件は、司法書士が、不動産登記申請代理の依頼を受けていない段階での出来事が問題となっている。すなわち、委任契約締結前の段階における司法書士の行為を問題とされたことから、債務不履行構成ではなく、不法行為構成とされているのである。

---

[3] 本書第4章56頁。

3　不法行為の要件該当性

　司法書士Ｙの行為について、不法行為であると主張されたのは、(i)不動産登記申請代理の依頼を拒否したこと、(ii)依頼拒否の理由を述べた発言により売買契約の合意解除を余儀なくさせたことである。
　司法書士Ｙの(i)(ii)の行為が、Ｘに対する不法行為を構成するためには、次の要件を充足することが必要となる[4]。

　　① Ｘが一定の権利または法律上保護された利益を有すること
　　② 請求原因①の権利または法律上保護された利益に対するＹの（加害）行為
　　③ Ｙに請求原因②について故意があることまたは過失の評価根拠事実
　　④ Ｘに損害が発生したことおよびその数額
　　⑤ 請求原因②と④との間に因果関係があること

　本件においては、どうであろうか。まず、要件①は、Ｘは司法書士に不動産登記申請を依頼し、登記手続を行うことができる権利または法律上保護された利益があるといえる。また、土地売買の売主として、締結までこぎつけた売買契約を首尾よく履行させるという法律上保護された利益があるとみることができる。
　要件④⑤についても、Ｙの行為により本件売買契約の解除を余儀なくされ、新たな売却先を探す必要が生じたという事実があるから、損害が発生していると評価することができるし、因果関係もあるとみてよいであろう。
　そうすると、問題は、要件②③であるが、これについては、Ｖで詳しくみることにしよう。

4）加藤新太郎＝細野敦『要件事実の考え方と実務〔第2版〕』345頁（民事法研究会・2006）。

Ⅴ 依頼拒否とその後の発言の法的評価

1 要件②該当性—依頼拒否とその後の発言の違法性

要件②については、(i)(ii)が加害行為ということができるかという点が問題となる。加害行為といっても、他人に暴力を振るって怪我をさせたというような類型のものは、要件該当性を肯定しやすいが、本件の(i)(ii)のような、それ自体では直ちに加害行為とみることができないものについては、違法性の有無を検討していくことが必要となる。

本判決においても、(i)(ii)について違法性の有無を判定しているが、これは、依頼拒否について正当の事由があるとしたＹの主張の当否を評価する作業である。つまり、Ｙが、本件において、依頼を拒否したことは、合理的であり、相当性があり、正当化することができるかという判断がされたのである。

本件が判示したところから、要件②の判断枠組みと実際に行った判断をみてみよう。本判決の判断枠組みは、次のように定式化することができる。

　　（ア）　Ｙが自らの判断の根拠とした事実
　　（イ）　その事実から導かれる論理的帰結（結論）
　　（ウ）　Ｙの（イ）についての認識可能性
　　（エ）　認識するための手段・方法の存在

《11》判決において、Ｙが依頼拒否に正当の事由ありと考えて、「本件土地については、その実体的所有関係を確定することができず、本件売買契約によって本件土地の所有権がＢに移転するとは限らないという問題があるので、本件嘱託を受けることはできない」との発言の前提となる判断の根拠とした事実は、どのようなものであったのか（ア）。

これには、次のとおり、二つの根拠があった。

　　① 登記原因である「払下げ」は、税務署の公売または裁判所の競売による売却と同視できるから、合筆前の本件土地について、足利市から「払下げ」を登記原因として所有権移転登記を受けた株式会社Ｄから有限会社Ｆに対して「真正な登記名義の回復」を登記原因として所有権移転登記がされているのは不自然であること。

②　商号を株式会社Ｄとし、本店所在地を足利市とする株式会社が時期を異にして２社存在したことがうかがわれるので、合筆前の本件土地につき足利市から所有権移転登記を受けた株式会社Ｄと、有限会社Ｆに対する所有権移転登記手続を了した株式会社Ｄとの同一性には疑問があり、これを確認することは困難であること。

以上の①②から、Ｙは、本件土地についての実体的所有関係を確定することができず、本件売買契約によって本件土地の所有権がＢに移転するとは限らないと判断したようである。しかし、《11》判決は、判決要旨でみたとおり、①②を根拠にしてＹがした判断は、合理的ではなく、相当でもないとしたのである（イ）。すなわち、それらの事実から導かれる通常の判断としては、本件物権変動のプロセスは特段不自然とはいえず、登記名義人の同一性も肯定することが可能であるというものであった。

Ｙが根拠とした①についてみると、確かに、公売、競売等の公法上の処分（行政処分）を登記原因とする所有権移転登記の後に、真正な登記名義の回復を登記原因として所有権移転登記を任意で共同申請することはできない。司法書士Ｙは、この点に気づき、本件も同様であると考えたようである。しかし、そのように解するためには、「払下げ」が公法上の処分（行政処分）といえることが必要である。この点に関しては、最高裁判例があり、それが本判決の引用する最判昭和35・7・12（民集14巻9号1744頁）である。昭和35年最判は、納税のため物納された土地の払下げ処分の法的性質について判断したリーディング・ケースであるが、これは、「納税のため物納された土地を大蔵大臣が払い下げる処分は、私法上の売買であって行政処分ではない」と判示したものである。本件の払下げも、「市町村が所有する普通財産を地方自治法238条の5第1項に基づき売り払った場合の登記原因であり、市町村が所有する普通財産の売払いは、私法上の売買と解される」のである。したがって、「払下げ」を登記原因とする所有権移転登記の後に、何ら問題なく、真正な登記名義の回復を登記原因とする所有権移転登記をすることはできるのである。そうすると、①のような所有権登記の移転のプロセスは不自然であるということはできないから、Ｙが、この点を根拠として、上記発言をしたことは客観的には誤っていたというほかない。Ｙが、このような誤った判断をしたのは、払下げの法的性質

について正しく理解していなかったからである。Yが、公法上の処分を登記原因とする所有権移転登記の後の真正な登記名義の回復を登記原因として所有権移転登記をすることには問題があることに気づいたことは、法律専門職として悪くないパフォーマンスであったが、その前提の問題として、払下げの法的性質について誤解していたことが命取りになった。念を入れて、この点を調査しなかった点が惜しまれる。

　Yが根拠とした②は、「所有権移転登記を受けた会社と商号及び本店所在地を同じくする株式会社が時期を異にして2社存在した事実がうかがわれること」から、D会社の同一性を疑うに足りる相当の理由があるということができるかという問題として整理することができる。Yの抱いた疑念が正当であるか否かは、二つの会社がそのような商業登記をしていた時期いかんによるものである。そうすると、その点を調査することなく、単に②の事実だけから、D会社の同一性を云々することは、合理的なものとはいえないであろう。本件事実関係によれば、Yが、実際にこの点を調査すれば、疑念は容易に解消されたはずである。

　本判決では、以上のような検討の結果、司法書士Yの本件における依頼拒否とその後の発言が違法と評価された。

２）要件③該当性—司法書士の過失

　（ウ）（エ）について、《11》判決は、①に関しては、司法書士としては、本件のような所有権移転登記手続が行われることが、「特段、不自然なものではないことを、容易に理解し、認識することができたものというべきである」と判示する。これは、司法書士が登記の専門家であることにかんがみ、当然備えていて然るべき標準的な知見から認識可能であるという趣旨である。本判決が、払下げの法的性質およびその後の所有権移転登記手続についての理解が司法書士の標準的な知見であるとするのは、現実問題としていささか厳しいという見方があるかもしれない。しかし、この点は、司法書士の専門家責任を念頭においた規範的判断であると受け止めるべきであろう。

　また、《11》判決は、②に関しては、商号および本店所在地の商業登記を調査、

確認することにより、疑念は容易に解消することができたと判示する。したがって、Yとしては、この点につき認識するための手段・方法が存在し、認識可能性もあったと評価されたものである。

このように、Yは、司法書士として疑念を有したものの、これを解消することは容易かつ可能であったのに、そうしなかったことは過失と評価されるのである。

VI 本判決の読み解き

1) 「正当な事由」再考—《11》判決の理解

正当な事由については、形式説[5]と実質説（実体説）[6]とがみられることは、前章で述べた。それでは、《11》判決は、この点について、どのような立場を採用しているとみられるであろうか。

司法書士Yは、法律関係の把握を試みたうえで、登記申請代理の依頼を受けるか否かを判断しているのであるから、実質説のような考え方による執務していたものと解される。そして、本判決は、Yの判断の合理性・相当性について検討を加えているが、これをどのように解するかが、ポイントとなる。

第1に、形式説により正当な事由に当たらないとすれば足りるところ、上記のような判断を加えていることは、実質説を前提とした判示であると解する見解がみられる。この見解は、とりわけ、YがXの説明を受け所要の調査をすれば懸念は容易に解消できたと判示していることは、実質説に一歩踏み入れたものという[7]。

第2に、実質説を前提としたとしても、判断の合理性・相当性を欠くとした

---

[5] 形式説は、正当な事由とは、司法書士法22条の規定により業務を行うことができない事件について依頼を受けた場合のほか、司法書士の病気や事故、事務輻輳により業務遂行が困難な場合をいうと解する見解である。
[6] 実質説（実体説）は、正当な事由に形式説のいう事由はもとより、案件の実質に着目して依頼を拒むことを正当化することができる事由も含めるべきであるという見解である。
[7] 山崎・前掲注1）①29頁。

にとどまり、正当な事由に関し実質説に依拠すべき旨判示したものとは解されないとする見解もみられる[8]。私は、第1のような見方は可能であると考えるが、明示的な説示がされていないことを考えると、どちらかと言えば、第2のように受け止めることが相当と考えている。

もっとも、前章でみたように、司法書士の執務の実態が、実質的なものになってきていること[9]を視野に入れると、今後の議論の方向は、次第に実質説に傾くことになるように思われる[10]。

2）《11》判決の教訓──過誤を避けるための方法

本件において、司法書士Yが過誤を避けるためには、どのようにすればよかったのであろうか[11]。司法書士は、登記申請代理事務を受任する場合には、関係資料から事実関係を押さえて、実体的な権利関係がどのようになっていて、嘱託された所有権移転登記手続により、懸案の所有権移転が実体的に問題のない形で実現するかを検討する。Yもそうしたのであるが、検討の結果、問題なく権利移転ができそうにないと認識・判断したのであるが、これがミス・ジャッジであったのだ。

第1に、司法書士としては、ミス・ジャッジをすることにないよう法令実務に精通すべく、日頃からの研さんが大切であろう。登記手続に関する知識だけでなく、実体的な法律関係についても法的意味合いを理解しておくことが要請される。

第2に、司法書士が執務のうえで、案件が問題だと感じた場合には、さらに調査する姿勢が求められる。法律専門職として、どこに、どのような問題があるかにつきピンとくるセンスは重要である。そして、問題の所在と性質とが判明していれば、労を厭わなければ調査そのものは難しいものではない。

第3に、司法書士としては、登記申請代理事務の依頼を拒否をするにしても、

8）加藤・前掲注1）③58頁。
9）喜成清重「司法書士制度」鎌田薫＝寺田逸郎＝小池信行編『新不動産登記講座⑦』256頁（日本評論社・1998）。
10）加藤・前掲注1）③58頁。
11）加藤・前掲注1）②66頁。

その時期と依頼者に対する伝え方に配慮することが必要であろう。本件では、司法書士Ｙが、事前に、売買当事者、特に売主に対して、自己の疑問点を解消するための質問をすることにより、疑念を晴らすことができた可能性があったし、第２に触れた調査にもつなげることができたように思われる。本件では、司法書士Ｙが、本件売買契約の決済日の当日になって、突然、上記の発言をして、これを理由に本件登記申請代理の依頼を拒んだことが、事態を混乱させる大きな要因になっている。Ｙが、仮に依頼拒否をする場合であっても、早期に案件の点検・吟味して断っていたとすれば、Ｘ・Ｂは、代替の司法書士に登記申請の委任をすることができるから、本件のような展開にはならなかったであろう。

　さらに、「本件売買契約によって本件土地の所有権がＢに移転するとは限らない」という端的な物言いにも、一考の余地があるかもしれない。登記の専門家である司法書士にそういう言い方をされれば、買主であるＢは、「それでは、買うのを止めよう」という対応をすることになるであろう。ただ、本件における司法書士Ｙは、①②の疑念から、不公正な売買契約を阻止することが自分の使命であると思っていたのかもしれない。それは、結果的には誤っていたとしても、法律専門職としての見識であるという見方もできるであろう。しかし、それが正しい判断ではなかったことが、専門職としては致命的であったのである。

第12章 立会いにおける注意義務

I はじめに

　不動産取引における司法書士の業務は登記申請代理が中心であるが、司法書士は、ときに登記の原因行為たる不動産取引の契約締結時や代金決済時に同席して実体関係にも一定の関与をすることもある。これが、いわゆる立会いである。立会いは、登記申請代理とは、別個の委任契約に基づくものであり、その目的を異にする。

　関係者が司法書士に立会いを要請する理由は、《12 － 1》大阪地判昭和63・5・25（判時1316号107頁、判タ698号241頁）が判示するように、「司法書士が単に登記手続の専門家であるに止まらず、社会的に信用のおける人物であり、かつ、一般の法的関係にも明るい準法律家として、取引自体の円滑、適正に資するべくその役割が期待されているからにほかならない」。立会いこそは、司法書士が、社会的に、登記の専門家であるばかりでなく、不動産取引に関わる法律・実務についての専門家であると認知されていることを裏書きするものである[1]。

　「立会い」をどのように定義するかについては、議論がある[2]。不動産取引の当事者（①売主・買主、抵当権設定権者、債務者）は、登記権利者・登記義務者（②）という面を有するが、司法書士は、②の関係で登記申請代理を依頼されるのであるが、立会いは、①との関係において受任するものである。したがっ

---

1) 司法書士の立会いについては、①双方代理性からの制約、②弁護士法との抵触、③業務の円滑・迅速性の阻害などの観点から議論されることが必要である。この点につき、加藤新太郎編『判例Check 司法書士の民事責任』278頁〔影浦直人〕（新日本法規・2002）参照。
2) 揖斐潔「司法書士業務の内容」司法書士法務研究会編『司法書士法務全書』255頁（第一法規・1992）、住吉博「立会（たちあい）の法的性質」同書1711頁。

て、立会いが、個別の委任契約に基づいて行われるものである以上、その内容は多様であることを免れない。

　もっとも、立会いについて、ある程度のイメージを持っていなければ、これまた議論するうえで不都合である。そこで、本書では、立会いにつき、「司法書士が不動産取引において当事者の一方または双方の依頼に基づき、取引の現場に同席し、登記申請代理を受任するとともに、実体的権利の移転および代金の決済など取引を円滑かつ実効的なものとするために必要な助力をすること」と捉えることにする[3]。このように、立会いを捉えた場合には、司法書士としては、「登記の手続に関する諸条件」を形式的に審査するだけではなく、重要な事項に関しては、登記手続に関連する限度で進んで実体関係に立ち入り、当事者に対し、その当時の権利関係における法律上、取引上の常識を助言することにより、当事者の登記申請意思を実質的に確認する義務を負うことになろう[4]。

　本章では、司法書士の立会いにおける注意義務違反が争点とされた裁判例を考察する。

　検討の素材とするのは、司法書士の民事責任肯定例である《12－1》、《12－2》東京地判平成3・3・25（判時1403号47頁、判タ767号159頁）、民事責任否定例である《12－3－1》神戸地判平成3・6・28（判時1441号85頁）、《12－3－2》大阪高判平成4・3・27（判時1441号82頁）、《12－4》仙台高判平成10・9・30（判時1680号90頁、判タ1037号200頁）とする。これら

1 ◎はじめに

3）栗田哲男教授は、立会いにつき、「司法書士が不動産取引につき当事者の一方又は双方の依頼に基づき、取引の現場に同席し、登記手続を受託するとともに、権利の移転又は代金の決済についての登記上の障害の有無を判定すること」と定義される。栗田哲男「判批（《12－2》東京地判平成3・3・25）」判タ792号79頁（1992）。また、司法書士界内における一般的な理解では、「不動産売買取引における所有権移転登記と代金支払の同時履行の場の立会い」をいうとする見解もみられる。この立場によると、不動産売買契約の最終履行行為である代金の支払と物件引渡し（所有権移転登記も含む）の同時履行を確保するため、当事者から依頼された司法書士が、当事者双方に対して中立・公正な第三者専門家として、最終決済の場に立ち会い、当事者を対面させ、登記申請に必要な諸条件の調査・確認・説明・助言のほか書面記録の作成など一連の行為を行い、取引の最終履行の場を主宰するのが、「立会い」ということになる。不動産取引とリスクマネジメント研究会編『不動産取引とリスクマネジメント』213頁〔佐藤純通〕（日本加除出版・2012）。いずれの見解も、本文の考え方とほぼ同旨であると思われる。

4）《12－1》大阪地判昭和63・5・25（判時1316号107頁、判タ698号241頁）。

を比較検討し、専門家責任論の観点から、不動産取引に立会いを依頼された司法書士が負うべき注意義務について考察し、その執務における留意事項を明らかにしたい。

II 立会いと説明・助言義務―《12－1》

1) 本判決の要旨

《12－1》は、「不動産売買契約への立会い及び当該不動産の買主への所有権移転登記手続等を受任した司法書士が、不動産の抵当権設定登記等を抹消しないままで、目的物の残代金全額を支払うことの危険性につき買主に説明・助言をしなかったことについて、善管注意義務違反に当たるとして債務不履行責任が認められた」（過失相殺5割）というケースである。

司法書士の立会いにおける説明・助言義務を論じた裁判例として意義があるものである。

2) 事案のアウトライン

Xは、Y_1から、土地建物を購入したが、本件土地建物には、抵当権および根抵当権の各設定登記がされていた。抵当権設定登記等は、Y_1が後日抹消したうえで、Y_1からXへの本件土地建物の所有権移転登記手続をすることとしていた。その後、Xは、司法書士Y_2の立会いを求めたうえ、売買契約の残代金全額の決済と本件土地建物の権利証を受け取ったものの、抵当権等の抹消登記に要する書類は2、3日遅れるということを了承した。

しかし、Y_1は、一旦は、抵当権および根抵当権設定登記を抹消したものの、あらたにA信用金庫から、本件土地建物に根抵当権設定登記ができる状態にしたうえで、1400万円を借り受けた。その後、Y_1の倒産が噂されたため、Aは本件土地建物について極度額1700万円の根抵当権設定登記をし、次いで、Xも本件土地建物の所有権移転登記をした。

以上の事実関係のもとで、Xは、Y_1に対して、売買契約の債務不履行責任

に基づき、司法書士Y₂に対して、委任契約上の善管注意義務違反の債務不履行責任に基づき、Aが設定した根抵当権の抹消に必要な1700万円の賠償を求める訴えを提起した。

③ 本判決の概要

《12－1》判決は、次のように判示して、Y₂の債務不履行責任を認めたが、その賠償額については5割の過失相殺をした（その後、控訴審で和解）。なお、当然のことながら、Y₁の責任は全面的に認められている。

「売買当事者間において、代金支払と所有権移転登記手続等の取引が司法書士立会いのもとになされることは、広く一般に行われているところであるが、その理由は、司法書士が、単に登記手続の専門家であるからというに止まらず、社会的に信用のおける人物であり、かつ一般の法的関係にも明るい準法律家として、上記『取引』自体の円滑、適正に資するべくその役割が期待されているからにほかならない。そうだとすれば、上記取引に立ち会った司法書士としては、『登記の手続に関する諸条件』を形式的に審査するだけではなく、重要な事項に関しては、進んで右登記手続に関連する限度で実体関係に立ち入り、当事者に対し、その当時の権利関係における法律上、取引上の常識を説明、助言することにより、当事者の登記意思を実質的に確認する義務を負うことは当然の道理というべきである（上記のように解することが司法書士法、弁護士法に反するものではなく、かえって司法書士法1条所定の目的に適う）。

本件事実関係のもとで、Y₂は、Xから報酬を得て本件取引に立ち会ったのであるから、Xに対し、売買代金額やその支払期日、支払条件等を聞き質し、かつ抵当権の登記が抹消されないまま代金全額を支払う危険性についても説明、助言した上でXの登記意思を確認する義務があったにもかかわらず、本件売買契約の代金は後日支払われるものと即断し、Xに対し、代金に関する事項について何らの質問をしないまま、Xが残代金全額を支払うのを漫然見過ごしたのであって、これは、Xから受任した取引の立会に関し、善管注意義務に違反した債務不履行というべきである。」

④ 考　察

　本件は、司法書士の専門家責任論の観点からすると、立会いにおける説明・助言義務違反を理由として民事責任を肯定したものとして重要である。

　司法書士は、本件立会いにおいて、当事者間で抵当権等の抹消が売買契約の2、3日後にされることが合意されていたのであるから、このことを前提として、抵当権等の抹消前に売買残代金全額を支払うことはリスクがある旨の助言・説明をすべきであった。「売買代金の支払いと所有権移転登記・抵当権等抹消登記を同時決済することが、もっとも安全であること」、「売買代金を支払っても、抵当権等抹消登記がされなければ、抵当権が実行されてしまうなどのリスクがあること」は、法律専門職である司法書士にとっては、初歩的な常識である。Y_2としては、いわずもがなの事柄であると考えたのであろうか。いずれにしても、Xに対してこの点を指摘しなかったことが、善管注意義務違反の債務不履行を構成すると判断されたのである。

　ところで、立会いは、司法書士が個別の委任契約に基づき行うものであるが、立会いにおける助言・説明に見合う報酬の合意がされていてしかるべきであろう。しかし、本件の司法書士Y_2の立会料は、実は、8000円であった（登記手続報酬は、他に、6万6400円の合意がされていた）。これに対して、Y_2は、5割の過失相殺を織り込んだとしても、850万円の損害賠償責任を負うことになる。これは、一見バランスを欠いているようにみえる。

　このような立場から、《12－1》判決を批判する論考がある[5]。この國井＝若松論文は、①本件においては、抵当権等の登記の抹消は、取引日の2、3日後になることが、取引日以前に当事者間で了承されていたが、Xは司法書士にその判断の適否を求めていなかったこと、②仮に、司法書士からリスクのあることを聞き、Xが翻意したとしても、取引当日の現場で合意を撤回できるかは疑問であること、③立会料が8000円であり、売買残代金が2020万円であったことなどを合わせ考えると、依頼者自身も登記に関する形式的な審査程度のことしか期待していなかったと思われること、④不動産取引は高額なものが多

---

[5] 國井和郎＝若松陽子「専門家たるべき司法書士の職務内容に関する考察」阪大法学50巻2号226頁（2000）。

く、利害関係の輻輳する、一義的には判断の付きかねる問題をはらむ場合がしばしばであり、このような実体関係についての助言は、弁護士ならば専門家として当然に行うべきであるが、司法書士はこの分野での専門家性を備えているとは断じ難いこと、⑤《12－1》判決は、司法書士の義務を基礎づける理由につき「司法書士が社会的に信用のおける人物」であることに求めているが、責任の根拠とするには余りにも漠然としていることなどの諸点について、《12－1》判決を批判している。

　まず、批判③の点について、検討することにしよう。本件の立会いについては、買主が依頼し、司法書士がこれを承諾しているが、その目的が、國井＝若松論文がいうように「登記に関する形式的な審査程度のこと」であり、「実体的権利の移転及び代金の決済など取引を円滑かつ実効的なものとするために必要な助力をすること」を含まないのであれば、「抵当権等の抹消前に売買残代金全額を支払うことはリスクがある旨の助言・説明をすること」は、債務の内容にはならないのであるから、債務不履行は成立しないであろう。しかし、本件のＸとＹ₂との立会いに関する合意がそのようなものであったと解することは、契約の解釈の問題ではあるが、当事者の意思を推測すると相当ではないであろう。そうであるとすれば、①のような経緯があったとしても、司法書士としては、上記のリスクについて説明・助言することが必要である。

　また、批判②の点は、説明・助言と結果発生との間の因果関係の有無を問題とするものである。しかし、本件のような争いになった場合には、②のような論旨は必ずしも説得的であるとはいえず、むしろ特段の事情のない限り、因果関係の存在は推定されることになるように思われる。

　さらに、批判④と⑤は、司法書士の法律専門職としての専門性いかんというコアの問題に言及するものである。司法書士層の現実の力量からして、不動産取引の実体的権利関係について関わり助言することは困難という立場に立てば、④⑤のような理由により、司法書士の法的義務の範囲を限定する解釈はできないことはない。しかし、実際問題として、本判決がいう「その当時の権利関係における法律上、取引上の常識を説明、助言することにより、当事者の登記意思を実質的に確認する」ことが司法書士には困難であるといえるであろうか。

　この点は、司法書士の業務内容ないし職責について、「単に登記申請に必要

な書類を整えて申請を代行するだけのもの」と捉えるところから、「必要に応じて実体関係を調査・確認し、依頼者に説明・助言を与えるべき法律専門職」と認識するところへ変化してきたと考えるかどうか[6]、司法書士の執務における形式的処理モデル、実質的処理モデル[7]のいずれを是とするかにかかわるものであろう。本書では、司法書士の専門家責任の拡充をさまざまな場面で考察してきているが、基本的には、たとえ厳しくとも、司法書士層が総体として専門家性を引き受けていくことが必要なのではないかと考える。そうすると、司法書士としては、立会いにおいて、「その当時の権利関係における法律上、取引上の常識を説明、助言する」ことは困難であると考えるべきではないということになる。

もっとも、対価と賠償負担との実質的なアンバランス（③）は問題であるから、この点は、過失相殺の弾力的運用を図ることが相当であろう。

III 立会いと調査義務—《12－2》

1) 本判決の要旨

《12－2》は、「仮差押登記の介在を看過してされた不動産取引において買主が損害を被った場合につき、契約及び代金決済への立会いのほか所有権移転登記手続を委任されていた司法書士に最新の登記簿を調査しなかった過失がある」（過失相殺5割）としたケースである。

《12－1》と方向性を同じくする判決であり、「依頼者は、単に登記手続のみならず、登記に関する限り、取引上支障無く、手続が終了するよう司法書士が注意してくれることを期待し、その期待の上に立って取引を行うのが一般であり、それが、司法書士の専門家である所以である」との一般論を展開したうえ、司法書士の民事責任を肯定している。

---

6) 鎌田薫「わが国における専門家責任の実情」専門家責任研究会編『専門家の民事責任』〔別冊NBL28号〕69頁（商事法務研究会・1994）。
7) 本書第4章53頁。

② 事案のアウトライン

　Xは、昭和63年8月27日、A社から土地建物を代金3億5830円で購入した。
　不動産仲介業者Bはこの売買を仲介したが、Xに知り合いの司法書士がいないため、Bの従業員がY司法書士を紹介し、BがXの代理人としてYに対し、売買契約につき登記手続を依頼した。
　Bの従業員は、昭和63年9月2日、Yに対し、電話で、9月26日に決済予定の不動産取引があるので登記費用の見積りを出してほしいとの依頼をし、ファックスで本件物件の登記簿謄本と評価証明書を送信した。Bの従業員は9月21日、Yに、ファックスで本件不動産の買主であるXの住所氏名を送信した。Yは本件物件の登記簿謄本を郵送で取り寄せることとし、C地方法務局D出張所に、郵便をもって、謄本を請求した。Bの従業員は9月26日朝、Yに対し、ファックスで本件物件取引の決済場所の銀行支店と時間を連絡し、Yの事務所職員が同時刻に決済場所に赴き、そこでXやその他の関係者と会い、本件物件の所有権移転登記や建物滅失登記手続に必要な委任状等の書類を受領した。本件物件には、Eを債権者とするD出張所昭和63年9月20日受付第〇〇号の仮差押えの登記がされていた。
　Xは、登記簿を調査しなかったため、仮差押登記の存在についてまったく知らないまま、代金の決済を済ませてしまった。Xは、売主Aに本件仮差押登記を抹消するように求めたが、Aには資力がなかったため、XがAに2600万円を貸し渡し、Aにその解放金を積ませて、執行を取り消させた。Xは、そのため、1207万余の損害を被った。
　そこで、Xは、司法書士Yがその職務上当然なすべきであった事前の登記簿閲覧を怠ったことによるものであるとして、委任契約の債務不履行に基づき損害賠償を請求した。

③ 本判決の概要

　《12−2》判決は、次のとおり判示して、Xの請求を認容（一部）した。
「司法書士に対して、単に登記手続のみを依頼する場合には、登記してもら

う事項を告げ、司法書士の指示のままに必要書類を揃え、あるいは署名押印して、後に登記済証の交付を受ければ足りる、しかし、司法書士に登記が必要な取引の内容を告げ、取引に立ち会って登記手続を完了させることを依頼する場合には、依頼者は、単に登記手続のみならず、登記に関する限り、取引上支障無く、手続が完了するよう司法書士が注意してくれることを期待し、その期待の上に立って取引を行うのが一般であり、それが、司法書士の専門家である所以である。確かに、不動産業者も、登記手続には一定の知識経験を有するが、何といっても専門家ではないから、専門家のいうところに全幅の信頼を置くのは当然である。そして、司法書士としては、経験上、特に断りのない限り、買主は、登記簿上何ら負担のない状態で物件を買い受けることを目的としていることを承知しているはずであるから、そのような負担が登記簿に記載されている場合には、その抹消の確実性について確認し、また、現在負担がなくても、取引の日までに負担が登記簿上現れないか否かにも留意する必要があるというべきである。もちろん、このような確認には、時間的な限界があり（取引当日接着した時刻の登記申請は、把握の仕様がない。）、完全を期することはできないが、少なくとも、取引当日にできる限り接着した時点における登記簿の状態を把握する等できる限りの努力をする必要がある。

　Yは、特にその旨の依頼の無い限り、司法書士の職務として登記簿を実際に閲覧する義務まではなく、書類の真正等の確認義務のみを負うと主張する。

　しかし、本件のように相当以前から顧客に取引のあることを告知され、その際には立会いを予定するよう依頼されて、登記簿謄本や、固定資産価格通知書をファックスで送付を受け、根抵当権の抹消に関し、確認すべき相手方まで知らされて、その確認を行っている事案にあっては、依頼者も、また、司法書士も、立会い当日、円満に手続が行われるように依頼者が予め情報を提供しているのであり、司法書士としてもこれに応えて当日支障の無いような準備をしておかなければならないことを暗黙に了解しており、当事者は、この了解に基づいて行動しているものと認めるべきである。

　Yには、以上のような義務のあるところ、これを尽くさなかった結果、Xに損害を被らせたものであるから、司法書士としての委任契約の不履行があったというべきである。」

4　考　察

　《12－2》判決は、司法書士に対して登記手続を委任する場合について、①単に登記手続のみを依頼する場合と、②司法書士に登記が必要な取引の内容を告げ、取引に立ち会って登記手続を完了させることを依頼する場合とに分けたうえで、司法書士の注意義務を位置づけるという判断枠組みを採用している。そして、本件は、このうちの②であるとして、契約締結および代金決済への立会いを依頼された司法書士の調査義務違反による債務不履行を肯定したものである。登記申請手続のほかにこのような立会いを委任する趣旨は、司法書士に、代金決済と登記手続とが支障なく円滑に行われるよう依頼したものと解されるから、本件判旨は相当であろう[8]。責任肯定事例としては、《12－1》に続くものであり、司法書士の専門家責任論の観点から重要性の高い裁判例である。

　本件では、宅地建物取引主任者である不動産仲介業者が取引に関与しているが、宅建業者と司法書士との関係は、どのように考えるべきであろうか。本判決でも触れているが、取引不動産につき仮登記があることは重要事項に当たるから、宅建業者は、重要事項説明に当たってその存在を取引前に調べるべきであったということができる。その限りで、宅建業者の重要事項説明は不十分であったと評価されるから、宅建業者にも債務不履行責任が生じることになる。しかし、この点を理由に司法書士が依頼者に対する債務不履行責任を免れることはできない。それは、取引前の登記簿の調査確認が立会いを依頼された司法書士の債務となっているからである[9]。

　本件では、過失相殺について、①原告にも登記簿を見ないまま売買代金を支払った点において通常の取引当事者として落ち度があったこと、②宅地建物取引主任者である不動産仲介業者の担当者においても最新の登記簿謄本を取り寄せておくべきであったのにそれをしなかったことに過失を認めて、これを原告側の過失として斟酌して5割の過失相殺をしている。①について過失相殺を認めることは、バランス論から相当といえるが、②の宅建業者の過失を原告側の過失としたことは問題がある。不動産の買主は、前述のとおり、宅建業者に対

8）栗田・前掲注3）83頁。
9）加藤編・前掲注1）111頁〔福島政幸〕。

して債務不履行責任を問うことができる関係に立つものであるから、宅建業者の落ち度を買主側の落ち度と捉えて、過失相殺事由とすることは疑問である[10]。

IV 不動産売買契約に立ち会う趣旨—《12－3》

1 本判決の要旨

《12－3》は、「不動産の買主が売買契約の締結の際に司法書士に立ち会いを求めたのは、必要な書類が整っていること、及びその後の登記手続を依頼することであったとして、司法書士の民事責任が否定された」ケースである。

立会い合意の解釈（立ち会う趣旨）から、司法書士の注意義務の内実を判断しているものである。

2 事案のアウトライン

Xは、Aから本件建物を4500万円で買い受けたが、Aの都合により、同族会社であるBを経由して、Xに所有権移転登記をすることとした。Xは、登記済証（権利証）を確認できなかったが、司法書士Y_2（Aが委任）から、A名義での本件建物の保存登記、保存登記を条件とするBへの所有権移転登記を申請中であるとの説明を受けた。そして、Xは、司法書士Y_1（Xが委任）からY_2の言葉は信用できるとの意見を聴取したので、これを参考に、Xは、Aの要望を容れて移転登記手続前に売買代金内金4000万円を支払った。ところが、Xは、Y_2が登記申請手続をする前に、Cに対して所有権移転登記手続をしていたため、本件建物はA名義で保存登記された後、Cに所有権移転登記手続がされた。

Xは、Cに対して所有権移転登記の抹消訴訟を提起したが、Xが敗訴して確定した。

そこで、Xは、Y_1・Y_2に対して、司法書士として職務上の注意義務を怠っ

---

[10] 栗田・前掲注3）84頁は、Xは宅建業者と司法書士という専門家たるべき者に依頼して本件不動産取引の万全を期したのであるから、宅建業者と司法書士は共同不法行為を構成するものとして、過失相殺をすることに反対する。

たとして損害賠償訴訟を提起した。

③ 本判決の概要

　第一審判決《12－3－1》は、Xの請求をいずれも棄却したので、Xが控訴した。控訴審判決《12－3－2》も、基本的に第一審と同様の理由によりXの請求を認めず控訴を棄却した。

　《第一審判決・12－3－1》
　「Xは、司法書士は当事者の契約全般に亘る助言者として不動産関係の契約にいわゆる立会をすることが往々見られるところ、Yらは、それぞれ司法書士として、そのような趣旨の立会をしたと主張する。しかし、Yらが本件売買契約に関与した態様は、Xが主張する司法書士の契約立会の趣旨とは異なる極めて限られたものであることは明らかであり、Xが主張するような一般的注意義務（Y_1につき権利証の無いままで代金の決済を行うのは危険である旨Xに対して指摘する義務、Y_2につき登記申請が受理されていたとしても、登記手続の専門的知識を有する司法書士としては、同登記が支障なく了されるものと信じるためには、それに先だって矛盾する他の登記申請がなされていないかを調査し、そのおそれがないことを確認する義務）は存しない。」

　《控訴審判決・12－3－2》
　「X代表者が本件売買契約締結の際にY_1の立会を求めたのは、本件売買契約の対象物件が区分所有の建物であって、X代表者としてはこのような建物についての取引の経験がなかったため、相手方の持参する書類が整っているかどうかを調べてもらうため、及び、その後の登記手続を依頼するためであったと認められ、依頼の趣旨及びこれに通常付随するものを超えて、X主張のように一般的に権利証の交付を受けることなく売買代金を支払うことの危険性を判定しこれをXに告知する義務をY_1が負ったとまで認めることはできない。」

④ 考　察

　本判決は、司法書士に対する登記手続の委任の態様について二種類に区別し、

これを前提として司法書士の注意義務を位置づけた《12－2》を踏まえたものであると解される。すなわち、本件は、司法書士に対して登記手続を委託する場合のうち、①単に登記手続のみを依頼する場合であり、②司法書士に登記が必要な取引の内容を告げ、取引に立ち会って登記手続を完了させることを依頼する場合ではないということを前提として、司法書士の注意義務違反を否定したものである。委任契約の解釈から、司法書士の注意義務が導かれるものである以上、立会いの趣旨が注意義務の存否・範囲のメルクマールになるのは当然といえよう。

登記申請の可否の判断と代金決済は、緊密な関係にあるから、買主としては、売買契約の決済時に司法書士に立ち会ってもらうことにすれば、司法書士の助言・説明を参考にすることができる。したがって、司法書士に契約決済に立ち会うことを依頼する場合には、依頼者の合理的意思としては、単に登記手続のみを依頼するにとどまらず、登記手続と代金決済のスムーズな履行までの確認を求めるものと推認してよい場合もあろう。もっとも、その場合には、立会いの報酬約束があり、それが適正額であることが前提となることにも留意する必要がある。そうした観点から、売買契約に司法書士が立ち会った場合における、立会いの趣旨については、十分検討される必要があろう[11]。

V 融資立会いと説明義務─《12－4》

1）本判決の要旨

《12－4》は、「消費貸借についての立会まで依頼されたのではなく、根抵当権設定登記手続、公正証書作成嘱託手続の依頼を受けたにすぎない司法書士には、融資時には既に目的不動産に先順位担保権が設定されていることなどにより、融資が回収不能となったことにつき説明義務を負うものとはいえない」

---

[11] 立会いの趣旨の解釈・判断は的確にされることを要する。司法書士に依頼した内容が単に登記手続を依頼したと認定された場合には、司法書士の注意義務違反が認められる場面を必要以上に狭めてしまう可能性があるからである。この点につき、加藤編・前掲注1）285頁〔影浦〕。

としたケースである。

融資立会いの合意はなかったという契約の解釈をしているものであるが、合意の有無が司法書士の注意義務の範囲を規定することを教える裁判例である。

2) 事案のアウトライン

Xは、Aに対して金銭を貸し付け、B会社の所有物件に根抵当権設定登記をすることとし、司法書士Yが同席する場で、5000万円の消費貸借契約および根抵当権設定契約を締結した。根抵当権を設定する物件には、すでに、債権額を9500万円とする抵当権、極度額を3000万円とする根抵当権および極度額を5000万円とする根抵当権が設定されていたほか、大蔵省（当時）の差押え、および極度額3000万円の根抵当権に基づく競売申立てによる差押えがされていた。

Yは、登記簿に従い、抵当権等の設定登記や差押登記が存在することに触れたのみで、その具体的な中身については言及しなかった。そして、Yは、消費貸借契約の当日、同契約に関し公正証書作成嘱託の申請書類および根抵当権の登記申請書類を作成し、公正証書作成嘱託および登記を申請した。

そこで、Xは、Yには、本件消費貸借契約の立会いを依頼されたのであるから、立会いに先立ち、本件各物件を事前に調査し、資金授受に関し、登記手続の障害になるような事実があった場合や将来根抵当権が抹消されてしまう危険性があった場合にはそれを説明すべき義務があるのに、これを怠ったとして、Yに対し、債務不履行または不法行為に基づく損害賠償請求をした。

3) 本判決の概要

第一審判決（福島地郡山支判平成10・3・6判タ1037号203頁）では、Xの請求が棄却され、Xは控訴した。
《12－4》判決は、Yが消費貸借契約に立ち会うことは依頼の内容に含まれていないと認定したうえ、登記手続の委任を受けた司法書士が負う一般的な義務について、次のように判示して、控訴を棄却した（確定）。

「そもそも債務者側から提供された物件を担保に金銭消費貸借に応じるか否かは、最終的には、債権者の周到なる調査と情報収集の結果を踏まえたうえ、その判断と責任において決すべき事柄であって、故意または過失の下にその過程において、債権者の判断を誤らせるような説明や情報を違法に提供したのでない限り、不法行為としての責任を司法書士が問われることはないというべきである。」

④ 考　察

《12－4》判決は、司法書士の注意義務の判断に当たり、その前提として、立会いの合意の有無について、これを消極に判断したものである。委任契約としての立会い合意を正面から、要証事実として捉えているものであり、相当であると解される。

これに対して、山崎敏彦教授は、《12－4》判決につき、次のように批判される[12]。すなわち、山崎教授は、本件のような問題状況において顧慮すべきは、顧客が立ち会った司法書士に対してもち得べき、取引当時の権利関係における法律上、取引上の常識を説明、助言してくれるのではないかという期待であり、こうした期待を前提とする、信義則上もしくは不法行為としての責任を基礎付ける説明（義務）と、本判決が問題とする説明（義務）とは異なるとする。そして、この違いは司法書士の業務・役割、司法書士の負うべき執務上の諸義務に対する理解・認識の違いに由来するものであるところ、専門家責任論の見地からすると、「当事者の自己決定の支援」という視点から問題を捉えるべきであるとする。さらに、本判決が指摘する、そもそも債務者側から提供された物件を担保に金銭消費貸借に応じるか否かは当事者の判断と責任において決すべきであるという要素は、個別事案ごとに顧客の属性（当該取引に慣れており、情報・経験を有していることなど）からして司法書士に説明義務違反はないものとしたり、大幅に、または小幅に過失相殺をするという形で顧慮すべきでものであると論じる。

12）山崎敏彦「判批」私法判例リマークス21号58頁（2000）。

《12−4》判決は、立会い合意の有無により司法書士の注意義務の範囲を画しており、原則として相当であると解されるが、立会い合意がない場合であっても、登記申請代理に関する委任契約に付随する信義則上の注意義務を観念する解釈論も可能であろう。

本件において、Xが極度額5000万円の根抵当権を設定しようとした物件には、すでに、債権額を9500万円とする抵当権、極度額を3000万円とする根抵当権および極度額を5000万円とする根抵当権が設定されていたほか、大蔵省(当時)の差押え、および極度額3000万円の根抵当権に基づく競売申立てによる差押えがされていた。したがって、この物件には担保価値はないと解されるから、司法書士としては、その旨を説明・助言することは十分考えられるところであった。そのようにすることは、法的義務かどうかの議論は別にしても、依頼者に親切であることは間違いないであろう。しかし、本件では、Xは、抵当権等の存在、意味を十分に把握していたと認定されているようであり、客観的にも本件物件の担保価値が低いことについては一見して明らかであることから、司法書士としては、当事者が納得のうえで担保権を設定しようとしていると考えたようにも解される[13]。

VI 立会いにおける執務上の留意事項

司法書士の執務の面から捉え直すと、以上のように考察してきた事柄について、どのように整理しておくべきであろうか。

第1に、司法書士が立会いを依頼された場合には、どのような趣旨で立会いを求めるのかについて、依頼者に明示的に意思を確認することが相当であろう。依頼者としては、司法書士に対して、具体的に取引内容に立ち入ってまで適否の判断を求めているわけではないが、司法書士の備える専門的知見から客観的・外形的に認識することができる取引のリスク等についての助言・説明を求めたいということが多いのではないかと思われる。

このように、司法書士としては、依頼者との間で、委任契約の内容について

---

13) 加藤編・前掲注1)282頁〔影浦〕。

十分なコミュニケーションを図って、自ら負うべき債務を確認することが執務の基本である。

　第2に、司法書士が立会いにおいて注意義務として法的に履行を求められることと、司法書士が依頼者に対するサービスとして気がついた事柄を指摘することとは、紙一重であるが、連続しているものということができる。例えば、《12－3》のケースにおいて、司法書士として、「一般的に登記済証の交付を受けることなく売買代金を支払うことの危険性を指摘すること」は、経験に乏しい司法書士にとっても格別難しい事柄ではない。《12－3》では、立会いの趣旨からして、このようなリスクを指摘することは法的義務ではないと判断されたのであるが、司法書士の執務のあり方としては、そうした関連する豆知識に相当する事項を依頼者に告げた方が親切であるとはいえる。また、《12－4》のケースにおいて、司法書士が「抵当権を設定しようとしている物件には担保価値はないと指摘すること」も同様に難しいことではないし、依頼者に対し親切でもある。専門家責任論は、こうした司法書士として可能な配慮（サービス）が、立会いの趣旨との関係から法的義務になり得るという構造とメカニズムを備えているのである。

　一定の配慮をすることが司法書士の法的義務になるかどうかという議論と、司法書士がその執務においてどのようなパフォーマンスを展開していくことがプロフェッションとして望ましいかという議論とは、別の次元の問題ではあるが、上記のような意味で、両者には連続性があると解されるのである。

第13章 不動産取引における司法書士の立会いと弁護士の立会い

I はじめに

　不動産取引における司法書士の立会いについて、本書では、「司法書士が不動産取引において当事者の一方または双方の依頼に基づき、取引の現場に同席し、登記申請代理を受任するとともに、実体的権利の移転および代金の決済など取引を円滑かつ実効的なものとするために必要な助力をすること」と捉えて、議論している。そして、前章では、司法書士が立会いを依頼された場合には、どのような趣旨で立会いを求めるのかについて、依頼者に明示的に意思を確認することが相当であることを指摘した。なぜかと言えば、立会いの内容は、個別の委任契約（合意内容）によって定まるものであるからである。

　司法書士は契約の成立に立ち会うのか、契約の履行に立ち会うのかという議論がある[1]が、これも合意内容により決まるのである。依頼者は、司法書士に契約の成立に立ち会ってもらうことにより、実体的権利の移転を円滑かつ実効的なものにすることを期待し、契約の履行に立ち会ってもらうことにより、代金の決済を円滑かつ実効的なものにすることを意図するのである。依頼者のそのような申し込みに対して、司法書士がこれを承諾することにより、立会いの委任契約が成立し、司法書士は善管注意義務を負うことになる。

　このように司法書士の立会いは、登記申請代理を受任することが与件とされることが特色であるが、これは、登記申請代理と関わりなく不動産取引に立会い、法的な助言を行うことは「法律事務」（弁護士法72条）に当たると解されていることによるものである[2]。本章では、不動産取引において弁護士に立会

---

1) 渋谷陽一郎「立会の法的仕組みと問題点、今後の課題―取引、決済、そして、立会」月報司法書士468号4頁（2011）。
2) 一般の法律事務とは、法律上の権利義務に関し争いや疑義がある案件、新たな権利

いが求められた場合の注意義務に関する裁判例を素材にして、司法書士の立会いとの差異を考察するが、弁護士が「法律事務」として立会いを受任することができる点は、留意しておく必要がある。

本章で検討の対象とするのは、《13－1》東京地判昭和60・9・25（判タ599号43頁）、《13－2》東京地判平成7・11・9（判タ921号272頁）である。前章では、司法書士の立会いに関して民事責任を肯定した裁判例として、①《12－1》大阪地判昭和63・5・25（判時1316号107頁、判タ698号241頁）、②《12－2》東京地判平成3・3・25（判時1403号47頁、判タ767号159頁）、民事責任を否定した裁判例として、③《12－3－1》神戸地判平成3・6・28（判時1441号85頁）、《12－3－2》大阪高判平成4・3・27（判時1441号82頁）、④《12－4》仙台高判平成10・9・30（判時1680号90頁、判タ1037号200頁）を考察したが、弁護士に対する民事責任の判断の枠組みと違いがあるかという点が、ポイントとなるところである。

II 立会人として不動産売買に関与した弁護士の責任―《13－1》

1 本判決の要旨

《13－1》は、不動産売買をしたが先行する売買が無権代理であったため所有権を取得できなかった買主からの、立会人として関与した弁護士に対する損害賠償請求が認められなかったケースである。その理由は、本件の合意の下で、契約締結の立会人とは、後日契約締結の事実を証明するための証拠とする目的で契約締結の場に立ち会わせる者をいうところ、弁護士が立会人になった場合であっても、契約目的たる権利関係の帰属・内容、契約当事者の権限の有無等を調査する義務はないという点にある。

司法書士の立会いケース（《12－1》《12－2》）と比較して、弁護士の立会

> 義務関係を発生させる案件について、法律上の効果を発生、変更または保全する事項を処理することをいう（東京高判昭和39・9・29高刑集17巻6号597頁）。したがって、不動産取引の立会いであっても、契約が問題なく成立した事実を証明するために売買契約の現場に立ち会うという趣旨ものであれば、法律事務とはいえない。分水嶺は、法的な助言を行うことが立会いの内容となっているかどうかである。

いの方が注意義務の程度が低いかのように感じられる判示がされているが、その原因を考察するためにも有益な裁判例である。

2）事案のアウトライン

Y_1（Z社代表取締役）は、昭和53年10月当時、早稲田大学出身者のため宮城県内に文化センターを建設することを目的とする法人格なき社団であると早稲田村建設実行委員会（W委員会）の委員長であった。W委員会の委員であったA・Bは、Cから買戻特約付で本件不動産を買い取ってくれる買主を探していると聞かされ、同会の名前で本件不動産を買い受け、これを他に転売し、転売利益を得ようと考えた。

Aは、不動産取引仲介業者Y_3に対し、W委員会で買い取り転売したいので、買戻特約付で本件不動産を4000万円で買ってくれる者を探してほしい旨不動産取引の仲介を依頼した。Y_3は、その際、Aから、本件不動産の所有者甲は病気で入院しており、娘乙がすべてを任されている、本件建物には持主の娘夫婦が住んでいると知らされ、その後、さらに、本件不動産の取引には弁護士が立ち会うことになっていると告げられた。

Bは、10月下旬頃、弁護士Y_2に対し、W委員会が本件不動産を買い受けて他に転売するについて法律相談を依頼し、契約内容について法律専門家としての意見を求めた。

A・Bは、当初は、W委員会の名前で本件不動産の取引をする考えであったが、その後、W委員会には法人格がないところから、Y_1が代表者をしているA社の名義を借りて本件不動産の取引をしようと考え、11月初め頃、Y_1から承諾を得た。

弁護士Y_2は、Bから本件不動産取引について法律相談を受けてこれに応じ、本件建物居住者の本件建物からの立退きを確実なものにするため居住者との間で即決和解を成立させておいた方がよい旨助言した。そして、Bから、本件不動産売買契約締結への立会いと即決和解の申請手続をとることをも依頼され、これを引き受けた。その後の11月上旬頃、Y_1から、W委員会に代わりZ社が本件不動産を買い受けて他に転売することになったとして、改めて、①Z社の

する本件不動産の買受け、転売の各契約締結への立会い、②本件建物居住者との建物明渡しに関する即決和解の申請手続をとることを依頼され、これを承諾した。

　そして、Y_2は、11月中旬頃までの間に、BあるいはY_1から、本件不動産の所有者甲は病気で動けないこと、そのためDが甲の代理人を務めること、本件建物には甲の娘である乙夫妻が居住していることを聞かされた。そこで、Y_2は、Y_1に対し、①甲に会って本件不動産売却の意思の有無およびDに対する代理権授与の有無を、また、②乙に会って即決和解に応ずる意思の有無を確認するよう指示した。その後、Y_1から、「甲は病気入院中で会えなかったが、乙とDに会った結果、甲は乙にすべてを任せてあり、乙はDにすべてを任せてあるということであった」との報告を受けた。しかし、Y_1は、乙に対して具体的に即決和解に応ずる意思があるか否かを確認しなかった。また、Y_2も、それ以上に、自ら確認をすることはしなかった。

　Y_3は、11月上旬頃、X社（代表者E）に対し、本件不動産を紹介してこれを買い受けることを勧め、契約の締結には弁護士が立ち会うことになっていると説明した。そして、Y_3は、EがX社において本件不動産を買い受ける意向を示したところから、本件不動産の登記簿謄本を取り寄せてその権利関係を確認したり、Eと現地を見分したが、その際、居住者に会って権利関係や居住関係を調査することはしなかった。また、Y_3は、W委員会の事務所において、Aから、乙を所有者甲の娘であり甲からすべてを任されている者、Dを乙からすべてを任されている者であると紹介された。しかし、Y_3は、自ら甲に会い本件不動産売却の意思の有無、Dに対する代理権授与の有無を確認することはしなかった。

　また、Y_1・Bは、同じ頃、Eに対し、Y_2を紹介し、売買契約に立ち会う旨を説明している。

　こうした状況の下に、Z社は甲から同人所有の本件土地・建物を買戻期限につき昭和54年1月21日限りとする買戻特約付、代金3000万円の約定で買い受ける旨の売買契約を締結した。そして、X社は、Z社との間で、X社がZ社から本件土地・建物を買戻期限につき昭和54年5月21日限りとする買戻特約付、代金4000万円、Z社は昭和54年1月21日までに本件建物に居住して

いる乙夫妻との間で乙夫妻が同日までに本件建物から立ち退く旨の内容の即決和解を成立させることを条件として売買契約を締結した。X社は、Z社に対し、代金全額を支払い、昭和53年11月30日、Z社から、本件不動産につき所有権移転登記を受けた。この二つの売買契約について、Y_2は、立会人として関与した。Eは、Y_2に対し、契約立会いおよび契約書作成の報酬として10万円を支払った。

ところが、本件先行売買契約は、乙が、甲に無断で実印・登記済権利証を持ち出し、Dがこれらを利用して甲に無断でしたものであり、本件建物に居住していた乙夫妻も、本件建物の明渡しに同意してはいなかった。このため、Z社は、その後、Y_2を代理人として、大森簡易裁判所に、乙夫妻を相手方として、本件建物の明渡しを求める即決和解の申立てをしたが、乙夫妻が同裁判所に出頭せず、即決和解を成立させることができなかった。また、X社は、甲から、本件不動産所有権移転登記の抹消登記手続を求める訴えを提起され、裁判所の勧告により、昭和56年4月15日、X社は乙夫妻から500万円の支払を受けるのと引換えに甲に対し抹消登記手続をする旨の訴訟上の和解をし、5月18日、和解に従って抹消登記手続をした。X社は、結局、本件不動産を取得することができなかった。

そこで、X社は、Y_1に対し旧商法266条ノ3第1項に基づき、Y_2に対し過失により売買契約の立会人として尽すべき注意義務を怠ったものとして不法行為に基づき、Y_3に対して債務不履行に基づき、損害賠償請求をした。損害賠償額は、売買代金4000万円から和解金500万円を控除した損害3500万円、慰謝料200万円、弁護士費用300万円の4000万円を主張した。

③ 本判決の概要

《13－1》は、Y_1とY_3の損害賠償責任を肯定し、3800万円(慰謝料請求を除いた額)の支払義務を認めたが、弁護士Y_2の損害賠償責任については、次のとおり判示してこれを否定した。

「Y_2は弁護士であり、本件売買契約締結に立会人として立ち会い、Xから立会い等の報酬として10万円の支払を受けているのであるが、一般に、契約締

結の立会人とは、後日契約締結の事実を証明するための証拠とする目的で契約締結の場に立ち会わせる者をいい、立会人が弁護士であっても、法律専門家である弁護士であるということに伴って、付随的に契約内容につき法律上の観点から適切な指導、助言をすることが期待されることがあるとしても、立会人としての本質に変わりはなく、契約当事者の代理人あるいは仲介人とは異なり、契約の相手方当事者と自ら交渉したり、契約の目的である権利関係の帰属、内容あるいは契約当事者の権限の有無等を自ら調査したりする義務はないものというべきである。そして、本件についてみると、前記認定のとおり、Y_2は、本件売買契約の締結のみではなく本件先行売買契約の締結にも立ち会うことを依頼され、本件先行売買契約においてDが甲の代理人として行動していることを知っていたのであるが、Z社の代表者であるY_1に対して甲に会って本件不動産売却の意思の有無及びDに対する代理権授与の有無を確認するよう指示し、本件先行売買契約締結の際にはDがその代理権を証するものとして提示した本件委任状につきその作成が本人の意思に基づくものであるかどうか説明を求め、また、本件売買契約締結の際にはXの代表者であるEらに対して自分は直接甲に会っていない旨をわざわざ述べ、更に、その後の司法書士事務所における各売買契約の売買代金授受の際にもEに対して本件売買契約において契約条件の一つとされていた乙夫妻との即決和解がいまだ成立しないうちに売買代金全額を支払ってしまってよいのかと注意しているのであるから、Y_2は、本件売買契約につき立会人として期待される指導、助言を一応尽しているものと認めるのが相当である。Xは、Dの代理行為の態様がいわゆる署名代行の方法によるものであること、Y_2はDの代理権限を証する本件委任状が本人である甲の書いたものではないことを認識していたこと及び本件委任状の文言に不備があることをもって、Y_2は甲にDの代理権の有無を確認すべきであったと主張するが、立会人にすぎないY_2は、前示したとおり、このような義務を負うものではないものというべきである。

また、Xは、Y_2は、Z社から乙夫妻との間に本件建物からの立退きについての即決和解を成立させることを依頼され、Xに対しては、即決和解を成立させることを約していたから、乙夫妻と事前に会い、即決和解応諾の意思を確認すべき注意義務があったと主張する。しかしながら、Y_2がXに対し即決和解

を成立させることを約したとの点は、これを認めるに足りる証拠はない。また、即決和解を成立させることが本件先行売買契約及び本件売買契約において契約条件の一つとされていたこと、Y_2 がZ社から即決和解の申請手続を依頼されていたこと並びに Y_2 が本件売買契約締結の際Xの代表者であるEに対しZ社から即決和解の申請手続をとることを依頼されていると述べたことは、前示のとおりであるが、これらの事実が存在することを考慮しても、Y_2 は、Xに対する関係では立会人にすぎないのであるから、Xに対し、事前に乙夫妻との間に即決和解応諾の意思の有無を確認すべき注意義務を負う理由はないものというべきである。

したがって、Y_2 には本件売買契約締結の立会人として尽すべき注意義務に格別の懈怠があるものということはできないから、Xの Y_2 に対する請求は、その余の点について判断するまでもなく、理由がない。」

④ 考 察

《13－1》判決において、売買契約締結に立ち会った弁護士の注意義務違反の有無の判断枠組みは、次のようなものである。

【A】契約締結の立会人の役割は、後日契約締結の事実を証明するための証拠となること。

【B】立会人が弁護士であっても、立会人としての本質に変わりはない。
　①契約当事者の代理人あるいは仲介人とは異なる。
　②契約の相手方当事者との交渉や契約の目的である権利関係の帰属・内容、契約当事者の権限の有無等を自ら調査する義務はない。

【C】付随的に、契約内容につき法律上の観点から適切な指導、助言をすることが期待される。

すなわち、本判決は、本件において、Xが弁護士 Y_2 に依頼して合意した内容は、【A】に限定されると解している[3]。これは、立会いの委任契約の解釈

---

[3] 契約締結の立会人とは、契約が問題なく成立した事実を証明するために締結現場に立ち会わせる者をいうとする判例として、最判昭和36・5・26（民集15巻5号1440頁）がみられるが、宅地建物取引業者の業務上の注意義務に関するものであり、傍論であるから、先例としての価値は限定的なものである。

の問題である。当該ケースにおいて、どのような趣旨で立会いを依頼されたかという事実によって、注意義務の内容と程度が決まる関係にあるから、合意内容が【A】に限定されると解するとすると、合意規範からは、【B】②のように実体的権利関係に関わる事柄について調査義務は導くことはできず、そのような義務はないことになる。しかし、関係規範としては、【C】のように契約内容についての法的な指導・助言をすることが期待される。本判決においては、この期待が弁護士の注意義務であるのか、そうでないのかは明確でない。もっとも、判断枠組みの【B】②と対比すると、本判決としては、契約締結の立会人たる弁護士の注意義務として位置づけてはいないとみるのが相当であろう。これに対して、専門家責任論の観点からすると、専門職・依頼者間の関係規範として、「法律専門職としての弁護士に信義則上発生する助言義務・指導義務」を観念することは可能であると解される[4]。そう解する立場からは、本件でも、契約締結の立会人たる弁護士であっても、契約内容など実体的法律関係に関する法的助言義務があるということになろう。

《13-1》判決も、判断枠組みの適用においては、Y_2が、下記の①ないし④の行為をしているから、本件売買契約につき立会人として期待される指導、助言を一応尽していると認めるのが相当との判断をしている。

① A社の代表者であるY_1に対して甲に会って本件不動産売却の意思の有無、Dに対する代理権授与の有無を確認するよう指示した。

② 本件先行売買契約締結の際には、Dがその代理権を証するものとして提示した本件委任状の作成が本人の意思に基づくものであるか説明を求めた。

③ 本件売買契約締結の際には、Xの代表者Eらに対して自分は直接甲に会っていない旨をわざわざ述べた。

④ その後の司法書士事務所における各売買契約の売買代金授受の際にも、Eに対して本件売買契約において契約条件の一つとされていた乙夫妻との即決和解がいまだ成立しないうちに売買代金全額を支払ってしまってよいのかと注意した。

---

4) 加藤新太郎『弁護士役割論〔新版〕』104頁（弘文堂・2000）。

《13 − 1》判決については、鎌田薫教授の「一見すると、弁護士の責任が仲介業者以下であり、わざわざ弁護士に相談をもちかけて契約の立会いまで依頼する市民が一般に抱くであろう期待に反しているように見える」とする批判がある[5]。そして、《13 − 1》判決は、弁護士 Y_2 は、もともと Y_1 からの依頼に基づいて、助言を与え、二つの売買契約の立会人として行動したことに着目して、Ｘからも報酬を受けてはいるが、Ｘに対する関係では、【Ａ】の程度の責任しか負わないとしたものと読み解いている。

　また、髙中正彦弁護士は、《13 − 1》判決について、弁護士 Y_2 の立会いの趣旨が契約締結の立会人に止まると限定する解釈がされていることに疑問を呈する[6]。すなわち、Y_2 は、市販の契約書用紙に必要事項を記載して調印用の売買契約書を作成しているうえ、上記の③④をしているのであり、立会人の域を超えていると考える。そして、甲作成とされる委任状の記載は「宅地ならびに建物のいっさいのけんげんを御任致します」というもので稚拙かつ不明瞭であることから、Y_2 は、Ｄの権限に疑義を持つべきであるうえ、甲が病気であるという乙・Ｄの説明を鵜呑みにしていることは問題であるから、不法行為を構成する過失があったとされてもおかしくないとコメントする[7]。

　以上によれば、《13 − 1》判決は、立会いの合意の解釈として相当か、関係規範の理解が十分かという問題点がある。その限りで、本判決の射程距離は限定的なものとみるべきであり、必ずしも一般化できるものと解することはできないであろう。

---

[5] 鎌田薫「判批」判タ 628 号 91 頁（1987）。
[6] 髙中正彦『判例 弁護過誤』33 頁（弘文堂・2011）。
[7] 弁護士 Y_2 は、Ｘから報酬 10 万円を得ているが、Ａ社または Y_1 からの相応の報酬を得ていたことが推測されるところ、そうであれば、利益相反を禁止した弁護士法 25 条、弁護士職務基本規程 27 条に違反したことになる。この点につき、髙中・前掲注 6）35 頁。

III 売主の成りすましの代理人となった弁護士の責任―《13−2》

1) 本判決の要旨

《13−2》は、虚偽の土地売買名下の詐欺事件において、売主に成りすました者の代理人となって売買契約を締結し、手付金等を受領した弁護士に過失があったとして、買主から弁護士に対する損害賠償請求が認められたケースである。弁護士の意識としては、当初の約束は不動産取引の立会いに近いものであったが、その場の成りゆきで契約当事者の代理人となった場合に関するものである。

契約当事者の代理人となる以上、《13−1》の判断枠組み【B】において言及された「契約の相手方当事者と交渉し、契約の目的である権利関係の帰属・内容、契約当事者の権限の有無等を自ら調査する義務」が課せられる。しかし、本件は、それ以前に、弁護士が自ら代理する売主の同一性の確認すら怠っていたという案件である。

2) 事案のアウトライン

Xは、農業の傍ら不動産売買もしていた者であるが、平成3年4月、元法律事務所事務員であるY_1の紹介により、A所有の土地を購入することした。しかし、Y_1は、Aの替え玉Bを用意してXに虚偽の売買契約を締結させて、Xから買付証拠金や手付金名下に金銭を得た。

Xは、Aと面識がなく、本件土地上には借地人所有の建物があり、明渡しに不安があったことから、具体的な売買契約の履行を間違いなく進めるため、売主側に代理人として弁護士がつくことを取引の条件にしたいとY_1に伝え、Y_1は、Aが買付証拠金の授受の場に弁護士を同行すると回答した。そして、Y_1の知り合いである弁護士Y_2は、買付証拠金授受の当日および売買契約締結の当日にXとY_1・Bとが対面する場に同席した。Xは、買付証拠金授受日および売買契約日に、Y_2がAの代理人として預り証・売買契約書に署名することを求め、Y_1・Bもその旨依頼したため、Y_2はAの代理人として預り証・売買

契約書に署名した。Y₂は、売主Aと称したBが替え玉であったことに気づかずに、このような対応をしたのであった。Y₂は、Y₁から買付証拠金授受日に20万円、売買契約日に30万円の報酬を受領した。

　Xは、残代金支払および所有権移転登記日とされていた5月15日までに残代金を準備していたが、所有権移転登記の準備が整わないまま、履行期が経過した。Xは、Y₁に対し、本件売買契約の履行をたびたび催告したが、具体的な進展がなく、Y₂に連絡しても要領を得ない回答しか得られなかった。Xが調査したところ、Aは本件売買契約のことをまったく知らず、Y₁がAの売却承諾書や借地人の建物明渡同意書等を偽造してXに交付して、売買契約を締結し、金銭を詐取したものであることが判明した。

　そこで、Xは、①Y₁に対して、売主の替え玉Bまで用意して虚偽の売買契約を締結させ、買付証拠金や手付金名下に金員を詐取したとして、②Y₂に対して、売主に成りすましたBが替え玉であることに気づかず、売主代理人として買付証拠金を代理受領し、売買契約の代理行為をしたことは、無権代理行為（民法117条）または不法行為（民法709条）に当たるとして、1680万円の損害賠償請求をした。

3　本判決の概要

　《13－2》判決は、Y₁の責任を肯定したほか、次のように判示して、Y₂の責任も肯定し、Xの請求を認容した（損害額1680万円）。

　「一般に弁護士が法律事務に関して代理人を受任し、第三者と法律事務をするにあたっては、依頼者本人の意思に基づくものであるか否かを充分に確認すべき高度の注意義務があるというべきである。なぜなら、一般に弁護士が受任すれば相手方は本人とは直接交渉せずに、代理人弁護士を通じて交渉するのが社会的慣行になりつつあると言って差し支えないし、弁護士が代理人として活動するからには本人の意思に基づく依頼があるに違いないという相手方からの高い社会的信用が寄せられ、それによって弁護士は自由な活動が確保されているのであるから、その大前提として弁護士自身が依頼者本人の意思に基づく委任があるか否かを充分に確認し、替え玉などに騙されることのないようにして

おくのが当然というべきだからである。

　本件においては、前記認定事実によれば、(一)本件土地上には借地人の建物があり、複雑な親族関係の存在も窺え、地主の売却承諾書や借地人の建物明渡同意書の履行について不安が残るので、売主に代理人として弁護士をつけてほしいとXが要求しており、そのことは、買付証拠金と手付金授受のときに、Xが直接にY_2に対し、立会人ではなくて売主の代理人になってくれなければ金を払わないと明確に述べているのであるから、Y_2も、充分に認識できたはずである。また、(二)Y_2は、『弁護士』である自分が代理人になるからこそ、原告が最終的に800万円の買付証拠金や1200万円の手付金を交付するのだということを充分に理解していたはずである。さらに、(三)本件においては、今後の手続や明渡等の諸問題を考慮し、Xから所有者らに対して直接に面談を求めたり、電話をかけたりしないことを約束する旨の念書がXからY_1に差入れられており、Xが売主A本人に連絡をとろうとしても、とれないという特殊な状態にあることを、Y_2も、Y_1から右念書を見せられていたから、知っていたはずである。また、(四)Y_2は、買付証拠金の授受のときには20万円を、手付金授受のときは30万円を、それぞれY_1から報酬として受領しているのだから、報酬受領の面からみても相当の注意義務を尽くしてしかるべきである。加えて、(五)本件取引は、いわゆる地上げであって、不動産取引のなかでもリスクのある取引といえるし、金額も6578万円と高額であるから、慎重に対応すべきであった。さらに、(六)本件の売却承諾書や建物明渡同意書には公証役場の日付印が押されているが、そのような公証印は、かえって法律関係を仮装するために悪用される事例も皆無とは言い難く、公証役場の印があるからといって文書の内容の真実性までも担保されないことは弁護士であるY_2ならば充分に理解できたはずである。

　以上の(一)ないし(六)の事情その他前記認定の本件事実経過に照らすと、Y_2としては、本件売買が本当に実在するのかどうかを、僅か一回だけ執行の立会いを依頼した程度のY_1に頼って判断するのではなく、自ら直接A本人に電話するとか、〇弁護士に確認の電話をするとか、あるいは、Aと名乗るBに対しても保険証や権利証、印鑑証明などで依頼者本人であることを充分に確認すべき業務上の注意義務があったというべきであり、Y_2がそのような慎重な

対応をしていれば、本件においては、本件売買について売主A本人の承諾がなく、BがAの替え玉であったことにも気づくことができたものと推認される。

しかるに、Y_2は、これらの注意義務を怠り、売主A本人の承諾がなく、BがAの替え玉であったことに気づかなかったのであるから、Y_2には過失があり、Xに生じた1680万円の損害を賠償すべき不法行為責任があると言わざるを得ない。この結論は、弁護士に高度の注意義務を課することによって弁護士一般に対する高い社会的信頼を維持し、もって法律専門家である弁護士を通じて契約締結手続を円滑に実行させ、法律的紛争を迅速適正に解決させていくという見地に照らして、やむを得ないものと考える。」

4) 考 察

《13－2》判決が、弁護士の不法行為責任を認めた判断過程の理路は、次のように定式化される。

【A】弁護士が法律事務に関して代理人を受任し、第三者と法律事務をするに当たっては、依頼者本人の意思に基づくものであるか充分に確認すべき注意義務がある。

【B】弁護士Y_2としては、本件売買が実在するのかどうかを、自ら直接A本人に電話するなどして確認するほか、Aと名乗るBに対しても保険証や権利証、印鑑証明などでA本人であることを充分に確認すべき業務上の注意義務があった。

【C】弁護士Y_2が、【B】のような慎重な対応をしていれば、本件売買について売主Aの承諾がなく、BがAの替え玉であったことにも気づくことができたはずであるが、そうした注意義務を怠ったことには過失が認められる。

弁護士Y_2には、代理をする場合において本人の意思を確認すべき注意義務に違反する過失があったとする《13－2》の判断過程は、その規範である【A】・【B】も、事実関係への当てはめである【C】についても、明晰で、合理理的なものと解される。本件において、弁護士の債務を導く合意の趣旨は、当初は、不動産売買の売主の代理という明確なものでなかった。ただ、弁護士が不動産取引に関与するというものであるから、立会いに近いものであったといえそう

である。しかし、成りゆきとはいえ、代理人となることを依頼され、承諾してそのように行動しているのであるから、【A】の示す注意義務が課せられるのはやむを得ないところである。

このような代理における本人意思を確認すべき注意義務は、法律専門職にとっては基本的なものであり、格別に高度な注意義務というほどのものではない[8]。登記申請代理を依頼された場合における司法書士の注意義務と同質のものである。

それでは、どうして弁護士Y_2は、基本的な注意義務に違反し、本件のような対応をしてしまったのであろうか。Y_2も、この点について、まったく意に介しなかったわけではないが、「僅か一回だけ執行の立会いを依頼した程度のY_1に頼って判断」してしまったことが致命的であった。Y_1は、元法律事務所事務員とはいうものの、相当数の詐欺罪等の前科がある、本件でも、詐欺罪で起訴されている人物である。弁護士たる者、このようなY_1の正体を洞察すべきであり、仮にも利用されることがあってはならない。髙中正彦弁護士は、本件におけるY_2弁護士が相当に高齢であり、警戒心が弱くなっていたことが詐欺師Y_1のターゲットになった一因ではないかと指摘しておられる[9]。もっとも、やや誇張した言い方をすれば、資格ある専門職を利用して不法な利を得ようとする者が鵜の目鷹の目で、わきの甘い専門職を物色しているのが現実であるから、司法書士も、本件をもって他山の石とすべきであろう。

---

8) 一般に、専門職について、「高度の注意義務」、「注意義務が高度である」といわれるが、その際の「高度性」には規範的な意味は乏しく、レトリックと解するのが相当場合がある。この点に関連する議論として、加藤新太郎『コモン・ベーシック弁護士倫理』223頁（有斐閣・2006）参照。

9) 髙中・前掲注6) 331頁。なお、犯罪による収益の移転防止に関する法律8条に関連して、日弁連は「依頼者の身元確認及び記録保存等に関する規程」を制定した（平成19年3月）。したがって、現在では、弁護士は不動産の売買について、依頼者のためにその準備または実行するときは、公文書（例えば、運転免許証）またはこれに準ずる文書によって、依頼者の氏名、住所、生年月日のほか身元を確認することが要請されている（同規程2条）。この規定の定めを遵守すれば、現在では、《13－2》のようなケースは生じないはずである。

Ⅳ 司法書士の立会いとの異同

　弁護士の不動産取引の立会いについて、専門家責任論の観点から、司法書士の立会いとの異同があるといえるであろうか。

　第1に、弁護士の立会いには、契約が問題なく成立した事実を証明するために締結現場に同席するという趣旨の契約締結の立会人というケースがあるのに対して、司法書士の立会いは、登記申請代理の受任と離れて、単に事実の証明のために立ち合うことは原則としてはないと解される。単なる契約の立会人に弁護士を起用するのは、「弁護士の持つ高い社会的地位に着目し、後日契約締結過程に問題があったときに、その証言が高い価値を持つことを期待」しているもので、「そこでは、弁護士としての職務行為は予定されておらず、ただ契約締結過程を見守ること、さらには契約締結の当事者（立会依頼をした者の相手方当事者）にいわばにらみをきかせることが期待されている」[10]のである。したがって、司法書士の方が、不動産取引の立会いにおいて、実体的権利の移転や代金決済など取引の円滑化・実効化のために必要な助言義務を課せられることがあるという限りにおいて、一見弁護士よりも責任が重いという現象がみられるのである。

　第2に、弁護士の立会いも司法書士の立会いも、依頼の趣旨（合意の趣旨）がどのようなものであるかによって、求められる注意義務が異なるものになることは、同じである。司法書士に対する登記手続の委任の態様については、《12－2》東京地判平成3・3・25が判示したように、①単に登記手続のみを依頼する場合と、②司法書士に登記が必要な取引の内容を告げ、取引に立ち会って登記手続を完了させることを依頼する場合とがあるが、②の場合について、司法書士の立会いにおける所要の注意義務が導かれるのである。依頼の趣旨（合意の趣旨）いかんによって注意義務が異なる点については、弁護士の立会いも同様であるし、依頼者が弁護士の専門家性に着目して立会いを依頼している場合には、合意の解釈を慎重にする必要があるといえる。この点に関しては、裁判例《13－1》について、立会いの合意の解釈として相当かという批判がみ

---

10) 髙中・前掲注6) 34頁。

第3に、不動産取引の立会いにおいて、契約の有効性について法的助言を得たいという依頼と、これを承諾するという形態の合意も想定されるが、この場合には、弁護士と司法書士とで注意義務の内容・程度に差異があるといえるか。注意義務の内容には、弁護士と司法書士とで差異があるとはいえないであろう。これに対して、注意義務の程度について平均的な弁護士・平均的な司法書士を基準にするという通説的な立場に立てば、観念的には差異があり得るということになろう。もっとも、司法書士の執務おいては、注意義務の程度についても、弁護士と司法書士とで差異はないという気構えを持った執務実践が期待されるところである。

第14章 本人確認義務［その1］

I 本人確認の位置づけ

1 本人確認情報提供制度の創設

　不動産登記申請代理に当たり、司法書士は、申請人が本人であり、登記申請の意思を有するものであることを信頼可能な手段により確認することが求められる。権利に関する登記の共同申請においては、①申請人（登記義務者と登記権利者）に共通の一般的な本人確認手段、②登記関係書類の確認といった形式的記載事項を中心とする調査・確認に加えて、③登記義務者の登記意思を確認することが要請される。登記義務者の登記意思の確認の中身は、登記義務者の本人性（本人の同一性の確認）を前提としたうえで、登記申請意思の有無、登記申請についての依頼者の代理権の存否などに分けることができる。登記記録上、不動産の権利者と表示されている登記義務者と登記申請代理の依頼者の同一性を確認することは、実体的権利関係に密接に関連するものである。そうした意味では、登記義務者の本人性の確認は、まさに実質的な調査義務にほかならない。

　司法書士の本人確認義務の内実は、不動産登記法の改正により少なからぬ変化をみせている。比喩的に言うと、本人確認の方法についての見晴らしがよくなったのである。

　現行不動産登記法は、旧法の登記申請手続において、本人確認手段として用いられていた登記済証の制度（旧不動産登記法35条1項3号、60条）を廃止し、登記識別情報の制度に移行した（現行不動産登記法21条、22条）。また、旧法では、登記済証が滅失した場合には保証書および事前通知の制度（旧法44条、44条ノ2）によることとされていたが、現行法においては、保証書制度を廃止

するとともに、事前通知の方法を改善した。そして、事前通知に代わる本人確認手段として、司法書士をはじめとする資格者代理人からの本人確認情報の提供等を制度化した（現行23条）。さらに、本人確認情報を提供する資格代理人には申請者（登記義務者）と面談する義務が課される（不動産登記規則72条1項1号）など執務行為規範が明示されている。

本人確認情報提供制度については、《14－3》東京地判平成20・11・27（判時2057号107頁、判タ1301号265頁）が、立法事実と改正の趣旨について判示している[1]。

第1に、立法事実としては、「平成16年改正前不動産登記法では、登記申請書に添付すべき書類として、登記義務者の意思の確認をするため、登記義務者の権利に関する登記済証を添付して提出することとなっており（旧法35条1項3号）、登記済証が滅失したような時には、登記済証の代用の制度として、保証書の制度があった（旧法44条）。そして、保証書を利用した登記申請が行われた場合には、登記義務者に対して登記申請があったことを葉書で通知をし、登記義務者がその受け取った葉書を登記官に提出して間違いない旨の申し出をした場合に初めて登記手続をする（所有権移転登記の場合）という事前通知制度が設けられていたが、保証書を利用した不正登記が行われているとの批判があった」点をあげる。

第2に、改正の趣旨は、「そこで、改正法においては、保証書制度を廃止する代わりに、登記義務者について住所変更登記がされている場合には、現住所のほかに前住所にも通知書を発送し（不動産登記法23条2項）、かつ本人限定受取郵便によって通知をする（不動産登記規則70条）こととするなど厳格な手続によって登記義務者に事前通知をすることとする一方、司法書士や公証人等の資格を有する者が、登記申請者が登記義務者本人であることを確認するために必要な情報を提供し、かつ、登記官がその内容を相当と認めたときは、事前

---

[1] 本人確認情報提供制度については、山野目章夫『不動産登記法』132頁（商事法務・2009）、舟橋諄一＝徳本鎮編『新版注釈民法(6)〔補訂版〕』327頁〔清水響〕（有斐閣・2009）、不動産取引とリスクマネジメント研究会編『不動産取引とリスクマネジメント』138頁〔水谷公孝〕（日本加除出版・2012）など参照。《14－3》の評釈として、山野目章夫「判批―東京地判平20・11・27の検討」登記情報574号11頁（2009）がある。

通知をしないまま登記手続を行うこととされた」旨判示している。

２）司法書士の本人確認

　司法書士がその職務を行うに当たり、「誰のために、何を、どのようにするのか」を押さえることは事柄の性質上必須である。司法書士の役割そのものから、依頼者はもとより関係者の本人確認をすべき義務が導かれる。すなわち、司法書士の業務における本人確認義務一般の実質的根拠は、司法書士の制度目的・職責（司法書士法１条、２条）に求められるのである。その意味では、司法書士の本人確認義務は、一般的損害発生回避義務ないし公益配慮義務の具現化ということができる。

　そして、司法書士の登記申請代理における本人確認義務の実定法上の根拠は、これに加えて、資格代理人が本人確認情報を提供する際の手続について定めた不動産登記法23条４項１号に求められる。同条項は、その違反に罰則を伴う強行法規であり、虚偽の登記名義人確認情報を提供した者は、２年以下の懲役または50万円以下の罰金に処せられる（同法160条）。また、司法書士倫理は、54条１項（権利関係等の把握）において、「司法書士は、登記手続を受任した場合には、当事者及びその意思並びに目的物の確認等を通じて、実体的権利関係を的確に把握しなければならない」と定める。これは、司法書士の制度目的・職責を具体化した行為規範でもあるが、登記申請代理における、ヒト・モノ・意思の確認を求めることが基本的執務として要請されたものである[2]。もとより、本人確認情報の提供が制度化された現在では、司法書士倫理54条１項はこの点についての倫理的定めという性格づけもされる。したがって、司法書士が本人確認をせず、実体的権利関係の把握をなおざりにする執務をした場合には、懲戒に付される。さらに、司法書士が本人確認義務違反により依頼者または第三者に財産的損害を与えた場合には、民事責任が生じることになる[3]。

　司法書士の本人確認については、以上とは別に、「犯罪による収益の移転防

---

[2] 司法書士倫理研究会編『注釈 司法書士倫理』51頁（日本加除出版・2004）。
[3] このように、一定の執務規範の違反に対して、刑事責任、行政責任（懲戒）、民事責任が生じることを「規範の重層性」という。

止に関する法律」（いわゆる犯罪収益移転防止法）が実定法上の根拠となるものもある。これは、司法書士の執務のうち一定の受託（特定取引）に際して、犯罪収益移転防止の趣旨で、取引関与者と取引内容を記録化することが求められるものであり、本人確認は、依頼者の実在性・同一性を確認する意味がある。不動産登記法上の本人確認とは、対面確認を原則とし、公的証明書の提示により実在性・同一性を確認する点において共通性がある[4]。

③ 本章の目的

　司法書士の本人確認義務は、登記申請代理業務における根幹部分である。旧不動産登記法の下で司法書士の本人確認義務違反の職務過誤が問題になる典型的なケースは、紛失した等の理由で登記済証を持たない本人または代理人が登記申請代理を司法書士に依頼してきた場合であった。従来の司法書士の執務は、基本的に、登記済証と印鑑証明書によって行われてきたから、このような場合には、他の手段により本人確認をしないことには仕事が進まなかったのである。

　本章と第15章では、現行不動産登記法において新たな位置づけがされた司法書士の本人確認義務について考察することにしたい。本章で対象とする裁判例は、《14－1》浦和地判平成4・7・28（判時1464号112頁、判タ801号178頁）、《14－2》大阪地判平成9・9・17（判時1652号104頁、判タ974号140頁）、《14－3》である。いずれも、司法書士の民事責任を肯定した裁判例であるが、《14－1》《14－2》と《14－3》とを比較することにより、現在の本人確認義務に関する判例の思考を読み解くことにしたい。

II 登記義務者成りすましを看過した保証書の作成 ―《14－1》

① 本判決の趣旨

　《14－1》は、司法書士が抵当権設定時を申請する際、保証書を作成したと

---

[4] 不動産取引とリスクマネジメント研究会編・前掲注1）138頁。なお、犯罪収益移転防止法の施行（平成20年3月1日）以降、各司法書士会で依頼者の本人確認に

ころ、登記義務者の人違いでないことの調査確認義務を怠った過失があるとしたケース（過失相殺4割）である。登記義務者成りすましを看過した保証書の作成について本人確認義務違反を肯定した。本人確認義務について、その根拠を明示したうえで、保証人である司法書士の民事責任を認めたものである[5]。

民事責任の構成として、本判決は、次のように定式化している。司法書士の専門家責任論をメインとしていないところがポイントである。

【A】保証人は、現に登記義務者として登記申請する者と登記簿上の登記義務者が同一人であることを確認するための調査義務があるが、その義務違反のために損害を被った者が保証を委任した者であるときは、委任契約上の債務不履行または不法行為となり、それ以外の者であるときには不法行為となる。

【B】司法書士が登記申請代理の委任を受けるのに付帯して保証を引き受ける場合であっても、同様である。

2）事案のアウトライン

X_1は、本件土地の所有者であるAに成りすましたBとの間で本件土地につき約1億6000万円の代金額で売買契約をすることにした。Bから国土法所定の手続完了前に代金のうち1億3000万円の先払いの要請があったので、X_1は1億円につき知人のX_2から融資を受け自らの3000万円と合わせて支払資金を確保した。ところが、不動産仲介業者を通して交渉の結果、国土法所定の手続が完了しないと正規の売買契約を締結することができないことが判明したので、1億3000万円をX_1が売主（Aに成りすましているB）に貸し付けることとし、その貸金債権を担保するため本件土地に抵当権を設定することにした。

司法書士Yがその抵当権設定登記申請代理の委任を受けたが、当該申請に際し、Bは登記済証を保有していなかったので、Yが保証人となって保証書の作成と登記申請手続をすることにした。その際、YはAとは一面識もなかったので、Bに対してパスポートなど顔写真付の証明書類の提示を求めた。Bは、こ

ついての会則が定められていることに留意すべきである。
[5] 加藤新太郎編『判例Check 司法書士の民事責任』55頁〔福島政幸〕（新日本法規・2002）。

れを所持していないとして、Ａの身分証明書、印鑑登録証明書と印鑑（Ａに無断で変更登録されたもの）、土地課税台帳登録証明書を提示した。Ｙは、Ｂに対しＡの住所を尋ねると登記簿上の住所と相違していたので、この点を質問したところＢはその原因について正確な答えをした。そのほか、Ａの年齢がＢの外見から受ける年齢と一致しているように見受けられたこと、同行した関係者の中には銀行の関係者もおり、関係者の間では取引に関しては交渉が十分に尽くされていて何人もＢがＡ本人であることに疑いを抱いている気配はなく契約は履行の段階に至っているものと見受けられたことなどから、Ｙは、ＢがＡ本人であると信じ、保証書の作成を引き受けた。

その後、本件土地についてＸ₂を権利者とする抵当権設定登記がされたが、Ｘらは本件売買がＡ本人によってされたものでないことを知り、Ａの弁護士からＸ₂に対し上記抵当権設定登記の抹消を求める訴えを提起され、抹消登記手続を余儀なくされた。

そこで、ＸらはＹが登記義務者に関し確実な知識もなく、調査も十分せずに保証書を作成したことは債務不履行または不法行為に当たり、Ｘらに損害を与えたとして損害賠償を請求した。

３）本判決の概要

《14－１》判決は、次のように判示して、司法書士Ｙの民事責任を肯定した（過失相殺４割）。

「本件においては、Ｙは、本件土地の所有者であるＡとは面識がなかったのであるから、保証をすることを引き受けるに当たっては、ＢがＡ本人と同一人であることを確認できる状態に至るまで、十分な調査を行うべき注意義務を負ったところ、ＹがＢをＡ本人と信じ込んだことにも一理ないことはない。しかしながら、①一方で、Ｙは、Ｘ₁からＢがＡ本人に間違いがないかどうかを尋ねられているのであり、このことは関係者の間で既に十分な取引交渉が行われていたものとすれば甚だ不自然なことであって、ＹがＸ₁のこの言動に注意を払ったとすれば、Ｙは、さらに関係者の個々人から取引交渉の経過について事情を聴取し、そうすれば、ＸらとＢとは取引交渉の経過で全く顔を合わせて

いないこと、したがって、前認定の事情から直ちにBをA本人と確認するには不十分であることに気付いたはずであるのに、Yは、かえって、上記問いに対し、間違いない旨を答えている。②また、Y本人の供述によれば、Yは、A方の電話番号を手掛かりとしてBがA本人であることを確認するため、Bに対し電話番号を質したところ、Bが『現在、自宅建替えのため仮住まいをしており、そこには電話を引いていない。』と答えたというのであるが、この答え自体不自然なものであるのに、Yはこの点についてそれ以上の関心を払っていない。不動産登記法44条（平成16年改正前）によれば、いわゆる保証書による登記申請をするには成年者2人以上の保証が必要とされているところ、証拠によれば、Yは、もう1人の保証人をBがA本人であることにつき全く知識を有しない妻のCとしていることが認められ、このことは保証に誤りないことを期そうとする上記法条の趣旨を没却するものといっても過言ではない。こうしてみると、本件においてYがとった調査手段はBがA本人であることを確認するについて十分なものとはいえず、YにはBがA本人であることを保証するにつき過失があったというべきである。」

④ 考　察

　旧不動産登記法下では、登記義務者において登記済証を紛失するなどして登記申請に当たって提出できない場合は、「登記義務者ノ人違ナキコト」を保証した書面を添付して登記申請することができた（旧法44条）。そして、司法書士が不動産登記業務を受託する際に、自らが保証人となって登記申請することがあった。その結果、登記義務者ではない者が実体関係と異なる不実の登記を有することになって、司法書士が保証人としての責任を問われるケースが見受けられた。《14－1》判決も、そのような裁判例の一つである。

　《14－1》判決は、保証人は、現に登記義務者として登記申請する者と登記簿上の登記義務者が同一人であることを確認するための調査義務があり、このことは、司法書士が登記申請代理の委任を受けるのに付帯して保証を引き受ける場合であっても、同様であるという。このような場合には、司法書士としての職務上の責任と保証人としての責任の両方が問題となるが、いずれについて

も民事責任が肯定されることが少なくない。

　本件における保証人たる司法書士の過失の判断についてみておくことにしよう。成りすます者は、巧妙に関係者を欺くものであり、本件でも、(i)Ｂは、パスポートなど顔写真付の証明書類は所持していなかったものの、Ａの身分証明書、印鑑登録証明書と印鑑（Ａに無断で変更登録されたもの）、土地課税台帳登録証明書を所持し提示したこと、(ii)住所を訊かれ登記簿上の住所と異なる住所を答えたものの、それはなぜかも説明したこと、(iii)年齢が外見上一致しているように見受けられたこと、(iv)関係者の間でもＢがＡ本人であることに疑いを抱いている気配はなかったという事情がみられたのである。しかし、そうした事情の下においても、司法書士には、①X_1からＢがＡ本人に間違いがないかどうかを尋ねられたが十分調査しなかったこと、②電話番号を質したところ、自宅建替えのため仮住まい中で電話を引いていない旨の不自然な返答があったがそれ以上の関心を払っていないことなどに着目して調査確認義務違反の過失があると評価されたものである。そのような意味では、《14－1》は、規範的判断を示したものと受け止めるべきであるが、司法書士には、成りすましにピンとくるセンスが求められていることを示唆する裁判例でもある。

Ⅲ　偽造登記済権利証と偽造運転免許証による成りすまし —《14－2》

1) 本判決の趣旨

　《14－2》は、根抵当権設定登記手続申請代理を受任した司法書士に登記義務者と本人との同一性の調査確認義務の違反があるとしたケース（過失相殺5割）である。司法書士固有の本人確認義務について基本的な論理で根拠づけているものである。

　事案の特色としては、司法書士が融資を斡旋しているのにもかかわらず、成りすましにより被害を発生させている点、成りすました者が偽造登記済証と偽造運転免許証によって本人に偽装した点があげられよう。

②事案のアウトライン

　金融業者X（代理人A）は、自称Bに対し、B所有の土地に極度額4億円の根抵当権を設定して3億円を貸し付けることにした。BをXに紹介したのは、司法書士Yであった。

　Aと自称Bは、Yの事務所でY立会いの下、Xを権利者とする根抵当権設定登記の申請をYに依頼し、登記必要書類が交わされ、Aから自称Bへの貸金2億5800万円の交付がされた。その際、自称Bは、本人確認のために自動車運転免許証を提示したが、これは偽造自動車運転免許証であった。そのため、AとYから不自然と思われるという指摘され、運転免許試験場に照会したが、Bの登録の有無につきプライバシーを理由に回答を拒否され、確認できなかった。

　そうした状況の下で、B名義不動産の偽造登記済証およびB名義の本件免許証を持参してBに成りすましていた自称Bに対し、XはB名義不動産に根抵当権を設定して融資をした。その後、自称Bによる詐欺事件が発覚したが、融資金の回収は不可能になった。そこで、Xは、B名義不動産に根抵当権の設定登記手続を行った司法書士Yおよび自称Bに本件免許証に基づいてBの印鑑登録廃止、新規印鑑登録をしたうえ、即日印鑑登録証明書の交付をしたZ市に対して損害賠償請求をした。

③本判決の概要

　《14－2》判決は、次のとおり判示して、司法書士Yに対し債務不履行に基づく損害賠償請求を一部認容した（過失相殺5割）。

　「【A　司法書士の善管注意義務と本人確認義務】司法書士が登記手続の委任を受けた場合には、委任の本旨に従い善良な管理者の注意を持って登記事務を処理する義務を負うものである（民法656条、644条）。さらに、司法書士は、他人の嘱託を受けて登記に関する手続についての代理及び法務局に提出する書類の作成等をその業務としており（司法書士法3条）、当該業務は法定の資格を有し登録された者のみに認められた専門的業務であり、真正な登記の実現は不動産登記制度の根幹をなすものであることからすると、司法書士としては、虚

偽の登記を防止し真正な登記の実現をはかるべく、一定の場合には、本人の同一性を確認すべき高度の注意義務を有しているというべきである。

【B 具体的な本人確認義務】しかし、一方において、登記手続は、取引行為の一環として行われ、取引の相手方の確認は第一次的には取引当事者によって行われるべきであると考えられること、更に、司法書士としては委託者から依頼のあった登記申請を迅速に処理すべき要請をも有していることからすると、登記権利者から委託を受けた司法書士としては、登記申請書添付書類の形式的審査をした上で、受任に至る経緯、当事者から提出された書類等の形状及び当事者あるいは代理人から事情聴取した内容等、職務上知り得た諸事情を総合的に判断し、当該登記申請が申請名義人本人によってなされたものか疑うに足りる相当な理由が存する場合に限り、登記義務者と本人との同一性を調査確認する義務があると解するのが相当である。

【C 本件事実関係の下における本人確認義務】本件においては、前記認定のとおり、自称Bは代理人A、Yも偽造であることに何ら疑いを持たない登記済権利証を持参し、Yの質問にも的確に回答し、Z市が発行した印鑑登録証明書及び住民票を持参していたことからすると、それだけをみればYには当該登記申請が申請名義人本人によってなされたものか疑うに足りる相当な理由がないとも考えられる。しかし、前記認定事実によると、代理人AがYに対して本件免許証が真正なものと比べ厚いのではないかという点及び写真の輪郭が不自然である点を指摘していること、自称Bは、抵当権が全く設定されておらず十分な担保価値のある物件を所有しているにもかかわらず、代理人Aから月3％（年率にして36％）もの高利で、かつ、仲介手数料として融資額の5％である1500万円を支払ってまで金銭を借り受けようとしていることとなること等不自然な事情も認められ、以上の事実からすると、当該登記申請が申請名義人本人によってなされたと信ずべき前記のとおりの事情の存在を考慮しても、なおYとして当該登記申請が申請名義人本人によってなされたかを疑うに足りる相当な理由が存したというべきである。したがって、Yには、自称Bが本人であるか否かを調査確認する義務があったといえる。

【D 本人確認義務違反の有無】そこで、本件において、Yが、上記調査確認義務を果たしたといえるか検討するに、前記認定事実のとおり、Yは代理人A

からの指摘を受け、別人の自動車運転免許証との対比を行い、自らも本件免許証の桜のマークに疑問を持ち、代理人Aから、本件免許証の調査を依頼されたにもかかわらず、本件免許証の厚みや写真の顔の輪郭については異常がないと安易に判断した上、自ら疑問に思った桜のマークの点について、運転免許試験場に電話で問い合わせ、桜のマークについては光の加減によっては見えないものもある旨の回答を得たが、B名義での自動車運転免許登録の有無についてはプライバシーの保護を理由に回答を拒否されているにもかかわらず、それ以上の調査は行わないまま、本人との同一性が確認できたものと判断した。

　Yとしては、司法書士として本人との同一性を確認すべき義務を有し、更に、Xから本件免許証の調査を依頼されていたのであるから、本件免許証の提示を受けた際には本件免許証の真正について十分に吟味すべき義務があったというべきところ、前記認定のとおり本件免許証には真正に成立した免許証との相違点及び氏名の文字の違いが見られ、そのうち生年月日欄の文字の大きさや氏名欄の文字の配置及びBの『〇〇〇藏』と『〇〇〇蔵』の違いについては、本件免許証を慎重に精査し、真正に成立した免許証と慎重に対比することにより十分にその違いを識別することができるものといえ、本件免許証の厚みについても、自動車運転免許証の真正判断の専門家ではない代理人Aでさえ気が付いていたことからすると、Yとしても慎重に精査することにより識別できたと認められ、更に上記事実をもとに運転免許試験場に問い合わせる、ないしは、自称Bに問い質すなどすれば本件免許証が偽造であることは十分に発見し得たと認められるにもかかわらず、Yは別人の自動車運転免許証と対照し、代理人Aの指摘した点については問題がないとして、自らが疑問に感じた点のみ運転免許試験場へ照会し、問題がないと速断して、本件免許証が真正に成立したものであるとの誤った判断を導いてしまったものであり、Yの当該行為は司法書士に課せられた調査確認義務に明らかに反するものといわざるを得ない。

　したがって、Yは委任契約上の調査確認義務違反の債務不履行責任を負うべきものである。」

④ 考　察

《14－2》判決は、次のような判断枠組みにより、司法書士の民事責任を判断している。

【A】司法書士の善管注意義務の一内容として、一定の場合には登記義務者と本人との同一性を調査確認する義務（本人確認義務）がある。

【B】具体的には、諸事情を総合的に判断し、登記申請が申請名義人本人によってなされたものか疑うに足りる相当な理由が存する場合に、本人確認義務が生じる。

【C】本件事実関係の下においては、登記申請が申請名義人本人によってなされたものか疑うに足りる相当な理由があるというべきであるから、司法書士は、自称Bの本人確認義務があった。

【D】本件事実関係の下においては、Yには自称Bにつき登記義務者と本人との同一性を調査確認する義務違反があった。

　本判決では、一定の場合に本人確認義務があることを前提とする。これは、司法書士の専門家責任と登記事務の迅速な処理の要請ないし取引当事者の自己責任の原則とを調和させようという趣旨と解される[6]。すなわち、本人確認義務も広く調査義務の一つと位置づけ[7]、疑念を生じた場合により具体的な措置を講ずることが必要とみているのである。この点については、いわゆる「実質的処理モデル」に傾斜した判決と評する見解[8]もみられるが、そのとおりであろう。

6）加藤編・前掲注5）61頁〔福島〕。

7）司法書士の調査義務は、委任状、印鑑証明書、登記済証などの登記関係書類を吟味し、登記義務者の登記意思の調査・確認するとともに、本人との同一性につき運転免許証等の調査・確認することなどで構成される。これらは、司法書士の業務内容ないし職責についての理解が、「単に登記申請に必要な書類を整えて申請を代行するだけのもの」と捉えるところから、「偽造の登記を防止し登記の真正を確保するために、必要に応じて実体関係を調査・確認し、依頼者に説明・助言を与えるべき法律専門職」と認識されるものになってきたことによる。この点につき、鎌田薫「わが国における専門家責任の実情」専門家責任研究会編『専門家の民事責任』〔別冊NBL28号〕69頁（商事法務研究会・1994）。

8）七戸克彦「不動産登記業務における司法書士の専門家責任をめぐる近時の動向」市民と法58号60頁（2009）。

本人の同一性を疑うに足りる相当な理由の有無【B】の判断（疑念性判断モデル）は、総合的なものとなるが、一般的な社会常識と司法書士の専門的知見に照らして、その依頼が不自然かどうかという点がポイントになろう。本判決は、①代理人AがYに対して、本件免許証が真正なものと比べ厚く、写真の輪郭が不自然である点を指摘していること、②自称Bは、抵当権が設定されていない十分な担保価値のある物件を所有しているにもかかわらず、年36％もの高利で、仲介手数料として融資額の5％である1500万円を支払ってまで金銭を借り受けようとしていることなどが不自然であると評価し、考慮要素としている。

　《14－2》判決は、本人の同一性確認義務を高度の注意義務というが、現行不動産登記法における司法書士の本人確認義務は、本人確認情報を提供することを要するから、本判決【A】部分が提示する注意義務よりも重くなっていることに留意すべきであろう。

IV　現行不動産登記法の下における本人確認義務―《14－3》

1）本判決の要旨

　《14－3》は、本人確認情報提供制度に基づき、資格者代理人となった司法書士が行った登記義務者の本人確認に過失があったとして、不法行為による損害賠償責任を認めたケースである。現行不動産登記法の下における本人確認義務について判示するものとして、少なからぬ意義を有する。

2）事案のアウトライン

　Xは、土地所有者Cに成りすました人物A（厳密には、その人物の息子と称する者B）との間で売買契約を締結し、売買代金を騙し取られた。Xは、そのように主張して、土地所有者と称するAについて本人確認情報を提供した司法書士であるY$_2$および同人が社員となっているY$_1$司法書士法人に対し、Y$_2$には誤った本人確認情報を提供した過失がある旨主張して、損害賠償を求めた（請

求額は2億5000万円余）。

　本件では、Y₂のした登記申請ついては登記官が申請却下をしており、不実の登記がされることはなかったが、Xは売買代金相当額を詐取されたのである。

③ 本判決の概要

　《14−3》判決は、次のように判示して、Yらの民事責任を肯定し、損害賠償請求を一部認容した（過失相殺2割、認容額各1億7000万円余）。

　「【本人確認情報提供制度と本人確認義務】本人情報提供制度は、改正不動産登記法下において、登記義務者本人に対する事前通知制度に代替するものとして位置づけられているわけであり、資格者から本人情報提供がされ、登記官がその内容を相当と認めた場合には、登記義務者本人に対する事前通知という意思確認手続が省略されたまま登記手続が行われるという重大な結果がもたらされることになる。そして、この本人情報提供が不適切に行われた場合には、登記義務者にとってみれば、自分が関与しないところで何も知らされないまま登記手続が行われてしまうという結果が生ずる危険がある一方、登記権利者にとっても、登記義務者に対する通知という事前の意思確認手続を経ないまま登記手続が進められてしまう結果、その登記を信用して思わぬ損害を受ける危険があることも明らかである。

　ところで、提供された本人情報については、登記官の審査も予定されているとはいえ、登記義務者本人に直接会って意思確認をする者が、どれだけ慎重かつ適正に本人確認をするのかが、この制度が適正に運用されるかどうかを左右することは明らかであり、そうであるからこそ、不動産登記法も、本人確認情報の提供を行うことができる者を公証人や司法書士等一定の職種の者に限定しているものと考えられる。

　以上に指摘した点を総合考慮すれば、本人情報の提供をする司法書士等が、その前提として本人確認を行うのに当たっては、登記義務者本人に対する事前通知制度に代替し得るだけの高度の注意義務が課せられるものであり、しかも、これは登記義務者、登記権利者に対して負うべき義務というべきである。

　【司法書士Y₂の過失の有無】Y₂は、Cとは面識がなく、平成18年11月

15日の本人確認の際にCと称するAと会ったものであるところ、本人確認状況に関する前認定の事実に照らしてみても、本人確認のための客観的な手掛かりとなる資料はAが提出した運転免許証のみであったことが明らかである（Bが同席し、Aは父のCに間違いないと供述していたことは事実であるが、嘘の供述である可能性もあり得るところであり、また、不動産登記規則72条2項が、社会的信用力のある書面に基づいて本人確認をすべきことを定めていることからしても、運転免許証の確認が極めて重要な意味をもつものであったことは否定し難いところである。）。そして、運転免許証に基づく本人確認が適正に行われるためには、その前提として、運転免許証そのものが真正なものであることが必要であることは明らかなのであるから、本人確認を行うY_2としては、最低限本件免許証の外観、形状を見分して不審な点がないことを確認した上で、貼付された写真とAの容貌の照合等、本件免許証に記載された情報と、Aとの同一性を確認すべきであったというべきである。

ところが、Y_2は、Aからケースに入ったままの本件免許証を手渡され、中身をケースから出すこともしないまま、本件免許証が真正なものであると判断し、本件免許証に貼付された写真とAの容貌を照合して同一人物であると判断したものであるところ、ケース入りのままでは運転免許証の外観、形状に異常がないかどうかを十分に確認することができないことは明らかである一方、中身の確認は容易に行うことができる事柄であることからすると、このようなY_2による本件免許証の外観、形状の確認は、本人確認を行う司法書士に求められる確認としては不十分なものであったといわざるを得ない。そして、証拠に照らしてみれば、Y_2が本件免許証をケースから取り出して、その外観、形状を確認していれば、それが偽造運転免許証であることを発見できた可能性は十分にあったものということができるから、結局、Y_2は、過失によってAをCであると誤信して本人確認情報を作成し、それを信じた原告に本件売買契約を締結させたものというべきである。

【Yらの主張について】Yらは、司法書士には運転免許証が偽造であるかどうかを見抜く専門的能力はないのであるから、運転免許証が偽造である可能性を想定した審査を要求するのは過大な要求であるなどと反論しているが、上で説示した事柄は、運転免許証をケースから取り出して、その外観、形状

を確認すべきであるということに止まるのであるから、決して過大な要求をしているものではなく、Ｙらの主張は失当である。そして、他に以上の認定判断を左右するに足りる事情を見出すことはできない。」

④ 考　察

《14－3》判決の理路と論理構造は、次のようなものであった。
【Ａ】司法書士の本人確認義務（一般論）
【Ｂ】司法書士の本人確認義務（具体論）
【Ｃ】司法書士の本人確認義務違反＝過失の有無
【Ｄ】本件への当てはめ

第１に、司法書士の本人確認義務（一般論）については次のような理解を示している。

【Ａ－１】司法書士が、本人情報の提供の前提として本人確認を行うに当たっては、登記義務者本人に対する事前通知制度に代替し得るだけの高度の注意義務が課せられる。

【Ａ－２】司法書士の本人確認義務は登記義務者、登記権利者に対して負う義務である。

これは、Ⅰ・１でみたような本人確認情報提供制度の意義の重要性から、現行法下における司法書士の本人確認義務の規範内容を明示するものである。すなわち、登記義務者本人に直接会って意思確認をする者が、どれだけ慎重かつ適正に本人確認をするのかが、本人確認情報提供制度が適正に運用されるかどうかを左右するものであることから、【Ａ－１】の一般的かつ原則的規範命題を根拠づけている。

第２に、司法書士の本人確認義務（具体論）については次のような整理をした。
【Ｂ－１】本件においては、本人確認のための客観的な手掛かりとなる資料はＡが提出した運転免許証のみであった。

【Ｂ－２】運転免許証に基づく本人確認が適正に行われるためには、その前提として、運転免許証そのものが真正なものであることが必要である。

【Ｂ－３】司法書士としては、最低限本件免許証の外観、形状を見分して不

審な点がないことを確認したうえで、貼付された写真とAの容貌の照合等、本件免許証に記載された情報と、Aとの同一性を確認すべき義務があった。

具体的規範である【B-3】は、本件における司法書士の本人確認義務として異論がないと思われる。《14-3》は、本人確認のための証明書について、その外観、形状に異常がないかを確認すべきことは、日本司法書士連合会でも司法書士の義務と考えていることがうかがわれるとして、義務づけの根拠としている。問題は、これがY_2により適切に行われたかどうかである。

そこで、第3に、司法書士の本人確認義務違反＝過失の有無が検討されるが、本判決は、次のような理路により、当てはめをし、Y_2の過失を肯定した。

【C-1】司法書士Y_2は、Aからケースに入ったままの本件免許証を手渡され、中身をケースから出すこともしないまま、本件免許証が真正なものであると判断し、本件免許証に貼付された写真とAの容貌を照合して同一人物であると判断した。

【C-2】ケース入りのままでは運転免許証の外観、形状に異常がないかどうかを十分に確認することができない。中身の確認は容易に行うことができる。

【C-3】Y_2による本件免許証の外観、形状の確認は、本人確認を行う司法書士に求められる確認としては不十分なものであった。Y_2が本件免許証をケースから取り出して、その外観、形状を確認していれば、それが偽造運転免許証であることを発見できた可能性は十分にあった。

第4に、本件へ当てはめた結論は次のとおりである。

【D】司法書士Y_2には本人確認義務違反の過失があると評価され、過失に基づき本人確認情報を作成した結果、Xに損害を発生させた。

司法書士の過失の評価根拠事実は、①運転免許証につきケース入りのままでその外観、形状に異常がないかを確認したこと、②そのため、偽造運転免許証であることを発見できなかったこと、③その結果、免許証に貼付された写真とAの容貌を照合して同一人物と判断したことである。司法書士としては、「ケースから運転免許証を出したうえで、注意深く外観、形状を観察する」ことにより、偽造運転免許証であることを発見できた可能性があるから（結果回避可能性）、そのようにすべきであったと評価されたのである。本判決の事実関係の下では、このような判断は相当ということができると思われる。

なお、別件刑事事件において、Y_2とは別の司法書士が、司法警察員に対し、同じくCを自称した人物と会い、本人確認をした際、運転免許証を提示されたが、それが「本物と見間違うほどのものであった」と供述している事情がみられるようである。そこで、本件では、Yらは、この刑事事件の記録の証拠調べをするために口頭弁論再開を申し立てた。しかし、《14－3》判決は、「上記刑事事件は、あくまでもCの刑事責任の有無を問うためのものであって、司法書士の過失の有無を問うためのものではないのであるから、司法書士に対する事情聴取の内容も、本件とは自ずと比重が異なるものと考えられる上、示された運転免許証の同一性や、それが示された際の状況等も明らかではない。このように考えると、上記刑事事件の記録が提出されることによって、本件の結論に左右されることになるかどうかは甚だ疑問であるといわざるを得ない」として、口頭弁論を再開することなく、本判決が言い渡されたという経緯がある。

　《14－3》判決は、現在の本人確認情報提供制度の下における司法書士の本人確認義務の規範内容を明示するもの（本人確認義務原則モデル）として受け止めることが相当である。従前の疑念性判断モデルの下における司法書士の本人確認義務よりも厳しいと感ずる向きもあろうが、職層としての司法書士としては、正面からこれに向き合い、専門家責任を全うすることが要請される。

第15章 本人確認義務［その２］

I はじめに

　前章では、司法書士の本人確認義務に関する《14－1》浦和地判平成4・7・28（判時1464号112頁、判タ801号178頁）、《14－2》大阪地判平成9・9・17（判時1652号104頁、判タ974号140頁）、《14－3》東京地判平成20・11・27（判時2057号107頁、判タ1301号265頁）を素材に、民事責任の成否（過失の有無）における判断枠組みについて考察した。《14－1》ないし《14－3》は、いずれも司法書士の民事責任を肯定したものであった[1]。

　しかし、司法書士の本人確認義務について民事責任を否定した事例もみられる。近時のものでは、《15－2》福岡高宮崎支判平成22・10・29（判時2111号41頁）がそれである。これは、《15－1》宮崎地判平成22・5・26（判時2111号45頁）（司法書士の責任肯定）の結論を変更したものである。そこで、《15－2》は、どのような理路で、民事責任を否定したのかを検討する。

　また、司法書士の本人確認義務違反は、懲戒処分の対象となる。この点について、《15－3》名古屋地判平成23・4・22（判例秘書）は、「司法書士である原告が、登記義務者の本人確認の際、運転免許証の原本を確認せずに、原本を確認したかのような記載をした不動産登記法23条4項1号所定の本人確認情報を提供したことに対し、法務局長が行った業務停止の懲戒処分が違法であるとして被告国に対し国家賠償を求めた事案」について、結論として、当該懲戒処分につき、裁量権逸脱等の違法はないとして、請求を棄却した。《15－3》は、本人確認情報提供制度の意義から説き起こし、懲戒事由該当性について説示している。

---

1) 本書第14章184頁、188頁、193頁。

さらに、司法書士が虚偽の本人確認情報を提供した場合には、刑事責任を追及されることがある。この実例として、《15－4》大阪地判平成17・12・21（判例秘書）（私文書偽造・同行使、不動産登記法違反被告事件）を考察することにする。

これらを通じて、司法書士の本人確認義務の意味合いと過失または故意による規範逸脱のもたらすものを観察し、本人確認義務についての理解を深めることにしたい。

II 登記義務者成りすましを看過した場合の司法書士の民事責任

1 本判決の要旨

《15－2》は、抵当権設定登記申請手続を依頼された司法書士が、登記義務者が身代わり（成りすまし）であることを看過した場合において、司法書士の本人確認義務違反の責任を追及したが、消極に解されたケースである。

2 事案のアウトライン

司法書士Yは、XがAおよびBに対し500万円を貸し付けるに際し、Xの依頼を受け、Bの夫であるCが所有する本件不動産につき、登記権利者をX、登記義務者をCとする抵当権設定登記の申請手続を行った。その際、YがCであるとして面談した人物は、AおよびBがCの身代わりとして立てたDであった。

Xは、Y司法書士が、Xから抵当権設定登記手続の依頼を受け、その登記申請手続を行ったが、抵当権設定者（登記義務者）についての本人確認行為に重大な落ち度があったため、Aらに500万円を詐取されたと主張して、Yに対し、登記委任契約の債務不履行または不法行為に基づき、500万円の損害賠償請求をした。

3 《15－1》判決の概要

《15－1》判決は、「YはDに対する口頭での住所確認を怠ったために、結果として、DがCの身代わりであることを見抜けなかったものであり、Yの本人確認には過失があるが、本件において有効な抵当権設定登記が行われなかったことについては、Xにも過失があり、その過失割合を7割と認めるのが相当である」として、Xの請求を一部認容した（過失相殺7割）。

《15－1》判決では、司法書士Yの過失の評価根拠事実は、①Dに対して生年月日を尋ねたが、住所について直接確認していないこと、②Dには金銭消費貸借抵当権設定契約証書の債務者欄に署名をさせたのみで、住所はBに書かせたこと、③Dから提出された後期高齢者医療被保険者証などの本人確認書類には、顔写真が貼付されたものはなかったことと捉えている。本件では、AらはDに対し、Cの生年月日、借入金額は教えたが、住所は覚えさせていなかったようであるから、司法書士が住所を確認すれば、Dは答えに窮し、さらに詳細な質問をしていけば、Dの成りすましが露見した蓋然性が高かったから、司法書士Yが「住所を尋ねなかったこと」が、本件における具体的な過失に当たると評価したのである。

そこで、X・Yの双方が控訴した。

4 《15－2》判決の概要

《15－2》判決は、次のように判示して、一審判決を変更し、Xの請求を棄却した。

「【A　司法書士の調査確認義務の存在と限界】一般に、司法書士が登記申請を依頼される場合、司法書士は、依頼者の権利が速やかに実現されるように登記に必要な書類の徴求を指示し、依頼者が用意した書類相互の整合性を点検して、その所期の目的に適った登記の実現に向けて手続的な誤謬が存しないかどうかを調査確認する義務を負うものである。しかし、当事者の本人性や登記意思の存否については、原則として、適宜の方法で確認すれば足り、①特に依頼者からその旨の確認を委託された場合や、②後述する専門家としての立場から

要請される場合を除き、司法書士は、それ以上これらの点に関する調査確認義務を負わないと解すべきである。依頼者が司法書士に対して登記申請を依頼する本旨は、その所期する登記の速やかな実現であり、そもそも物権変動に係る法律関係の当事者でない司法書士においては、①特段の事情のない限り、当事者の本人性や登記意思の存否に関する事情を知り得る立場にはないし、②当事者の取引や内部事情に介入することはその職分を超えたものであって、③当事者の本人性や登記意思の存否は、本来的に取引の相手方である依頼者において調査確認すべきものといえるからである。

【B　司法書士の職責との関係】一方で、司法書士法は、司法書士の制度を定め、その業務の適正を図ることにより、登記等に関する手続の適正かつ円滑な実施に資し、もって国民の権利の保護に寄与することを目的として制定され（同法1条）、司法書士は、常に品位を保持し、業務に関する法令及び実務に精通して、公正かつ誠実にその業務を行わなければならず（同法2条）、他人の依頼を受けて登記または供託に関する手続について代理するなどの事務を業として行うことが認められ（同法3条）、しかも、法定の資格を有する者のみが司法書士となり得るのである（同法3条）。これらの規定の趣旨に照らすと、司法書士は、国民の登記制度に対する信頼と不動産取引の安全に寄与すべき公益的な責務があるものと考えられ、具体的な登記申請の受任に当たっても、依頼者としては司法書士の高度な専門的知識や職業倫理に期待を寄せているといって過言ではないし、司法書士としても、具体的な事案に即して依頼者のそのような期待に応えるべきであって、専門的知見を駆使することによって依頼に関わる紛争を未然に防ぐことも、登記の速やかな実現の要請とも相俟って、依頼者との委任契約上の善管注意義務の内容となり、もしくはこれに付随した義務の内容となり得るというべきである。

このような観点から当事者の本人性や登記意思の存否に関する調査確認義務の有無を改めて考察すると、前記のとおり、①特に依頼者からその旨の確認を委託された場合のほか、②依頼の経緯や業務を遂行する過程で知り得た情報と司法書士が有すべき専門的知見に照らして、当事者の本人性や登記意思を疑うべき相当の理由が存する場合は、これらの点についての調査確認を行うべき義務があるというべきである。そして、司法書士がこのような義務に違反したと

評価されるときは、司法書士は、依頼者に対し、委任契約上の善良な管理者としての注意義務を怠ったとして債務不履行責任を負うこととなり、また、不法行為責任を負うものと解する余地も出てくるのである。

【C−1　本人性及び登記意思確認の適否】Yは、本件抵当権設定登記の申請手続に際し、Cと称するDと面談し、①本人確認のためCの印鑑登録証明書や後期高齢者医療被保険者証の提示を受けているところ、これは、『○○県司法書士会依頼者等の本人確認等に関する規程（平成20年7月1日施行）』に定める本人確認及び登記意思確認の方法に則ったものであり、さらに、Yは、②Cの氏名及び生年月日をDに直接口頭で回答させ、借入金額についてもDから回答を得ているのであるから、登記義務者であるCの本人性及び登記意思の存否についての一応の確認は行ったものということができる（なお、住所を口頭で暗唱させることが必須であるとまではいえない）。

【C−2　本人性及び登記意思の疑念性の有無】Yにおいて、依頼の経緯や業務を遂行する過程で知り得た情報と司法書士が有すべき専門的知見に照らして、登記義務者であるCの本人性や登記意思を疑うべき相当の理由があったとはいえず、DがCとは別人であることにYが気がつかなかったことをもって、善管注意義務違反を問うことはできない。」

⑤　考　察

《15−2》判決は、次のような理路と判断枠組みにより、司法書士の民事責任を判断し、これを否定した。
　【A】司法書士の一般的調査確認義務と本人確認義務の方法の限定
　【B】司法書士の本人確認義務
　【C】本件への当てはめ
　第1に、一般的調査確認義務を肯定する一方で、本人確認義務については適宜の方法で足りるという規範を定立する。
　【A−1】司法書士が登記申請を依頼される場合、依頼者の権利が速やかに実現されるように登記必要書類の徴求を指示し、依頼者が用意した書類相互の整合性を点検して、その目的に適った登記の実現に向けて手続的な誤謬が

存しないか調査確認する義務を負う。

【A−2】本人性や登記意思の存否は、原則として、適宜の方法で確認すれば足りる。

第2に、司法書士の本人確認義務が生じるのは、疑念性がある場合に限定。

【B−1】司法書士の本人確認義務は、疑念性が存する場合に生じる。

【B−2】具体的には、①特に依頼者からその旨の確認を委託された場合、②依頼の経緯や業務を遂行する過程で知り得た情報と司法書士が有すべき専門的知見に照らして、事者の本人性や登記意思を疑うべき相当の理由が存する場合である。

第3に、本件への当てはめは次のとおりである。

【C】Yには登記義務者Cの本人性や登記意思を疑うべき相当の理由があったとはいえず、本人確認義務はなかった。

《15−2》判決の判断枠組みは、《14−2》と同様のものである[2]。本人性および登記意思の疑念性がある場合に限定して、調査確認義務を肯定するのが相当という考え方に基づいている(【B−1】)。これは、司法書士は、①当事者の本人性や登記意思の存否に関する事情を知り得る立場にはない、②当事者の取引や内部事情に介入することはその職分を超えたものである、③当事者の本人性や登記意思の存否は、本来的に取引の相手方である依頼者において調査確認すべきものであるという認識によるものである。ある意味では現実的な見方であり、司法書士の専門家責任と登記事務の迅速処理、取引当事者の自己責任と調和させようとの意図を有する(【A−1】)[3]。

これを「疑念性判断モデル」と呼ぶことができよう。この考え方の下では、標準的な司法書士に疑念を生じさせる事情があるかという点が争点となる。

本件においては、(i)Cの印鑑登録証明書、後期高齢者医療被保険者証などの本人確認書類の提示を受けていることの評価、(ii)「DがCの替え玉としてY事務所に来所し、Yが氏名、生年月日、借入金額について質問した際に、Dは、誤って『大正13年……』と回答し始め、その直後、隣に座っていたAに身体を突

---

2) 本書第14章192頁。
3) 加藤新太郎編『判例Check 司法書士の民事責任』61頁〔福島政幸〕(新日本法規・2002)。

かれ、暗記させられていたＣの生年月日に訂正した」事実の有無などが問題となる。(i)につき、《15－1》は、顔写真が貼付されたものではなく本人確認として不十分と評価したのに対して、《15－2》は、「〇〇県司法書士会依頼者等の本人確認等に関する規程」を遵守した本人確認および登記意思確認の方法であることから、一応の確認は行ったと評価した。また、(ii)についても、《15－2》は証拠上認定できないとした。

III 規範としての本人確認義務

1）《14－3》と《15－2》との比較

《15－2》は、不動産登記法改正後の裁判例であるが、本人確認情報提供制度を重視する《14－3》の論理（本人確認義務原則モデル）とは異なる。《14－3》は、司法書士の本人確認義務については、「司法書士が、本人情報の提供の前提として本人確認を行うに当たっては、登記義務者本人に対する事前通知制度に代替し得るだけの高度の注意義務が課せられる」という理解を前提として、本人確認のための客観的な手掛かりとなる資料は運転免許証のみであった場合において、ケース入りのまま運転免許証の外観、形状に異常がないかを確認したため、偽造運転免許証であることを発見できないままに、免許証に貼付された写真とＡの容貌を照合して同一人物と判断したことにつき、司法書士の過失と評価したものであった[4]。

これに対して、《15－2》は、本人確認情報提供制度を相対化して「疑念性判断モデル」を採用する。そして、《15－2》では、Ｙが印鑑登録証明書と後期高齢者医療被保険者証の提示を受けており、これは、「〇〇県司法書士会依頼者等の本人確認等に関する規程」を遵守した本人確認および登記意思確認の方法であることから、一応の確認は行ったと評価している。個別の事実関係が異なるから、一概には言えないが、《14－3》の規範理解の方が、具体的な本人確認義務を肯定し、その違反と評価することが多くなろう。これに対し、《15

---

4) 本書第14章197頁。

−2》のように「疑念性判断モデル」を採用する立場においては、具体的な本人確認義務の発生は限定され、ひいては結論において義務違反と評価されることが少なくなる傾向をみせるであろう。

以上のように、司法書士の本人確認義務を考察するに当たり、対立軸となるのは、本人確認情報提供制度を重視し「本人確認義務原則モデル」を採用する立場（《14−3》）と、これを相対化して「疑念性判断モデル」を採用する立場（《15−2》）である。

2) 規範モデルの定式化

ところで、司法書士の善管注意義務違反を判定する際において「疑念性判断モデル」を採用する裁判例は、これまで少なからずみられ、一定の合理性を有するものと受け止められる[5]。そうであるとすると、《14−3》のような本人確認情報提供制度の下における司法書士の本人確認義務原則の規範を《15−2》で採用する「疑念性判断モデル」とリンクさせて判定する枠組みを想定することも可能である。

そのような観点から、学説をみると、疑念性要素として、①自称「申請権限を有する登記名義人」の挙動に不自然な点がみられること、②自称登記名義人を紹介される経緯において（金融機関融資担当者や宅地建物取引業者など中立的立場ではない関係者からの紹介などの）利害関係上問題があること、③本人確認のため提示される書面が1点のみであること、④本人確認書類の性質から信用度に問題があるものであること（例えば、偽造の多い公的証明書の代表である運転免許証）を挙げ、《14−3》についても、②③④の要素があることを指摘する見解[6]がみられるのである。山野目章夫教授は、①ないし④を特別留意状況といわれる。このネーミングは示唆的であり、特別に留意を要する要素を抽出するものであるが、本人確認義務原則は当然肯定すべきであるという含意があ

---

[5]《16−1》最判昭和50・11・28（金法777号24頁）において、「司法書士において依頼者の代理権の存在を疑うに足りる事情があるときには、その点の確認義務が生じる」という規範が定立された。この点および「疑念性判断モデル」の下に登記意思確認義務違反を判定している裁判例について、本書第16章219頁参照。

[6] 山野目章夫「判批」登記情報574号16頁（2009）。

ると解される。すなわち、山野目説にいう特別留意状況は、主観的「疑念性」ないし客観的「疑念相当性」と整理することができるものであろう。

　以上のように裁判例を読み解くとすれば、司法書士の本人確認義務は、次の規範モデルのいずれが相当かという問題に到達する。

【A　本人確認義務原則モデル】
(ⅰ) 本人情報の提供の前提として本人確認における、登記義務者本人に対する事前通知制度に代替し得るだけの高度の注意義務性の原則的肯定。
(ⅱ) 疑念性のないことを本人確認義務の発生障害事由とする例外性の肯定。

【B　疑念性判断維持・修正モデル】
(ⅰ) 疑念性のあることを前提とする本人確認義務の措定。
(ⅱ) 疑念性判断の緩和による本人確認義務顕在化の拡充。

　【A　本人確認義務原則モデル】と【B　疑念性判断維持・修正モデル】とでは、疑念性のあることを原告が主張証明するか、疑念性のないことを被告（司法書士）が主張証明するかという点が逆になる。《14－3》はそこまでは明示的に判示してはいないが、内在する論理を追えば【Aモデル】に行きつくものである。これに対して、《15－2》は、これも疑念性の緩和につき明示的に判示してはいないが、疑念性判断を前提にするとしても、現在の本人確認情報提供制度の下における本人確認義務のあり方を考慮すると、【Bモデル】(ⅱ)のように修正した構成とすることが相当であろう。

　成りすまし案件を司法書士が見抜けるかどうかは、専門家たる司法書士と意図的規範逸脱者（詐欺犯）との真剣勝負の場面である。司法書士が成りすましを見抜くことができなかった場合の民事責任は、以上の規範モデルにより判定されることになる。事柄の性質上、事案の個別性にかかるところが大きいが、司法書士層としては、成りすましを見破る能力とスキルを体得することを目標とすべきであろう[7]。それこそが、制度および利用者の期待する司法書士像であるからである。

　7）佃一男「不動産詐欺取引─偽造権利証による立会登記事件報告」登記情報595号38頁（2011）は、立会いを依頼された30年の経験を有する司法書士がケアフルな執務により登記済証の偽造に気づき、成りすましによる詐欺を未然に防いだ迫真の実例報告であり、参考になる。

Ⅳ　本人確認不十分と懲戒処分——《15－3》

1）本判決の要旨

《15－3》は、「司法書士が、登記義務者の本人確認の際、運転免許証の原本を確認せずに、原本を確認したかのような記載をした不動産登記法23条4項1号所定の本人確認情報を提供したことにつき、法務局長が行った業務停止3か月の懲戒処分が違法であるとして国に対し国家賠償を求めた事案について、上記懲戒処分につき、裁量権逸脱等の違法はないとして、請求が棄却された事例」である[8]。

2）事案のアウトライン

司法書士Xは、抵当権設定登記の申請について、登記済証の代わりに、不動産登記法23条4項1号所定の、「登記の申請の代理を業とすることができる代理人」による、申請人（債務者兼抵当権設定者）が登記義務者であることを確認するために必要な情報を提供するため、登記義務者であると称する者と面談して本人確認および登記申請意思確認を行った。この者は、健康保険組合発行の健康保険被保険者証および運転免許証のコピーを提示したが、この運転免許証のコピーは偽造したものであった。Xは、健康保険証の原本を確認したが、免許証の原本は確認せず、偽造免許証の顔写真とこの者の顔とを見比べて同一性があるものと判断した。

Xは、本人確認情報を登記官に提出し、登記官は、登記をした。本人確認情報には、「7．確認資料」として、運転免許証、保険証が記載され、「8．登記名義人であることを確認した理由」として、「上記の証明書の提示を受け申請人（面談相手）に記載事項を尋ねたところ疑うべき特段の事情が無く、免許証の写真により本人との同一性を確認し、その外観・形状に異状がないことを視認した。また、氏名・住所・本籍・生年月日（年齢・干支含）・電話番号の申

---

[8] 司法書士の懲戒事例において、本人確認・意思確認を怠るものは4割を占め、最も多い処分理由である。日本司法書士会連合会『懲戒事例集』4頁（2010）。

述を求めた所正確に回答した」と記載され、各書類の写しが添付されていた。

　名古屋法務局長は、「Xが運転免許証の原本の提示を求めて確認しなかったにもかかわらず、あたかも原本を確認したかのような記述をした本人確認情報を提供した」こと等を理由として、3か月の業務停止処分（本件懲戒処分）をした。Xは、名古屋地方裁判所に、本件懲戒処分の取消しを求める訴えを提起したが、訴えの利益がないとして却下された。

　そこで、Xは、本件懲戒処分は違法であり、これによって売上の減少、信用の低下等による損害を被ったとして、国に対し、国家賠償法1条1項に基づく300万円の損害賠償請求をした。

3）本判決の概要

　《15－3》判決は、次のように判示して、Xの請求を棄却した。

　「【A　司法書士に対する懲戒処分の根拠】司法書士に対する懲戒処分は、国が独占的資格として認めた司法書士の業務の適正さを保持するために行われるものであるが、法務局長等は、その職務上、管轄区域内で業務を行う司法書士の懲戒事由をよく知り得る立場にあり、かつ所属の司法書士に対する指導等の事務を行う管轄区域の司法書士会との連携も充分に図り得る立場にあるため、懲戒権限が付与されているものと解される。

　そして、懲戒処分については、懲戒事由の内容、被害の有無やその大小、これに対する社会的な評価や被処分者に与える影響などの諸般の事情を考慮することも必要であり、司法書士を懲戒するか否か、懲戒するとしてどのような処分を選択するかについては、その処分権限を有する法務局長等の合理的な裁量に委ねられていると解され、法務局長等の裁量権の行使としての懲戒処分が事実の基礎を欠くか、又は社会観念上著しく妥当性を欠き、裁量権の範囲を超え又は裁量権を濫用してされたと認められる場合に限り、当該処分は違法となるというべきである。

　【B　本人確認情報提供制度の意義と司法書士の注意義務】本人確認情報提供制度は、平成16年の不動産登記法改正後の不動産登記法下において、登記義務者本人に対する厳格な事前通知制度に代替するものとして位置づけられるも

のであり、資格者代理人から本人確認情報の提供がされ、登記官がその内容を相当と認めた場合には、登記義務者本人に対する事前通知という意思確認手続が省略されたまま登記が行われるという重大な結果がもたらされるものである。そして、この本人確認情報の提供が不適切に行われた場合には、登記義務者にとってみれば、自分が関与しないところで何も知らされないまま登記が行われてしまうという重大な結果が生ずる危険があるし、登記権利者にとっても、登記義務者に対する通知という事前の意思確認手続を経ないまま登記がされてしまう結果、その登記が有効であることを信頼して思わぬ損害を被る危険があることも明らかである。

　ところで、提供された本人確認情報については、登記官の審査が予定されているとはいえ、登記義務者本人に直接会って意思確認をする者が、どれだけ慎重かつ適切に本人確認をするのかが、本人確認情報提供制度が適正に運用されるかどうかを左右するものである。そうであるからこそ、不動産登記法も、本人確認情報の提供等を行うことができる者を司法書士（司法書士法3条1項1号）等の、登記の申請の代理を業とすることができる者に限定している（不動産登記法23条4項1号）ものと考えられる。すなわち、本人確認情報提供制度は、資格者代理人が行う本人確認行為に対する国民の信頼の上に成り立っているということができる（司法書士法1条、2条）。（中略）

　そして、資格者代理人が行う本人確認は、本人確認情報提供制度を適切に運用するための根幹をなす基本的かつ重要な作業であるから、本人確認を行うに際して、資格者代理人には、登記義務者本人に対する厳格な事前通知制度に代替し得るだけの高度の注意義務が課せられているというべきである。

　【懲戒事由該当性】本件登記申請に関し、Xは、関係者と面識がなかったから、本件登記申請の本人確認情報の提供をするにあたっては、不動産登記規則72条1項3号の『資格者代理人が申請人の氏名を知らず、又は当該申請人と面識がないとき』に該当するものとして、『申請の権限を有する登記名義人であることを確認するために当該申請人から提示を受けた次項各号に掲げる書類の内容及び当該申請人が申請の権限を有する登記名義人であると認めた理由』を明らかにした本人確認情報を提供する必要があった。

　しかし、Xは、本件偽造免許証（運転免許証は、不動産登記規則72条2項1号

の本人確認資料に該当する。）について、免許証の原本の確認を行わず、しかも、原本の確認を行っていない本件偽造免許証を確認資料として掲げ、そのコピーを添付した本件本人確認情報を提供した。（中略）

　本人確認情報提供制度において、資格者代理人の行う本人確認は、同制度の適切な運用のための根幹をなす基本的かつ重要な作業であり、資格者代理人が本人確認を行うに際して、資格者代理人には、登記義務者本人に対する厳格な事前通知制度に代替し得るだけの高度の注意義務が課せられていることからすると、本件懲戒処分の対象となった原告の行為は、本人確認情報提供制度を扱う司法書士としての注意義務に著しく違反したものといわざるを得ず、本人確認情報提供制度の趣旨を没却しかねないものである。

　したがって、本件懲戒処分の対象となったＸの行為は、本件懲戒処分書に記載のとおり、司法書士法2条（職責）、23条（会則の遵守義務）、〇〇県司法書士会会則82条（品位の保持）に違反し、懲戒事由に該当するということができる。しかも、以上のとおり、Ｘは、Ｘ自身の重大な過失により、本件偽造免許証の本人確認を怠ったものであることなどからすると、Ｘの非違の程度は重大であり、懲戒事由に該当することは明らかというべきである。」

4　考　察

　本件懲戒処分の対象となったＸの行為が懲戒事由に該当すると評価されることはやむを得ないところであろう。

　そこで、次の問題は、この非違行為の程度をどのように考えるかである。その場合には、本人確認情報提供制度の意義・趣旨を前提として、司法書士に課せられた注意義務違反の程度を考慮することになろう。

　本件では、Ｘは、①故意に内容虚偽の本人確認情報を提供したのではなく、原本確認が不十分であったために、結果的に内容虚偽の本件本人確認情報を提供してしまったにすぎないこと、②本件について誰からも苦情を言われていないことなどから、Ｘの行為は、業務停止3か月という懲戒処分を受けるほどの重いものではないこと、③他の事例と比較しても、3か月の業務停止という本件懲戒処分の内容は、明らかに重く、処分の均衡を失していると主張した。

《15-3》判決では、④Xは、一連の犯罪行為の流れの中で、依頼を受けて本件登記申請を行ったもので、被害者としての一面もあること、⑤本件健康保険証（原本）の提示を受けてその写しを受領するなど、一定の本人確認は行っていること、⑥刑事事件の参考人としての供述調書の作成や、名古屋法務局からの事情聴取にも協力したことなども、Xに有利な事情として言及されている。

しかし、本件本人確認情報を提供した本件登記申請により本件登記がされたことによって、成りすました者への本件融資が実行され、理由のない登記がされたことを超える実害が生じているのであるから、②のようには評価し難いであろう。決め手は、司法書士に課せられた注意義務の違反の程度であり、Xの非違行為が本人確認情報提供制度の趣旨を没却しかねないものであることを考慮すると、3か月の業務停止処分は、社会通念上著しく妥当性を欠き裁量権の範囲を逸脱、裁量権を濫用するものとはいえないと解されよう。

このように、《15-3》は、現在の本人確認情報提供制度の下における司法書士の本人確認義務の重要性を、その職責（職業倫理）の側面から示唆するものと受け止めるべきであろう。

V 虚偽の本人確認情報提供と刑事責任―《15-4》

1 本判決の要旨

《15-4》は、「共犯者Bがその実父Aの痴呆につけ込んで同人名義の土地を勝手に売却処分しようとした際、司法書士であるYが、Bの依頼によりこれに加担し、その土地の登記を移転するのに必要なA名義の委任状や『登記原因証明情報』を偽造するとともに、登記義務者たるAに関する虚偽の『本人確認情報』を作成し、それらの書類を登記官に提出して虚偽の情報提供をしたという事案について、司法書士の立場にありながら本件のような悪質な犯罪に走ったYについて、懲役1年2か月の実刑に処した事例」である（検察官求刑は懲役1年6か月）。控訴審（大阪高判平成18・5・30）は、控訴棄却をしたため、懲役1年2月の実刑判決が確定した。

② 本判決が認定した犯罪事実

　Yは、不動産登記等の申請等の代理を業とする司法書士であるが、本件共犯者Bが、その実父Aが高度の痴呆のため事理の弁識が極めて困難な状態に陥っていたことを利用し、同人が所有する本件土地を同人に無断でC株式会社に売却しようと企てていたことから、Bの依頼により、その売却に伴う同社に対する本件土地の所有権移転登記を完遂すべく、同登記申請に必要なA名義の関係書類を偽造・行使するとともに登記官に虚偽の本人確認情報を提供しようと企て、Bおよび不動産売買の仲介業者である株式会社Dの代表取締役であるEと共謀のうえ、

　① 平成17年5月19日頃、Aが入院しているF病院a号室において、行使の目的で、意思能力が欠如したAの右手にボールペンを握らせたうえ、BがAの右手を取り、所有権登記名義人住所変更の登記申請に関する一切の件等をG司法書士に委任する旨の記載のある委任状用紙1通および本件登記申請に関する一切の件等をYに委任する旨の委任状用紙1通の各委任者欄ならびに「登記原因証明情報」と題する書面1通の売主欄にそれぞれ「A」と勝手に署名するとともに、その名の横にいずれも「A'」（Aの姓）と刻した印鑑を無断で押捺し、もってA名義の上記委任状2通および上記「登記原因証明情報」と題する書面1通をいずれも偽造した。

　② 平成17年5月25日、大阪法務局H出張所において、同法務局出張所登記官に対し、本件登記申請を行うに当たり、事情を知らないG司法書士らを介して、前①記載の3通の偽造書類を真正に成立したもののように装って、後記「本人確認情報」と題する書面1通やその余の登記関係書類とともに一括して提出・行使（情報提供）をした。

　③ 前②記載の日時・場所において、登記の申請の代理を業とすることができる代理人として本件登記申請を行うに当たり、前②記載の登記官に対し、「本人確認情報」と題する書面1通を提出して、本件登記申請人であるAが登記義務者（登記名義人）であることを確認するために必要な情報である「本人確認情報」の提供を行ったが、真実は、Yが平成17年5月19日F病院a号室においてAと面接した折りには、同人は高度の痴呆により意思能力を欠いていた

ため、同人が本件登記申請につき権限を有する登記名義人であることを確認できなかったのに、同書面中では、上記面接の際、Aが自己の住所・氏名・年齢・干支等につき正確に回答したこと、権利取得原因および本件土地に関する周辺情報に関するAの回答にも特段の疑うべき事情がなかったこと、その他Aが本件登記申請の権限を有する登記名義人であることに疑義を生じる事情などは存在しなかったことなど虚偽の情報を記載し、事情を知らない前記G司法書士らを介して同書面を前②記載の偽造書類等と一括して提出し、もって登記官に対し虚偽の本人確認情報の提供をした。

以上のとおりであり、①は、各偽造文書ごとに、いずれも刑法60条、159条1項（3か月以上5年以下の懲役）、②は、各偽造文書ごとに、いずれも刑法60条、161条1項、159条1項（3か月以上5年以下の懲役）、③は、刑法60条、不動産登記法132条、23条4項1号（2年以下の懲役または50万円以下の罰金）に該当する。

3 考　察

《15-4》は、大阪の司法書士が私文書偽造等を起こし、不動産登記法違反被告事件として起訴され、実刑判決を受けたものであり、関係者のみならず、広く社会に衝撃を与えた[9]。本判決の量刑理由に関する説示は、司法書士の専門家責任を考えるに当たり参考になる。

第1に、犯行に至る経緯・動機である。この点について、《15-4》判決は、「Yは、被害者が高度の痴呆のため自己の財産を処分する能力を失っていることを十分に認識していたのであり、それ故にこそ共犯者からの依頼を一旦は断っていたにもかかわらず、結局は、その後の共犯者からの強い働きかけを断り切れず、表沙汰にさえならなければよいなどという安易な考えから、司法書士としての職責を放棄し、共犯者からの高額な報酬の申し出にも目がくらんで、本件犯行を敢行するに至ったものである。もとより、その安易かつ利欲的な動機には何ら酌むべきものを見出し得ない」という。Yは昭和25年生まれで、

9）加藤新太郎「司法書士の犯罪」会社法務A2Z 2011年8月号62頁。

前科前歴はもちろんなく、妻と子供2人がいて、30年以上の司法書士歴があった。そのようなYが、なぜ、本件犯罪に手を染めたのか。Yが得たものは、登記手数料10万円に加えて、Bからの謝礼150万円である。Yは、1億円の不動産の不正な売買登記に加担して160万円を得ているにすぎない。利欲的な動機といっても、その程度のものであったのである。

　第2に、犯行態様については、どのように評価されるべきか。この点について、《15－4》判決は、「Yは、共犯者と共に病床の被害者のもとを訪れるや、自ら共犯者に指示して、意思能力を欠いている被害者にペンを握らせ、その手を取りながら無理やり各偽造文書に署名させているのであって、その手口は極めて強引かつ悪質である。その上更に、Yは、司法書士等資格を有する専門家のみが作成権限を有し、制度上その記載内容の真実性が厳格に要求される『本人確認情報』にまで明らかな虚偽情報を記載して、共犯者の企みに大きな寄与を行っているのであって、総じて、司法書士たるYの積極的関与なくしては、本件土地の無断売却は到底完遂されなかったものというべく、その意味からしても、Yが本件犯行において果たした役割は非常に重要なものであったと評価することができる」という。Yの手口は、Aの印鑑登録証明書を取得するため住民票を勝手に異動させ、土地売却の前提として地目変更登記を行うため土地家屋調査士に委任する旨の委任状を偽造したほか、登記原因証明情報や、本人の意思確認の書面を偽造するという司法書士としての専門知識を生かしたものであった。まさしく、司法書士の専門家としての知識を悪用したものであり、Yの関与なくしては、この犯罪はあり得なかった。

　第3に、被害状況はどうか。この点について、《15－4》判決は、「Yらの本件犯行の結果、本件土地は何ら被害者の意思に基づくことなく1億円で勝手に売却されてしまい（その売却金の全部を被害者の息子である共犯者が取得している。）、その旨の所有権移転登記がされたばかりか、抵当権設定登記まで経由されてしまっているのである。本件に関する民事上の解決が最終的にどのようになるか予断を許さないものがあるが、既に売買や融資は実行されて各登記もなされている上、近時、被害者が死亡し、本件売却処分やその売却金の取得状況とは大きく異なる内容の遺言書も発見されていることから、民事上の法律関係は甚だ複雑なものとなっていることは明らかであり、共犯者以外の相続人に相

当深刻な実質的被害が生じ得る可能性も十分あり得るのであって、本件犯行がもたらした実質的被害には計り知れないものがある」という。実害が大きいのである。この点は、Yの量刑を考える際の考慮要素としては、マイナス材料である。

　第4に、司法書士の職責からみて、どのように評価されるか。この点について、《15－4》判決は、「昨今、我が国では、高度の専門的知識と責務を有する専門家が、目先の利益を追い求める余り、その職責を放棄し、その専門家の立場を悪用した振る舞いに及んだ結果、一般市民に多大の損害を与え、その専門的職種そのものに対する一般市民の信頼をも失墜させるに至っているような事態が相次いでいるが、このような専門家による犯罪の多発は、我が国国内におけるプロフェッショナルな制度一般に対する社会的信頼を動揺させるだけでなく、国際社会における我が国の信用にも影響を与えかねない危険性があるのであって、刑事司法においても、かくの如き専門家の犯罪に対しては、これまで以上に厳しい態度で臨んでいく必要があるように思われる」と専門家の不祥事に対する見方を披歴する。そのうえで、「Yは、司法書士という法律専門家としての地位にあって、司法書士法2条の説くように、品位の保持に努め、公正かつ誠実に業務を遂行しなければならない責務を有していたにもかかわらず、自らその専門家としての職業倫理に甚だしく背いて本件の如き悪質な犯罪に加担し、積極的にこれを遂行するに至ったものである。ことに、本件犯行の中で用いられた『有資格者による本人確認情報提供制度』は、司法書士等が登記実務において長年にわたり適正かつ地道にその職務を遂行し、社会からの信頼を着実に築き上げてきたことを背景として、平成16年の不動産登記法の全面改正の際新たに導入された制度であり、登記名義人の本人確認事務につき司法書士等に一定の公証機能まで付与した画期的な制度改革であったが、Yは、この制度施行後わずか2か月余りで早くもこの制度を悪用し、共犯者と自己の不法な利益獲得手段としてこれを用いるに至ったのである。このような被告人の行為は、これまで多くの司法書士が長年にわたり積み重ねてきた地道な努力に対する冒涜であるだけでなく、同時に、新制度が前提とする司法書士への社会の信頼を大きく損なわせ、ひいては司法書士等に対する社会的信頼を基盤として設計された新しい本人確認制度の妥当性・合理性そのものを突き崩しかねない

可能性もあるのである。本件犯行により司法書士会が受けた衝撃も大きく、このような点からしても、Yの責任は厳しく問われなければならない」という。

もっとも、「Yは当公判廷において一応反省の弁を述べていること、本件犯行による利益相当額の金を贖罪寄付していること、Yには前科前歴がなく、その妻が今後の監督を約束していること、などYのために酌むべき事情」もある。しかし、《15－4》はそれを十分考慮したとしても、なお1年2か月の実刑は免れないと結論づけたのである。

法律専門職である司法書士には権限がある。有資格者による本人確認情報提供は、まさに司法書士の権限である。司法書士は、その権限を悪用すれば、いくらでも悪事に加担することができる。また司法書士を利用して不当な利益を得ようという輩も存在する。司法書士層は、この事件をもって他山の石とすべきであろう。

第16章 登記意思確認義務

I はじめに

　司法書士は、登記義務者の本人性（本人の同一性）の確認に加えて、登記義務者の登記意思を確認しなければならない。本章は、登記義務者の登記意思（登記申請意思）および代理権の確認における司法書士の執務規範を考察する。

　考察の対象は、司法書士による登記義務者の意思確認義務および代理権の確認義務に関する裁判例である。

　このテーマに関する最高裁判例として、《16－1》最判昭和50・11・28（金法777号24頁、裁判集民事116号557頁）がある。《16－1》は、「司法書士が、登記義務者の代理人と称する者の依頼により所有権移転登記申請をしたが、不実の登記になった場合において、登記義務者本人について代理権授与の有無を確かめなかったことが、司法書士の過失となるか」という問題が争点となったケースである。本論で詳しく解説するが、《16－1》は、司法書士に対し一定の場合に調査義務を措定し、当該ケースでは、義務違反として過失を肯定し、不法行為責任があると判示したのである。それ以降は、司法書士による登記義務者の意思確認義務および代理権の確認義務が争点とされる事例は、《16－1》の判断枠組みに準拠して判断がされている。

　個別事案は、多様であるから、その後の裁判例は、事実関係とその評価に応じて司法書士の責任を否定するものと肯定するものがみられる。

　司法書士の責任否定事例として、以下のものがある。

《16－2》岐阜地判昭和56・11・20（判時1043号119頁）
《16－3》東京地判昭和61・10・31（判時1246号111頁、判タ646号179頁）
《16－4》東京高判平成2・1・29（判時1347号49頁、金法1259号40頁）
《16－5》東京地判平成3・2・28（金判881号35頁）

《16－6》福岡高判平成12・6・28[1]

司法書士の責任肯定事例として、以下のものがある。

《16－7》東京地判平成16・9・6（判タ1172号197頁）

《19－4》東京地判平成17・11・29（判タ1232号278頁）

本章は、以上の裁判例を対象にして、司法書士による登記義務者の意思確認義務・代理権確認義務の内実、その違反の成否の分かれ目、判断枠組みなどに焦点を当てて検討を加える。それを通じて、現在の司法書士の執務のあり方に関する規範を明らかにしたい。

II 登記意思確認義務および代理権確認義務—《16－1》

1）本判決の要旨

《16－1》は、「司法書士が登記義務者の代理人兼登記権利者と称する者から所有権移転登記申請を依頼された場合において、依頼人が登記済証を持参せず、保証書の作成及び法務局からの旧不動産登記法44条ノ2による照会に対する回答書の作成までも依頼し、司法書士において登記義務者が登記権利者の義母でかねて面識のある仲である事情のあるときは、依頼者の代理権の存在を疑うに足りる事情があるといえ、司法書士は、登記義務者本人について代理権授与の有無を確かめるべきであり、これを怠った点に過失がある」としたケースである。

2）事案のアウトライン

Aは義母Bから本件土地の贈与を受けて、その所有権を取得したとして、司法書士Y_1に所有権移転登記手続の申請を依頼した。Aは登記済証を持参しなかったが、Y_1はAとBは義理の親子の関係にあることを知っていたことから、

1）加藤新太郎編『判例Check 司法書士の民事責任』94頁〔福島政幸〕（新日本法規・2002）。

かねて面識のあるBに登記意思を確かめることなく、Aが持参したBの印鑑を用いて本件土地贈与証書を作成し、自分の妻Y_2名義で同人の承諾のもとで保証書を作成して登記申請をした。

ところが、そのBの印鑑は偽造であり、印鑑証明書も偽造印鑑に基づくものであった。

Y_1は、上記登記申請を受けた法務局からBに宛てた旧不動産登記法44条ノ2による照会の書面を持参したAの依頼により、Bの記名押印をしてその回答書を作成のうえ同法務局に送付し、本件土地にA名義の所有権登記がされた。

その後、Aは、Y_1の知り合いのXから100万円を借り、弁済期に弁済できない場合には本件土地の所有権をXに移転する旨の代物弁済契約および抵当権設定契約を締結し、抵当権設定登記および所有権移転請求権保全の仮登記をした。

しかし、その後、BはAを被告として勝手に所有権移転登記をされたとして、本件土地の登記の抹消を求める訴えを提起して勝訴し（判決確定）、Xの上記抵当権設定登記等は抹消されることになった。そこで、XはYらを相手に、共同不法行為を理由に損害賠償（貸金額ほか157万円とその付帯請求）の請求をした。

一審判決は、Xの請求を（一部）認容した。控訴審判決（東京高判昭和47・12・21判タ292号258頁）は、控訴棄却。そこで、Yらが上告したのが本件である。

③ 本判決の概要

《16－1》判決は、要旨、次のように判示して、上告を棄却した。

「【A　司法書士の注意義務】司法書士は、登記義務者の代理人と称する者の依頼を受け所有権移転の登記申請をするに当たり、依頼者の代理権の存在を疑うに足りる事情がある場合には、登記義務者本人について代理権授与の有無を確かめ、不正な登記がされることがないように注意を払う義務がある。

【B　Aの代理権の存在を疑うに足りる事情】Aは、その義母Bの印鑑と印鑑証明書等を持参し、司法書士Y_1に対し、『家族の中で男は自分一人だから、自分が土地の贈与を受けたので登記してほしい。権利証は紛失した』旨申し向け

て本件土地につき贈与を原因としてＢからＡへ所有権移転登記手続をすることを依頼し、Y_1 は、ＢとＡは義理の親子の関係にあることを知っていたところ、Ａの言を軽信し、かねて面識のあるＢにその真意を確かめることなく、保証書の作成および法務局からの旧不動産登記法44条ノ2による照会に対する回答書の作成も行い、所要の手続を経て本件土地につきＢよりＡへの所有権移転登記がされた。Ａが持参したＢの印鑑はＡが偽造したもので、印鑑証明は偽造にかかる印鑑を行使して交付を受けたものである。

【結論】当該事実関係の下において、Ａの代理権の存在を疑うに足りる事情があり、Ｙらは本人について代理権授与の有無を確かめるべきところ、これを怠った点に過失がある。」

④ 考 察

《16－1》判決は、「司法書士において依頼者の代理権の存在を疑うに足りる事情があるときには、その点の確認義務が生じる」という規範を定立している。司法書士の確認義務の存否を「疑念性」により判定しようというものであるから、「疑念性判断モデル」ということになる。登記申請の依頼の経緯、状況および当事者間の関係などから、代理権の有無や登記意思の有無について疑念があるのに、司法書士がその点につき確認義務違反をした場合には、司法書士の第三者に対する不法行為責任の要件となる過失と評価されるのである。

本件における、疑念性の積極要素は、次のように整理される。

① ＡはＢの代理人として本件土地の自己への所有権移転登記手続を依頼するに当たり、本人であるＢの印鑑と印鑑証明書を持参したのみで、委任状など代理権授与に関する書類を示していない。

② Ａは、登記済証も持参していない。

③ Ａは、持参したＢの印鑑により登記原因証書たる贈与証書、登記申請委任状の作成を依頼し、保証書の作成および法務局からの旧不動産登記法44条ノ2による照会に対する回答書の作成までも依頼している。

④ Y_1 は、Ｂと面識があり、ＢとＡとが義理の親子の関係にあることを知っていた。

上記①ないし③の事実関係がある場合には、司法書士としては、平均的な知識・経験に照らし、依頼者の代理権の存在を疑うことが通常であろう[2]。その意味で、本件は、依頼者の代理権の存在を疑うに足りる事情があるということができる。

　上記の④の事情は、登記義務者本人について代理権授与の有無を確かめることの容易性を基礎づけるものである。もっとも、司法書士と依頼者に面識のない場合にこそ、登記意思や代理権授与の有無を確認する必要がより一層あるということもできるから、面識の有無の評価は相対化されるものみるべきであろう。また、義理の親子の関係にあることから代理権を授与することもあり得るとも考えられるが、登記義務者本人に面識があるのであれば、前述のとおり遠慮なく直接確認しやすいといえるから、本件では、代理権確認義務を肯定するという結論が相当であろう。

　本件は、司法書士の不法行為責任（民法709条）が問われている。不実の登記を信頼して取引に入った第三者が司法書士に対して損害賠償請求をしようという類型であるからである。これに対して、司法書士に登記申請を依頼した者が債務不履行責任（民法415条）を追及する類型では、通常依頼者も、司法書士もともに訴外人から騙されて行動しているケースが多く、司法書士が有責とされる場合においても、過失相殺されることが少なくない[3]。

　ところで、保証書作成についての司法書士の責任について判断したリーディング・ケースは、大判昭和20・12・22（民集24巻137頁）である[4]。これは、保証書を作成した司法書士が、依頼に来た代理人とかねてから面識があり、委任状にも疑うべき点がなかったことから、本人につき人違いなきことの心証を得て、保証書を作成した場合には、これがその当時の司法書士間に一般的に行われている慣行に従ったものであるとしても、当該慣行は旧不動産登記法44条の法意に照らして司法書士の過失について、その存否の判断の標準とすることができないと判示している。そして、登記義務者が人違いでないことの保証とは、登記申請名義人が登記簿上の権利名義人と形式的に符合することだけで

    2）加藤編・前掲注1）100頁〔福島〕。
    3）加藤編・前掲注1）101頁〔福島〕。
    4）加藤編・前掲注1）220頁〔影浦直人〕。

なく、現に登記義務者として登記の申請をする者が登記簿上の権利名義人と同一人であることを保証することであり、代理人によって登記申請する場合には、その代理人が正当な代理権を有するものであることまで確知すべきであるという。すなわち、旧法44条の保証の前提として、司法書士の登記義務者の本人性（同一性）確認義務、登記申請代理人の代理権確認義務を負うという規範を定立しているのである。《16－1》判決は、これを受けて、具体的な代理権確認義務の発現を「疑念性」により判定するという枠組みを形成したものである。

III 司法書士の民事責任否定事例

1）《16－2》の概要

《16－2》は、「司法書士が、登記義務者の代理人から、登記済証に代わる保証書による登記申請（根抵当権設定登記申請）を受任した場合において、登記義務者の登記申請意思に疑いがあったとはいえず、登記義務者本人に登記意思を確認する義務があったとはいえないとして、司法書士の不法行為責任を否定したケース」である。

事案は、金融業者XがAに1800万円を貸し付け、これを担保するためにAの父B所有の本件土地に極度額2500万円の根抵当権設定契約を締結したつもりが、登場したのはBに成りすましたCであったというものである。司法書士YはBの代理人と称するAおよびXの代理人Dから根抵当権設定登記等の各登記申請の委任を受けた。

Xは、Bからの本件根抵当権設定登記の抹消登記手続請求が認容され、各登記が抹消されたため、本件貸金を回収することが不可能となった。そこで、Xが、Yに対して、Bに登記申請の意思を確認することなく登記申請したことが不法行為を構成するとして、回収不能となった貸付金につき損害賠償請求した。

《16－2》判決は、「疑念性判断モデル」に依拠して判断し、Yの責任を否定したが、その論旨は次のようなものである。

【疑念性の積極要素】
① Yは、登記義務者であるBとは一面識もなく、その代理人と称している

Aとも初対面であること。

②委任状のB名義の署名はAがYの面前でしたものであること。

③AはBの登記済証を紛失したとして持参せず、しかもYは保証人となった者とも初対面であったこと。

【疑念性の消極要素】

④YはかねてDの紹介で登記申請嘱託を受けていたこと。

⑤BとAとは実の親子であってAがBから登記申請を委ねられても不自然な間柄ではないこと。

⑥AはBの実印と印鑑証明書を持参していたこと。

⑦委任状のB名義の署名はAがしたものの、当該委任状はYの事務所に備え付けの用紙を用いて作成されたものであり、Bの代理人としてY事務所を訪れたAがBに代わって署名することは、自然の成りゆきともいえなくはないこと。

⑧一般に登記済証が紛失することは必ずしもあり得ないわけではないし、Yは、保証人となった者に対し、保証の意思を確認していること。

⑨登記が不実であれば損害を被ることになる登記権利者X自身がD・Aに欺罔され、Bに登記意思があるものと誤信し、Dに登記手続を委ねたため、登記義務者Bの代理人と称するAのみならず、Xの代理人Dまでが、AにBの登記申請に関する代理権があるかのような外観を作出してYに登記申請を嘱託してきたこと。

【結論】④ないし⑨など、YがBの登記申請の意思について強いて疑問を持たなかったとしてもあながち不合理とはいえない事情があるから、Yが司法書士として警戒しなければならない要素（①ないし③）のあったことを考慮に入れてもなお、本件登記の申請に関しBの登記申請意思の存否につき疑念を抱かせるような特段の事情があったものとはいえない。したがって、Yが登記の申請を代理する際に、Bの意思の確認をしなかったことをもって、司法書士としての注意義務を怠ったものと認めることはできない。

本判決の判断において考慮された疑念性の消極要素のうち、④ないし⑧は、登記申請の依頼の実務ではありそうな事柄、⑨は不実の登記により損害を被る登記権利者が騙されているという事情である。いずれもマイナス要素であるが、

とりわけ、⑨の事情は疑念性なしという方向に大きく作用するものと解される。その意味では、本判決の結論は、おおむね相当ということができそうである。

2)《16－3》の概要

《16－3》は、「司法書士が登記義務者の代理人から登記申請（所有権移転登記申請）の依頼を受けた場合において、登記済証など登記申請手続に必要な書類が揃っており、本人の登記申請意思に疑念を生じたとはいえず、登記義務者本人に対して登記意思を確認する義務を負っていなかったとして、司法書士の民事責任を否定した事例」である。

Aは、土地建物の所有者Xから、所有権移転登記手続をするのに必要な登記済証、印鑑証明書、白紙委任状を騙取して、司法書士Yに上記書類を一括交付し、本件土地の所有名義をXからAに移転させ、本件土地につき債務者をA、債権者をB金庫とする根抵当権設定の各登記手続を依頼した。Yはこれを履行し、各登記がされたが、Xは、損害を被ったとして、Yに対し、損害賠償請求訴訟を提起したという事案である。

《16－3》判決は、「疑念性判断モデル」に依拠して判断し、Yの責任を否定したが、その論旨は次のようなものである。

【疑念性の考慮要素】

① Xの委任状等必要書類は、登記権利者であるAが持参したもの（AがXの代理人としてYに交付したもの）ではあるが、Xに関する限り、登記申請に必要なすべての書類が揃っており、登記済証が含まれていたうえ、Xの委任状には、Xの印鑑登録証明書の印影と一致したXの押印（X自身が押印したもの）があった。

② Xは、一部の登記については登記義務者であるが、他の登記については登記権利者であって、金融機関の委任状には、権利者としてXの署名・押印があった。

③ Aは、Xが登記権利者である登記についても、Xおよび登記義務者である金融機関の代理人として必要書類をYに交付した。

④ Yは本件登記申請手続をAだけでなく、金融機関からも委任された。

【結論】①ないし④の下でYがXに登記申請意思ありと信じ、直接Xに対して登記申請意思の確認をしなかったとしても何ら責められるべき点は存しない。

《16－3》判決は、代理人が登記済証(その他登記申請に必要な書類)を持参しているものであることなどから代理権の存在を疑うべき事情がないと判断した。「疑念性判断モデル」に依拠する限りは、相当な判断といえよう。

3) 《16－4》の概要

《16－4》は、「司法書士が登記義務者の代理人から不動産登記申請(所有権移転登記・根抵当権設定登記抹消申請)の依頼を受けた場合において、代理人と称する者の言動、提出された書類の性格、形状、内容等に照らして登記義務者本人の登記意思・代理権授与に疑念を生じる事情があるとはいえ、登記義務者本人に対し登記意思及び代理権授与について確認する義務を負っていなかったとして、司法書士の民事責任を否定したケース」である。

不動産の買主Xは、司法書士Yに対して、損害賠償請求をした。

《16－4》判決は、「疑念性判断モデル」に依拠して判断し、司法書士Yの責任を否定したが、その論旨は次のようなものである。

【疑念性の考慮要素】

① Yは、所有権移転登記・根抵当権設定登記申請を包括して受任したものであり、下取りの対象物件となった不動産に関する各登記については、最終の登記権利者と登記義務者だけが登記申請の嘱託に立ち会うのが通常であり、直接それらの登記により利益を得る立場にないX本人が出頭しないことは、格別おかしくはない。

② 本件各登記申請に必要な書類は、すべて自称代理人Aと金融機関において揃えており、AはXのAに対する委任状こそ所持していなかったが、登記申請に必要なXの委任状には、いずれも印鑑証明書により確認され得るXの実印が押捺されていた。

③ 委任状の1通には委任事項およびXの住所、氏名の記載がなかったが、本件のような下取り物件の取引については、白紙委任状の作成、利用も特に

異常なものとはいえない。

④　本件登記申請の依頼は、Aからだけでなく、金融機関からの依頼でもあったが、一般に金融機関においては、担保物件に関する権利関係の存否や登記義務者の登記意思の有無についての事実調査を慎重に行うものであり、Yもその点を信頼していたのであって、そのこと自体に根拠がないとはいえない。

⑤　Yは、従前、Aおよび当該金融機関との間に取引があり、特にAからは不動産登記申請を数件受注していたが、その間Aは格別事故を起こしたこともなかった。

【結論】①ないし⑤によれば、YがXの登記意思およびAに対する授権の存在に疑いを抱くべき特段の事情があったとは認めがたい。

《16－4》判決については、「疑念性判断モデル」に依拠しているが、司法書士には、真正な登記の実現に努める職務上の義務がある一方、取引の動的安全を保護するため登記申請を迅速に処理する要請にも応えなければならないとしている点に着目し、後者に配慮することで、代理人の授権の存在を疑うに足りる事情の存否については消極的な結論が導かれやすくなるとみる見解[5]がある。この指摘は誤りとはいえないが、登記申請の迅速処理の要請も大切なものであるから、不実登記の可及的排除の要請との調和を、どのようなスタンスで図るかという問題に帰着する。そうであるとすると、司法書士における登記義務者本人の登記意思確認・代理権授与確認の義務違反の存否が争点となる裁判実務においては、事案の個別性を踏まえた事実関係の把握とその評価が重要であるということに尽きるであろう。

④　《16－5》の概要

《16－5》は、「司法書士が登記義務者の代理人から、登記済証に代わる保証書による登記申請（所有権移転登記申請）の依頼を受けた場合において、登記義務者本人の意思に基づくものかどうかを疑うべき特別の事情がある場合に当たらないとして本人に申請意思を確認することなく登記申請手続をした司法

---

[5] 山崎敏彦「司法書士の登記代理業務にかかる民事責任―最近の動向」鈴木禄弥先生古稀記念『民事法学の新展開』437頁（有斐閣・1993）。

書士の不法行為責任を否定したケース」である。

土地建物の所有者Aの子Bの夫であるCはAに無断でAの印章を使用してAの委任状等を作成し、司法書士Yに対し委任状、保証書および印鑑登録証明書等の必要書類を示し本件土地についてAからBに対する売買を原因とする所有権移転登記の申請を依頼し、本件移転登記がされた。本件建物につきCは、別の司法書士に依頼してB名義の所有権保存登記を受けた。そのうえで、B、CはXに対しB所有名義の本件土地建物の登記簿謄本を示して本件土地建物を担保に融資を申し込み、Xは本件土地建物について根抵当権設定登記をしたうえでBに2000万円を貸し渡した。

Xは、貸金相当額の損害につき、Yに対し損害賠償請求をした。

《16－5》判決は、「疑念性判断モデル」に依拠して判断しYの責任を否定したが、その論旨は次のようなものである。

【疑念性の積極要素】

① Yは、本件登記の3か月前にも、本件土地について、Cを登記申請依頼者として抵当権設定登記につき保証書により登記申請しており、その後、同じCの登記申請依頼により本件登記申請をし、依頼者CがA本人ではないことを確認していた。

② 2度にわたる登記申請における関係者の表示から、初めの登記は老齢のA所有の本件土地について、親族とうかがわれる女性Bが債務者となる抵当権設定登記であり、その後の本件登記は、当時本件建物を含めれば全部で価格3000万円程とみられる本件土地について、同一関係者であるA（売主）とB（買主）間の売買を原因とするものであるから、登記原因自体について、取引実態が伴うものかどうか疑いを挿む余地があった。

③ 関係者の表示と、度重なる保証書の使用および同一関係者の関与という態様とを併せみると、親族間における老人を排除しての無断の取引と疑われる余地もあった。

【疑念性の消極要素】

④ Yは、これまで何度か登記申請の依頼を受けた建設会社を経営する訴外Dの紹介により、Cから本件登記申請の依頼を受けることになった。

⑤ 保証書作成者は、Yの知人であり、格別悪い風評を聞いたり、その信用

性を疑うべき生活状態、事実を認識してはいなかった。

⑥　YはAとB、Cが親子の関係にあり、その関係に信頼性を欠くような事情のあることを知らなかった。

⑦　本件登記申請に要した関係書類がYに対し作成、提出される過程において、格別不自然な様子があったとはいえない。

⑧　登記申請の依頼において、登記義務者の使者および代理人による依頼は、希有な事例であるとはいえない。

【結論】本件登記申請には、その登記関係者の表示および同関係者の外形的な態様行動（①ないし③）から、登記義務者の意思の有無について疑いを挿む推論をすることが可能であるが、それ以上に④ないし⑧の事情がみられるから、それを個別具体的に疑わしいものとする事情があるものとはいえない。

《16－5》判決につき、「疑念性」を「疑うべき特別な事情がある場合」と表現していることから、「疑うに足りる事情」、「疑いが生ずるような事情」、「疑うに足りる相当な理由」とする、より一般的にみられる定式に比較すると、司法書士の職務上の過誤責任についてやや消極的な姿勢を示しているとする見解[6]がみられる。しかし、これらは表現の差異はあるが、「疑念性判断モデル」により具体的な本人の登記意思確認義務、代理権授与確認義務が発現するという規範をあらわしていると解すべきである。この場面で、微細な表現上の差異に拘泥して裁判例の位置づけをすることは相当ではない。

また、本件におけるXは、司法書士との間に委任契約はなく、第三者からの不法行為責任追及の類型である。すなわち、第三者が契約を締結するに当たり誤った情報を提供した司法書士の責任を追及するものである。このような場合は、司法書士に情報提供者としての責任が問われているわけであり、そうした観点からの考察も有用であろう[7]。

6）山崎・前掲注5）432頁。
7）小野秀誠「司法書士の責任」川井健先生退官記念『専門家の責任』338頁（日本評論社・1993）参照。

5 《16−6》の概要

《16−6》は、「司法書士が登記義務者の代理人から登記申請（所有権移転登記申請）の依頼を受けた場合において、信用金庫の支店長が関与して売買及び融資の話がまとまり、融資実行、代金決済の段階に至って初めて取引場所に呼ばれ、その際、必要な書類がすべて揃っていたなどの事情の下では、司法書士には、売主本人の代理人が離婚した元夫であったなどの事情を考慮しても、その代理権を疑うに足りる事情があったとはいえず、代理権の確認義務違反はないとして、民事責任を否定したケース」である。

不動産の買主であるXらは、司法書士Yに対し、自称代理人Aにつき所有者Bの代理権の有無を調査確認しなかったとして損害賠償請求をした。第一審は、Yの代理権限の調査確認につき注意義務違反を認め、Xらの請求を一部認容した。これに対してYが控訴したのが本件である。

《16−6》判決は、「疑念性判断モデル」に依拠して判断しYの責任を否定したが、その論旨は次のようなものである。

【疑念性の消極要素】

① 業務上不動産取引経験が少なくない信用金庫の支店長が関与して本件土地売買および融資の話がまとまった。

② Yは、融資実行、代金決済の段階に至って初めて取引場所に呼ばれたが、その際には、必要な書類等はすべて揃っていた。

【疑念性の積極要素】

③ 売主本人の代理人は、離婚した元夫であった。

④ 本人の意思確認が、本人と称する者からかかってきた電話でされた。

【結論】①②の事情があるから、③④を考慮したとしても、Yにおいて依頼者Bの代理権の存在を疑うに足りる事情があったとはいえない。

6 考　察

司法書士が登記義務者の代理人から登記申請の依頼を受ける場合には、不動産登記法の改正前は、その代理人（または本人と称する者）が、(i)登記済証を

持参して登記申請を依頼するとき、(ii)登記済証を持参せずに保証書を作成したうえでの登記申請を依頼するときに類型分けされる。裁判例《16－3》《16－4》《16－6》が(i)の類型であり、《16－2》《16－5》が(ii)の類型であった。《16－2》《16－3》の裁判例を契機として、この類型に応じた司法書士の登記意思等の確認義務を定式化すべきであるという見解も提唱されている。

第1に、(ii)の類型については、原則として、司法書士には、依頼者でもある登記権利者が登記無効によって不測の損害を被ることのないよう、登記義務者本人の登記意思を確認すべき義務があるとする見解[8]がある。(ii)の類型につき「疑念性」の有無にかかわりなく、司法書士による登記義務者の意思確認義務・代理権確認義務を措定するものである。

第2に、(i)の類型については、盗難や偽造等の疑念があるときに、本人意思の確認をすべきであり、(ii)の類型については、原則として、直接本人の意思を確認すべき義務があるとする見解[9]もみられる。第1の見解も、前者について異論があるわけではないから、両者はほぼ同旨とみるべきであろう。

第3に、(ii)の類型について、それだけで直ちに司法書士として登記申請の真正を疑うべきであり必ず登記義務者本人の意思を確認しなければならないとはいえないが、登記申請の真正を疑うに足りる相当な事情を構成する一事情、しかも重視すべき一事情となるという見解[10]もみられる。「疑念性判断モデル」の枠内で、考慮要素の濃淡をつけるべきであるというものである。

現行不動産登記法の下では、(ii)の類型はなくなったから、(i)の類型における疑念性の判断が、司法書士の執務の参考になるわけである。

---

[8] 新美育文「判批」判タ484号35頁(1983)。
[9] 福富昌昭「判批」判タ677号114頁(1988)。
[10] 山崎敏彦「司法書士の登記代理業務にかかる民事責任――最近の動向・補論(上)」青山法学論集38巻3=4号112頁(1997)。

IV 司法書士の責任肯定事例

1) 《16－7》の概要

《16－7》は、「司法書士が登記権利者から、登記申請（先順位根抵当権抹消登記、根抵当権設定登記申請）の依頼を受けた場合において、登記義務者の意思に基づくものかを疑うべき特別の事情があるときに当たり、本人に申請意思を確認することなく登記申請手続をしたことが債務不履行になるとして、司法書士の債務不履行責任を肯定したケース（過失相殺8割）」である。

《16－7》判決も、「疑念性判断モデル」に依拠して判断し司法書士Yの責任を肯定したが、その論旨は次のようなものである。

【疑念性の考慮要素】

① Yは、本件先順位根抵当権の抹消登記申請を受任した当初、司法書士の資格を有するC司法書士から、登記義務者である本件先順位根抵当権等の権利者の委任状および同根抵当権等設定の登記済みの原因証書を受領しており、これらの抹消関係書類は、精巧に偽造されたものであり、その記載内容や形式・体裁に一見して不自然、不合理と認められる点はなかった。⇒この時点では、登記義務者の登記申請意思を疑うべきとする事情があったとまではいえない。

② その後、根抵当権抹消関係書類に不備がある疑いが生じ、金融機関に問い合わせた際、担当者から、根抵当権の抹消を依頼していないとの回答を得た。⇒根抵当権抹消に関し、登記義務者の登記申請意思を疑うべきとする事情が生じたことが明らか。

③ 根抵当権抹消関係書類（②）は、他の本件先順位根抵当権の抹消関係書類と共に、C司法書士から受領した。⇒抹消関係書類全体の真否や、C司法書士および登記権利者の言動に疑問を生じさせる事情であり、他の本件先順位根抵当権の抹消にかかる登記義務者の登記申請意思を疑うべきとする事情であるといえる。

【結論】②の時点においては、Yには、本件先順位根抵当権等の抹消にかかる登記義務者本人に聴取するなどして、その登記申請意思を確認すべき義務があった。

《16－7》判決は、登記関係書類が精巧に偽造されていたものであったことから、司法書士の登記関係書類調査確認義務違反はないが、登記義務者の登記意思確認義務違反は認められるとしたものである。

2）《19－4》の概要

《19－4》は、「司法書士が登記権利者から、登記申請（先順位抵当権抹消登記、抵当権設定登記申請等）の依頼を受けた場合に、司法書士事務所の事務員において、登記済証の真否、登記意思の確認を怠った過失があるとして、司法書士の不法行為責任を肯定したケース（過失相殺4割）」である。

《19－4》判決は、「疑念性判断モデル」に依拠して、①抵当権設定契約証書に抵当権設定者の住所の明白な誤記があり、②被担保債権の範囲に不自然な記載があるほか、③抵当権設定登記の抹消登記手続に必要な書類を事前に送付しなかったことを認定し、①②から、本件登記済証には偽造を疑うに足りる事情があり、①②③から、不審を抱かせる事情があったと評価して、登記関係書類の真否確認義務違反、登記意思の確認義務違反を肯定したものである。

3）考 察

《16－7》《19－4》は、司法書士の執務の時期がいずれも平成14年であり、旧不動産登記法の下における事案であった。

ところで、司法書士の意思確認義務・代理権確認義務も、広い意味での、業務上の調査確認義務の範疇のものである。この点に関連して、司法書士の執務の観点から、①登記関係書類の調査確認義務の事例と、②登記意思の調査確認義務の事例を比較する見解がある。司法書士の執務としては、依頼者または代理人が持参した登記関係書類の審査から入るのが通常であり、これは、相対的に形式的なもので足りるのに対して、依頼者の代理権限といった実体面にかかわる事項については、形式的な観点だけではなく、状況適合的な対応が必要となる。その意味では、後者は調査確認事項として定型化になじむものではなく、個別具体的な事情によることになる。そのことを反映して、①の登記関係書類

の調査確認義務の事例については、司法書士の民事責任厳格化の傾向がみられるが、②の本人意思・代理権の調査確認義務の事例については、①よりも司法書士の民事責任が肯定されることが少ないように見受けられるというのである[11]。

確かに、裁判例《16−2》ないし《16−6》をみると、そのような観察ができそうであるが、《16−7》《19−4》をみると必ずしもそのようにはいえないように思われる。《16−7》は、司法書士の登記関係書類の調査確認義務違反を認めなかったが、登記意思の確認義務違反を認めているし、《19−4》は、両方の義務違反を認めているからである。

司法書士の専門責任論の観点からすると、登記関係書類と登記義務者の登記申請意思とでは調査確認の対象は異なるものの、不実登記を防止する目的に違いはないことに着目する必要があろう。また、司法書士の職責に由来する「形式的処理モデル」から「実質的処理モデル」への理念的シフトの大きな潮流も変わることはないとみるべきであろう。

そうであるとすると、「疑念性判断モデル」の判断枠組みの下においても、司法書士の執務として、個別的・具体的かつ状況適合的な登記意思の確認は必須のものとして要請されることになる。不動産登記申請代理に当たり、司法書士は、申請人が本人であり、登記申請の意思があることを信頼可能な手段により確認することが求められるという基本が忘れられてはならない。もっとも、司法書士が、この点に関する現行不動産登記法における規律を遵守する限り、従前のような規範逸脱（同一性・登記意思の確認義務違反）は減少するものと見込まれるところである。

---

11) 加藤編・前掲注1）96頁〔福島〕。

第17章 登記申請に関する説明・助言義務［その1］

I はじめに

　司法書士には、登記申請に関する説明・助言義務がある。論者により、これを教示義務または説明・告知義務ということもある。しかし、説明・助言義務と教示義務とはその内容は同じものであり、説明・告知義務は告知（伝える）という面を強調するものであるが、これもほぼ同旨ということができる。

　本章と第18章では、司法書士が登記申請手続または登記関係の法律上の諸問題について専門家として負う説明・助言義務を考察することにする。立会いにおける司法書士の説明・助言義務については、第12章で扱ったので、それ以外の場面が対象となる。

　登記申請に関する説明・助言義務は、その内容に着目すると、①登記申請手続それ自体に関する説明・助言義務、②法律上の効果に関する説明・助言義務に類型分けすることができる。本章では、①の類型について、以下の裁判例を考察の対象とする。

《17－1》東京高判昭和50・9・8（判タ335号216頁）責任否定

《17－2》東京地判昭和41・12・26（判タ205号157頁）責任否定

《17－3》京都地判昭和62・1・30（判時1246号122頁）責任肯定

《17－4》東京地判平成2・11・20（判時1393号108頁）責任肯定

《17－5》高松高判昭和59・4・11（判時1125号121頁、判タ532号173頁）責任否定

《17－6》東京高判平成3・10・23（金法1321号20頁）責任否定

　このうち、《17－1》《17－2》は、司法書士の役割認識において古さを感じさせるものであるが、《17－3》から《17－6》は、司法書士の職責に由来する「形式的処理モデル」から「実質的処理モデル」への理念的シフトして

いく中での裁判例である。したがって、司法書士の説明・助言義務違反に基づく民事責任の成否が、どのような要素から評価されるかを考察するのに適切なものと考えられる。

II 専門家責任論における説明義務の位置づけ

ところで、専門家責任論において説明義務をどのように位置づけるかについては、学説上議論がある。

第1に、専門家の注意義務を、高度注意義務と忠実義務とに分ける「高度注意義務・忠実義務二分説」[1]がある。そして、説明義務（この見解では、情報開示・説明義務）の違反は、①利益相反行為、②不誠実な執務（期待の裏切り、裁量権の不適切行使＝自己決定権の侵害）とともに、忠実義務違反を構成する。

第2に、専門家の「注意義務三分説」がある。例えば、鎌田薫教授は、専門家の注意義務を、忠実義務、善管注意義務、説明・助言義務に分類される。このうち、忠実義務は契約上の義務であり、善管注意義務も契約上の義務または契約に付随する信義則上の注意義務であり、いずれも契約上の義務であるが、説明・助言義務は、専門家としての地位に基づいて生ずる義務であるとされる[2]。その意味では、説明・助言義務が専門責任の特有の義務という位置づけになる。

第3に、専門家責任の規範を、合意規範と関係規範に分類し、善管注意義務は合意規範、忠実義務は関係規範と位置づけたうえ、説明義務は、専門家の平

---

1) 能見善久「専門家の責任」専門家責任研究会編『専門家の民事責任』〔別冊NBL28号〕6頁（商事法務研究会・1994）。森島昭夫教授は、この高度注意義務・忠実義務二分説（能見説）を支持される。ただし、忠実義務は、高度注意義務違反では処理できない利益相反的な行為についてのみ問題にすれば足りるとする。川井健ほか「座談会『専門家責任』法理の課題」法時67巻2号52頁〔森島昭夫発言〕（1995）。これに対して、高度注意義務・忠実義務二分説を批判する見解として、川井ほか・前掲46頁〔下森定発言〕、52頁〔潮見佳男発言〕。

2) 鎌田薫「わが国における専門家責任の実情」前掲注1)『専門家の民事責任』70頁、75頁注(13)。同「シンポジウム・専門家の民事責任―わが国における実情」私法57号24頁（1995）。なお、浦田道太郎教授も、専門家の注意義務について、善管注意義務、忠実義務、説明・助言・教示義務に分類される。この点につき、浦田道太郎「比較法 ドイツ・フランス」前掲私法57号15頁、16頁。

均的水準を基準とする善管注意義務としてのそれと、信認関係から基礎づけられる忠実義務としてのそれとがあるという見解[3]がある。これは、「専門家規範二分説」と呼ぶべきものであるが、専門家の注意義務に着目すれば、「善管注意義務・忠実義務二分説」といってもよい。本書の立場がこれであり、司法書士の説明・助言・教示義務という言い方をした場合でも、善管注意義務とみるべきものと公正誠実職務遂行義務ともいうべき忠実義務とみるべきものとがあると考えている。

　もっとも、この論点は理論上の問題であり、どのように考えるのが、専門家責任の体系として説得的かという性質のものである。その限りで、実践的には説の違いにより、説明義務違反の範囲に広狭が生じるものではない。また、説明義務は、専門家と依頼者との情報格差を補完するものとして大きな意義を有するから、専門家責任論において重要なものであるという理解は、各説の共通認識である。

III　形式的処理モデルにおける説明・助言義務

1）委任者の申請登記に優先する登記があることの説明・助言義務—《17－1》

　《17－1》は、「司法書士が、土地の所有権移転登記申請手続の委任を受けたが、その11日前に第三者への所有権移転登記申請手続をしていたため移転登記ができなかった場合に、通知助言義務がない」として、委任者の司法書士に対する損害賠償請求を否定したケースである。

　Xは、司法書士Yに対し、本件土地について、AからXへの所有権移転登記申請手続を委任した。ところが、Yは、11日前に、AからBへの所有権移転登記申請手続を受任して、その趣旨に沿った登記申請をしており、これに基づく所有権移転登記が完了していた。そのため、AからXへの所有権移転登記が不可能となって、Xは損害を被った。

　Xは、Yは司法書士なのであるから、Xから本件土地についての所有権移転

---

[3] 加藤新太郎『コモン・ベーシック弁護士倫理』219頁（有斐閣・2006）。

登記申請手続の委任を受けた以上、直ちに登記関係を調査し、土地がすでに第三者名義への所有権移転登記が経由されていて、Ｘへの所有権移転登記が不可能であることが判明したときは、早急にこれをＸに連絡し、Ｘに相当な善後措置を講ずる機会を与えるべき注意義務があると主張して、Ｙに対し損害賠償請求をした。

原判決はＸの請求を棄却し、控訴審も、以下のとおり判示して、控訴を棄却した。

「ＹがＸから登記申請手続を受任するに当たり、土地の実体上及び登記簿上の権利関係を事前に調査するように依頼されたことを認めるに足りる証拠もなく、たとえＹが登記申請手続を受任した土地が、その受任の日から11日前に自ら取り扱ったＡからＢへの所有権移転登記の対象物である土地と同一物件であると気づいたとしても、不動産登記申請手続を適式に処理されることを要請され、不動産についての実体上の権利義務の得喪変更に関与せず、またみだりに関与すべきでない司法書士として、土地に関する２件の所有権移転に関する契約がいかなる背景事情と権利関係のもとでなされたか知る由もなく、ただ後日登記申請手続に必要な登記済権利証などの書類が完備するのを待って受託の登記申請手続を処理するつもりでいたにすぎないとの事実関係のもとでは、Ｙが土地についての登記関係等を登記申請手続の依頼者たるＸに告げ、あるいは善後措置の助言をするなどの介入的行動に出なくとも、登記申請手続受託者たる司法書士の職にあるものとしての注意義務に欠けるところがあるとはいえない。」

《17－１》判決の特色は、司法書士の職務につき、「不動産登記申請手続を適式に処理することを要請され、不動産についての実体上の権利義務の得喪変更に関与せず、またみだりに関与すべきでない」ものとしている点である。この点については、学説からの批判があり、例えば、山崎敏彦教授は、その後の司法書士に説明・通知・助言義務を認めた裁判例に照らして、過去のものとなったといってよかろうとコメントされる[4]。

確かに、司法書士の執務を過度に形式的なものとして捉えることは相当とは

4）山崎敏彦「司法書士の登記代理業務にかかる民事責任──最近の動向・補論（下）」青山法学論集40巻３＝４号285頁（1999）。

いえない。そこで、本件でも、司法書士Ｙとしては、Ｘから委任され、11日前に扱った不動産と気づいた時点で、その旨を教示し、Ａに問い合わせて事情が明らかになるまで売買であれば代金を決済しないなど善後措置をとることを助言することが考えられる。しかし、Ｙには守秘義務があるから、直ちにこれを教示してよいかという問題がないわけではない。もっとも、ＸはＡに騙されている蓋然性が高いから、この事案では守秘義務が優先されることはないといえようが、事柄は単純ではない。また、本件において悪いのはＡだと考えられるが、Ｙには細かな事情は分からない。そうすると、本判決がＹの民事責任を否定した結論は必ずしも不相当ともいえない面があろう。

　なお、実質的処理モデルにおける司法書士の執務としては、対抗関係において委任者の登記に優先する登記申請手続がされていることを速やかに調査し、その旨通知・説明し、場合によっては善後措置の助言をすることが要請されよう[5]。

２）必要書類持参督促義務—《17－2》

《17－2》は、委任者が必要書類の持参を遅滞している場合に司法書士が督促を繰り返す義務があるかという論点について、「委任者が、その手許にある書類等を持参せず、そのため建物の保存登記ができなかった場合に、書類等の必要性を指摘しその調整・持参を促せば司法書士の善管注意義務を果たしたといえる」として、委任者の司法書士に対する損害賠償請求を否定したケースである。

　Ｘは、司法書士Ｙに対し、建物の所有権保存登記を委任した。Ｙは、受任に際し、Ｘに対し、必要書類を整えるように求めたが、Ｘは持参することなく、そのためＹは、本件建物の所有権保存登記の申請をすることができなかった。

　本判決は以下のとおり判示し、請求を棄却した。

「司法書士は、他人の嘱託を受けて、その者が裁判所、検察庁、法務局又は地方法務局に提出する書類を代わって作成することを業とする（旧司法書士法

---

[5] 加藤新太郎編『判例Check 司法書士の民事責任』155頁〔松田典浩〕（新日本法規・2002）。

1条）ものである。そして、Yは、この業務に関して本件建物の所有権保存登記手続の委託を受けたものであるから、手続のために必要とされる書類のうちYが代わって作成し得るものは別として、本件Xの手許にあるべきもの、又はXにおいて第三者に作成を求めなければならないものについては、YはXに対してかかる書類の必要を指摘してその調整・持参を促せば、この段階における受任事務処理として、もはや懈怠がないものというべきであり、以後はXの一存にかかることとして、たとえ書類の持参が遅滞していようとも、進んでその督促を繰り返すがごときことまでは、上記受任事務の処理に関し、Yに要求されることがらではないといわなければならない。そうだとすれば、本件建物の所有権保存登記手続がなされなかったことは、受任者であるYの責任とはいえない。」

《17-2》判決は、司法書士の職責に言及したうえで、登記関係書類の持参を繰り返し督促する義務はないとの結論を導いている。司法書士の執務における形式的処理モデルに親和的であるといえよう。

これに対して、実質的処理モデルからすると、委任者が登記関係書類を持参しない場合には、司法書士としては、委任者に対し、書類を持参しないことによって生じる不利益を防止するためこれを督促することが要請される。もっとも、委任者の手許にある書類や委任者において第三者に作成を求める書類については、委任者が持参しなければ、司法書士は登記申請手続を進めることはできないが、持参するまで督促を繰り返すべきであるとまでは解されない[6]。その前提としては、委任者が持参すべき書類を認識している必要があり、司法書士の執務としてはその説明は不可欠である。本件では、Yは、受任の際に必要書類を指摘して調整・持参を促しているから、Yの民事責任を否定した結論は不相当とはいえないであろう[7]。

---

[6] 司法書士がどの程度の頻度で督促をするのが相当かという点については、議論がある。山崎敏彦「判批」判評350号51頁（判時1263号201頁）（2001）。
[7] 加藤編・前掲注5）167頁〔松田〕。

Ⅳ 実質的処理モデルにおける説明・助言義務

1 事務の遂行に関する説明・助言義務—《17-3》

《17-3》は、「土地所有権移転登記申請手続の委任を受けた司法書士は、費用前払請求から印鑑証明書の有効期限までの期間が長い場合には、委任者に対し費用を支払わないため事務手続を中止していることなどを説明・報告する義務を負う」として、委任者の司法書士に対する委任契約上の債務不履行に基づく損害賠償請求を肯定したケース（過失相殺7割5分）である。

金融業者Xは、Aに対する債権回収のため、司法書士Yに対し、本件土地につきAからXへの所有権移転登記申請手続を委任した。Yは、申請手続に着手して評価証明書の交付を受けた後、登記原因は売買ではなく代物弁済が正しいのではないかと考え、問い合わせをし、登録免許税を支払うよう伝えたが、Xからの回答はなく、支払もされなかった。そこで、事務処理を中止したが、XからYに対し登記手続の進捗状況について問い合わせ等はされず、Yもその旨の説明報告をすることなく、Aの印鑑証明書の有効期限が経過した。

その後Xは、Aの印鑑証明書の再交付を受けられず、当初の有効期限経過後の約10か月後に再交付されたが、その間に、本件土地につきBの仮差押えがされたため、この登記を抹消するため164万円の支払をした。

そこで、Xは、Yに対し、①登記費用を立て替えて登記申請手続をすべき義務違反、②説明・報告義務違反があったとして、損害賠償を求めた。

本判決は、以下のとおり判示して、Yの債務不履行責任を肯定した。

「XY間に委任契約が成立している以上、委任者でなければできない行為を除くその余の代替的事務処理は、特段の事情のない限り、受任者であるYにおいてこれをなすことを要する。そして、この事務処理に必要な登記費用は、それが登録免許税であると否とを問わず、その代替性のゆえに、Yにおいて一時立替払いをしてでも登記申請手続を完了させる義務がある（この費用は後日委任者に対し請求することとなる。）。

なお、当初の契約締結に際し、特定の事務処理は委任者が行うこととし、また、特定の費用は委任者において予めこれを受任者に交付すべく、受任者にお

いてはその立替払の義務を負わない旨の特約を結ぶことはもちろん可能であるし、このような特約をしなかったときであっても、受任者は費用の立替払を避けたい場合委任者に対し民法649条の費用前払請求権を行使することができる。そしてこの特約又は費用前払請求によって受任者の前記立替払をする義務は消滅し、委任者による費用前払義務の履行が受任者の事務処理を完了させる義務の履行に対して先履行の関係に立つから、委任者が、この特約に反した費用前払請求を受けたのにもかかわらず費用を受任者に交付しないときは、受任者において費用の交付されるまでの間暫時受任義務の処理を中止しても違法性や有責性を帯びるものではない。このことは、司法書士がその受任にかかる登記申請手続の遂行に必要な登録免許税等の登記費用の出捐についても変わるところがない。

　そして、XがYから登録免許税の前払請求を受けながらこれを持参しなかったのであるから、Yが本件登記申請手続の処置を中止したこと自体に違法性はない。

　もっとも、登記申請手続の委任契約の場合に留意を要するのは、司法書士が登記申請手続を遂行するのに必要な書類の1つである印鑑証明書には有効期限の定めがあり、その期限を徒過した後はその印鑑証明書を用いて登記申請手続をすることができなくなる点であって、そのような場合には司法書士において新しい印鑑証明書の再交付を受ければよいわけではあるけれども、登記義務者においてたやすく再交付に応じるとは限らないから、司法書士が善管注意義務をもって受任事務を処理すべきことを考えると、司法書士が費用前払請求をしたのに委任者がこれを持参せず、そのため司法書士において登記申請事務の処理を暫時中止し、そのうちに印鑑証明書の有効期限が迫ってきたものであったとしても、費用前払請求から有効期限の末日までの期間が長いような場合には、委任者が費用の前払をすべきことを迂闊にも失念していることも考えられるから、司法書士において期限徒過を避けるべく、委任者に対し、費用を持参しないために登記申請手続を中止したままであること及び印鑑証明書の有効期限の末日が迫っていることを説明・報告する義務が生じるものと解する。したがって、この旨の説明・報告をしなかったYに善管注意義務違反が認められる。」

　《17－3》判決は、登記手続費用を支払わない委任者に対し、費用の支払が

ないため事務手続を中止している旨を説明・報告すべき司法書士の義務を肯定したものである。印鑑証明書の有効期限が徒過するのを避けるため、Yは、Xに対し、費用等を支払わないから登記申請手続を中止したままであることや印鑑証明書の有効期限の末日が迫っていることにつき、説明・報告義務を負うとした[8]。事務の遂行に関する説明・報告義務である。

　実務上、司法書士が登録免許税を含む費用等の立替払いをして、後日精算される例は少なくないようである。本判決も、司法書士は、委任者でなければできない行為以外の代替的事務を処理すべきであるから、登記費用については、一時立替払いをしてでも登記申請手続を完了させる義務があるという。本件では、Yは登録免許税の前払請求をしたが、Xがこれに応じず、また、事務処理上の疑問点についても回答がなかったことから、本判決は、登録免許税を立替払いして登記手続を完了すべき義務は消滅したものとして、手続の進行を中止したことには責任を認めなかった。この点の判断は、相当と解されるが、その場合でも、司法書士には、事務の遂行に関する説明・報告義務が課せられることになるのである。

2）登記関係費用の支払がないことに関する説明義務―《17-4》

　《17-4》は、登記手続費用の支払をしない委任者に対し、費用の支払がなければ登記申請手続をしないとの説明をすべき義務があるかという論点について、「司法書士が、不動産の所有権移転登記申請手続の委任を受けたが費用の前払がないことを理由に手続を進めなかったところ、他の差押登記がなされた場合において、委任者の司法書士に対する委任契約上の債務不履行に基づく損害賠償請求を肯定したケース（過失相殺5割）」である。

　不動産会社Xは、平成〇年3月31日、司法書士Yに対し、本件土地建物に

8）登記必要書類の中でも印鑑証明書の有効期限については、司法書士業務に本質的内在的な説明・報告義務が問題とされると指摘する見解として、山崎・前掲注6）51頁。印鑑証明書の有効期限が徒過した後はそれを用いて登記申請手続をすることができなくなり、印鑑証明書の再交付を待つ間に他の登記申請手続がされるおそれがあるから、司法書士としては、その旨説明・報告して、委任者の注意を喚起することが要請される。

つきAからXへの所有権移転登記手続を委任し、Yはこれを受任した。そして、Xは、同日、Yの補助者に対し必要書類を交付し、4月1日には登記手続ができる状態となった。しかし、Xが登録免許税、登記手数料等の費用（154万円余）の支払をしなかったため、Yは4月17日まで手続をしないでいたところ、すでに同月5日付で債権者をB、債務者をAとする差押登記がされていた。Xは、上記差押登記抹消のためにBに500万円の代位弁済をした。

そこで、Xは、Yに対し委任契約上の債務不履行責任に基づき、損害賠償を求めた。

本判決は、以下のとおり判示して、Yの善管注意義務違反を認めた。

「①司法書士は、所有権移転登記手続や抵当権抹消登記手続の依頼を受け必要書類を預かれば、直ちに登記手続をするのが原則であるところ、本件のように、銀行がXに売買代金を融資し銀行が本件土地建物に抵当権を設定する場合には特に早急に登記手続をする必要があり、Yもこのことを十分認識していたと考えられること、②Yは3月31日には費用の概算請求ができたにもかかわらずこれをしておらず、一方、Xはその当時費用を支払う資金を保有していたこと、③Yは、銀行を通して登記手続を依頼される場合には必ず費用の取り立てができるとの信頼があることなどから、通常その立て替えをしていたこと、④Yは、これまでに2回、Xの費用を立て替えた上で後日請求したことがあること、⑤Yは、Xに対し、費用等を支払わなければ登記手続をしないと伝えたことはなく、単に後日評価証明書を取り次第計算して請求すると伝えたにすぎず、Xは、Yが登録免許税の安くなる4月1日には登記手続を行い、後日費用等の請求があるものと考え、15日に小切手を交付したこと、以上の事実を認定した。

以上の事実によれば、Yには、常に依頼者のために費用等を立て替える義務があるとまではいえないものの、本件のような事情のもとでは、Xが、Yが直ちに本件登記手続を行い、費用等は後日正確に計算してから請求してくるものと考えたこともやむを得ないものである。そうだとすれば、単にXに対し後日費用等を請求すると伝えたのみで、事前に費用等の支払がない場合は本件登記手続をしない旨明確に説明する等の措置をとらず、Xから支払があった日まで登記手続をしなかったYには、受任者の善管注意義務に違反するものとして債

務不履行の責任があるといわなければならない。」

　《17−4》判決は、《17−3》と同じく、登記関係費用に関して司法書士の説明・通知義務違反を認めた事例である。受任者は費用前払請求（民法649条）をしなければ、自ら費用を立て替えて受任事務をすべき義務があるが、本件では、費用につき当事者の思惑にずれがあり、その間に別の登記申請手続がされてしまったのである[9]。このような場合には、判決内容の①〜⑤の事実から、登記申請手続を急ぐ必要がある一方、Xの支払能力に問題はないなど、費用等の支払を確保するために登記申請手続を差し控えるべき事情は認められないから、司法書士としては、事前に費用等の支払がない場合は本件登記手続をしない旨明確に説明する等の措置をとるべきであったとした。司法書士にとって、このような説明は負担になるものではないから、委任者に登記手続を進める意思がないことが明らかな場合を除いては、費用等の支払に応じないことの不利益を説明するのが相当であろう[10]。

③　競売申立書作成における司法書士の助言義務—《17−5》

　《17−5》は、「司法書士が競売申立書の作成の委任を受けた場合において、一部の専有部分だけを競売に付することなく建物全部を競売に付するよう助言すべき義務はないとして、委任者の司法書士に対する損害賠償請求が否定されたケース」である。

　金融業A社の代表者Xは、司法書士Yに対し、A社の共同根抵当権の目的物である①建物敷地等につき競売申立書の作成を委任し、Yはこれを受任した。この申立書に基づき進められた競売手続において、Xは、上記物件を競落し、保証金280万円を納付したが、代金支払期日に代金を支払わず、再競売手続に移行したため保証金の返還を受けられなかった。Yは、この再競売に先立ち、A社から、②建物につき競売申立書の作成を受任し、これを作成した。そして、①建物敷地等と②建物は、一括して競売に付され、第三者が競落した。

9）山崎敏彦「司法書士の登記代理業務にかかる民事責任—最近の動向」鈴木禄弥先生古稀記念『民事法学の新展開』457頁（有斐閣・1993）。
10）加藤編・前掲注5）163頁〔松田〕。

Xは、A社が当初から②建物も含めて競売申立書を作成するよう委任したのにもかかわらず、Yは②建物を脱落させたものと主張して、上記保証金相当額等の損害賠償を求めた。

原判決（高知地判昭和58・1・24判時1125号126頁）は、A社が当初から②建物を含めて競売申立書を作成するよう委任したとの事実を認定せず、Yにおいて、申立関係書類によれば②建物の存在を知り得たとして、YがXに対し同建物についての競売申立意思の有無を確認する義務があるか否かを問題とし、何ら不注意はないとしてこれを否定した。

Xは控訴し、②建物も共同根抵当権の目的となっていることが分かるので、司法書士Yとしては、一部の専有部分だけを競売に付することなく建物全部を競売に付するよう助言すべき義務があると主張した。

本判決は、以下のとおり判示して、Xの控訴を棄却した。

「本件建物のように、構造上は1棟の建物でも区分所有権が認められるものについては、その専有部分の根抵当権はそれだけで独立の権利とされ、不動産登記簿上もその旨記載されるから、専有部分の登記簿抄本であっても、当該根抵当権行使に関する専有部分についての登記全部を謄写した旨の登記官吏の認証がある限り、不動産競売手続でこれを謄本と同視しても支障がないといわなければならないし、また競売申立を行う抵当権者にとっては、その被担保債権の満足が得られる限度で担保権を行使すればよく、一部の建物専有部分と建物全体の敷地についての抵当権の実行だけで、被担保債権の満足が得られる場合には、他の専有部分につき抵当権を実行する実益も必要性もないことが明らかであり、被担保債権の満足を得るためには担保物件全部につき抵当権を実行する必要があるのか、その一部で足りるかは抵当権実行の本人が判断すべきものであって、その競売申立書類の作成と裁判所への申立手続を受任した司法書士において、競売申立人のこの判断に関して積極的な助言、協力を行うべき責務はない。また、不動産競売期日に参加して競買申込をする者は、事前に不動産評価書を閲覧するほか、競売物件を現地で実査し、1個の建物のうち一定の専有部分が競売物件から除外されているため、その敷地を競売しても、除外されている専有部分についての法定地上権が生ずる可能性があるか否かを知ることができ、その可能性の有無に応じて競売申込代金額を決することができるから、

1個の建物の専有部分を一括して競売に付さなければ競売申込者の利益ひいては競売申立人の利益が不当に侵害されるというXの主張は理由がない。」

競売申立書作成における司法書士の助言義務の有無は、依頼者の競売手続に関する知識・経験との相関関係で判定されるものである[11]。《17－5》判決は、Xは金融業者で競売の知識があり、被担保債権の満足を得るためには担保物件全部につき抵当権を実行する必要があるのか、その一部で足りるかは判断することができたはずであり、競売申立書類の作成と裁判所への申立手続を受任した司法書士Yとして、Xに対し積極的な助言、協力を行うべき義務がないとしたものである。

本件の依頼者にはかなり問題があり、再三電話をかけ、粗暴な口調で「お前のミスだから払え。司法書士会綱紀委員に言うぞ。司法書士資格を取り上げ仕事をできないようにするぞ」などとクレームをつけている。この点について、Yは平穏な生活を乱されたとして慰謝料を請求し、Xに対し50万円の支払が命じられている。

4 登記手続の段取りを説明した事例—《17－6》

《17－6》は、司法書士において、「ある不動産につき委任者が有している根抵当権設定登記の抹消登記と別の不動産につきされるべき委任者の抵当権設定登記を同時にすべき約束はなかったとして、設定登記に先行して抹消登記手続をした司法書士に対する債務不履行に基づく損害賠償請求が否定されたケース」である。「Yは、Pに対し、第2不動産の抵当権設定登記手続を第1不動産の根抵当権抹消登記手続と引き換えに同時に行うことはできない旨を説明したと供述するが、この供述は認定事実の経緯からみて信用に値するということができる」と判示しているとおり、司法書士としては、登記手続の段取りを説明したと認定されたものである。

Xの夫Pは、Xの代理人として、Aに対し1000万円を貸し付けた。Aは、その担保のためにA所有の土地建物（第1不動産）に根抵当権を設定してこれ

---

[11] 加藤編・前掲注5) 171頁〔松田〕。

に基づく登記をした。その後、Aは、第1不動産をBに売却するに当たり、Pに対し上記根抵当権設定登記の抹消を求めた。Aは、Pに対し、上記貸金のうち500万円しか返済できないので、あと500万円については第1不動産の根抵当権を抹消してもらう代わりに、Aが別に所有する土地建物（第2不動産）に抵当権を設定しその旨の登記をすることを約束した。

　Yは、Bから、BがAから第1不動産を買い受けることとなったとして、その所有権移転登記と根抵当権登記抹消登記に関する書類の確認を依頼され、PおよびAに会い、上記抹消登記の必要書類を確認した。その際、Pは、Xを代理して、Yに対し、同抹消登記手続および第2不動産の抵当権設定登記手続を委任し、Yを受任者とする委任状等を交付するとともに、手続の費用および報酬を支払った。

　しかし、Aは、第2不動産の抵当権設定登記手続に必要な権利証を持参しておらず、同日同手続を完了することができなかった。そこで、Pは、同設定登記の原因証書となる抵当権設定金銭消費貸借契約書の末尾に、「権利書が到着次第手続お願いします」との記載をしてYに交付した。

　その後、Yは、他の司法書士を事実上代行させる形で、第1不動産の根抵当権設定登記抹消登記手続を完了した。ところが、AおよびPが第2不動産の権利証を持参しないので、連絡したが事態の進展は見られず、結局権利証を入手できず、そのため抵当権設定登記も未了となった。

　そこで、Xは、Yが抹消登記を先行させたことが債務不履行であるとして、Yに対し損害賠償請求をした。

　本判決は、以下のとおり判示して、請求を棄却した。

　「Yは、第1不動産の根抵当権設定登記抹消登記手続と第2不動産の抵当権設定登記手続の両者を受任したが、これらを同時に行うべきものとする約束があったとは認めることができない。何となれば、AとBの間における第1不動産の売買についてはすでに売買代金の授受が行われ、Pは貸金の一部弁済として500万円の支払を受けているが、売買代金の授受があった以上、これと引き換えに所有権移転登記手続及び根抵当権設定登記の抹消登記手続が行われるべきことが当然に予定されていたといわなければならないからである。売買代金の中から根抵当権の被担保債権の一部の弁済を受けておきながら、根抵当権

設定登記の抹消を後日に留保するというようなことができるわけがない。Ｐとしては、とりあえず 500 万円の支払を受けて根抵当権設定登記の抹消には応じた上で、Ａから第２不動産の権利証が届けられ次第、これに抵当権設定登記をするつもりであり、前記『権利書が到着次第手続お願いします』との記載は、このことを表すものと認めざるを得ない。」

　本件において、Ａが第１不動産を他に売却するに当たり根抵当権の抹消を求められたＸとしては、これに代わり、第２不動産についての抵当権登記がされることを期待することは当然である。しかし、Ｙは、Ａから権利証が提出されなければ第２不動産の抵当権設定登記手続を進めることができず、一方でＸが第１不動産の根抵当権設定登記抹消登記手続を先行されてもやむを得ないかのような態度を示しているのであるから、本判決の結論は相当であろう[12]。

　本件は、説明義務違反が正面から問われた事例ではないが、司法書士が委任者に対し委任事務の内容を説明したことを認めたケースである。

Ⅴ　むすび

　司法書士の説明・助言義務は、その職責ないし役割をどのように解するかという基礎の認識により規定されるところが大きい。

　《17－1》のように、司法書士は「不動産についての実体上の権利義務の得喪変更に関与せず、またみだりに関与すべきでない」と解すれば、説明・助言義務の範囲やレベルも限定的なものとなる。《17－2》も同様の思考に基づくものである。しかし、司法書士の職責・役割に関する実質的処理モデルが相当と解されるようになってきていることから、登記申請手続における説明・助言義務について、《17－3》《17－4》があらわれている。

　《17－3》《17－4》がいずれも委任者が登記関係費用の支払を怠っている事例であるのに対し、登記関係書類を持参しない事例《17－5》《17－6》については、司法書士の民事責任が否定されている。司法書士は、登記関係費用の支払がなくても登記申請手続を進められるが、書類が整わなければ手続を

12）加藤編・前掲注 5）175 頁〔松田〕。

進められないので、後者につき司法書士に責任を負わせるのは不相当と考えるからであろう[13]。もっとも、実質的処理モデルにおいては、委任者が書類の持参などを怠っている場合であっても、委任者が不動産取引等に対する知識に乏しいときには、説明・助言義務を負うと解するのが相当であろう。

---

13) 加藤編・前掲注 5) 151 頁〔松田〕。

第18章 登記申請に関する説明・助言義務［その2］

1 はじめに

　本章は、前章とともに、司法書士の登記申請に関する説明・助言義務を検討する。登記申請に関する説明・助言義務は、①登記申請手続それ自体に関する説明・助言義務、②法律上の効果に関する説明・助言義務の類型に分けられるが、本章は、②を対象にする。法律上の効果そのものの説明義務等に関する裁判例は、平成9年以降に登場しており、比較的新しいものが多い。考察する裁判例は、次のものである。

《18－1》東京地判平成9・5・30（判時1633号102頁）
　　　　＝抵当権設定登記よりも所有権移転登記の仮登記を先順位とした場合における法的効果の説明義務肯定事例
《18－2》東京地判平成10・3・25（判タ1015号164頁）
　　　　＝相続人の持分を相互に移転する旨の所有権移転登記手続を受任した司法書士の説明義務違反否定事例
《18－3》福島地郡山支判平成12・8・22（判時1755号99頁）
《18－4》仙台高判平成12・12・26（判時1755号98頁）
　　　　＝仮登記の移転登記申請代理を受任した司法書士の説明義務違反否定事例

　その他にも、すでに取り上げた裁判例の中に、説明・助言義務に関連するものがあった。《5－2》福岡地判昭和61・5・16（判時1207号93頁）、《10－2》大阪高判平成9・12・12（判時1683号120頁、判タ980号185頁）がこれである。説明・助言義務は、善管注意義務を問題状況に即して具体化したものであるから、他の義務違反とその周辺部分では重なるところがある。
　《5－2》は、「土地の買主から所有権移転登記申請手続の委任を受け、登記

手続費用等を受領した司法書士が、売主から第三者への同一土地の所有権移転登記申請手続を受任してこれを完了した場合に、買主に対し同人の利益に反する登記申請手続を受任した旨を通知するなどの適切な措置を講じる機会を与えるべき義務があった」として、司法書士の債務不履行責任を肯定したケースであるが、通知義務違反のほかに、分筆登記がなされないままでは所有権移転登記手続の履行が不可能である旨の説明義務の有無も問題となった[1]。

《10−2》は、「司法書士が、登記簿上の地目は宅地であるが現況が道路である土地につき根抵当権設定登記申請手続の委任を受けた場合に、本件土地の担保価値が乏しいことを教示すべき義務があったと」して、司法書士の教示義務違反＝債務不履行責任を肯定したケース（過失相殺94％）である[2]。

《5−2》《10−2》は、登記申請手続の法律上の効果についての情報というよりは、関連する法的情報・事実情報の供与というべきものである。これらも広い意味では、説明・助言義務の範疇に入れてよいであろう。Ⅴにおいて、これらも含めて問題状況を概観する。

Ⅱ 所有権移転仮登記を抵当権設定登記に優先させたことの説明義務—《18-1》

1 本判決の要旨

《18−1》は、「抵当権設定登記申請手続の委任を受けた司法書士が、同設定登記の先順位となる所有権移転仮登記の申請手続を先行させた場合に、同設定登記の委任者に対し仮登記を先順位とすることの法的効果について説明すべき義務があるところこれに違反したとして、委任者の司法書士に対する損害賠償請求を肯定したケース（過失相殺8割）」である。争点は、「所有権移転仮登記を抵当権設定登記に優先させた場合における司法書士の説明義務違反の有無」であり、これが肯定されたのである。

1）本書第5章68頁。
2）本書第10章130頁。

② 事案のアウトライン

　Y_1、Y_2 は、前所有者から本件土地（農地）を持分各2分の1の割合で買い受けたが、Y_1 が農業者でなかったため Y_2 名義の所有権移転登記がされた。

　平成〇年、Y_1 は、Xに対し、「本件土地の2分の1の持分を Y_2 から買いたいので2000万円を融資してほしい。Y_2 はそのために本件土地に抵当権を設定することを承諾している。本件土地につき農地転用の許可を得ることは容易であり、許可後土地を処分して融資金を返済する」と持ちかけた。Xは、融資経験はなかったが、土地を見分したところ宅地への転用ができれば担保価値は十分であると考え、Y_1 に対し、2000万円を貸し付け、Y_2 との間で、貸金債権の担保のために、本件土地につき抵当権設定契約を締結した。

　Y_1 は、司法書士である Y_3 に対し、本件土地につき条件付所有権移転仮登記を申請したいと告げたうえ、Xと Y_2 を同行して司法書士事務所を訪れた。その際、Xと Y_2 は、Y_3 に対し、抵当権設定登記申請手続と抵当権設定契約の契約書の作成を委任した。そこで、Y_3 は抵当権設定金銭消費貸借契約書を作成し、X、Y_1、Y_2 がこれに署名押印した。この契約書には、「Y_2 が本件土地につき第1順位の抵当権を設定する。Y_1 又は Y_2 は、Xの書面による承諾なしに抵当物件の所有権を移転し、又はその上に他の物件等を設定することなどXに損害を及ぼすおそれのある一切の行為をすることを禁ずる」などの条項が定められている。

　その際、Y_1 は、Y_3 に対し、Y_1 に対する条件付所有権移転仮登記の申請手続を委任し、農地転用手続を先にしたいとの理由で、仮登記を先順位としたいと述べた。Y_3 は、Xと Y_2 に仮登記を先順位とすることにつき意思確認をしたところ、ともに異議を述べず、Xは、「農地のままでは担保価値がないので、早く所有権移転登記をして貸金を返済してほしい」と述べた。これに対し、Y_3 は、本件仮登記が本件設定登記より先順位でされた場合の法的効果について説明をしなかった。

　Y_3 は、本件仮登記を先順位として仮登記と設定登記を申請し、その旨の登記がされた。Xは、登記完了後の登記簿謄本を見て、設定登記とともに仮登記がされていることを確認したが、Y_1 の農地転用許可後土地を処分して貸金を

返済するとの約束を信じ、特に問題を意識せず何らの措置を講じなかった。翌年、Y_1 は、Y_3 に対し、本件仮登記にかかる条件付所有権を第三者に移転する登記の申請手続を委任し、第三者に名義を変更すれば農地転用手続が容易になると説明した。Y_3 はこの説明を信用してXに対し通知するなどの措置はとらなかった。

その後、Xは、抵当権に基づく競売の申立てをしたが、係官から仮登記が優先するので抵当権を実行しても意味がないとの説明を受け取り下げた。

そこで、Xは、Y_3 に対し、仮登記を設定登記よりも先順位で登記するとXが貸金の回収ができなくなるおそれがあることをXに説明すべき義務があったと主張して、貸金相当額の損害賠償を求めた。

3 本判決の概要

本判決は、以下のとおり判示して、Y_3 の説明義務違反を認めた。

「司法書士は、他人の嘱託を受けて登記に関する手続について代理すること等を業務とし（司法書士法旧2条〔現行法3条〕）、『業務に関する法令及び実務に精通して、公正かつ誠実にその業務を行わなければならない』（旧1条の2〔現行法2条〕）ものとされている。そして、司法書士は、登記の申請手続の委任を受けた場合には、委任の本旨に従い、当該登記の原因となる契約等の目的が委任者の意図のとおり達成されるように、善良な管理者として注意をする義務がある。この注意義務は、司法書士が登記権利者及び登記義務者双方から登記申請手続を受任した場合においても同様である。したがって、委任者の一方又は双方から、登記申請手続に関し特定の事項について指示があった場合においても、その指示に合理的理由がなく、これに従うことにより、委任者の一方の利益が著しく害され、申請の原因たる契約等により当該委任者が意図した目的が達成されないおそれがあることが明らかであるときは、司法書士は、当該委任者に対し、指示事項に関する登記法上の効果を説明し、これに関する誤解がないことを確認する注意義務がある。

これにより Y_3 の行為を検討すると、Y_3 は、設定登記の申請手続を受認した際、貸金及び抵当権設定契約の契約書の作成も受任し、設定登記の申請手続

の委任と同一機会に貸金が実行されたことも知っていたから、設定登記の目的が貸金の返済を確保するためのものであることが分かっていたものと認められる。そして、農地転用を急ぐためというY_1の説明が不合理であること、仮登記が先順位とされると設定登記が貸金の担保として機能せず、Xが貸金の弁済を受けられない可能性が大であることは、登記に関する法令の知識のある者にとっては自明の理である。したがって、Y_3には説明義務違反が認められる。」

4) 考　察

《18－1》は、司法書士に委任を受けた登記手続の法的効果を説明すべき義務があるとした裁判例として意義を有する。すなわち、本件において、司法書士は依頼者の指示どおり登記手続を実行したのであるが、本判決は、司法書士の職責から、委任者の一方からの指示事項に関する法的効果を説明する義務を怠ったと評価した。

その理路および判断枠組みは、次のようなものである。

【A】登記の申請手続の委任を受けた司法書士には、委任の本旨に従い、登記の原因となる契約等の目的が委任者の意図のとおり達成されるよう善管注意義務がある。

【B】委任者の一方または双方から、登記申請手続に関し特定の事項について指示があった場合において、その指示に合理的理由がなく、これに従うことにより、委任者の一方の利益が著しく害され、申請の原因たる契約等により委任者が意図した目的が達成されないおそれがあることが明らかであるときは、司法書士は、委任者に対し、指示事項に関する登記法上の効果を説明し、誤解がないことを確認する注意義務がある。

【C】司法書士は、所有権移転仮登記が先順位にされると抵当権設定登記が貸金の担保として機能せず、抵当権者が貸金の弁済を受けられない可能性がある旨、委任者に対する説明義務がある。

司法書士は、「登記に関する法令の知識のある者」であるから、農地転用のために仮登記を急ぐという説明を鵜呑みにしてはならないし、抵当権設定登記よりも先順位となる所有権移転仮登記をしたら、抵当権の実行が空振りに終わ

りかねないことを予測すべきであろう。本判決は、このような場合には、委任者の利益を損なうおそれやその回避措置につき説明義務を負うという規範を形成したものである[3]。Xが異議を述べなかったとしても、司法書士としては、このような仮登記をしてもよいか念を押し、Xが仮登記の法的効果を誤解していないかどうか確かめるためにも、所要の説明（【C】）をすべきであった。

　司法書士が登記権利者と登記義務者の双方から委任を受けた場合に、一方の指示事項に従うだけでなく、善管注意義務（【A】）をもって、他方の利益にも配慮しながら適切な措置を講じる義務を負うとした点（【B】）は、登記義務者と登記権利者との利害対立の洞察という観点から重要である。すなわち、【B】は【A】の具体的発現形態である。

　説明・助言義務は、委任者の属性との関連においてその内容・程度が判定されるが、本判決では、Xが融資の素人であったことが司法書士に説明義務違反を認めた方向に働いた大きな要素であったと解される[4]。もっとも、Xが登記簿謄本を見て本件仮登記が先順位であることを知った後直ちに貸金回収の措置を講じなかった過失を斟酌して、8割の過失相殺をしている点にも留意すべきであろう[5]。

III　持分を相互に移転する旨の所有権移転登記手続についての説明義務——《18-2》

1　本判決の要旨

　《18-2》は、「遺産共有状態にある複数の不動産をいずれも単独所有にするため、各相続人の持分を相互に移転する旨の所有権移転登記手続を受任した司法書士が、登録免許税が安価である『共有物分割』を登記原因とせず、より高額の登録免許税を課せられる『交換』を登記原因としたことは、調査義務違

---

3) 國井和郎＝下村信江「司法書士の損害賠償責任をめぐる裁判例の分析」阪大法学49巻1号36頁（1999）。

4) 山崎敏彦「司法書士の登記代理業務にかかる民事責任——最近の動向・補論（下）」青山法学論集40巻3＝4号291頁（1993）。

5) 加藤新太郎編『判例Check 司法書士の民事責任』178頁〔松田典浩〕（新日本法規・2002）。

反・説明義務違反とならないとしたケース」である。

争点は、「司法書士は委任者らに対する関係で、調査をした上で登記原因を決める義務及び説明義務違反があったか」であり、消極に解されたものである。

2) 事案のアウトライン

分筆前の土地（1筆）をAが10分の9、Aの母X_1が10分の1の各持分で共有していた。Aは、平成5年2月16日死亡し、分筆前の土地に対するAの持分10分の9は、その妻X_2と子X_3が各20分の9ずつ取得した。

Xらは、Aの相続に伴う相続税の納付に関し、分筆前の土地の一部を分筆した上でこれを物納する方法で相続税を支払うこととし、それに伴いX_1・X_3はX_2に交渉の代理を委任した。X_2は、司法書士であるYに相続税の物納のために登記手続を依頼し、分筆対象となっている土地の図面および依頼したい登記手続の概要を記載したB税理士作成のメモ2通を手渡した。YはX_2およびBと相談し、Xら3名間で持分の等価交換をする「交換」を登記原因とすることにした。

ところが、Xらは、その後、登記原因を「共有物分割」とすれば登録免許税を安価で済ませることができたことを知った。そこで、Xらは、司法書士YにおいてXらの負担すべき登録免許税を安価にするよう注意義務を尽くさなかったとして損害賠償を請求した。

3) 本判決の概要

本判決は、次のように判示して、司法書士Yの調査義務違反・説明義務違反を認めず、請求を棄却した。

「司法書士は登記手続の代理を業とするものであり（司法書士法旧2条1項1号〔現行法3条1項1号〕参照）、それに伴い、委任者から依頼される登記手続に関する事実関係を調査する義務を負うものと解される。

本件の場合、Yは、平成6年11月ころにおけるX_2との2度にわたる打ち合わせにおいて、XらがYに委任しようとしているのが、相続税の物納を目的

とした相続登記、分筆登記及び共有持分の変更登記である旨把握しており、また、同年12月15日におけるB税理士との打ち合わせにおいて、X_2から手渡されていたメモに基づき、等価交換による持分移転の登記手続を依頼されている旨確認しているのであって、司法書士として必要な調査義務は十分に尽くされているというべきである。

物権変動について、これを共有物分割として把握することも不可能ではないが、他方、これを交換として把握することも、不合理とは言えないのであって、まして、司法書士であるYに対し、登録免許税の具体的金額について考慮した上で、それが最も少額になるような登記原因についてまで調査すべき義務があるとは言い難い。よって、Yに調査義務違反は認められない。（中略）

一般論として、司法書士が登記手続の委託を受ける際に、その委託内容である登記の種類、登記原因等を最終的に決定するのは、委託者であって、受任者である司法書士ではない。すなわち、登記手続の場合、どのような登記の種類、登記原因を選択するかは、委託者の事情によって異なるものであり、受任者である司法書士が単に登記手続上の利害得失から決定しうる事柄ではなく、まして、登記原因の選択は、登記手続の際の登録免許税の多寡だけで決めうるものではない。したがって、Xらの事情を熟知しているわけではない司法書士は、Xらから具体的な質問や依頼を受けていないにもかかわらず、司法書士としてなすべき一般的な説明を超えて、登記原因を説明し、選択を勧めなければならない義務を負うものではない。更に言えば、特定の登記原因を勧めることは、司法書士の権限外の行為ともなりかねない。

Xらの主張が、司法書士に、上記の一般的な登記原因の説明義務を超えて、具体的な登記原因の説明ないし選択義務まで負わせようとする趣旨であれば、失当と言わざるを得ない。

また、Xらの主張が、登記原因を委任者に選択させる前提としての説明義務を負わせる限度であるとの趣旨であれば、Yとしては、Xら又はB税理士から説明を受けた事実に基づいてそれに見合った登記原因を説明すれば十分であるところ、Yは、B税理士から、Xら3名間で持分の等価交換を行うのであるから、それにあった登記原因にしてほしい旨説明を受けたのに対し、それならば登記原因は『交換』とすべきであると答えているのであって、この説明から、

Yが『共有物分割』等の登記原因についてまで説明義務を負うとまでは解し得ない。(中略)

　なお付言するに、Xらが不必要な登録免許税を支払うに至ったのは、結局のところ、登記手続について十分な知識を有しないB税理士と、登録免許税の具体的金額について知識を有しないYとが、登記原因と登録免許税との相関関係について詳細な打ち合わせをしなかったことによるものと言うべきであるが、その結果を、Y1人の法的責任に集約することは、やはり無理があると言わざるを得ない。」

4) 考　察

　《18-2》は、登録免許税との関係で、司法書士が登記原因について調査すべき義務までは負わないとする。依頼者からすると、登記申請に要する手続費用を可能な限り安価に済ませたいと考えるのが通常である。しかし、その手続費用は登録免許税として税務に関する事項であるから税理士であればともかく、税務の専門家ではない司法書士に節税のための調査義務を課すことは相当とはいえないと解されたのである[6]。

　登記原因の説明義務について、本判決では、次のような理路と判断枠組みをとっている。

【A】司法書士は、司法書士としてなすべき一般的な説明を超えて、登記原因を説明し、選択を勧めなければならない義務を負うものではなく、(委任者から)説明を受けた事実に基づいてそれに見合った登記原因を説明すれば十分である。

【B】委任者に登記原因を選択させる前提としての説明義務であったとしても、Yは、Xらに助言を与えていた税理士から、Xら3名間で持分の等価交換を行うのであるから、それにあった登記原因にしてほしい旨説明を受けたのに対し、それならば登記原因は「交換」とすべきであると答えており、それ以上に、「共有物分割」等の登記原因についてまで説明義務を負うものでは

---

[6] 加藤編・前掲注5)105頁〔福島政幸〕。

ない。

　本判決の説明義務についての説示は、規範論としても、本件事実関係における当てはめにおいても相当といえよう。

　本判決について、最終的決定権は登記委託者たる当事者が有することが重要であるところ、司法書士は、当事者と一時的接触しかもたず、通常は登記に至るまでの当事者の事情に通じていないため、単に登記の局面からだけでは真に的確かつ専門的な助言をなし得ないはずであるとして、支持する見解[7]がみられる。すなわち、本判決は隣接関係業務（税務）との境界を意識し、司法書士法による限界に慎重に配慮しているという。

　本件のような場合において、司法書士の注意義務の範囲は、顧客の依頼の趣旨や具体的な依頼内容との相関がある。本件では、司法書士は、B税理士と打ち合わせたX_2からのメモに基づき確認した経緯があり、この点から本判決はB税理士との関係で調査義務違反・説明義務違反を否定したものと考えられるから、結論として相当と解される。

IV　仮登記の移転登記申請代理を受任した場合の説明義務—《18-3》《18-4》

1）本判決の要旨

　《18-3》《18-4》は、「司法書士が、仮登記の移転登記の委任を受けた際にした説明につき、説明の内容に誤りはなかったとして、委任者に対する損害賠償請求を否定したケース」である。

　争点は、司法書士の説明内容の当否（説明義務の限界）であった。

2）事案のアウトライン

　本件土地には、①権利者をA社とする条件付所有権移転仮登記（本件仮登記）、②根抵当権者をB社、債務者をA社とする根抵当権設定登記、③根抵当権者を

---

[7] 國井和郎＝若松陽子「専門家たるべき司法書士の職務内容に関する考察」阪大法学50巻2号232頁（2000）。

C、債務者をA社とする根抵当権設定登記があった。Xは、A社に対し3000万円を貸し付けるとともに、担保の趣旨で売買を原因として本件仮登記の移転登記を受けることにし、司法書士であるYに対し、その登記申請手続を委任して移転の付記登記を得た。

その際、Yは、本件仮登記のXに対する移転の目的が、XのA社に対する3000万円の貸金の担保のためであることを知っており、Xに対し本件仮登記がB社らの根抵当権に優先する旨説明した。ところが、A社が倒産し、その後B社が、前記根抵当権に基づき不動産競売の申立てをして、競売手続が進行し、Xは、債権届出をしたが、本件仮登記が担保仮登記ではないとの理由で配当金を受けることができなかった。

そこで、Xは、Yが、A社は根抵当権設定登記に優先する本件仮登記を有しているから、仮登記の移転を受ければ、貸し付けても返済を受けられるから大丈夫であるとの誤った説明をし、その結果貸金の回収が不可能となったと主張して、Yに対し損害賠償を求めた。

3）一審判決の概要

原審判決《18−3》は、以下のとおり判示して、Xの請求を棄却した。

「司法書士は、他人の嘱託を受けて登記に関する手続を代理することなどを業務とし（司法書士法旧2条〔現行法3条〕）、『業務に関する法令及び実務に精通して、公正かつ誠実にその業務を行わなければならない』（司法書士法旧1条の2〔現行法2条〕）ものとされている。したがって、登記手続を受任した司法書士は、単に登記手続自体のみならず、その原因となった契約等の目的が当該登記手続によって実現され得るものであるか否かについて一定の注意義務を負うものといわなければならない。

しかし、登記手続は当事者の様々な思惑に基づいて行われるものであり、登記手続を定額の報酬で受任したに止まる司法書士が、登記原因との関係で当該登記手続のあらゆる問題点を考慮し、それを委任者に説明すべきであるとすることは、司法書士に過重な負担を負わせるものであって適当ではない。ことに、本件のごとく、登記権利者及び登記義務者の双方から登記手続を受任した場合、

一方の委任者に対して問題点を指摘することは、登記手続全体の解消に発展する可能性を持つものであるが、これは他方の委任者に対する任務違背にもなりかねない。

そこで、登記手続を受任した司法書士は、その原因となった契約等の目的との関係において、誤った説明をしてはならず、また、委任者が当該登記に関して何らかの誤解をしていることが明白にうかがわれるなどの特段の事情のない限り、当該登記手続がその目的を達成する可能性が著しく低い場合に限って、その旨を説明すべき注意義務を負っているものというべきである。

これを本件についてみると、所有権移転仮登記が根抵当権よりも先に設定されている場合、その担保的効力としては、仮登記担保契約に関する法律による優先弁済請求権（仮登記担保契約に関する法律13条）のほか、仮登記を保持することによる事実上の担保的効力（後順位の抵当権等が実行されても抹消されず、残存することによる事実上の効力）が考えられる。本件仮登記は、担保仮登記ではなかったが、Xが前記競売手続において債権届出を行わず、又は非担保仮登記の届出を行っていたとすれば、競売手続が停止し、あるいは本件仮登記が売却許可決定によっても抹消されずに残存した可能性もあり、事実上の担保的効力を直ちに否定することはできないから、Yの回答内容が誤りであったということはできない。また、本件仮登記手続受任の際、Xが本件仮登記を担保仮登記と誤解していたことを明らかに窺わせるような事情はなかったと認められる。」

④ 控訴審判決の概要

控訴審判決《18－4》は、次の理由を付加して原審の判断を維持し、控訴を棄却した。

「本件仮登記が根抵当権より先順位であるという意味において、本件仮登記が根抵当権に優先する旨の説明に何ら誤りはなく、この説明が本件仮登記の担保としての効力を念頭に置いてされたとしても、本件仮登記は根抵当権よりも担保力が上であるということができるから、誤りではない。ただし、前記のとおり本件仮登記は担保権の登記ではないから、その担保的効力は事実上のもの

であって、例えば本件仮登記に基づく本登記がされた場合には、後順位で登記された根抵当権の実行を妨げることができる等のことを意味する。Xは本件仮登記を担保仮登記と解したため、本件仮登記を有効に活用することができなかったが、このような結果はXが甘受すべきことである。」

5）考　察

《18－3》《18－4》は、仮登記の移転登記の委任を受けた司法書士がした説明に関し、説明義務が存在することを前提として、説明内容の当否ないし説明義務の限界を論じたものとして意義がある[8]。

その理路と判断枠組みは、次のようなものである。

【A】司法書士は、その職責にかんがみ、一般的に広く説明等の義務を負う。

【B】不動産登記手続は当事者のさまざまな思惑に基づいて行われるものであること、司法書士は登記手続を定額の報酬で受任したに止まることを考慮し、司法書士が、登記原因との関係で当該登記手続のあらゆる問題点を考慮し、それを委任者に説明すべきであるとすることは、司法書士に過重な負担を負わせるものであって適当ではない。

【C－1】司法書士は、登記手続の原因となった契約等の目的との関係において、誤った説明をしてはならない。

【C－2】司法書士は、委任者が当該登記に関して何らかの誤解をしていることが明白にうかがわれるなどの特段の事情のない限り、登記手続がその目的を達成する可能性が著しく低い場合に限って、その旨の説明義務を負う。

【D】本件における司法書士の説明は誤りではない。

本判決は、裁判例において、司法書士の説明義務の範囲が広がり、その程度も高まる傾向の中において、衡平の観点から一定の歯止めを講じようという意図をうかがうことができる。

確かに、司法書士が説明義務を負うといっても当該登記手続に関する事項を満遍なく説明しなければならないものではなく（【B】）、事柄の軽重、依頼者

8）加藤編・前掲注 5) 152 頁〔松田〕。

の属性や状況に応じた発現形態があると解することは相当であろう。

【C-2】をパラフレイズすると次のようにいうことができる。

第1に、委任者が当該登記および登記手続に関して何らかの誤解をしていること（正しい理解をしていないことを含む）がうかがわれる場合には、司法書士に、その点に関する説明が広く義務として要請される。

第2に、これに対し、そうでない場合には、登記手続がその目的を達成する可能性が著しく低いときに限定して、司法書士に、その旨の説明義務が措定される。

第3に、依頼者が登記手続の素人である場合には説明義務が加重されることがあるが、不動産業者や金融業者である場合には、自己責任の見地から、司法書士の介入的行動に出るべき程度は相対的に低下する[9]。

《18-4》は、Yの説明内容が誤りではなかったことを説示している（【D】）。すなわち、専門家責任としての説明義務を果たしたと評価されるためには、その説明が誤りでないことが前提となるのである（判断枠組み【C-1】）。

V 司法書士の説明義務の現在

《18-1》は、司法書士は、当該事実関係の下において、「所有権移転仮登記が先順位とされると抵当権設定登記が貸金の担保として機能せず、抵当権者が貸金の弁済を受けられない可能性がある」旨、依頼者に対する説明義務があるとした。《18-2》は、持分を相互に移転する旨の所有権移転登記手続を受任した司法書士としては、登録免許税との関係で、「交換」を登記原因とせずに、「共有物分割」を登記原因とした方が登録免許税が安く済むことの説明義務違反はないとした。これは、司法書士の守備範囲を超えるものであるという評価によるところが大きいと思われる。また、《18-3》《18-4》は、仮登記の移転登記申請代理を受任した司法書士の説明義務違反を否定したが、判断枠組みを示したうえで、衡平の観点から一定の歯止めを講じることを意図したものであった。これらは、いずれも、実質的処理モデルの観点からしても、相当な

---

9) 山崎敏彦＝山野目章夫＝齋藤隆夫＝井上繁規＝加藤新太郎〔司会〕「〔座談会〕司法書士の職務と民事責任」判タ1071号23頁〔山崎発言〕（2001）。

判断であったとみることができる。

　裁判例《5－2》は、登記義務者と登記権利者の利害が対立した場面において、「司法書士が、登記義務者から委任を受け、かつ、登記権利者の不利になり得る事項を、登記権利者に通知する義務があるか」が争点とされ、司法書士としては、登記権利者に通知し、登記権利者において適切な措置を講じる機会を与えるべき注意義務があると判断された。しかし、《5－2》では通知義務違反のほかに、分筆登記がなされないままでは所有権移転登記手続の履行が不可能である旨の説明義務の有無も問題となり、「(本件) 委任契約は、本件土地につき分筆登記がなされ、かつ、売主の必要な書類が提出されることを停止条件とする委任契約であった」から「移転登記手続の委任を受けたＹとしては、Ｘにおいて当然そのままでは移転登記ができないことを知っていると考えるのが自然」である旨判示して、この義務を否定した。これは、この事例では相当であったといえようが、専門家責任規範の観点からは、依頼者の属性により説明義務の広狭が決せられると解すべきである[10]。そして、この点は、《18－3》《18－4》の判断枠組みの理解とも整合するものである。

　さらに、《10－2》は、司法書士が、登記簿上の地目は宅地であるが現況が道路である土地につき根抵当権設定登記申請手続の委任を受けた場合に、本件土地の担保価値が乏しいことを教示すべき義務があったとした。教示義務も説明義務もその内容は同じである。司法書士において、過去の登記事務処理の経験から、根抵当権の対象となる土地の現況が道路であり、固定資産課税台帳上公衆用道路とされ非課税となっていること、根抵当権設定登記申請手続をすることが、無価値な土地を担保に高額な貸付がされるのを助けることになることを知っており、容易にこの事実を説明することができたのである以上、説明義務違反と評価されることはやむを得ないところである[11]。

　前章で取り上げた、《17－3》京都地判昭和 62・1・30（判時 1246 号 122 頁）、《17－4》東京地判平成 2・11・20（判時 1393 号 108 頁）は、いずれも委任者が登記関係費用の支払を怠っている場合について、司法書士の登記申請に関す

---

10) 本書第 5 章 71 頁。
11) 本書第 10 章 132 頁。

る説明義務違反を肯定している[12]。これらは、依頼者が当該登記および登記手続に関して正しい理解をしていないことがうかがわれる場合とみることができるように思われる。

　また、説明責任の限界についても基準が画定されるべきであり、このような問題意識に基づくものとして、《18－3》《18－4》を読み解くことができる。司法書士の専門家責任の観点からは、責任の実質化と拡充という論点と司法書士の責任の限界という論点とは、車の両輪として位置づけられるものと解されるのである。

---

12) 本書第17章241頁、243頁。

第19章 登記申請代理における善管注意義務の諸相

I はじめに

　本章では、司法書士の登記申請代理における善管注意義務の諸相と題して、これまで正面から取り上げられなかった裁判例をいくつか考察する。対象とするのは、次の裁判例である。

　《19－1》千葉地判昭和56・6・11（判時1024号100頁）
　　　　　＝登記書類を盗まれた司法書士の民事責任に関するもの（登記必要書類保管義務）
　《19－2》名古屋地判昭和61・5・8（判タ623号162頁）
　　　　　＝登記申請代理を受任した司法書士が他の司法書士に事務処理を委任した場合における民事責任に関するもの

　そして、司法書士の補助者について民事責任に関するものとして、以下のものをみる。

　《19－3》東京地判平成2・3・23（判時1371号113頁、判タ748号211頁）
　《19－4》東京地判平成17・11・29（判タ1232号278頁）

　本章の主題は、第1に、司法書士の登記申請代理における善管注意義務が、どのような場面で、どのようにあらわれ、その違反があると評価されるかという問題の一環である。その内実についての理解を深めることにしたい。

　第2に、本来司法書士自身が行うべき登記申請手続を補助者に一任するという執務がみられるようであるが、その問題性について、《19－4》を素材にして、司法書士倫理（執務規範）との関係で考察を加える。

II 登記書類を盗取された場合 —《19 − 1》

1）本判決の要旨

《19 − 1》は、登記申請代理を受任した司法書士が登記書類を盗取されたことにつき不法行為責任を負うとしたケースである。争点は、いうまでもなく司法書士の書類保管義務違反による不法行為の成否である。

2）事案のアウトライン

司法書士Yは、登記権利者Xと登記義務者A会社の双方から根抵当権設定登記申請代理の委任を受けた。Yは、A社の代表取締役Bが担保物件の変更を理由に登記書類を見せてほしい旨要請したのに応じ、登記書類を金庫から取り出して机上に置いたところ、これをBに盗取された。その後、本件不動産は第三者に所有権移転登記がされてしまった。

そこで、Xは、担保を失い、被担保債権の回収が不能になったとして、Yに対して債務不履行ないし不法行為に基づく損害賠償請求をした。

3）本判決の概要

本判決は、次のとおり判示して、Yの不法行為責任を肯定し、Xの請求を認容した。

「本来、根抵当権設定契約において、その権利者は、登記を経由しない限り第三者にこれを対抗し得ないものであるから、その登記は、必要欠くべからざるものであり、その申請手続は、専門的知識をもつ司法書士に委託してなされるのが通常であり、司法書士としては、右委託を受けた場合は、善良な管理者の注意をもって委任事務を処理遂行すべき義務があり、その必要書類を預かるに際しては、これを毀滅したり、盗取されないように注意すべきであることは当然である。特に、申請書類が完備している場合とか、登記義務者の作成した書類を保管する場合は、これをいったん失えば、権利者が再びその提出を受け

るについて困難を伴うことも予測され、また、悪意の登記義務者その他により担保物件を第三者に移転され、登記手続が不可能となるおそれがあるからである。

　上記認定の事実によれば、Yは、所有権移転登記の相手方及び根抵当権設定義務者を、当初委託されたAより、Bに変更する旨の連絡を受けていたが、Bに申し出た担保物件の変更については、Yは当事者のいずれからも連絡を受けておらず、権利者であるXも同行していないものであり、もともと、Aの代表者であるBは、所有権移転の権利者及び根抵当権設定義務者（連帯保証債務者でもある）として、自ら承諾してこれに必要な上記書類等を代理人Cをして、Yに提出させたものであるから、Bが担保物件の変更を理由に登記書類を見せてくれという申出自体、警戒して対処すべき事柄であり、司法書士としては、いったん委託を受けた登記手続に必要な書類は、上記担保変更の真偽の確認をしないまま、軽々にこれを登記義務者の手中下に置くような行為は慎むべきであるところ、YはBの申出に応じてこれをBが自由に閲覧し得る状況に置き、これを盗取されたものであるから、盗取されるについて過失があったものと言わねばならない。

　また、Bが右書類を同行者に渡して逃走させた後、同人はY事務所にとどまって、Xとの連絡を行っているのであるから、その間、警察に連絡する等の適切な処置をしていたならば、同書類により第三者への所有権移転登記は防止された可能性もあり、これらの措置に出なかった点においても過失があったということができる。

　したがって、Yの過失により、上記登記申請に要する書類を紛失し、Xに対し、対抗力ある登記を経由することができなくなったことについては、その担保権の侵害として不法行為上の責任を負わなければならない。」

④ 考　察

　登記申請代理を受任した司法書士には、登記書類保管義務がある。したがって、登記必要書類を紛失したり、登記権利者の同意なく登記義務者に書類を返還したような場合には、債務不履行責任を負う。例えば、《４－１》「司法書士

が登記権利者及び登記義務者双方から登記申請手続の委託を受け、その手続に必要な書類の交付を受けた場合においては、登記申請手続の完了前に登記義務者からこの書類の返還を求められても、登記権利者に対する関係では、同人の同意があるなど特段の事情のない限り、その返還を拒むべき委任契約上の義務がある」（《4-1》最判昭和53・7・10民集32巻5号868頁）[1]。司法書士の登記書類保管義務は、登記申請代理の基本的義務である。その実質的根拠は、申請書類が完備している場合、登記義務者の作成した書類を保管する場合において、これをいったん失えば、登記権利者が再びその提出を受けるのに困難を伴うことがあり、また、悪意の登記義務者その他により担保物件の実体権を第三者に移転され、登記手続が不可能となるおそれがあるという点にある。

《19-1》は、Xが不法行為と債務不履行の選択的主張をしたのに対し、不法行為に基づく損害賠償責任を認めた。その理路は、次のように整理される。

【A-1】司法書士は、登記申請代理を受任した場合は、善良な管理者の注意をもって委任事務を処理遂行すべき義務がある。

【A-2】登記必要書類を預かる際には、これを毀滅したり、盗取されないように注意すべき義務がある。

【B-1】司法書士Yは、いったん委託を受けた登記手続に必要な書類は、担保変更の真偽の確認をしないまま、軽々にこれを登記義務者の手中下に置くような行為を回避すべき義務があった。Yが、これに違反して、登記必要書類をBが自由に閲覧し得る状況に置き、これを盗取されたことは、過失があった。

【B-2】Bが書類を同行者に渡して逃走させた後、BはY事務所にとどまり、Xとの連絡を行っていたのであるから、司法書士Yが、警察に連絡する等の適切な処置をしていれば、当該書類により第三者への所有権移転登記は防止された可能性があったのに、そうしなかった点においても過失があった。

本判決は、以上のように、司法書士の善管注意義務を登記書類保管義務に具体化し（【A-2】）、本件事実関係に適用する（【B-1】【B-2】）という判断構造を有する。【B-1】と【B-2】との関係は、【B-1】が登記書類保管

---

[1] 本書第4章53頁。

義務であり、【B-2】は、その義務違反を先行行為とする結果回避義務違反とみることができる。盗取という事実行為を招いた注意義務違反を不法行為の過失と構成したものである。請求権競合ケースであるから、《4-1》最判昭和53・7・10と同じく債務不履行構成により責任を肯定することも可能なケースであったと解される[2]。

《19-1》の特色は、Xが6000万円（認定された損害額は3800万円）のうち1000万円の内金請求をしたのに対し、Xの事後的対応等諸般の事情を考慮して、信義則により賠償額を500万円に制限したところにある。このような場合には、過失相殺により損害賠償額を調整するのが通例であるが、本判決は、そのようにはせずXの一部請求額の半額を認容した。本判決のように信義則により損害賠償額の制限する手法は、論理的に成り立たないわけではないが、直ちに一般化することは困難であろう[3]。

III 登記申請代理を他の司法書士に復委任した場合—《19-2》

1) 本判決の要旨

《19-2》は、登記義務者から登記申請代理を受任した司法書士からさらに同事務の復委任を受けた司法書士の被用者が不法行為を行った場合の各司法書士の責任について判断したケースである。争点は、司法書士が他の司法書士に登記事務を委託した場合の債務不履行責任、使用者責任の成否であった。

2) 事案のアウトライン

名古屋市在住のXは、Aから高松市所在の不動産を買い受け、登記申請代理手続をY_1に委任した。Y_1は、高松市の司法書士であるY_2に登記手続を委任

---

[2] 國井和郎＝下村信江「司法書士の損害賠償責任をめぐる裁判例の分析」阪大法学49巻1号15頁（1999）。
[3] 加藤新太郎編『判例Check 司法書士の民事責任』339頁〔酒井良助〕（新日本法規・2002）。

した。Y_2は娘のＢに登記関係の事務一切を任せていたところ、Ｂは、登記申請に際し、固定資産評価額証明書中の土地の評価額を過少に改ざんしたうえ、登記官に提出し、改ざん後の評価額を基準として登録免許税を納付し、登録免許税としてＸから預かった金員との差額を着服横領した。その後、Ｘは、登録免許税の不足分を納付した。

Ｘは、Y_2に対し、使用者責任に基づき、Y_1に対し、債務不履行または使用者責任に基づき、損害賠償を請求した。なお、Ｘは、国に対しても、公務員である登記官が固定資産評価額証明書の改ざんを看過した過失があるとして、国家賠償法１条に基づき損害賠償を請求した。

3) 本判決の概要

《19－2》判決は、次のとおり判示して、Y_2に対する請求を認容したが、Y_1に対する請求は棄却した。また、国賠請求についても、登記官が固定資産評価額証明書の改ざんを看過したこととＸの損害との相当因果関係、登記官の過失がいずれもないとして棄却した。

「Y_2は、Y_1と同様司法書士であって、同等の資格を有するものであるから、単なる履行補助者ではなく、Y_1から復委任を受けた履行代行者というべきである。そして、前示の認定のとおり、Y_1がＸの許諾を得て履行代行者たるY_2に事務の処理を委託したことは明らかであるから、Y_1は、民法104条に従い、適法な復代理人の選任をなしたというべきであり、Y_2の選任及び監督に過失がなければ、債務不履行責任を負わない。

これを本件についてみるに、前記認定のとおり、Y_2は司法書士であってその信用は一応担保されていること、司法書士の補助者による着服横領なる事態は通常予想されるものではないこと、Ｂによる一連の犯行は昭和58年になってようやく発覚したものであったことからすると、Y_1がY_2に登記手続を委託するにつき、その選任及び監督につき過失がなかったものと解される。

民法715条にいう『他人を使用する者』とは、実質的な使用、被用の関係があり、被用者が使用者の事業に従事する場合の使用者をいうものと解されるが、その被用者に対し指揮監督をなし得る関係を伴うものであることを要する

ものと解すべきである。しかるところ、Y_1 の Y_2 に対する復委任による業務の委託は、司法書士としての資格ある者に対する独立性のある業務委託であって、必ずしもこれに対する指揮監督をなし得る関係があるともみなし難く、直ちには使用関係を認め得るものではない。」

4）考　察

Y_1 の責任については、司法書士が他の司法書士に登記事務処理を委託した場合の法律関係が問題となる。

債務不履行責任についてみると、登記事務の依頼者と司法書士との間の法律関係は委任契約であり、受任者は、自己の裁量によって事務を処理することができる。そして、委託を受けた司法書士がさらに他の司法書士に登記事務処理を委託した場合には、復委任（復代理）の関係に立ち、委託を受けた司法書士は、直接本人の代理人として事務処理を行うのであって、委託をした司法書士の履行補助者として事務処理を行うのではない（民法107条2項）。そして、任意代理の場合には、本人の許諾を得たときまたはやむを得ない事由がなければ復代理人を選任することができないという「復代理禁止原則」がある（同104条）。復代理人の過誤に関する代理人の民事責任は、①復代理人の選任および監督につき代理人自身に過失があった場合（同105条1項）、②本人の指名に従って選任した復代理人が不適任・不誠実であることを知りながら、その旨を本人通知しまたは解任することを怠った場合（同105条2項）に限定される[4]。したがって、司法書士が民事責任を負うのは、不注意で不適任者を選任したり、適切な監督をしなかったことによって、復代理人に過誤があり、本人に損害を与えた場合に限られる。これを具体的にみると、本件のように資格のある司法書士を復代理人に選任することは、特段の事情のない限り不適任者を選任したとはいえないであろう。監督に関する責任についても、通常は、資格のある司法書士を復代理人に選任すれば、特段の事情のない限り監督は不要と解される。

4）四宮和夫＝能見善久『民法総則〔第8版〕』302頁（弘文堂・2010）、山本敬三『民法講義Ⅰ総則〔第3版〕』371頁（有斐閣・2011）、河上正二『民法総則講義』448頁（日本評論社・2007）。

使用者責任（同715条）についてみると、要件事実は次のとおりである[5]。
 i 原告が一定の権利・法律上保護された利益を有すること
 ii iの権利・法律上保護された利益に対する被告の加害行為
 iii iiについて被告に故意があること、または被告の過失の評価根拠事実
 iv 原告に損害が発生したことおよびその数額
 v iiの加害行為とivの損害との間に因果関係があること
（被用者の不法行為＝ i 〜 v の事実）
 vi 被用者による加害行為以前に、被用者・使用者間で使用・被用関係（指揮監督関係）が存在したこと
 vii 被用者による加害行為が使用者の事業の執行につきされたこと（職務執行関連性）

使用者責任の特有の要件として、指揮監督関係の存在（vi）があるが、委任契約の特質として、受任者に事務処理上の裁量権があるから、特段の事情のない限り Y_1 が Y_2 を指揮監督するという関係に立たないと解される。

以上によれば、《19－2》が Y_1 の責任を否定したことは相当であろう[6]。

Y_2 に対する請求については、請求を認諾する旨記載された答弁書が擬制陳述されたため、《19－2》は、Y_2 の責任を認めて損害賠償を命じた。Bは Y_2 から登記手続に関する一切の事務処理を委ねられていたが、Bと Y_2 の人的関係や、Bは司法書士ではないのであるから、Bに事務処理上の裁量権があるとはいえず、Y_2 は債務不履行ないし使用者責任により損害賠償責任を負うことになる。Y_2 が請求認諾との対応をしたのは、娘Bの不始末の責任をとったということであろう。その意味では、本件は、司法書士が補助者の行為について民事責任を問われたケースという側面も有するということになる。

---

5) 加藤新太郎＝細野敦『要件事実の考え方と実務〔第2版〕』354頁（民事法研究会・2006）。
6) 加藤編・前掲注3)342頁〔酒井〕。

Ⅳ 司法書士の補助者に関する民事責任—《19-3》

1) 本判決の要旨

《19-3》は、司法書士の補助者が保証人として不適格なことの明白な者が作成した保証書を添付して登記申請をした場合に、保険会社が司法書士賠償責任保険の保険金支払義務を負うとしたケースである。争点は、「事実に反する保証書を添付して行った登記申請代理の際に、司法書士または司法書士の補助者に調査確認義務等の過失があったといえるか」であった。

本判決の要旨は、次のとおり整理される。

(1) 所有権移転登記申請の依頼を受けた司法書士の補助者が、保証人が登記義務者について確実な知識を有しない不適格者であることを知りながら、また、真実の登記義務者と自称登記義務者との同一性につき確実な知識を得るに足りる調査確認をしないで、保証書を添付して不適法な登記手続を代行し、また、司法書士が、補助者の業務執行についてまったく指導監督を行わなかったときは、司法書士ないしその業務を補助する者としてなすべき相当な注意義務を怠った過失があるというほかない。

(2) 司法書士およびその補助者が、登記義務者の調査確認義務を怠った過失により業務の委託者に対し財産的損害を与え、司法書士が委託者に対し法律上の損害賠償責任を負担することによって被った損害は、司法書士賠償責任保険の保険事故に該当するというべきである。

2) 事案のアウトライン

司法書士Xは、司法書士業務の大半をその補助者AおよびBに任せ切りにしていた（登記申請はX名義でされていた）。Aは、自称C（実際はCの兄D）とEから、C所有の土地についてEへの所有権移転の登記の嘱託を受けた際に、Bほか1名作成の保証書を添付してその登記申請をしたが、その保証書が真実に相違したため、後日所有権移転登記は抹消された。そして、X、Aおよび保証書を作成したBほか1名は、Eから売買代金等合計約9900万円の損害賠償を

求める訴訟を提起された結果、4400万円を連帯して支払う旨の和解が成立し、XはEに対し1500万円を支払った。そこで、XはY保険会社に対し、保険契約に基づき、保険金として1500万円の支払を求めたのが本件事件である。

これに対し、Y保険会社は、「司法書士には、登記申請の代理または申請書の作成の依頼を受けた場合、たとえそれが登記済証にかわる保証書を添付する方法によるものであったとしても、その真意が疑われる特段の事情が存しない限り、登記義務者の登記申請意思に関して調査確認すべき法的義務はなく、Xないし補助者AにはEに対する損害賠償責任がないから本件保険契約の保険金支給事由に該当しない」と主張して請求を争った。

3 本判決の概要

本判決は、次のとおり判示して、司法書士Xの請求を認容した。

「【司法書士の職責と調査確認義務】不動産登記は、不動産に関する権利関係の公示手段であるから、実体と適合しない不実の登記が作出されないことが何よりも要請されるものである。

そして、司法書士は、専門的知識ないしは経験を有することを前提とした有資格者として、不動産登記手続の代行を業として行なう権能をほぼ独占的に付与されており、関連法令及び実務に精通し、公正かつ誠実に業務を行なうべきものとされていること、したがって、真正な登記の実現に寄与すべき職責があるものと解すべきであり、登記手続を嘱託した当事者、その他関係者においても、通常、その地位・資格に相応しい適正方法で当該手続が執行されるものと司法書士の業務に信頼をおいているとみるべきことなどに鑑みると、登記手続を受託した司法書士には、当該登記申請が法律上の要件を満たすことを慎重に吟味・検討したうえで、これを実行に移すべき義務があるものといわなければならず、関係書類の記載内容や印影に齟齬・不一致が存しないかといった形式的審査に十分な意を払うことは勿論、受任に至る経緯や当事者、関係者から事情聴取した結果など職務上知り得た諸事情を総合勘案して、登記義務者の真意が疑われる相当な事由の存する場合には、当該登記が実体に適合するものか否かについても調査確認する義務があるものと解するのが相当である。

【登記済証と保証書の機能】登記済証は登記義務者の所持におかれている蓋然性が高く、登記済証を提出できることが登記義務者本人であることの有力な徴表といえるのであるが、登記済証提出の事実がなくとも、登記を申請する者が登記義務者本人と同一人物であることについて確実な知識を有する２名の者の保証の存在は、その確固たる根拠となり得るとの考えによるものであり、このような登記申請上の要件が、登記義務者の意思に基づかない不実の登記の作出を防止するために重要な機能を果たしているものとみることができる。

【実質的要件を欠いた保証書を添付した登記申請】登記義務者について確実な知識を有しない者が、保証人として不適格であることはいうまでもないのであって、これらの者が保証人として保証書を作成することは違法であり（不動産登記法 158 条参照）、こうした保証書を添付してする登記申請も、実質的要件を欠いた不適法なものといわざるを得ない。

【司法書士の登記義務者についての調査確認義務】確かに、登記義務者に人違いのないことの保証は、保証人個人が独自の知識、経験に基づき、危険を負担して引き受けるべきか否か判断すべきもので、保証書による登記申請を受託した司法書士において、常に保証人に対して、どの程度確実な知識に基づいて保証をなすのかを調査確認すべき義務があるとまではいえない。

しかしながら、前示の司法書士の職責に照らすと、登記義務者につきほとんど知識を持たず、保証人として不適格なことの明白な人物が保証書を作成したことを認識しながら、そのような保証書をそのまま添付して登記申請を行なうべきでないことは明らかである（もっとも、登記義務者に関して自ら慎重な調査確認を実施して、本来保証人に要求されるのと同程度の確実な知識を得ている場合は、別異に解すべき余地がないではない。）。

【規範の本件へのあてはめ】これを本件所有権移転登記手続についてみると、自称Ｃは知人・親戚など身近な者から保証人を用意することができず、結局、Ｂほか１名が保証人を引き受けたが、両名は、Ｅに対する根抵当権設定登記手続の依頼を受けるのと相前後して、自称Ｃと初めて面識を有するに至ったに過ぎず、その後自称Ｃの身元に関し確実な知識を得る機会もなかったというのである。

そして、Ａは、Ｂほか１名の両名が自称Ｃと登記義務者であるＣ本人との間

に人違いがないことについて確実な知識を有するはずのないことを十分に知悉しながら、また、自ら自称CとC本人との同一性につき殊更慎重な調査を実施したわけでもないのに、上記両名に対し、自称CがC本人に間違いない旨を断言して、保証人を引き受けるよう依頼し、両名作成にかかる保証書をそのまま添付して本件所有権移転登記の申請手続を代行し実行に移した、というのである。

そうすると、Aは、Bほか1名が保証人として不適格であることを知りながら、また、自ら自称CとC本人との同一性につき確実な知識を得るに足りる調査確認をしたこともないにもかかわらず、Bほか1名の作成にかかる保証書をそのまま添付して不適法な登記手続を代行し、これを実行したものであるから、司法書士ないしその業務を補助する者として相当な注意を怠ったものというほかない。」

④ 考 察

《19-3》は、司法書士XがEに支払った和解金の支払を責任保険契約を締結していたY保険会社に求めた保険金請求事件である。原告である司法書士が自らに業務上の過失ないし責任があることを主張している点において、司法書士の責任を損害賠償請求する他の事件と事案とは趣を異にする。

本件において司法書士の民事責任が肯定され、保険金請求が認められる理路は、次のとおりである。

【A】司法書士は、所有権移転登記申請の依頼を受けたにもかかわらず、補助者任せにし、補助者の業務執行についてまったく指導監督を行わなかった。

【B】司法書士の補助者は、保証人が登記義務者について確実な知識を有しない不適格者であることを知りながら、また、真実の登記義務者と自称登記義務者との同一性につき確実な知識を得るに足りる調査確認をしないで、保証書を添付して不適法な登記手続を代行したが、この点に過失が認められる。

【C】この場合には、司法書士として課せられている相当な注意義務を怠った過失があるというほかない。

【D】したがって、本件は、司法書士賠償責任保険の保険事故に該当する。

登記済証が滅失した場合に保証書による代替が認められていた旧不動産登記法の下において、保証書の作成に関する注意義務については、保証書は権利証に代わるものであり、慎重を要する登記手続の中でも、とりわけ厳格に扱うことが必要と考え、保証について要求される善管注意は、相当程度高いものでなければならないと解されていた[7]。《19－3》も、そのような考え方を基礎にするものである。

　また、《19－3》は、具体的な調査確認義務につき、「受任に至る経緯や当事者、関係者から事情聴取した結果など職務上知り得た諸事情を総合勘案して、登記義務者の真意が疑われる相当な事由の存する場合」に発現すると判示する。これは、疑念性判断モデルに依拠するものである[8]。

Ⅴ　司法書士の補助者に関する民事責任―《19－4》

1　本判決の要旨

　《19－4》は、「司法書士Yが登記権利者Xから、登記申請（先順位抵当権抹消登記、抵当権設定登記申請等）の依頼を受けた場合に、司法書士の補助者Aにおいて、登記済証の真否、登記意思の確認を怠った過失があるとして、司法書士の不法行為責任を肯定したケース（過失相殺4割）」である[9]。

　なお、補助者は、「その（司法書士の）業務を補助させるため」に置くものであり（司法書士法施行規則25条1項）、その範囲を限定する規定はないから、司法書士がその業務を補助させるために使用する者は、その補助業務の内容および補助の程度いかんを問わず補助者に該当する（東京地判平成22・12・21判タ1378号232頁）。

---

[7] 加藤一郎「判批」判例民事法（昭和20年度）13事件58頁、吉野衛『注釈不動産登記法総論（下）〔新版〕』231頁、232頁（金融財政事情研究会・1982）、加藤編・前掲注3）69頁〔福島政幸〕。
[8] 疑念性判断モデルについては、本書第16章221頁。
[9] 《19－4》については、本書第16章233頁で簡単に触れている。

② 本判決の構成

本判決は、「疑念性判断モデル」に依拠して、①抵当権設定契約証書に抵当権設定者の住所の明白な誤記があり、②被担保債権の範囲に不自然な記載があるほか、③抵当権設定登記の抹消登記手続に必要な書類を事前に送付しないことを認定し、①②から、本件登記済証には偽造を疑うに足りる事情があり、①②③から、不審を抱かせる事情があったと評価して、補助者Aについて登記関係書類の真否確認義務違反、登記意思の確認義務違反を肯定した。

「補助者Aには、本件登記済証の真否を確認すべき義務及び抵当権設定登記の抹消登記意思を確認すべき義務を怠った過失がある。

そして、仮に補助者Aがこれらの義務のいずれかを尽くしていれば、本件登記済証が偽造されたものであることあるいは上記登記意思が存しないことが明らかとなり、委任者Xにおいて本件貸付を行うことはなかったものと認められるから、司法書士Yは、委任者の被った損害を賠償すべき責任がある。」

司法書士の責任原因としては、司法書士本人の不法行為、使用者責任とが考えられるが、本件の請求原因としては、判決書をみる限り、民法709条の不法行為責任のみが主張されているようであり、本判決も、これを受けて、司法書士の不法行為責任を肯定している。本判決が説示したのは、補助者の過失による事務処理に基づく損害賠償は、直ちに司法書士に賠償責任があるというロジックである。すなわち、補助者の過失＝司法書士の過失という捉え方をしているのである。

本件のようなケースについては、使用者責任構成をするのが通常であり、本判決の構成を一般化することはできにくいように思われる。本件は、裁判所が使用者責任構成とするように釈明するのが相当であったように思われる。

③ 補助者に対する登記申請手続の一任という執務の問題性

本件では、司法書士Yは各登記の具体的な申請手続にはまったく関与しておらず、補助者Aに一任している。これは、法律専門職としてリスクのある執務の仕方であり、場合により、誠実性を欠くものと評価される余地がある。

この司法書士事務所の執務体制は、次のようなものであった。

「補助者Aは、埼玉県所沢市にある司法書士事務所に4年間勤務した後、平成9年から平成15年10月まで、司法書士の業務を補助する補助者として本件事務所に勤務した。

平成14年10月9日当時、本件事務所において司法書士の資格を有する者はYのみであり、補助者は7人であった。

本件事務所では、難しい仕事は司法書士が担当し、それ以外の仕事は各補助者が各々の能力に応じてこれを分担し、司法書士の各補助者に対する指導監督は質疑応答という形で行われ、質疑応答を通じて各補助者の行う仕事内容を把握していた。」

このような執務体制では、補助者に職務過誤が生じた場合に、司法書士がこれを見つけて適正な執務の是正することができる保障はない。したがって、司法書士Yにおいて、補助者Aに本件各登記の申請手続を一任したことそれ自体が、司法書士法施行規則、司法書士倫理17条などの行為規範（司法書士倫理）に違反するのではないかという疑問が生ずる。

本件でも、その点が争点になり、本判決は、次のとおり判示して、結論としては行為規範に違反しないとした。

「【司法書士法施行規則違反】司法書士法施行規則19条〔現行24条〕は、司法書士は他人をしてその業務を取り扱わせてはならない旨規定しているが、他方、同施行規則20条〔現行25条〕は、司法書士がその業務を補助させるために補助者を置くことを認めているのであるから、司法書士が補助者に業務の補助をさせることが同施行規則19条〔現行24条〕に違反するものでないことは明らかである。

また、Yはその業務を遂行するに当たり、仕事の難易に応じて、自らこれを処理し又は補助者にこれをゆだねるとともに、これらの補助者を指導監督していたことが認められるのであって、その業務をもっぱら補助者らに任せていたわけではないのであるから、本件各登記の具体的な申請手続について、補助者Aがこれを行い、Yが直接関与していなかったとしても、これをもって同条に違反するものということはできない。

【司法書士倫理17条違反】ア　司法書士倫理17条1項は、『司法書士は、

常に、事務に従事する者の指導監督を行わなければならない』と規定するとともに、同条2項は、『司法書士は、事務に従事する者をしてその職務を包括的に処理させてはならない』と規定している。

　ところで、司法書士倫理17条2項の趣旨は、司法書士が自らその業務を処理せず、事務に従事する者に包括的にこれを処理させたならば、司法書士制度の存在意義が失われ、国民の司法書士制度に対する信頼を揺るがすことになるので、これを防ぐことにあるものと解される。そうであるとすれば、不動産登記申請の代理業務についてみると、司法書士が自らこれを行う代わりに、補助者の能力に応じて個別的に補助者に指示をして、登記申請書の作成やその前提となる調査等を行わせる場合には、直ちに上記のような弊害が生じるとはいえないから、同条2項に違反するとまではいえないと解するのが相当である。

　イ　これを本件についてみると、本件各登記の申請がされた平成14年10月当時、Aは司法書士の補助者として約9年の経験を有しており、Y事務所の中では新人の指導に当たるなどベテランの地位にあったものであるから、本件各登記の申請手続を行い得る十分な能力を有していたものと認められる。したがって、YがAの能力を踏まえて本件各登記の申請手続を同人に処理させたことは、司法書士倫理17条2項に違反するものとは認められない。

　また、YがAらの補助者を指導監督していたことは、上記のとおりであるから、Yに同条1項の違反があるとも認められない。」

4) 考　察

　《19－4》の説示は、専門家責任論の観点からすると、いささか司法書士層に甘いように感じられる。何よりも、本件では、司法書士Yは各登記の具体的な申請手続にはまったく関与しておらず、すべてを補助者Aに一任しているのである。これは、本件の根幹にある決定的なマイナスの事実であるといえる。このような事実は、司法書士倫理17条2項において禁止する補助者による職務の包括処理に当たらないとみることは困難ではなかろうか[10]。また、《19－

[10) 司法書士倫理17条の意義については、司法書士倫理研究会編『注釈 司法書士倫理』25頁（日本加除出版・2004）参照。

4》は、司法書士法施行規則19条〔現行24条〕違反の関係でも、業務をもっぱら補助者らに任せていたわけではないと評価しているが、本件でみられた一任の事実とは整合しない評価のように思われる。

さらに、事柄の性質上やむを得ない面もあるが、本判決は、Y側の供述等だけから、①Yが仕事の難易に応じて補助者に委ね、適宜指導監督していたこと、②Aに司法書士の補助者としての経験が約9年あり、ベテランで十分な能力があったことについて事実認定している。しかし、本件における事実認定のスタンスとして、Y側に言われるがままに、①②のように認定してよいか、慎重に判断することが必要であろう。むしろ、上記の決定的事実の存在から、①ではないことが推定されてもおかしくないように解される。もっとも、補助者の力量については個別性が大きいことは事実であるから、例えば、司法書士試験合格者であるような場合には、別段の評価をする余地もあろう。

本判決が、補助者に対する登記申請手続の一任という執務の問題性について踏み込むことがなかったのは、次のような考慮があったものと思われる。

第1に、本判決は、司法書士の執務体制の多くは、本件のようなものであるという認識をしていたのではないかと思われる。もとより、司法書士倫理の内実の理解も現実を踏まえたものであることが要請されるが、それも限度があろう。例えば、補助者経験が約9年あり、ベテランで十分な能力があると司法書士が考えれば、登記申請手続を一任させても、司法書士倫理17条2項（補助者による職務の包括処理の禁止）に違反しないというのは、司法書士が資格を有する法律専門職であるというコンセプトを放棄するに等しいといえないであろうか。少なくとも、司法書士資格の意義を次第に浸食する考え方のように思われる。その意味で、本判決の、上記説示部分を一般化することは相当とはいえない。

しかし、本件では、行為規範論で過失を認定することをしなくとも、登記関係書類の真否確認義務違反、登記意思の確認義務違反の過失を認定することができるケースであった。そして、不法行為において加害者の過失を複数の個所で捉えることが可能な場合には、実務上、損害発生にできる限り時期的に近い過失を捉えて主張を構成することが望ましいとされている。そうした観点からは、損害発生とは、時間的に遠い執務体制のあり方から生じる過失よりも、登

記関係書類の真否確認義務違反、登記意思の確認義務違反という時間的に近い過失を捉えた構成をする方が適切である。そうであるとすると、本判決が、補助者に対する登記申請手続の一任という執務の問題性について踏み込むことがなかったのは、第2に、あえてそうしなくとも、より適切な過失の構成により司法書士の民事責任を肯定することができると考えたことによるものとも解されよう[11]。

---

11)《19 - 4》判決における構成としては、登記関係書類の真否確認義務違反、登記意思の確認義務違反の過失を認定することができたのであるから、「補助者に対する登記申請手続の一任という執務の問題性の論点に触れるまでもない」として、請求認容の結論を導くことが相当であった。

第20章 登記申請代理における善管注意義務と倫理

1 はじめに

　司法書士の登記申請代理についてさまざまな場面における善管注意義務の発現形態を考察してきた。司法書士に課せられた義務の違反が、依頼者に対する債務不履行（民法415条）となり、第三者に対する不法行為（同709条）を構成するという形で、専門家責任規範が形成されているのである。

　このような規範の内容を一言で表現することは難しいが、あえて言えば次のようになろう。

　司法書士は、不動産登記申請に必要な書類を作成し、取り揃えて登記申請行為をすべき債務を負うところ、依頼者の委任の趣旨に沿って、法律専門職として備えていてしかるべき知識・情報・技能に基づき、公正かつ誠実に登記申請にかかる事務を行うべきであり、登記必要書類の真否・登記申請意思の存否等について相応の手段・方法による調査・確認、さらには依頼者に対して適宜な説明・通知・指示・助言をすべき義務がある[1]。具体的には、司法書士には、登記申請代理において、登記必要書類を指示して、持参するよう促すべき義務、登記書類保管義務、登記書類調査義務、登記申請意思調査・確認義務、本人同一性確認義務、登記事前閲覧義務、説明・助言義務、登記申請手続履践義務などがあるわけである。

　多くの司法書士は、このような善管注意義務を無理なく実践しており、真正な登記を実現しているのが実際である。登記申請代理において、司法書士が基本的に信頼できる仕事ぶりをしていることは、衆目の一致するところである。このことは、例えば、登記関係訴訟において、当事者の主張する事実に争いが

1）本書第4章51頁。

ある場合に、関与した司法書士の陳述書が提出されたときや証言がされたときには、その陳述書の内容や証言内容にそった事実認定がされることにもあらわれている。司法書士の陳述書や証言と相反する証拠（例えば、本人尋問の結果）があった場合でも、経験則上、司法書士の陳述書・証言の方の信用性が高いと評価されることが多いのである[2]。

　本章では、一区切りをつける意味で、登記申請代理業務における善管注意義務の裁判例全体を鳥瞰することができるよう「まとめ」をしておくことにしたい。

　そのモチーフは、登記代理業務を司法書士の執務の構造・仕事の流れとの対応関係で位置づけ、倫理の意味合いを考え、重要裁判例を再確認することを通じて、司法書士の登記代理業務における専門家責任の実質を語るところにある。

II　執務の構造との対応と倫理

1　司法書士の執務の目的との関係

　登記代理業務を司法書士の執務の構造・仕事の流れとの対応関係で整理する前提として、司法書士の執務の目的を押さえておく必要があるが、これは、「一定の問題状況について、法的基準に従った措置を講じること」であると解される。そして、登記代理業務においては、執務の目的は、登記申請に必要な書類を作成し、取り揃えて登記申請を行い、登記を実現することである。

　このことを通じて、「司法書士は、国民の権利を保護するため、真正な登記が速やかに実現するように努め、不動産登記制度の発展に寄与する」（司法書士倫理51条）。ここでは、不動産登記制度の根幹である「真正な登記」の実現が司法書士の倫理とされていることに留意すべきである。すなわち、司法書士は、権利の実体と相違する登記手続を申請することがその職責上禁じられており、依頼者の希望があったとしても登記の省略という事柄を排することが求め

---

[2] もっとも、司法書士の陳述書の内容や証言内容に理由もなく変遷があったり、客観的な書証との間に齟齬がみられるような場合には、信用性が乏しいという証拠評価がされることはある。

られるのである[3]。

　例えば、不動産業者の間の不動産売買においては、短期間に転売されることも多く、登録税などのコストをカットするために中間省略登記を利用したいという要望がされることがある。中間省略登記は、平成16年不動産登記法改正前には、これを肯定する判例もあり[4]、不動産取引業務において事実上行われていた。しかし、現行不動産登記法では、登記原因証明情報を法務局に提供する制度とされたことから、中間者への所有権移転を省略した登記を申請した場合には、実体上、所有権変動を記載した登記原因証明情報と申請した登記とが符合しないことが判明し、同法25条8号により申請が却下されることになる[5]。中間省略登記に代替するための法的構成として、第三者のためにする契約（民法537条）、買主の地位の譲渡が構想されているが、実体的にこうした合意がされて初めてその旨の登記申請ができるのである。そのように考えると、司法書士が入れ智慧をするような助言ないし情報提供をすることは、司法書士倫理51条ひいては司法書士法2条に反することになるといえよう[6]。

2　司法書士の執務の構造との対応

　司法書士の執務の流れは、八つの過程で構成される。すなわち、「①事情聴取、

---

3) 司法書士倫理研究会編『注釈 司法書士倫理』48頁（日本加除出版・2004）。
4) 中間省略登記の判例法理とは、「甲から乙、乙から丙と不動産所有権が移転した場合に、甲・乙・丙三者の合意があれば、甲から丙への直接の移転登記請求が認められる」というものである（最判昭和40・9・21民集19巻6号1560頁）。また、中間者の同意なく中間省略登記がされても、登記の現状が実質上の権利者と一致している場合において、中間者に登記の抹消を求めるにつき正当な利益がないときは、抹消請求は許されない（最判昭和35・4・21民集14巻6号946頁）。
5) 松田敦子「平成19年1月12日法務省民二第52号民事第二課長通知の解説」登記情報545号51頁（2007）、山野目章夫『不動産登記法』302頁（商事法務・2009）。
6) 平成17年3月4日付日司連発第1467号日司連会長通知、平成17年9月14日付日司連発第705号日司連会長通知、山野目章夫「第三者のためにする契約に基づく所有権移転登記と司法書士執務上の留意事項」登記情報546号4頁（2007）、不動産取引とリスクマネジメント研究会編『不動産取引とリスクマネジメント』69頁〔山北英仁〕（日本加除出版・2012）。なお、江口正夫「『第三者のためにする契約・買主の地位の譲渡』の現状」登記情報591号4頁（2011）も参照。

②事実の吟味・事実調査、③資料収集、④法的検討、⑤具体的措置の選択、⑥インフォームド・コンセント、⑦職務遂行、⑧依頼者に対する報告・連絡」である。

これを登記代理業務と関連付けて分説すると、次のようになる。

第1に、司法書士の執務は、事情聴取からスタートする。事情聴取とは、「問題を抱えている依頼者・相談者から言い分を聞くこと」であり、登記代理業務においては、どのような登記原因があって、どのような登記を申請したいのかを確認することである。

第2に、司法書士は、事実の吟味ないし事実調査をする。これは、関連する裏づけ資料・データを押さえ、依頼者の言っていることが事実かどうかをチェックする作業である。登記代理業務においては、登記必要書類の真否・登記申請意思の存否等について調査・確認をすることになる。

第3に、司法書士は、執務に関連する法律知識・情報または非法律情報を備えておくべきである。当該業務についての経験が乏しい場合には、その都度、関連する法律知識・情報等を調査・収集し、遺漏のないようにすべきである。ここで要請されるべき法律知識・情報のレベルは、平均的な司法書士であれば具備していることが期待されるものであり、当該司法書士において経験が浅いといったことは法令精通義務の程度を低める要素となることはない。この点は、司法書士倫理4条においても、「司法書士は、法令及び実務に精通する」と定めているが、これは司法書士法2条に根拠を持つ規範である。

第4に、司法書士は、問題状況を把握し、関連する法律知識・情報に照らして、法的検討を加えることが必要となる。これは、依頼者・相談者の言い分の正当性を法的な面から基礎づける作業であるということができる。登記代理業務においては、当該登記を申請するための関係法令および実務知識が求められる。

第5に、司法書士は、具体的措置を選択する。これは、一定の解決方法の提示というべき作業でもある。登記代理業務においては、この点はシンプルといえよう。

第6に、司法書士は、依頼者からインフォームド・コンセントを得ることが求められる。すなわち、相談者に問題状況を説明し、事件を受任する場合は承

諾を得ることが必要であり、これによって、相談者は事件依頼者（委任契約の委任者）となるのである。この点も、登記代理業務は、他の業務との比較においてはシンプルといえよう。インフォームド・コンセントが必要とされるのは、専門家と非専門家との間には、圧倒的な情報格差・知識格差があることに由来する。すなわち、司法書士と依頼者との間の法的な知識、依頼者の希望する事柄を実現するのに必要な法的な情報の差は極めて大きなものがある。そのような圧倒的な情報格差をできるだけ埋めるために、法律専門職である司法書士は依頼者に懇切に説明をして、理解してもらわないといけないのである。インフォームドとは情報を付与されるという意味、コンセントは同意という意味であり、情報を付与されたうえで同意するということが、インフォームド・コンセントである[7]。

　司法書士倫理においては、8条で自己決定権の尊重を、9条で説明および助言についての一般的規律を定めている。すなわち、司法書士は、「依頼者の自己決定権を尊重し、その職務を行わなければならない」（同8条）し、「依頼の趣旨を実現するために、的確な法律判断に基づき、説明及び助言をしなければならない」（同9条）のである。

　第7に、司法書士は、公正かつ誠実に職務遂行する。登記代理業務は、登記必要書類を指示して持参するよう促すべきことに始まり、登記申請手続を履践したうえで、登記識別情報を通知し終わるまでの事務となる。

　第8に、司法書士は、依頼者に対して報告・連絡を怠らないようにし、執務の終了に際しても報告・連絡する。登記代理業務では、例えば、司法書士が登記権利者および登記義務者双方から登記申請手続の委託を受けた場合において、登記申請手続の完了前に登記義務者からこの書類の返還を求められたときには、登記権利者に報告・連絡することが要請される[8]。司法書士としては、こうした場合に、登記権利者に同意を求めるためのコミュニケーションを図れば、登記義務者と登記権利者の利害が対立していることが判明し、登記権利者には「書類を返還されては困る」という意向について認識することが可能になるから、報告・連絡することは不可欠なのである。

7）加藤新太郎『弁護士役割論〔新版〕』14頁（弘文堂・2000）。
8）《4－1》最判昭和53・7・10（民集32巻5号868頁）参照。

III 不動産登記手続における倫理

　司法書士が登記申請代理の執務をするに当たり、①不動産登記制度への寄与（司法書士倫理51条）、②紛争の発生の防止（同52条）、③公平の確保（同53条）、④権利関係等の把握（同54条）などが行為規範として要請される。これらも司法書士の専門家責任を構成する規範である。

　不動産登記制度への寄与についてはすでにみたので、紛争の発生の防止についてみると、「司法書士は、登記手続を受任した場合には、依頼者の意思を尊重し、権利の保護を図るとともに、紛争の発生の防止に努めなければならない」（同52条）。例えば、登記権利者と登記義務者が同一司法書士に登記手続を委任した場合において、登記義務者が委任契約の解除をしたときは、司法書士は手続を進めるか、止めるかについて対応を迫られるが、その対応を誤れば、紛争を惹起することになる。このような場合には、司法書士としては、（A）「登記権利者の同意があること」（《4－1》最判昭和53・7・10民集32巻5号868頁）または（B）「①当事者間に争いがあって登記義務者の主張が合理的であること、②司法書士が登記義務者の主張の合理性を判断するのに困難はないと認められること」（《5－1》仙台高判平成9・3・31判時1614号76頁、判タ953号198頁）を確認したうえで、登記義務者による委任契約の解除の効力を考えて、その対応を決めるのが相当であるが、この規範は、司法書士倫理52条の定めを具体化したものと解されるのである[9]。

　また、司法書士は、「①登記手続を受任し又は相談に応じる場合には、当事者間の公平を確保するように努めなければならない。②前項の場合においては、必要な情報を開示し、説明又は助言する等、適切に対応するように努めなければならない」（同53条）。一般的な規律としての「説明・助言」は司法書士倫理9条に定めがあることについては、前述した。

　当事者の公平を図るという趣旨は、登記申請代理業務においては、登記権利者・登記義務者の双方から委任を受けることが少なくないことに配慮したものである。すなわち、登記申請行為の法的性質論（公法上の行為であり、非法律行

9）司法書士倫理研究会編・前掲注3）50頁。

為であること）およびその実質的性質論（義務履行であること）から、「同一人が登記権利者及び登記義務者の双方を代理して登記申請行為をしても、民法108条ないしその法意に違反しない」（最判昭和43・3・8民集22巻3号540頁、大判昭和19・2・4民集23巻42頁）のである[10]。また、司法書士の立会いにおいても、当事者の公平を図ることは実践的な意義を有する。

さらに、司法書士は、「①登記手続を受任した場合には、当事者及びその意思並びに目的物の確認等を通じて、実体的な権利関係を的確に把握しなければならない。②前項の確認を行った旨の記録を作成しなければならない」（同54条）。この点については、「司法書士としては、『登記の手続に関する諸条件』を形式的に審査するだけではなく、重要な事項に関しては、進んで登記手続に関連する限度で実体関係に立ち入り、当事者に対し、その当時の権利関係における法律上、取引上の常識を説明、助言することにより、当事者の登記意思を実質的に確認する義務を負うことは当然の道理」であるとして、不動産売買契約への立会いおよび当該不動産の買主への所有権移転登記手続等を受任した司法書士が、不動産の抵当権設定登記等を抹消しないままで、目的物の残代金全額を支払うことの危険性につき買主に説明・助言をしなかったことにつき、善管注意義務違反に当たるとして債務不履行責任を認めた（過失相殺5割）ケース（《12－1》大阪地判昭和63・5・25判時1316号107頁、判タ698号241頁）が想起されるべきである[11]。これは、「業務の実質的処理モデル」を明示した裁判例であるが、司法書士倫理54条1項もこうした立場に依拠しているのである[12]。

同条2項にいう作成すべき「確認を行った旨の記録」とは、立会調書、登記原因証書（売渡証書等の登記原因の有効性を証する書面）などの書面のほか電磁的記録によることもできるという趣旨である[13]。司法書士がこれを実践することによって、民事紛争の防止（同52条）にも資することになるであろう。

---

10) 本書第5章61頁。
11) 本書第12章150頁。
12) 司法書士倫理研究会編・前掲注3）52頁。
13) 司法書士倫理研究会編・前掲注3）52頁。

IV 登記申請代理の善管注意義務に関する判例法理

1 いくつかの最高裁判例

　これまでに考察した裁判例のまとめとして、重要判例をリストアップしつつ、善管注意義務の存否および善管注意義務違反の有無についての判断要素ないし判断モデルをみておこう。

　まず、司法書士の専門家責任に関する裁判例には、最高裁判例は比較的少ないが、それでもいくつかみられる。

　第1に、司法書士の専門家責任を認めた最高裁判例のリーディング・ケースとして、《4－1》最判昭和53・7・10（民集32巻5号868頁）がある。

　これは、必要書類保管義務に関するもので、「司法書士が登記権利者及び登記義務者双方から登記申請手続の委託を受け、その手続に必要な書類の交付を受けた場合においては、登記申請手続の完了前に登記義務者からこの書類の返還を求められても、登記権利者に対する関係では、同人の同意があるなど特段の事情のない限り、その返還を拒むべき委任契約上の義務がある」と判示する。登記義務者と登記権利者の双方から登記申請手続の委任を受けた司法書士としては、登記義務者から登記関係書類の返還を求められた場合には、①両者の利害が対立した状況になっているのではないか、②登記関係書類の返還をしたときには、どのような事態が想定されるかを考えれば、自ずと選択すべき措置を見出すことができるはずである。

　この案件には、司法書士として、登記権利者の同意を確認するための報告・連絡義務という面もあり、その意向についての調査・確認義務という面もある。このように司法書士の善管注意義務は、着目する局面によって、いくつかのバリエーションがあることに留意すべきであろう[14]。

　第2に、《11》最判平成16・6・8（判時1867号50頁、判タ1159号130頁）も重要度が高い。

　これは、「①土地売買契約の当事者双方から所有権移転登記手続についての

---

[14] 加藤新太郎編『判例Check 司法書士の民事責任』8頁〔加藤〕（新日本法規・2002）。

代理を依頼された司法書士が、(i)その土地につき払下げを登記原因として所有権移転登記を受けた会社から売主に対して真正な登記名義の回復を登記原因として所有権移転登記がされていること、(ii)その会社と商号及び本店所在地を同じくする株式会社が時期を異にして2社存在した事実がうかがわれることのみを理由に、売買契約の決済日の当日になって、突然、当事者双方に対し、『目的物の土地についての実体的所有関係を確定することができず、本件売買契約によって当該土地の所有権が買主に移転するとは限らない』と述べ、登記申請代理の嘱託を拒んだことは正当な事由があるとはいえない。②司法書士が土地売買契約の当事者双方から所有権移転登記手続についての代理を嘱託されたが、それを正当な事由なく拒否したうえ、売買契約の合意解除を余儀なくさせる発言をした場合には、当事者に対する不法行為が成立する」旨を判示した。①は、司法書士の依頼に応じる義務（司法書士法21条）を前提として、登記申請代理の受任拒否行為が正当な事由に該当するかにつき消極に解したものであり、その折の発言により売買契約の合意解除に至らせたことが不法行為を構成するとしたものである。

　司法書士は、登記申請代理を受任する場合には、関係資料から事実関係を押さえて、実体的な権利関係を検討し、懸案の登記が実体的に問題のない形で実現するかを考えることが要請されるから、①の場面でこれを検討したことは適切な執務であった。しかし、検討の結果、問題なく権利移転ができそうにないと判断したことがミス・ジャッジであり、そのために、売買契約を台無しにしてしまったところに職務過誤があったとされたものである。

　このケースでは、事前準備に時間をかけ、売主に対し自己の疑問点を解消するための質問をし、所要の調査を尽くせば疑念を晴らすことができた可能性があった。また、受任拒否をするにしても、早期に案件を点検・吟味して断っていたとすれば、当事者は、代替の司法書士に登記嘱託をすることができたはずであり、売買契約を台無しにすることにはならなかったであろう。この案件は、司法書士に要請される法令実務の精通の大切さと過誤をリカバリーすることを可能にする執務の姿勢形成の重要性を教えるものである[15]。

---

15) 本書第11章146頁。

2) 判断モデルと考慮要素

　司法書士の善管注意義務の存否および善管注意義務違反の有無を判断する場合における判断モデルおよび考慮要素としては、次のような点を指摘することができる。

　第1に、当事者との間で登記申請代理を受任したか否かは、司法書士の善管注意義務の存否に大きな要素となる。例えば、委任契約締結前であれば、「司法書士が顧客から後日登記手続の依頼を受けることを前提として、登記済証、印鑑証明書、登記申請についての白紙委任状等を預かって預り証を作成した場合において、司法書士に委任状と印鑑証明書の印影が一致しているか否かを確かめる注意義務はない」(《8－1》大阪地判昭和57・12・24判タ496号148頁)。もっとも、《11》最判平成16・6・8の趣旨を敷衍して、このような場合であっても、司法書士として不実の登記を避けるための予備調査が必要であるとする立場も想定される。そうであるとすると、当該ケースにおいて、司法書士が顧客から後日登記手続の依頼を受けるのを前提として関係書類を預かったことの意味合いについての評価が、善管注意義務の存否判定に大きく影響することになろう[16)]。

　第2に、司法書士と当事者との間で締結された委任契約の趣旨・内容は、司法書士の善管注意義務の具体化に直結する。

　例えば、「不動産を担保として金銭を貸し付けるに際し貸主から登記申請書類の点検を依頼された司法書士が登記済権利証の偽造を看過したときは、貸主に対し債務不履行の責任を免れない」(《7－4》東京地判平成9・9・9金法1518号45頁)。これに対して、司法書士に対して登記申請代理を委任する場合には、①単に登記手続のみを依頼する場合、②司法書士に登記が必要な取引の内容を告げ、取引に立ち会って登記手続を完了させることを依頼する場合とがあることを前提として、「不動産の買主が売買契約の締結の際に司法書士に立ち会いを求めたのは、必要な書類が整っていること、及びその後の登記手続を依頼することであったとして、司法書士の注意義務違反を否定したケース」(《12－

---

16) 本書第8章101頁。

3－1》神戸地判平成3・6・28判時1441号85頁、《12－3－2》大阪高判平成4・3・27判時1441号82頁）もみられる。委任契約の解釈から、司法書士の善管注意義務が導かれるものである以上、その趣旨が注意義務の存否・範囲のメルクマールになるのは当然である[17]。

この点は、司法書士倫理でも、「司法書士は、依頼の趣旨に基づき、その内容及び範囲を明確にして事件を受任しなければならない」（同19条）と定められているところである。

第3に、司法書士の善管注意義務は委任契約の趣旨・内容から導かれる範囲に限定されない場合がある。

例えば、登記書類調査義務について、①依頼者から特別に真否の確認を委託された場合には、委任契約の趣旨・内容からして当然に登記書類調査義務がある。しかし、司法書士には、それ以外にも、②当該書類が偽造または変造されたものであることが一見して明白である場合、③依頼の経緯や業務を遂行する過程で知り得た情報と司法書士が有すべき専門的知見に照らして、書類の真否を疑うべき相当な理由が存する場合には、書類の真否について調査義務がある（《9－2》東京高判平成17・9・14判タ1206号211頁）。また、登記意思確認義務についても、「司法書士が登記権利者から、登記申請（先順位根抵当権抹消登記、根抵当権設定登記申請）の依頼を受けた場合において、登記義務者の意思に基づくものかを疑うべき特別の事情があるときに当たり、本人に申請意思を確認することなく登記申請手続をしたことが債務不履行になるとして、司法書士の債務不履行責任を肯定したケース（過失相殺8割）」がみられる（《16－7》東京地判平成16・9・6判タ1172号197頁）。このような判断枠組みは、疑念性判断モデルとして定式化されるものである[18]。これは、司法書士の善管注意義務の広範化を意味するとともに、依頼者に対する関係において、後見的な関わりをすることが必要になってきていることを意味する。

第4に、司法書士の本人確認義務については、本人確認義務原則モデルと疑念性判断維持・修正モデルとがみられる。両者は、司法書士の民事責任が争われる民事訴訟において、疑念性あることを原告が主張証明するか、疑念性のな

---

17) 本書第12章160頁。
18) 本書第16章221頁。

いことを被告（司法書士）が主張証明するかという場面において、主張証明責任が逆になる。

　本人確認義務原則モデルは、本人確認情報提供制度に基づき、資格者代理人となった司法書士が行った登記義務者の本人確認に過失があったとして、不法行為による損害賠償責任を認めた、《14－3》東京地判平成20・11・27（判時2057号107頁、判タ1301号265頁）にみられる判断モデルである。これは、「①本人情報の提供の前提として本人確認における、登記義務者本人に対する事前通知制度に代替し得るだけの高度の注意義務性を原則的に肯定し、②疑念性のないことを本人確認義務の発生障害事由として例外を認める」というものとして定式化することができる。

　これに対して、疑念性判断維持・修正モデルは、抵当権設定登記申請手続を依頼された司法書士が、登記義務者が身代わりであることを看過した場合における本人確認義務違反を否定した、《15－2》福岡高宮崎支判平成22・10・29（判時2111号41頁）にみられる判断モデルである。これは、「①疑念性のあることを前提として本人確認義務があるとし、②疑念性判断の緩和による本人確認義務顕在化の拡充を図る」というものとして定式化することができる。

　いずれの裁判例も、明示的にモデルを提示してはいないが、内在する論理を追えば、それに行きつくものであるし、疑念性判断を維持するとしても、現在の本人確認情報提供制度の下における本人確認義務のあり方を考慮すると、修正した構成とすることが相当と解される[19]。

　第5に、司法書士の説明義務・助言義務については、不動産取引に立ち会った司法書士の注意義務を判示した、《12－1》大阪地判昭和63・5・25（判時1316号107頁）がターニング・ポイントとなった[20]。このケースは、「不動産取引に立ち会う司法書士は、登記申請手続（買主への所有権移転登記手続）の諸条件を形式的に審査するだけではなくて、その手続に関連する限度で実体関係に立ち入り、当事者に対し、その当時の法律上、取引上の常識を説明、助言す

---

[19] 加藤新太郎「司法書士の本人確認義務の現在問題」登記情報613号16頁（2012）。
[20] 加藤編・前掲注14）8頁〔加藤〕、山崎敏彦＝山野目章夫＝齋藤隆夫＝井上繁規＝加藤新太郎〔司会〕「［座談会］司法書士の職務と民事責任」判タ1071号22頁〔山崎発言〕（2001）。

ることにより、当事者の登記意思を実質的に確認する義務を負う」とし、「不動産の抵当権設定登記の抹消を得ないままで代金を支払う危険性につき、買主に説明、助言しなかったことが債務不履行となる」旨判示した。

また、《10－2》大阪高判平成9・12・12（判時1683号120頁）も、司法書士業界で注目されたケースとして、重要である。このケースは、「土地に根抵当権を設定して金銭を貸し付ける場合において、司法書士が、根抵当権の対象である土地の登記簿の地目は宅地であるが現況は道路であることを知りながら、貸主に教示せず、根抵当権設定登記申請の代理をしたときは、司法書士は委任契約上の注意義務違反の債務不履行がある」旨判示した（もっとも、94％の過失相殺をしている）。

このような司法書士の説明義務・助言義務は、「業務の実質的処理モデル」に整合するものといえよう。司法書士利用者の司法書士に対する役割期待に応えるものであるが、そうした観点からは、事務手続に内在する基本的事項については、無理なく説明・助言することができるから、義務付けられやすいと解される。例えば、「司法書士は、不動産所有権移転登記手続費用の支払をしない委任者に対し、費用の支払がなければ登記申請手続をしないと説明すべき義務があるところ、費用の前払いがないことを理由に手続を進めなかった場合に、他の差押登記がなされたときには、委任者に対して債務不履行となる（過失相殺5割）」とした、《17－4》東京地判平成2・11・20（判時1393号108頁）、「抵当権設定登記申請手続の委任を受けた司法書士が、同設定登記の先順位となる所有権移転仮登記の申請手続を先行させた場合に、同設定登記の委任者に対し仮登記を先順位とすることの法的効果について説明すべき義務がある」とした、《18－1》東京地判平成9・5・30（判時1633号102頁）などは、それである。

これに対して、登記申請手続の状況や実体的関係にも配慮して説明すべき義務の存否は、個別の事実関係によるという要素が大きい。その場合には、依頼者の権利・法益を保護するという観点から、司法書士の執務の前提基盤にも配慮した検討がされ、平均的な司法書士が不動産登記申請代理をする場合における規範の内実をどのように考えるかにより判定されることになるとみられる。また、例えば、「貸金業者から借入金を借り替えようとする者が、業者から担保を入れるように要求され、自己所有の不動産に抵当権設定登記を設定しよう

と考え、司法書士にその旨を依頼してきた場合において、司法書士としては、元利金返済の状況を聴取して、利息制限法による引き直し計算をすれば元本が存在しないと判明するようなときには、そのような実体的法律関係にまで踏み込んで、説明・助言することが相当か」という問題も生じ得る。これは、果たして登記申請代理における説明・助言義務のカテゴリーに入るかどうか検討を要するし、どのように解するかは難問である[21]。

　以上のとおり裁判例を通観すると、司法書士としては、登記権利者と登記義務者とがある時点で利害が対立する事態が生じること、成りすまし案件に代表されるように、司法書士を不正に利用し、詐欺的な手段により利得を図ろうとする依頼者がいることを直視し、シンプルな依頼者性善説に立つ執務と一線を画することが必要な時期を迎えているといわなければならないであろう。

---

21) 本書第2章24頁。

第21章 訴訟代理における善管注意義務と倫理

I はじめに

　司法書士の職務内容は、司法制度改革の中で司法書士法が改正（平成15年4月1日施行）され、認定司法書士には、簡易裁判所における通常訴訟のほか、限定付ではあるが、訴え提起前の和解手続、支払督促手続および民事調停法に規定する手続等について訴訟代理権が付与され、これらの事件について、相談に応じ、または裁判外の和解について代理することができるようになった（司法書士法3条1項6号、7号）。

　司法書士が簡裁訴訟代理業務を受任する事件は漸増している。原告本人訴訟率の推移をみると、平成16年度には91.65％であったが、平成23年度は62.83％になっている（前年の平成22年度は60.25％で、一番本人訴訟率が低くなっている）。弁護士が簡裁訴訟代理をしている件数を差し引かなければならないが、それにしても、この数字は今後増減が生じたとしても簡裁訴訟代理権を付与した司法書士法の改正の成果であることは紛れのない事実である。

　簡裁訴訟代理権が司法書士に付与されたことの意義は、3点ほどあると解される[1]。

　第1に、司法システムないし司法制度全体の意義として、リーガルサービス提供の総量の増加である。実際に、簡裁において原告本人訴訟率が91％から60％までになったのは、リーガルサービス供給の総量が増加したことを意味する[2]。

---

1) 加藤新太郎＝馬橋隆紀『簡裁訴訟代理と手続の基本〔簡裁民事実務NAVI第1巻〕』88頁、89頁〔加藤〕（第一法規・2011）。
2) これに対して、平成15年4月以降の簡裁における被告本人訴訟率にはあまり変化がない。これは日本人の紛争に対する対応の姿勢にもよるところがあり、例えば、金銭請求訴訟を提起された場合でも、争えるものしか争わないという傾向がみられ

第2に、弁護士だけではなく司法書士にも訴訟代理権を付与することは、司法書士は登記申請代理業務をしており全国各地に（弁護士過疎地域あるいはゼロワン地域にも）遍在していることから、市民に身近な法律専門職である司法書士を有効に利用することにより司法に対するアクセスを広げるという意義があった。
　第3に、それが翻って司法書士からみると職域の拡大にもなったのである。
　そのような状況の下において、職層としての司法書士としては、両面作戦が必要になってきている。
　その第1は、従来からの守備範囲であった不動産登記申請代理の分野において、過誤を防止し、水準を向上させることである。本書は、これまで、登記申請代理における司法書士の専門家責任に関する問題を考察してきたが、それはこのような意図によるものであった。
　その第2は、新たな職域である簡易裁判所における訴訟代理人としての役割を過不足なく果たしていくことである。この場面では、司法書士が訴訟代理人として、依頼者に対する関係でも、第三者に対する関係でも、法律専門職として求められる注意義務を果たすとともに、倫理にかなう執務をしていくことが要請されるのである。
　本章は、司法書士の訴訟代理における専門家責任の柱である、依頼者との関係で問題となる善管注意義務と倫理を対象にする。
　訴訟代理の執務は、登記申請代理における執務とは性質を異にするところがあり、そのことから倫理の問題が生じることになる。また、訴訟代理において求められる善管注意義務についても、訴訟追行の流れに沿った形で理解されることが必要である。
　本章では、利益相反の回避を中心として倫理が求められる実質的な理由を考察するとともに、訴訟代理における依頼者に対する民事責任を考察することにしたい。

る。すなわち、被告になった場合に、争いがない事件については争わず、コストを掛けないということから、司法書士に訴訟代理を委任しないのではないかと解される。

II 受任できない事件

1 訴訟代理と登記申請代理との異同

　認定司法書士に簡裁訴訟代理関係業務が認められたことにより、これまでの司法書士業務と倫理上異なる点が生じるか。

　司法書士には、従来登記または供託に関する手続の代理、法務局または地方法務局に提出する書類の作成や裁判所または検察庁に提出する書類の作成など（司法書士法3条1項1号ないし5号）の事務を行うことが認められていた。そうした業務は申請手続の代理や書類作成であり、主に法務局や裁判所に対する業務であった。

　また、従来の登記申請代理についての司法書士業務は、登記権利者および登記義務者の双方代理が通常であった。例えば、売買に基づく所有権移転登記手続については、登記権利者である買主と登記義務者である売主との関係は、売主・買主として利害は対立しているが、登記手続は単なる債務履行のための事実行為であり、双方を代理して登記手続を行っても、問題がないと解されてきたのである[3]。つまり、売買に基づく所有権移転登記手続については、その登記が完成することによって売主も買主も満足が得られるのであるから、その申請代理行為は登記権利者、義務者のどちらからも感謝されるものであった。

　これに対して、訴訟関係業務は、これとは異なり、対立当事者の一方に立ってその者の利益のために業務を行うことになる。すなわち、訴訟代理は、常に対立当事者の一方の代理人となるものであるから、双方代理は厳しく禁止され、利益相反行為を回避することが要請される[4]。認定司法書士による簡裁訴訟代理関係業務が認められたことに伴い、司法書士法22条に「業務を行い得ない事件」として弁護士法25条と同様の規定が新設されたのも同じ趣旨に基づく。

3）この点については、本書第5章61頁。
4）司法書士は、利害調節型ともいうべき登記申請の双方代理に慣れてしまっていることにより、①ともすると利益相反の判断が甘くなる傾向、②一方の当事者のために闘うという党派的役割を有する訴訟代理人としての活動が適切にできにくくなる傾向が生じやすい。気をつけたいところである。

② 業務を行うことができない事件(総説)

　司法書士が、その業務を行うことができない事件については、司法書士法22条1項ないし4項が定めている。その基本的ルールを整理しておくことにしよう。

　司法書士が、その業務を行うことができないとされる事件は、次のとおりである。どうしてその業務を行うことが禁止されるのかという実質的根拠は、司法書士の信用・品位の保持、当事者の信頼の保護、司法の公正の保持などに求められる。

　第1に、すべての司法書士につき、公務員として職務を取り扱った事件（司法書士法22条1項）は業務を行うことができない。これは、弁護士法25条4号と同旨のルールである。国および行政庁の利益を害することを防止するほか、司法書士の品位・信用の維持のための定めである。

　第2に、すべての司法書士につき、裁判書類作成関係業務（裁判書類等の作成業務およびこれに関する相談業務）に関し、相手方の依頼を受けて、裁判書類作成関係業務を行った事件（同法22条2項）は業務を行うことができない。これは、職務の公正を確保する趣旨のものである。

　第3に、簡裁訴訟代理関係業務を行うことができる司法書士（認定司法書士）につき、次のような事件は裁判書類作成関係業務を行うことができない。①は、弁護士法25条1号と同旨、②は、同法25条2号と同旨、③は、同法5条3号と同旨の定めである。

① 簡裁訴訟代理関係業務に関するものとして、相手方の協議を受けて賛助し、またはその依頼を承諾した事件（司法書士法22条3項1号）。

② 簡裁訴訟代理関係業務に関するものとして相手方の協議を受けた事件で、その協議の程度および方法が信頼関係に基づくものと認められるもの（同法22条3項2号）。

③ 簡裁訴訟代理関係業務に関するものとして受任している事件の相手方からの依頼による他の事件（例外＝受任している事件の依頼者が同意した場合）（同法22条3項3号）。

　第4に、簡裁訴訟代理関係業務を行うことができる司法書士（認定司法書士）

は、裁判書類作成関係業務を行うことが禁止される事件と同一事件について、簡裁訴訟代理関係業務を行うことができない（同法22条4項）。

③ 相手方の協議を受けて賛助した事件

　司法書士が、依頼者から訴訟受任を頼まれた場合において、その案件の相手方から相談を受けたことがあるときは、受任することができるか。

　これは、司法書士法22条3項1号、2号が問題となり、受任には注意が必要である。相談に当たった案件は、相手方の協議を受けたものと解されるからである。すなわち、協議を受けたとは、具体的事件の内容について、法律的な解釈や解決を求める相談を受けたことをいうと解されている[5]。相談され協議を受け依頼を承諾した事件を受任することができないのは当然である（司法書士法22条3項1号）が、相談案件すべてを受任することができなくなるわけではない。相談者から協議を受けて賛助したかどうか、信頼関係が生じているかどうか、が分水嶺となるのである。

　賛助とは、協議を受けた具体的事件について、相談者が希望する一定の結論または利益を擁護するための具体的な見解や法律的解決手続を示したり、助言したことを指す[6]。また、賛助とまではいかなくても、その協議の程度および方法が信頼関係に基づくと認められる場合も、同様である（同法22条3項2号）。協議の程度とは、協議の内容や深さに着目するものであり、協議の方法とは、協議の回数、時間、場所、資料の有無など協議の態様に着目するものであり、信頼関係に基づくと認められるとは、協議の程度と方法を全体としてみたときに、依頼を承諾したと同程度の信頼関係に基づくものと判断される場合をいう[7]。例えば、相談者が単に抽象的な質問をするのではなく、具体的に資料等も示しながら複数回相談を行った場合などがこれにあたる。

　この点については、事務所で相談を受けた場合も、市町村主催の法律相談会などである場合も同様である。有料か無料かも問わない。したがって、例えば、

5）小林昭彦＝河合芳光『注釈司法書士法〔第3版〕』244頁（テイハン・2007）。
6）小林＝河合・前掲注5）244頁。
7）小林＝河合・前掲注5）245頁。

認定司法書士甲が、建物明渡請求事件につき、被告であるAから訴訟代理の依頼を受けたが、その前に、原告となっている賃貸人Bから賃借人Aに対する建物明渡しについて法律相談を受けて、延滞賃料の催告の方法等につきアドバイスを与えていたような場合には、甲はAからの事件の委任を受けることはできない。もっとも、無料法律相談で、単に抽象的な法律問題を聞かれ、具体的な方策ではなく一般的な回答をしたに止まる場合には、相手方の協議を受けて賛助した事件に該当しないと解する余地がある。しかし、そうしたケースを除いては、Aから事件の依頼を受けても受任することはできない。

なお、法律相談会など多数の相談者に短時間で応対したような場合には、依頼された事件がかつて相談で受けたものかどうかはっきりしないことがある。そのようなときには、法律相談会の主催者等に連絡し、その氏名や相談内容等を確認するなど慎重を期すべきであろう[8]。

④ 相手方からの依頼による他の事件の受任

受任している事件の相手方からは、別の事件であっても、受任することはできない（司法書士法22条3項3号、司法書士倫理61条2項）。「受任している事件」とは、現に受任している事件をいい、かつて受任したことのある事件は含まない[9]。したがって、事件が終了している相手方からの依頼は受任できることになる。

そうすると、認定司法書士甲が、Aの訴訟代理人としてBに対し貸金請求訴訟を提起している間に、BからCに対する建物明渡請求事件の訴訟代理人になってほしい旨の依頼を受けた場合には、貸金請求訴訟が現に受任中の事件であり、その相手方Bからの依頼による簡裁訴訟代理関係業務である建物明渡請求事件は受けることはできない。しかし、このルールは受任している事件の依頼者を保護するものであるから、「依頼者が同意した場合はこの限りではない」（司法書士法22条3項、司法書士倫理61条）。この同意は、後日の争いを避けるためにも、口頭ではなく書面で取ることが必要となる。

8) 加藤 = 馬橋・前掲注1) 77頁〔馬橋隆紀〕。
9) 司法書士倫理研究会編『注釈 司法書士倫理』62頁（日本加除出版・2004）。

もっとも、依頼者からの同意を得ることについては、実際には微妙な問題がある。まず甲としては、Aに対しBから云々の事件の依頼があった旨を話すことについて、Bにあらかじめ了解を得ておかないと秘密保持義務に反するおそれがある。甲がBから了解を得て、Aにこれを告げたとしても、Aが同意しないこともある。また、Aが仮に同意したとしても、A・B間では貸金請求事件が係属し争っているのであるから、事件が首尾よく進まない場合に、「司法書士甲はBの事件を受けて報酬をもらっているからBの味方をしているのではないか」という疑念を持つこともあろう。さらに、甲は、Aの債権保全の必要がある場合にB所有の建物に保全処分を申し立てることが想定されるが、職務上知り得た事項を利用して申立てをすることが秘密保持の倫理の観点から相当かという問題も生じる。こうしたことを考えると、相手方Bからの事件依頼については、その内容を聞くこともなく断ることが望ましいと解される[10]。

　以上を要約すると、認定司法書士は、簡裁訴訟代理関係業務の受任中に、その相手方からの依頼による他の事件を受任することはできない。もっとも、その受任している事件の依頼者が同意すれば、相手方の依頼による事件を受任することができるとされているが、同意を求めることには慎重でありたい。

5）共同事務所の同僚司法書士の相談案件

　認定司法書士甲と乙とは共同事務所で執務している。甲は、建物明渡請求事件の被告である賃借人Aから訴訟代理の依頼を受けたが、以前、賃貸人のBからAに対する建物明渡しについて法律相談を受けたことがあった。甲は自分は受任できないから同僚の乙を紹介しようと考えているが、乙ならばAから事件を受任することはできるか。

　認定司法書士乙は、Bから法律相談を受けておらず、したがって、賛助したこともないから、乙単独であれば、Aから受任することは形式上は問題なさそうである。しかし、例えば、共同事務所で執務する司法書士甲が、乙の提起した事件につき相手方の訴訟代理をすることは、業務上の秘密の内部開示を想起

---

10) 加藤＝馬橋・前掲注1）80頁〔馬橋〕。

させ、双方の依頼者にその職務の公正さを疑わせるおそれがある。もとより事務所の勤務形態はさまざまであるが、少なくとも共同事務所である以上は、類型的に利害相反関係にあると解される。

したがって、以前にBから相談を受けた司法書士当人が受任するわけではない場合であっても、共同事務所で執務する同僚の司法書士は、当事者から職務の公正さについて疑いをもたれ、司法書士の信用を損ねないから、公正を保ち得る事由があるときを除き、受任すべきではない（司法書士倫理82条）[11]。

III 複数の依頼者からの受任

1 主債務者と連帯保証人からの受任

複数の依頼者からの受任の例としては、主債務者と連帯保証人双方からの受任がある。例えば、認定司法書士甲が、債権者Cから主債務者A、連帯保証人Bに対する貸金等請求事件について、主債務者Aとその連帯保証人Bから被告訴訟代理人になってほしいと依頼される場合が、これである。これを受任する場合には、甲として、倫理上どのような配慮が要請されるであろうか。

主債務者とその連帯保証人が、両名とも被告となり、司法書士に対し事件の依頼をすることは少なくない。連帯保証をするほど親密であるから、両者の関係は、例えば、親子、兄弟姉妹、親戚、少なくとも友人関係であることが多い。このような場合には、両者の間で求償関係の紛争が生じる蓋然性があり、事件の性質上、利害対立が潜在しているケースということができる。もっとも、主債務者とその連帯保証人が親子であるような場合で、主債務の存在・保証債務の存在に争いがなく、将来保証人から主債務者への求償権の請求も見込まれないときには、利害対立が顕在化しないこともあり得る。しかし、そうした事情がなければ、いつ利害対立が顕在化するかは分からない。そうすると、司法書士甲としては、依頼者A・Bに対して、職務の公正を保ち得ない事由が発生するおそれがある旨を説明しておかなければならない（司法書士倫理24条）が、

---

11) 加藤＝馬橋・前掲注1) 78頁〔馬橋〕。

依頼者Ａ・Ｂの意向と状況次第では、司法書士は事件を受任することはできるであろう。

　それでも、受任した後に、被告同士の利害の対立が顕在化することがある。例えば、連帯保証人が主債務者の盗印や権限濫用を主張立証したいという意向を示す場合[12]、和解手続を迎えたが、その際に、主債務者とその連帯保証人と負担の折り合いがつかず、険悪な関係になってくるというような場合などが、それである。そのような場合には、司法書士としては、両者の利害の対立を解消するよう調整すべきであるが、それができない場合には、委任関係を解消するほかない。このように複数依頼者の利害の対立が顕在化した場合について、司法書士倫理 28 条は、「各依頼者に対して理由を説明し、事案に応じた適切な措置をとらなければならない」と明文で定める。事案に応じた適切な措置には、辞任も含まれる。もっとも司法書士が辞任する場合であっても、①すべての依頼者の関係で辞任するのか、②複数のうちの一方の依頼者との関係でのみ辞任するのかについて、事案に応じた適切な措置をとらなければならない。一般的には、Ａ・Ｂの同意が得られないのに、②の措置を選択することは、相当とはいえないであろう[13]。

２　共有物分割の訴えの受任

　複数の依頼者からの受任の例のその２として、共有物分割の訴えを素材に考えてみよう。

　共有物分割は、現物で分ける方法、競売による代金で分ける方法、全面的価格賠償の方法（最判平成 8・10・31 民集 50 巻 9 号 2563 頁）などさまざまな方法がある。そこに、共有者間の利害対立の根が伏在している。例えば、認定司法書士甲が、Ａ・Ｂ・Ｃがそれぞれ３分の１の共有持分を有する不動産につき、Ａが提起した共有物分割の訴えに対し、被告であるＢ・Ｃの訴訟代理人となっ

---

[12] 主債務者の訴訟代理人である司法書士が、主債務者に不利な事実を主張し、その立証を行うことは、主債務者との関係において、信義誠実義務（司法書士倫理 2 条）や品位の保持義務（同 3 条）の点から倫理上問題がある。この点について、加藤＝馬橋・前掲注 1）86 頁〔馬橋〕。

[13] 加藤新太郎『コモン・ベーシック弁護士倫理』79 頁（有斐閣・2006）。

た場合に、当初はB・Cは共同歩調をとって訴訟に臨んでいても、訴訟が進行し、また和解等に際して、分割の方法などの考え方相違が顕著になってくることがある。

当初はB・Cとも甲に依頼するという意向を有していたのであるから、それなりの協力的な関係にあったと解されるが、現実問題として、上記のように利害対立が顕在化することがあり得るのである。このような場合は、甲としては、B・Cから依頼を受ける際に、将来両者間に職務の公正を保ち得ない事由が発生するおそれがある旨、もし対立が生じたときは、B・Cいずれの訴訟代理人も辞任する場合のある旨を説明し、同意を取っておく必要がある（司法書士倫理24条）[14]。

IV 訴訟代理における善管注意義務の発現

1 総　説

司法書士の民事訴訟活動は、①依頼者の事情聴取から始まり、②データの収集と取捨選択の後、③生の事実を法的にどのように主張として組み立てていくかを考え、④相手方の言い分・反論を突き合わせ、争点を認識し、⑤争点について、どのような証拠方法によってどのように立証していくか適切な立証計画を立て、⑥証拠調べを効果的に実施し、⑦実施された証拠調べの結果を評価したうえで、⑧事案の見通し・当事者の意向との関連において、判決に赴くか、和解的解決に赴くかを選択するという一連の事項によって構成される。

このようなプロセスにおいて、司法書士は、事実を知る当事者（依頼者）と、法律判断をする裁判所との中間にいる。司法書士は、依頼者から事情を聴取して、事案に最も適合的な法的構成をし、裁判所に審判の対象を提示していく必要がある。依頼者の語る事実は、生の社会的事実であるが、司法書士が事情を聴取していく際には、要件事実を意識していくことが必要不可欠である。とりわけ、原告がその権利を主張するにあたっては、原告訴訟代理人たる司法書士

---

14) 加藤＝馬橋・前掲注1）78頁〔馬橋〕。

としては、原告に主張証明責任のある事実（請求原因としての要件事実）を主張すれば足りるが、逆にこの要件事実を一つでも欠落させるときは、原告の請求は主張自体失当として棄却されることになる。これが、要件事実論の弁護活動の指標機能であるが、とくに事情聴取時の事項選別機能に着目すべきである[15]。

　以上のような訴訟代理の執務の各段階を類型化すると、「①事情聴取・資料収集・事実調査、②法的検討、③具体的措置の選択、④説明と承諾、⑤職務遂行と依頼者との連絡、⑥委任事務の終了」ということになる。司法書士の依頼者に対する善管注意義務は、この執務の具体的場面で、いろいろな形態で発現する[16]。

　民事訴訟に対応する依頼者に対する司法書士の関与のあり方として、本人支援型があるべき形態であるとする見解がみられる。もちろん、裁判書類作成を依頼された場合には本人支援型しかあり得ないが、司法書士に訴訟代理権が付与された現在においては、本人の意向・希望を前提とした訴訟代理型モデルが基本とされるべきであろう。訴訟代理の受任か、裁判書類作成業務の受任かは、依頼人の意思いかんによることになるが、法的な主張あるいは手続遂行が依頼者本人では難しいという場合には前者、そうでない場合には後者とするのが相当であろう。

②　受任時における説明

　認定司法書士が簡裁訴訟代理関係業務を受任するに当たって、依頼者に対しどのように説明するのが相当であろうか。

　認定司法書士が事件を受けるかどうかの時点で、認定司法書士は弁護士と比較し、代理権の範囲が限られていることから、自身の権限を正確に説明することが求められる。例えば、訴訟の目的物の価格が140万円を超えると代理できないこと、事件が簡易裁判所から地方裁判所へ移送されると代理権がなくな

---

15) 加藤新太郎「要件事実論の到達点」新堂幸司監修・髙橋宏志＝加藤新太郎編集『実務民事訴訟講座〔第3期〕⑤証明責任・要件事実論』35頁（日本評論社・2012）。
16) 加藤新太郎『弁護士役割論〔新版〕』149頁（弘文堂・2000）、加藤＝馬橋・前掲注1）50頁〔加藤〕。

ること、控訴の提起はできるが、控訴審の訴訟代理権がないことなどは必ず説明すべきである。また、訴訟手続や訴訟の見通し、それに着手金や報酬についての説明もすべきである[17]。依頼者が司法書士のこれらの説明を了解したうえで、自分の案件を依頼したいという意思を形成するのが、インフォームド・コンセントである[18]。司法書士倫理8条が、依頼者の自己決定権の尊重を定めているのも、これである。

　なお、依頼者との間で委任契約書を作成しておくことは、事務処理の明確化の観点から必要不可欠である。

　司法書士は、正当な事由がある場合でなければ、依頼を断ることができないが、「簡裁訴訟代理等関係業務に関するもの」は除かれている（司法書士法21条）。すなわち、訴訟関係業務については、従来の業務と異なり、依頼者との間で継続的で強い信頼関係が維持される必要があるため、依頼に応じる義務を課せられてはいないことに留意すべきである[19]。

③ 事情聴取・資料収集・事実調査

　司法書士が依頼者と最初に接触して事情を聴取する段階では、司法書士には、「依頼者から適切に情報を引き出し、その意図するところを的確に把握するとともに、依頼者の語る事実を一応の資料・データの裏付けをもって認識すべき義務」がある[20]。事情聴取は、原則として依頼者本人と行うべきである。民事訴訟の当事者とならない者が、もっぱら司法書士と対応する例がみられないでもないが、後に問題を残すことになることが多い。

　弁護士の民事責任を肯定した裁判例として、①民事訴訟の委任を受けた弁護士が、依頼者から事情聴取もせず、依頼者に対する訴訟の進行状況等の報告を

---

[17] 加藤・前掲注16）14頁、加藤＝馬橋・前掲注1）〔馬橋〕。
[18] インフォームド・コンセントは、司法書士が原告訴訟代理を受任する場合のみならず、被告訴訟代理を受任する場合も重要である。被告事件についても、当面する案件の手続的流れ、実体的な見込み、方針、報酬・費用の説明をしたうえで、了解・納得して委任してもらうというコミュニケーション・プロセスは不可欠である。
[19] 小林＝河合・前掲注5）223頁。
[20] 加藤・前掲注16）151頁。

一度もしなかった結果、敗訴となったケース（債務不履行責任、《21－1》東京地判昭和54・5・30判タ394号93頁）、②高度障害保険金請求権の保全手続を依頼された弁護士が、事実の調査をせず助言もしなかったために不首尾に終ったケース（債務不履行責任、《21－2》大阪地判平成13・1・26判時1751号116頁）、③弁護士が交通死亡事故の被害者遺族から、損害賠償事件を受任し、刑事記録や鑑定書を入手して検討を始めたものの、本格的に着手することをせず、結局、損害賠償請求権を時効消滅させたケース（債務不履行責任、《21－3》東京地判平成16・10・27判タ1211号113頁）などがみられ、司法書士の執務においても参考になる。

④ 法的検討・具体的措置の選択・説明と承諾

　司法書士が、依頼者から聴取し、調査した事実を法的観点から吟味・検討する段階では、司法書士は、「平均的認定司法書士としての技能水準に照らして、当該事象に対して、およそ考えられるあらゆる面から法的に吟味・検討すべき義務」がある[21]。

　さらに、当該事象に対する法的検討の結果を踏まえて、当面する問題を解決するため、または、依頼者の要求を満たすため、自らの専門的知識・経験に基づき、どのような活動をしていくかの具体的措置を選択する段階では、司法書士は、「問題解決にふさわしい措置を選択すべき義務」がある[22]。

　そうして選択した措置について依頼者に対して説明して承諾を得る段階では、司法書士は、「依頼者が意思決定をするのに必要にして十分な説明をする義務」がある[23]。さらに、状況の変化に応じて適宜な説明をすべき義務もある（事案適合的説明義務、状況即応的説明義務、適宜報告説明義務）[24]。

21）加藤・前掲注16）152頁。
22）加藤・前掲注16）154頁。
23）加藤・前掲注16）155頁。
24）本書第23章348頁、349頁。

5 職務遂行と依頼者との連絡

　司法書士と依頼者との間で決定された方針に基づいて、司法書士が依頼者と連絡をとりつつ具体的な活動を展開していく段階では、司法書士は、「審判を受ける機会・期待を保護すべき義務」、「依頼者の損害発生を防止すべき義務」、「適宜なタイミングで事態の推移、顛末を依頼者に報告すべき義務」がある[25]。こうした義務をみると、司法書士が負担する債務内容は、内容的に確定した一定の結果を達成すべき結果債務でなく、誠実義務を尽くして依頼者の希望する結果の達成に努めるべき手段債務であることが分かる。

　弁護士の民事責任を肯定した裁判例としては、①係属中の民事訴訟の続行と新たな民事訴訟提起および保全処分の申請について委任を受けながら、前者を休止満了にし、後者も着手することなく債権を時効消滅させた弁護士について、審判を受ける機会を保護すべき義務、依頼者の損害発生を防止すべき義務に違反するとしたケース（《21-4》東京地判昭和52・9・28判時886号71頁）、②民事訴訟の委任を受けた弁護士が、訴訟の進行状況について報告せず依頼者からの照会にも応じず口頭弁論期日にも出頭しなかったため解任されたケース（債務不履行責任、《21-5》東京地判昭和49・8・28判時760号76頁）、③訴訟代理人が民事訴訟（被告事件）の受任をしたが、期日変更申請書を提出するように指示したのみで、口頭弁論に欠席し、敗訴判決があっても報告せず、確定させてしまったケース（《21-6》東京地判平成4・4・28判タ811号156頁、《21-7》東京高判平成4・9・29判タ811号164頁）などがみられ、司法書士の執務においても参考になる。

V 委任事務の終了時の善管注意義務

1 総説

　委任事務が終了した段階においては、①敗訴判決があった場合には、司法書

---

25) 加藤・前掲注16) 157頁。なお、本書第23章348頁も参照。

士としては、「判決を点検し、依頼者に対して、その判決の内容及び上訴したときの勝訴の見込み等について説明、助言すべき義務」があり、②勝訴判決があった場合には、「依頼者が不利とならないよう、執行方法や回収不能の場合の税務処理等について教示すべき義務」がある[26]。

② 設　例

司法書士の委任事務の終了時の善管注意義務について、次の設例で考えてみよう。

【設例】認定司法書士甲は、A会社から契約代金を請求する民事訴訟の提起・追行を委任され、訴訟活動を展開し、一部認容の勝訴判決を得た（120万円の請求に対して、80万円を認容する判決）。

甲は、証拠との関係では、その結論でやむを得ないと考えていたが、判決の内容と理由に加えて甲の見解を、A会社の代表者に説明したうえで、「それでも控訴したいのであれば、控訴状を作成することはできる」旨助言し、控訴期限とともに「その3日前までには、連絡されたい」と告げた。その後、甲の不在時に、A会社の代表者から、控訴期限を確認する電話があり、ベテランの事務員Bが対応した。しかし、Bは、忙しさにまぎれて、甲には報告しなかった。

控訴期限に当たる当日の午後遅い時間に、A会社の代表者から控訴したい旨の電話があったが、甲は遠方に出張中であった。事務員は、甲に電話したが、連絡がつくまでにかなりの時間のロスがあり、事務員に対応すべき事項を指示したが、結局、その日のうちには完了することができず、その結果、控訴期間を徒過してしまった。

甲は、A会社の代表者にお詫びと、「控訴期限当日ではなく、余裕を持って3日前には連絡をいただきたい旨の話はしていたはずですが」と弁明した。その段階で、ベテランの事務員Bに控訴期限を確認する電話がされ

---

[26] 加藤・前掲注16）159頁。

たこと、A会社代表者は、事務員Bが伝えた日までに控訴するかどうかを決めればいいと受け止めたことが判明した。甲は、弁明を繰り返し、控訴した場合でも見込みが薄い旨の説明をした結果、A会社からはそれ以上のクレームはされなかったが、以後の仕事の依頼はなくなった。

司法書士甲としては、どのように執務の姿勢を保持し、どのように事務所の態勢を整備すべきであったか。

③ 一審判決が出された後の助言のあり方

A会社から契約代金を請求する民事訴訟の提起・追行を委任され、訴訟活動を展開してきた司法書士が、判決（一部認容。120万円の請求に対して、80万円を認容する判決）を得た。この場合、司法書士としては、どのように対応するのが相当であろうか。

まず、依頼者に、判決書を渡して読んでもらったうえ、司法書士自身も、判決を点検して、どのような理由で、一部認容の結論になっているかにつき解説することが必要である。

設例では、司法書士甲は「証拠との関係では、その結論でやむを得ないと考え」、判決の内容と理由に加えて訴訟代理人としての見解を説明したが、基本的にそれでよいであろう。この場合、依頼者にとって、控訴に踏み切るかどうかを判断するのに有用な情報が与えられることが必要となる。司法書士としては、控訴審でより有利な結論が導くことができるかという見込みを伝えることはもとより、例えば、控訴審で訴訟上の和解が期待できそうかなど、依頼者が控訴によって求めようとしている効果がどの程度満足されるかという観点からの助言をすることが求められる。また、当然のことながら、控訴手数料や裁判書面作成のための報酬などについての説明も不可欠である。さらに、司法書士の権限として控訴審における訴訟代理権はないこと、希望があれば弁護士を紹介することも可能であること、その場合に要する費用の見込みなどについての説明も必要である。

一審判決が全部勝訴判決であった場合には、相手方から控訴されることがあり得ること、その際の対応などについて説明することが必要である。また、司

法書士と依頼者との間の関係規範、あるいは委任契約における信義則の観点からは委任事項に関する情報に限らず、関連する情報の提供は必要であるから、司法書士としては、依頼者に対して、債務名義を実現するための具体的措置を講ずるよう手続を説明し、助言することが望ましい。

　この点に関連して、裁判例には、貸金返還請求訴訟を受任した弁護士について、保全処分・強制執行まで受任したとはいえないから、依頼者に助言、説明して債権回収の具体的措置を講ずるための準備を整えておくという義務はないと判示したもの（《21－8》福岡地判平成2・11・9判タ751号143頁）がみられる。しかし、これは、救済判例的なケースであり、一般化することは困難である。上訴、執行など、判決が出てからの手続および展開などについての依頼者に対する説明は、司法書士と依頼者との間の関係規範、あるいは委任契約における信義則の観点から、受任の範囲外であるから説明しなくてよいとは解されない。

④ 事務員が顧客から連絡を受けた場合の態勢

　設例では、司法書士の説明後、不在時に、A会社の代表者から、控訴期限を確認する電話があり、ベテランの事務員Bが対応した。

　一般に、顧客から問い合わせがあった場合、司法書士が責任をもって対応するのが本則であり、決して事務員任せにしてはいけない。顧客からの問い合わせについて、例外的に、事務員が答えて差し支えない事項は、事務所の執務時間帯など形式的事項に限る。事務員は、中身のある質問に対する回答はすべきではない。もっとも、司法書士が不在の場合に、事務員で答えられる範囲で答えることが、例外的に許されないわけではないが、控訴期限などは要注意事項である。設例において、司法書士が、A会社の代表者に控訴期限を説明した折に事務員Bが同席していて控訴期限を知っていたのであれば、それが誤りではない限りは、格別問題になることはない。

　しかし、事務員が誤情報を伝えた場合には、大きな問題となる。関連する裁判例として、法律事務所の事務員が、依頼者からの控訴期間についての照会に対して、誤った情報を提供した結果、依頼者は控訴期間がまだあると安心していたところ、控訴期間を徒過してしまった場合に、弁護士が使用者責任を負う

としたケース（《21－9》東京地判昭和49・12・19判時779号89頁）がある。

　弁護士や司法書士でもうっかりすると控訴期間を間違えることがあるから、こうした照会について、事務員限りで答えてしまうのはリスクがある。特に、このケースは、訴訟書類の送達場所を当該法律事務所ではなく所属弁護士会としていたという事情があり、事務員が判決正本送達の日の問い合わせに対し、事務所に届いた日を答えたというものであった。そうしたことであればなおさら、また事務員がベテランであったとしても、依頼者からの照会については、必ず弁護士に連絡して、弁護士が答えるようにすることが必要であった。このケースは、そうした仕事の方法を徹底するなど、日頃の事務員教育の大切さを教えるものである。

　設例では、事務員BはBしさにまぎれ、結果として、司法書士には報告しなかった。そのため、A会社代表者は、事務員Bが伝えた控訴期限までに控訴するかどうかを決めればいいものと受け止めた。司法書士が、せっかく、「控訴期限当日ではなく、余裕を持って3日前には連絡をいただきたい」と説明してあったのに、依頼者の念頭からは、それが消えてしまった。

　設例において、仮に、事務員が控訴期限について正確に答えた場合であっても、司法書士に報告することは、最低限の事務所内ルールにしておくべきであろう。事務員BがA会社代表者からの電話でのやり取りを甲司法書士に伝えたとすれば、甲が再度電話して、意向の確認と「控訴期限当日ではなく、余裕を持って」という連絡をすることができたはずである。司法書士への報告を欠かすことのないよう、事務員を指導・育成し、監督することが、過誤を起こさない事務所の執務態勢構築の第一歩である。

　設例では、A会社から、職務過誤による損害賠償請求訴訟を提起されることなどに発展しなかったが、以後の仕事の依頼はなくなってしまった。甲司法書士は、司法書士・依頼者関係は信頼関係を基礎とすることを改めて思い知ることになったであろう。

第22章 訴訟代理における第三者に対する専門家責任

I はじめに

　前章では、訴訟代理人となった認定司法書士の依頼者に対する民事責任について考察した。本章は、認定司法書士が訴訟代理人として民事訴訟を提起し、その訴訟活動を展開していく過程で第三者に対して民事責任を負うことになり得る場面について考察する。

　司法書士は、訴訟追行に関わる職務執行に際して、第三者に対して損害を与えた場合、不法行為責任（民法709条）を追及される。法律専門職に訴訟代理を委任することなく、当事者本人が自己の訴訟を追行する場合（いわゆる本人訴訟）において、第三者に対して損害を与えたときにも同様である。

　それでは同様に民事責任を負うことになるとして、訴訟代理人である司法書士代理と本人訴訟における当事者本人とはどこが異なるのか。それは、司法書士の負っているのが専門家責任であり、公共的役割に由来する責務がその基礎にあるところにある。

　司法書士は、その職責からして、「専門的知識・技能を活用して依頼者の利益のみならず関わりを生じた第三者の利益をも害することのないようにすべき注意義務」を負う。これは、公益配慮義務ないし一般的損害発生回避義務と呼ぶことができるであろう。司法書士の公共的役割に由来するものであり、実定法上の根拠は、司法書士法2条である。同条は、司法書士の職責について、「司法書士は、常に品位を保持し、業務に関する法令及び実務に精通して、公正かつ誠実にその業務を行わなければならない」と定める。これは、司法書士が、その執務において要請される品位保持義務、法令実務精通義務、公正誠実義務を明示するものであるが、このうち公正誠実義務（公正誠実執務規範）から公益配慮義務ないし一般的損害発生回避義務が導かれる。すなわち、司法書士の

公正誠実義務は、依頼者に対する関係のみならず、その執務のあり方全般を規律するものである[1]。

訴訟代理人である司法書士の第三者に対する民事責任の存否も、基本的に、以上のような公益配慮義務ないし一般的損害発生回避義務の違反が問題とされる。司法書士の訴訟代理業務における第三者に対する過誤の類型としては、①不当訴訟型、②違法弁論型（名誉毀損型）、③その他のものなどに分けられる[2]が、上記の義務のあらわれ方は各類型によって異なる。本章では、これらの類型について、順次、考察していくことにしたい。

II 職務過誤としての不当訴訟

1) 提訴者の不当訴訟による民事責任

(1) 事案のアウトライン

本人訴訟により提訴した場合において、不当訴訟として提訴者本人が不法行為責任に問われることがある。《22－1》最判昭和63・1・26（民集42巻1号1頁）が、その要件について、判示している[3]。

事案のアウトラインは、次のとおりである。

① 前訴（債務不履行に基づく損害賠償請求訴訟）で勝訴し確定判決を得たXは、前訴を提起したYに対して、前訴におけるYの訴え提起が不法行為に当たるとして損害賠償（弁護士費用相当損害金80万円、慰謝料120万円）を請求した。

② 一審判決（静岡地判昭和59・3・23民集42巻1号14頁）は、Yには前訴における主張が理由のないものであることにつき故意・過失がなかったとして、Xの本訴請求を棄却した。これに対して、Xが控訴した。

---

[1] 弁護士の公共的役割に関しても同様の構造であることにつき、加藤新太郎『コモン・ベーシック弁護士倫理』232頁（有斐閣・2006）。

[2] この点は、司法書士の職務過誤だけではなく、弁護過誤についても同様である。加藤新太郎『弁護士役割論〔新版〕』127頁（弘文堂・2000）、髙中正彦『判例弁護過誤』214頁（弘文堂・2011）。司法書士については、加藤新太郎＝馬橋隆紀『簡裁訴訟代理と手続の基本（簡裁民事実務NAVI第1巻）』64頁、68頁〔加藤新太郎〕（第一法規・2011）。

[3] 《22－1》については、加藤・前掲注2）185頁。

③ 原判決（東京高判昭和59・10・29民集42巻1号21頁）は、Yが前訴の提起当時事実の確認措置を採っていれば、Xに対して損害賠償請求をすることが本来筋違いであることを知り得たのに、これを怠って前訴を提起したことは不法行為を構成するとした。そして、慰謝料は認めなかったが、弁護士費用相当損害金部分（80万円）の請求を認めた。

④ Yは上告して、裁判を受ける権利は憲法上保障されたもので、訴えの提起自体を不法行為と断定するには慎重でなければならず、単に敗訴したというだけでYの前訴提起が不法行為に当たるとした原判決は違法である等と主張した。

(2) 本判決の判旨

《22－1》は、要旨次のとおり判示して、原判決を破棄し、Xの控訴を棄却した。

「法的紛争の当事者が当該紛争の終局的解決を裁判所に求めうることは、法治国家の根幹にかかわる重要な事柄であるから、裁判を受ける権利は最大限尊重されなければならず、不法行為の成否を判断するにあたっては、いやしくも裁判制度の利用を不当に制限する結果とならないよう慎重な配慮が必要とされることは当然のことである。【A 原則としての提訴適法】したがって、法的紛争の解決を求めて訴えを提起することは、原則として正当な行為であり、提訴者が敗訴の確定判決を受けたことのみによって、直ちに当該訴えの提起をもって違法ということはできないというべきである。【B 例外としての不当訴訟提起の違法】一方、訴えを提起された者にとっては、応訴を強いられ、そのために、弁護士に訴訟追行を委任しその費用を支払うなど、経済的、精神的負担を余儀なくされるのであるから、応訴者に不当な負担を強いる結果を招くような訴えの提起は、違法とされることのあるのもやむをえないところである。

以上の観点からすると、民事訴訟を提起した者が敗訴の確定判決を受けた場合において、右訴えの提起が相手方に対する違法な行為といえるのは、①当該訴訟において提訴者の主張した権利又は法律関係が事実的、法律的根拠を欠くものであるうえ、②提訴者が、そのことを知りながら又は通常人であれば容易にそのことを知りえたといえるのにあえて訴えを提起したなど、『訴えの提起が裁判制度の趣旨目的に照らして著しく相当性を欠く』と認められるときに限

られるものと解するのが相当である。けだし、訴えを提起する際に、提訴者において、自己の主張しようとする権利等の事実的、法律的根拠につき、高度の調査、検討が要請されるものと解するならば、裁判制度の自由な利用が著しく阻害される結果となり妥当でないからである。」

本件では、Yは①②の要件を具備しているとはいえないから、Yの前訴提起が裁判制度の趣旨目的に照らして著しく相当性を欠くものとはいえず、結局違法性を欠き不法行為は成立しない。

(3) 考察

《22－1》は、不当訴訟（不当な訴えの提起）が不法行為を構成するための要件について判示した最高裁判例におけるリーディング・ケースである。不当訴訟が不法行為に該当することは、大審院においても認められており、大（連）判昭和18・11・2（民集22巻1179頁）は、不当提訴は公序良俗違反であるから不法行為となるとしていた。戦後審裁判例の動向も、一定の場合に不法行為となるとする点で一貫していた。しかし、裁判例が不当訴訟を不法行為と構成するために用いた理由づけはさまざまであり、不当訴訟について不法行為責任の要件論の整備は、必ずしも十分ではなかった。その意味で、訴えの提起が違法な行為となる場合についての要件を明らかにした《22－1》の意義は少なくない。《22－1》は、提訴が不法行為を構成する場合を限定的に解するとともに、その限定を違法性の評価によって試みようとするものである。

《22－1》は、違法性の内容について、「訴えの提起が裁判制度の趣旨目的に照らして著しく相当性を欠くこと」であることを明らかにした。提訴は原則として正当であり、一定の違法性が具備してはじめて不法行為成立の要件を充足するが、これは、提訴者の裁判を受ける権利の尊重と応訴者の不当な（理不尽な、理由のない）応訴負担の回避の要請との利益調整の必要から説明される。《22－1》の判旨にいう、①「当該訴訟において提訴者の主張した権利又は法律関係が事実的、法律的根拠を欠くものであること」、②「提訴者が、そのことを知りながら又は通常人であれば容易にそのことを知りえたといえるのにあえて訴えを提起したこと」という要件は、違法性（提訴が違法であること）の評価根拠事実として位置づけられるものである。そして、①が客観的違法要素であり、②が主観的違法要素と考えられ、それらの相関的評価によって、訴え

の提起が裁判制度の趣旨目的に照らして著しく相当性を欠くか否かが判定されることになる。

　この客観的違法要素と主観的違法要素についての評価を定式化すると、次のように整理することができる。

　第1に、客観的にみて主張自体失当の請求や証拠との関連で勝訴の見込みのない請求は、客観的違法要素を具備する可能性が少なくない。

　第2に、訴訟当事者が訴訟詐欺を目論んだり、証拠を捏造して訴訟追行しようと画策するケースまたはそれに準ずるようなケースは、主観的違法要素が明確であり、全体として、強い違法性を肯定される。

　第3に、主観的違法要素が強い場合、例えば、提訴者に害意や不当な目的（嫌がらせの目的、他の懸案事項の交渉の圧力とする目的等）がある場合には、客観的違法要素が少ないときでも、違法性が肯定されることがある。例えば、いわゆる総会屋が敗訴を承知のうえで売名目的または被告会社に圧力をかける目的で提起する訴訟などは、違法性を肯定しやすい。

　第4に、逆に、客観的違法要素の強いおよそ荒唐無稽の訴訟の提起は、仮に、提訴者に主観的違法要素が乏しいとしても、違法性が肯定されることになろう。

　ところで、例えば、まったく勝訴見込みがないが、和解を狙って提訴するケースをどのように評価すべきかについては、議論の余地がある。この場合についても、「裁判制度の趣旨目的に照らして著しく相当性を欠く」と評価すべきかどうかという観点から判定することになるが、それは、裁判制度の趣旨・目的をいかに理解するかにかかる。より具体的にいえば、民事訴訟目的論としてどの立場を採るかとの関連で、その判定を異にする余地が生じ得る。例えば、権利保護説の立場からは保護されるべき権利はないのであるから違法性を肯定する方向に傾くであろうが、紛争解決説の立場からは解決に値する紛争が生じている以上違法性ありとは評価しない方向に傾くであろう。

(4) 応用問題

　《22－1》は提訴に関するものであるから、応訴および訴訟追行に関しては残された課題となっている。応訴および訴訟追行のいずれについても、この判旨の明示した規範を準用するのが相当であると解される。

　また、不当訴訟を「裁判制度の不当利用」の一分肢と捉えると、不当な保全

処分・執行（最判昭和43・12・24民集22巻13号3428頁、最判平成2・1・22判時1340号100頁）、不当な強制執行（最判昭和44・7・8民集23巻8号1407頁）についても、本判決の趣旨は応用され、「保全制度・執行制度の趣旨目的に照らして著しく相当性を欠く」と評価される場合には、同様に不法行為による責任追及の対象となると解される[4]。

(5) その後の判例の展開

本判決に続く最高裁判例としては、次のものがあり、いずれも参考になる。

《22−2》最判平成11・4・22（判時1681号102頁、判タ1006号141頁）は、交通事故により死亡した者の両親が提起した損害賠償請求訴訟の違法性が問題とされたケースである。《22−2》は、「提訴者の主張を裏付ける証拠が皆無でない場合で、客観的証拠から事実関係を特定することが必ずしも容易ではないときには、提訴者において捜査機関が自らの主張と反対の認定をしたことを知っていたとしても、提訴は違法とはいえない」と判示した。

《22−3》最判平成21・10・23（判タ1313号115頁）は、特別養護老人ホームの入所者に対して虐待行為が行われている旨の新聞記事が同施設の職員からの情報提供等を端緒として掲載されたことにつき、施設を設置経営する法人が、虐待行為につき複数の目撃供述等が存在していたにもかかわらず、虐待行為はなく当該情報は虚偽であるとして情報を提供した職員に対し損害賠償請求訴訟を提起したケースである。《22−3》は、この場合であっても、「①虐待行為をしたとされる職員が一貫してこれを否認していたこと、②情報提供者である職員の目撃状況についての報告内容につき同施設の施設長は矛盾点があると感じていたこと、③入所者の身体に暴行のこん跡があったとの確たる記録もなく、後に公表された市の調査結果においても個別の虐待事例については証拠等により特定するには至らなかったとされたことなど判示の事実関係の下においては、同訴訟の提起は違法な行為とはいえない」と判示した。

《22−4》最判平成22・7・9（判タ1332号47頁）は、「本訴の提起が不法

4）加藤・前掲注2）190頁。民事執行の場面において、法律専門職（弁護士等）が第三者に対して民事責任を負うことになる場合として、①不当執行（不当仮執行）ケース、②競売期日を延期することを目的とする受任ケース、③抵当権者を害する判決の詐取・強制執行ケース、④権利濫用ケースなどがみられる。この点につき、加藤・前掲注1）257頁。

行為に当たることを理由とする反訴について、本訴に係る請求原因事実と相反することとなる本訴原告自らが行った事実を積極的に認定しながら、本訴原告において記憶違いや通常人にもあり得る思い違いをしていたことなどの事情について認定説示することなく、本訴の提起が不法行為に当たることを否定した原審の判断には、違法がある」と判示した。

《22－1》ないし《22－3》は、結論として、いずれも不当訴訟による提訴者の民事責任を否定したものであるが、《22－4》は、原審判決が破棄差戻しされたものであり、差戻し後の審理の結果いかんによって提訴者の民事責任が認められる余地を肯定したものである。

2）司法書士の不当訴訟による民事責任

(1) 総説

司法書士は、依頼者に民事紛争解決を委任された場合において、訴えの提起をするときには、提訴の可否・当否を吟味すべき義務がある。この義務は、「専門的知識・技能を活用して依頼者の利益のみならず関わりを生じた第三者の利益をも害することのないようにすべき注意義務」に基づくものである。司法書士は、この義務に違反すると、不当訴訟であることを理由に第三者（相手方）から不法行為責任を追及されることがある。これは、依頼者本人による不法行為責任とは別個の司法書士固有の不法行為責任である。

司法書士が訴訟代理をして提訴した場合に、これが不当訴訟として不法行為を構成する要件は、「①権利・法律上保護された利益の存在、②権利侵害・法律上保護された利益侵害の事実＝違法性、③故意・過失、④相当因果関係、⑤損害発生事実とその数額」である。

法律上保護された利益の内容（①）は、相手方となる者が訴訟に関与させられ精神生活の平穏を害され、これに対応するための出費を余儀なくされる事態を招くことのない利益である。争点となるのは、権利侵害・法律上保護された利益侵害の事実＝違法性（②）である。これは、司法書士が訴訟代理人として行う訴えの提起等が裁判制度の趣旨目的に照らして著しく相当性を欠くことであり、違法性の評価根拠事実は、「(ア) 依頼者が主張する権利・法律関係が事

実的・法律的根拠を欠くものであること、(イ)司法書士が、そのことを知りながら又は通常の司法書士であれば容易にそのことを知り得たといえるのにあえて訴えを提起したこと」である。司法書士が故意で不当訴訟を提起することは想定されないから、過失(注意義務違反)が問題とされるのが通常である(③)。その場合における認識または認識可能性は、主観的違法要素(イ)と重なることになる。

(2) 弁護士の不当訴訟による民事責任に関する裁判例

弁護士の不当訴訟による民事責任に関する裁判例をみると、責任肯定事例として《22−5》、責任否定事例として、《22−6》《22−7》《22−8》がある。

《22−5》東京高判昭和54・7・16(判時945号51頁、判タ397号78頁)は、「弁護士が、訴訟代理人として報復的な訴訟を提起したことが不当訴訟であるとして、相手方に対し慰謝料10万円の支払が命じられたケース」である。このケースは、実は相手方も弁護士であり、前訴の訴訟代理人同士が、互いに不当提訴であると主張し、本訴・反訴が争われた。《22−1》より前に、提訴による弁護士の不法行為責任を肯定したものとして意義がある。この判決では、主観的違法要素として、「①提訴が違法であることを知りながらあえてこれに積極的に関与すること、②相手方に対して特別の害意を持ち依頼者の違法な提訴に乗じてこれに加担すること、③提訴が違法であることを容易に知り得るのに漫然とこれを看過して訴訟活動に及ぶこと」を例示している。これは、《22−1》よりも高い違法性を要求しているように受けて止められるが、現在では、上記(ア)(イ)の主観的違法要素で十分と解すべきであろう。

《22−6》東京地判昭和49・3・13(判時747号75頁)は、「弁護士が、被保全権利(約束手形金債権)が消滅しているのを看過して不動産仮差押の申立てをした場合において、依頼者(債権者)が約束手形を所持していたときには、事前調査について過失はない」としたケースである。手形債務者としては、手形原因関係が消滅した場合には、約束手形を回収しておくべきであり、依頼者(債権者)が約束手形を所持している以上、弁護士は、これを信用することは止むを得ないという判断がされたものである。依頼者が主張する権利・法律関係が事実的・法律的根拠を欠くものと評価されたわけである。

《22−7》京都地判平成3・4・23(判タ760号284頁)は、「弁護士が、訴

訟代理人として請求異議訴訟を提起したこと及びこれとは両立しない関係にある事前求償権請求訴訟の提起・追行をしたことが不法行為であるとした損害賠償請求を棄却したケース」である。この判決では、弁護士の民事責任を否定しているが、《22－1》の判断枠組みで説明するとすれば、「依頼者が主張する権利・法律関係が事実的・法律的根拠を欠くもの」とはいえないということになろう。本件における弁護士執務の問題点は、それぞれ依頼者の異なる請求異議訴訟とこれとは両立しない事前求償権請求訴訟を受任していることであり、実は、これは利益相反であり倫理に反するものである（弁護士職務基本規程28条3号違反）。この点については、本判決では、それは当該弁護士の依頼者相互の利益相反であり、本件各訴訟の相手方との関係ではないと解しているようであるが、これを一般化することは相当とはいえない。本判決は、個別の救済判例とみるべきであろう。

《22－8》東京地判平成8・2・23（判時1578号90頁）は、「弁護士が被告訴訟代理人として行った反訴の提起及び訴訟活動について不法行為を構成しないとしたケース」である。《22－1》の判断枠組みに依拠して判断しているものである。

以上の考察によれば、訴訟代理人が提訴による不法行為責任を負う事例は少ない。もっとも、《22－5》がいうように、本人による不当訴訟が違法と評価されるより以上の強い違法性を要件とすることは相当とはいえない。また、専門家責任の観点からすると、この場面では、評価規範の重要性もさることながら、行為規範として捉え直すことが、より重要であると思われる。

(3) 司法書士の提訴時の行為規範

そこで、以上の考察を、司法書士が訴訟代理を委任された場合における提訴時の行為規範（執務準則）として整理すると、次のとおりである。

第1に、司法書士としては、提訴に当たり、依頼者の求める権利・法律関係について事実的根拠があるか、すなわち、裏づけとなる証拠関係が存在するかについて調査・確認する義務がある。裏づけとなる客観的証拠がまったくない場合には、事実的根拠に欠けると評価されることが多いであろう。もっとも、そのような場合でも、客観的証拠のないことにつき相応の事情があり、依頼人本人の言っていることが経験則上不合理ではなく、信用できると思われるとき

には、事実的根拠がないとはいえないと評価されることもあるが、一定の慎重さが求められるところである。

　第2に、司法書士としては、提訴に当たり、依頼者の求める権利・法律関係について法律的根拠があるか、すなわち、依頼者の言う事実から請求権を導くことができるかについて調査・確認する義務がある。主張自体失当と判断される言い分ではないかという観点からの点検であり、司法書士としては、その請求を根拠づけるに足りる要件事実をすべて主張・立証することができる見込みを立てるべきである。

　第3に、司法書士としては、依頼者が提訴について、相手方に対する害意や嫌がらせの目的、他の懸案事項の交渉への圧力とする目的など不当な目的を有していないかについて、洞察することが要請される。つまり、「裁判制度の趣旨・目的に照らして著しく相当性を欠く」と評価される余地はないかという観点から、そのケースを点検する姿勢が求められるのである。

　勝訴する見込みのまったくない訴えを提起することは、依頼者にとって無益なだけでなく、相手方にも不必要な応訴の負担をかけることになる。また、権利の実現という裁判制度の趣旨・目的から逸脱し、裁判を受ける権利を濫用して、不当な意図・目的をかなえようとすることは、訴訟制度の病理というべきものである。司法書士としては、法専門職としてこのような訴訟の代理をすべきでないという行為規範がある。そのような観点から、不当訴訟に関する裁判例の動向を十分研究しておくことも要請される。

III 職務過誤としての違法な弁論活動

1）総　説

(1) 違法弁論型（名誉毀損型）の職務過誤

　民事訴訟においては、訴訟当事者の自由な訴訟追行が保障される。当事者の自由な訴訟資料・証拠資料の提出こそが実体的真実に合致した判決の基礎となるべきものであるからである。民事訴訟における弁論主義は、訴訟資料・証拠資料の提出を当事者の責任とすることにより、このような自由で積極的な弁論

活動を予定している。

ところで、民事訴訟は相対立する者相互の攻撃防御の場であるから、時に名誉毀損に当たる主張が陳述されることがないとはいえない。司法書士としては、そうした事態を生じさせないよう配慮すべきである。

違法弁論型（名誉毀損型）は、司法書士が民事訴訟における弁論（仮処分申請における疎明資料の提出）において、相手方ないし第三者の名誉を毀損するような過誤類型である。

訴訟行為として名誉毀損に当たる主張が陳述された場合における規律はどのようにあるべきか。これは弁論主義の下における訴訟当事者の自由な訴訟追行の保障と相手方当事者および第三者の人格権保護との利益調整の問題にほかならない[5]。

(2) 弁論活動における責任に関する学説

訴訟当事者の弁論活動における責任に関する学説は、次のように整理される。

第1に、悪意除外説。これは、民事訴訟においては当事者が自由に忌憚のない主張を尽くすことが必要であるから、特に悪意をもってされたものでない限り違法性が阻却されるという見解[6]である。

第2に、二段階違法性阻却説。これは、訴訟当事者の訴訟資料・証拠資料の提出権能は、訴訟追行過程における弁論主義の機能を十分発揮するために保障されなければならないから、原則として（著しい名誉毀損を除いて）名誉毀損は成立しないとする見解である。その構成としては、違法性阻却事由（抗弁）として、「①相手方当事者の名誉を毀損する事実につき、当該事件との関連性があり、それを主張する必要があり、主張の方法が相当であったこと、②指摘した事実を真実であると信じ、信じたことが相当であったこと」を措定し、名誉毀損の度合いが強度である場合には、②の事由がなければ①の事由があっても違法性が阻却されないが、強度でない場合には、①の事由だけで違法性が阻却されるとする[7]。

第3に、不適切性許容説。これは、言説が相手方その他の者の名誉を侵害す

5）加藤・前掲注2）211頁。
6）加藤一郎編『注釈民法19』188頁〔五十嵐清〕（有斐閣・1965）。
7）鈴木重勝「民事訴訟における名誉毀損(上)」民事研修367号21頁（1987）。

る場合でも、それが訴訟行為として行われる場合には、違法性が阻却されるが、①関連性・必要性等の客観的基準によって規律される正当な弁論からの逸脱があるとき、濫用的な意思が伴うときは、その例外となる。しかし、②主張の表現内容・方法、主張の態様が適切さを欠くに止まるときは、原則どおり、許容されるという見解[8]である。

　第4に、類型考慮説。これは、類型ごとに「要証事実との関連性、主張の必要性、主張方法の相当性（適切性）、真実性、真実と信ずるについての相当性」という考慮要素のバランスで違法性を考えていくという判断枠組みを提示するものである。そして、（類型Ⅰ）要証事実に関連性があり、主張の必要性があり、主張方法も相当であった場合には、真実性を欠いていても違法性はないが、（類型Ⅱ）要証事実に関連性がなく、主張の必要性もなく、主張方法も不相当であった場合には、真実性があっても違法性があることになるとする。さらに、（類型Ⅲ）要証事実に関連性があるかどうか、主張の必要性があるかどうかは微妙であり、主張方法も直ちに不相当とはいえない場合には、真実であるかどうか（その事実を証明できるかどうか）によって違法性が決定されるという[9]。

　第1説（悪意除外説）および第3説（不適切性許容説）は、名誉を毀損された相手方当事者および第三者の救済という実践面に問題があるように思われる。これに対して、第2説（二段階違法性阻却説）が、名誉毀損の違法性の判断枠組みとして、要証事実との関連性、主張の必要性、主張方法の相当性、内容の真実性を考慮要素とすべきであるとするところは、事柄の性質上、支持することができる。しかし、「関連性・必要性・相当性あり、真実性・真実と信じたことの相当性（誤信相当性）あり」を違法性阻却事由とすることは賛成できない。むしろ、名誉毀損の責任を追及する側が、「関連性・必要性・相当性なし、真実性なし、真実と信じたことの相当性（誤信相当性）なし」という事由（違法事由＝違法性評価根拠事実）を主張・証明することが相当である。そうすると、類型考慮説が相当であるということになる。

　なお、名誉毀損的主張につき相当の根拠があること、すなわち、裁判所にお

8）中島秀二「判批」判タ841号58頁（1994）。
9）加藤・前掲注2）223頁。賛成するものとして、飯塚和之「判批」判タ1024号82頁（2000）。

いて認容される可能性があることが認められる限り、主張方法が不相当（不適切）であっても、違法性が阻却されるという裁判例《22－14》東京高判平成9・12・17（判時1639号50頁、判タ1004号178頁）がみられる。これは、類型考慮説の立場とも整合する考え方であるといえよう。

２）いわゆる「司法書士会埼玉訴訟」

(1) 事案のアウトライン

この問題で著名ないわゆる「司法書士会埼玉訴訟」判決をみてみよう[10]。
《22－9－1》浦和地判平成6・5・13（判時1501号52頁、判タ862号187頁）
《22－9－2》東京高判平成7・11・29（判時1557号52頁）

埼玉司法書士会は、登記申請代理業務をした弁護士の依頼者に対し、「商業・法人登記は司法書士のみが各会社の法人からの嘱託にもとづき申請代理ができる旨司法書士法に定められております。今回登記所に申請のありました登記は司法書士による申請ではないように見受けられますが、次回登記申請の際は司法書士に嘱託されますようお願いいたします」と記載した文書を送付した。このことに端を発して、弁護士と司法書士の職域問題を背景として、本件訴訟が提起された。

弁護士であるXは、顧問先のA会社の増資に伴う株式会社変更登記の登記申請を代理したところ、Y_1（埼玉司法書士会）は、Aに対して、本件文書を送付した。Xは、弁護士が一般的に登記業務を行うことは適法であるのにかかわらず、この書面は、何ら違法でない本件登記申請を「違法であり、今後は司法書士に嘱託すべし」というもので、Xの名誉・信用を毀損し、業務を妨害するものといえるから、Y_1には故意または過失による不法行為が成立すると主張した。Xは、さらに、本件行為は不正競争防止法1条1項6号に該当するから、Y_1には、Xの営業上の信用を回復するため陳謝文を送付する責任があるとと

---

[10] 評釈等として、竜嵜喜助「埼玉訴訟の波紋」ジュリ1051号84頁（1994）、石川明「判批」判評434号40頁（判時1518号202頁）（1995）、加藤新太郎「判批」平7主要民事判例解説（判タ913号）110頁（1996）がある。裁判法的観点からの論考として、石川明「弁護士と司法書士の役割分担」法学研究68巻10号9頁（1995）がある。

もに、同様の文書の配達等の差止めを求める必要があるとした。さらに、Y_2（国）に対して、正規の手続によることなく司法書士会に登記申請書類の閲覧を許可したことは違法である等として国家賠償責任があると主張した。そして、Xは、①損害賠償として、Yらに対して連帯して360万円の支払を求めるとともに、Y_1に対して、②本件と同様の文書発送等の差止めおよびAに対し陳謝文を送付することを求め（甲事件）、さらに、③Xの本件登記申請行為が弁護士としての職務行為であることの確認（丙事件）、④商業登記業務につきXはY_1にとって旧不正競争防止法1条1項6号にいう「競争関係ニアル他人」に該当することの確認を求めた（丁事件）のである。

これに対して、Y_1は、登記申請代理業務は、原則的に司法書士会が独占しており、弁護士といえども争訟性ある事件に関連して行う場合を除いて、業として反復継続して登記申請代理業務をすることはできない（旧司法書士法19条1項〔現行法73条1項〕）と主張した。さらに、Y_1は、①仮に、弁護士法3条1項にいう「一般の法律事務」に登記申請代理業務が含まれているとしても、司法書士会に入会することなく一般に登記代理業務をすることは違法である、②仮に、弁護士が登記申請代理業務をすることができ、本件登記申請が適法であるとしても、本件文書の送付は自由競争の範囲内の社会的に許容された行為であり違法性阻却事由がある旨主張した。

加えて、Y_1は、Xが、甲事件の第一回口頭弁論期日において、訴状でY_1を「劣位下等な職能集団」と称したことにつき、名誉毀損による不法行為であるとして、Xに対して、損害賠償（4350万円）を請求するとともに謝罪広告掲載請求をした（乙事件）。

(2) 本判決の概要

《22−9−1》は、Xの請求のうち、甲事件について一部認容（Y_1に対して損害賠償165万円を命じ、文書発送等の差止めおよび陳謝文送付請求は棄却、Y_2に対する請求は棄却）、丙・丁事件について訴え却下（丙事件については、過去の法律関係を求めるもので確認の利益があるとは認められず、丁事件については、確認の対象が法律関係でなく事実関係であるから却下すべきであるとされた）、Y_1の請求（乙事件）について一部認容（損害賠償100万円、謝罪広告掲載請求は棄却）した。

本件の争点は、①Y₁がXの依頼者に本件文書を送付したことが名誉毀損に当たるか、②Xの訴状におけるY₁を「劣位下等な職能集団」と称したことが名誉毀損に当たるかという点であるが、その前提として、③弁護士が登記申請代理業務を行うことが適法といえるか（弁護士法3条1項にいう「一般の法律事務」に登記申請代理業務が含まれるか、弁護士法は、旧司法書士法19条1項但書〔現行法73条1項但書〕の「他の法律」に当たるといえるか）、④弁護士が司法書士会に入会することなく一般的に登記代理業務をすることが適法といえるか等につき判断する必要があった。本判決は、弁護士と司法書士との職域に関わる③④の争点について積極に解したうえで、これを前提として、①につき名誉毀損の成立を認める一方、②についても弁論における名誉毀損の成立を認めたものである。

　その判旨は、次のとおりである。

【A　弁護士が登記申請代理業務を行うことが適法といえるか】旧弁護士法1条の「其ノ他一般ノ法律事務」には登記申請代理が含まれており、弁護士法3条の「その他一般の法律事務」も同様であるから、弁護士法は、旧司法書士法19条1項但書（現行法73条1項但書）の「他の法律」に当たると解され、弁護士法72条により、登記申請代理が弁護士の専属的職務範囲に含まれることになったと解されるから、弁護士会に所属する弁護士は、司法書士会に入会しなくても登記申請代理業務を行うことができる。

【B　本件文書の送付の名誉・信用毀損該当性】　弁護士Xのした本件登記申請は適法であったから、Y₁がXの依頼者に対して、本件文書を送付したことは、Xの名誉・信用を毀損するもので違法性が認められ、これが阻却されると解する余地はなく、Y₁代表者には過失があったといえる。

【C　「劣位下等な職能集団」の名誉毀損該当性】　Xが訴状において司法書士会を「劣位下等な職能集団」と表現したことは、訴訟遂行上の必要性を超えた著しく不適切・不穏当なもので、Y₁の名誉を毀損したものであり、謝罪広告掲載を認めるまでの必要はないが、不法行為として慰謝料請求は認められる。

　なお、控訴審判決である《22－9－2》は、基本的に《22－9－1》判決を維持して、控訴をいずれも棄却した。

(3) 考察

《22－9－1》では、Xが、口頭弁論期日において、訴状でY$_1$につき「劣位下等な職能集団」と記載して、これを陳述していることが司法書士会に対する名誉毀損を構成するか否か問題とされ、これが肯定された。弁護士が原告となった訴訟についての訴訟活動であり、訴訟代理人としての職務過誤ではないが、事例的意義を有する。

本判決の判断枠組みに着目すると、本件における名誉毀損的主張の陳述について、訴訟遂行上の必要性を超えた著しく不適切・不穏当なものという評価をしている。これは、Xの「劣位下等な職能集団」という表現は、要証事実と関連性がないわけではないが、必要性は乏しいうえ、相当性を欠くものであるとみたものである。自由な訴訟追行の保障と相手方の人格権保護との利益調整の場面における弁論（訴状陳述）の違法性の評価として支持することができる判断といえる。

なお、《22－9－1》判決は、司法書士会が弁護士のした登記申請代理に関して弁護士の依頼者に対し違法であるかのごとき文書を送付したことが名誉毀損に当たるとしたケースでもある。司法書士会としては、司法書士の職域を守るという役割があるが、その活動には一定の法律的根拠を背後に控えることが必要であり、具体的にも節度のあるものでなければならないことを教えるものである。

その前提となる論点は、【A 弁護士が登記申請代理業務を行うことが適法といえるか】であったが、《22－9－1》は、その根拠まで明示してこれを肯定したものであり、《22－9－2》も同旨である。学説も、弁護士法3条は、司法書士法73条1項但書の「他の法律」の「別段の定め」に該当するから、弁護士または弁護士法人は、「一般の法律事務」として、登記手続の代理業務を取り扱うことができると解していることに留意すべきであろう[11]。

---

11) 小林昭彦＝河合芳光『注釈司法書士法〔第3版〕』554頁（テイハン・2007）、髙中正彦『弁護士法概説〔第4版〕』41頁（三省堂・2012）。

3) 弁論活動に関する裁判例

(1) 総説

　訴訟代理人が弁論活動をするに当たり、名誉毀損的弁論をしたり、プライバシー侵害をしたとして不法行為責任を問われるケースがある。プライバシー侵害も人格権侵害という意味で名誉毀損と同質性があるから、類型考慮説に準ずる判断枠組みが妥当すると解される。

　実際のケースでは、個別具体的な事実関係とその規範的な評価から、民事責任の成否が分かれるが、以下では、裁判例について考察してみよう[12]。

(2) 民事責任を肯定した裁判例

　弁護士の弁論活動等が名誉毀損・プライバシー侵害であるとして不法行為責任が認められた先例としては、次のものがある。

　《22－10》千葉地館山支判昭和43・1・25（判時529号65頁）は、別件訴訟には関連しない事項である相手方訴訟代理人の弁護士が過去に刑事事件の被告人となったことを繰り返し準備書面で陳述した事例である。

　《22－11－1》大阪地判昭和58・10・31（判時1105号75頁）、《22－11－2》大阪高判昭和60・2・26（判時1162号73頁）は、別件訴訟において不動産の二重売買の公序良俗違反等の主張をする際、相手方訴訟代理人である弁護士を横領罪の共謀共同正犯者であると断定・強調した準備書面を陳述した事例である。

　《22－12》京都地判平成2・1・18（判時1349号121頁）は、仮処分申請において相手方につき「第三国人としての立場を利用して巧みに儲けを続けてきた」旨の記載のある報告書等疎明資料を提出した事例である[13]。

　《22－13》東京地判平成5・7・8（判時1479号53頁、判タ824号178頁）は、別件訴訟の被告訴訟代理人の弁護士につき「倫理感が完全に麻痺し、事の是非、善悪の判別もできない」「弁護士であれば何をしてもかまわないという特権的な思い上がった意識、観念に取りつかれている」「弁護士の回答は明らかに精神異常であることを示す。品性は低劣、行為は卑劣」等と準備書面に記載・陳

---

12) 加藤・前掲注2）233頁以下、髙中・前掲注2）219頁以下。
13) 加藤・前掲注2）206頁。

述した事例である[14]。

《22－14》東京高判平成9・12・17（判時1639号50頁、判タ1004号178頁）は、弁護士が別件の民事訴訟手続において、被告訴訟代理人として「訴訟関係人に虚偽の陳述をさせてむりやり黒を白にしようとする行為をしている」と主張することは、客観的根拠に基づくことなく、虚偽の証拠の作出に関与した旨を断定的表現をもって主張するものであり、かつ、「黒を白」云々の表現も著しく穏当を欠くものであって、訴訟活動として許容される範囲を逸脱しており名誉毀損に該当するとした事例である。一審判決（東京地判平成9・5・15）は、「倫理の面からみて妥当を欠く面はあるとしても、不法行為の成否という観点からみた場合には、民事訴訟における弁論活動の一環状として社会的に許容される範囲を逸脱したものとまではいえない」としていたが、《22－14》はそのような評価は甘いとみたのである[15]。

《22－15》東京高判平成11・9・22（判タ1037号195頁）は、夫が在日韓国人の子であること、子が特別養子であること等を記載した家事調停申立書の控えを民事保全事件の疎明資料として裁判所に提出した事例である[16]。これは疎明資料提出が第三者のプライバシー侵害に該当することが認められたものである。

《22－16》水戸地判平成13・9・26（判時1786号106頁）は、「相手方らは通常人と著しく異なった性格を有し」「将に狂人沙汰」「無軌道極まる行為を敢えてしている」「常軌を逸した狂人的行為」等と仮処分申立書、訴状、準備書面、証拠説明書等に記載した事例である。

《22－17》東京地判平成18・3・20（判時1934号65頁）は、「長期に亘って多数の男達と関係して」「他の男と公然の関係を続けている」等と準備書面に記載し、「相変わらず嘘で固めて、裁判所までだます恐ろしい人です」「狂気の男女関係を繰り返して皆に迷惑をかけた」「こんな不倫女」等と陳述書に記載した事例である。

《22－18》東京地判平成22・5・27（判時2084号23頁）は、「相手方弁護

14）評釈として、中島・前掲注8）49頁。
15）評釈として、加藤新太郎「判批」私法判例リマークス21号62頁（2000）。
16）評釈として、加藤新太郎「判批」判タ1054号81頁（2001）。

士の特徴は、裁判官や当方に声高にヒステリー気味な言動が見られることがよくあることだ」「相手方弁護士の場合、そのような弁護士としての倫理観が欠如している」等と記載した上告審宛て報告書を提出した事例である。

(3) 民事責任を否定した裁判例

　これに対して、弁護士の弁論活動について名誉毀損などの不法行為責任が認められなかった先例としては、次のものがある。

　《22－19》横浜地判昭和25・9・11（下民集1巻9号1438頁）は、弁護士が証人尋問期日において、配給物資を横流ししたことと関係のない質問を証人に行ったが、立証事実に関連性があったとされた事例である。

　《22－20》東京地判昭和26・9・27（下民集2巻9号1138頁）は、弁護士が約束手形金請求訴訟の被告本人尋問期日において、反対尋問の中で「二号、三号の生活費は被告が支出しているか」という趣旨の質問をしたところ、関連性・必要性がなく不当であるが、弁護士には侮辱する意図はなく、被告は応答自体を拒否し、在廷者に悪印象を与えたとは認められないとして名誉毀損には該当しないとされた事例である。

　《22－21》東京地判昭和43・6・20（判タ226号167頁）は、「原告の主張が事実には著しく遠いものである」等と答弁書に記載した事例である。

　《22－22》東京地判昭和56・10・26（判タ453号107頁）は、「催促というよりもむしろ強要に近い」「町の不動産屋であり」「原告の行為は、宅地建物取引業の免許取消事由ないしは業務停止事由に該当するおそれすらある」等と答弁書に記載した事例である。答弁書全体の中で判断すれば、訴訟代理人としての弁論活動の範囲を超え、違法性を帯びるものとはいえないとされた。

　《22－23》東京高判平成元・3・22（判タ718号132頁）は、「金員を脅し取ろうとしている」「脅し行為」と答弁書に記載した事例である。これは、弁護士作成の書面として、いささか断定的に過ぎ不適切のそしりを免れないにしても、事実無根のもので真実に反するものと直ちにいうことはできないから、不法行為を構成するに足りる違法性を帯びたものとは認められないとした。

　《22－24》東京地判平成9・12・25（判タ1011号182頁）は、「相手方弁護士は弁護士倫理に反している」「本件訴状請求原因の記載は、全くの虚偽と徹底した事実歪曲による捏造であり」「相手方弁護士が虚偽と捏造を事としてい

る」等と答弁書や準備書面に記載した事例である。本件訴訟の原告である弁護士も、相当に激しい内容の準備書面を提出したという事情がみられたやや特殊性のあるケースである。

《22－25》東京地判平成9・12・26（判タ1008号191頁）は、「原告の異常性格について」との一項目を設けてその訴訟提起を非難した準備書面を陳述し、法廷で裁判官に対して「原告は趣味で訴訟をしている」等と発言した事例である。原告がいわゆる訴訟マニアとみられる人物であったことから、名誉毀損を構成するほどの違法性があるとはいえないとされた。

《22－26》東京地判平成10・11・27（判時1682号70頁）は、書証で提出された業界新聞について「他のブラックジャーナリスト等」「俗にいうタカリ新聞又はブラック紙と呼ばれる類に入る業界紙」等と準備書面に記載・陳述した事例である。訴訟の相手方以外の第三者に対する関係で名誉毀損が問題となったケースであり、実質的違法性がないという理由で請求が棄却された。かなり微妙なケースといえよう。

《22－27》東京地判平成16・8・23（判時1865号92頁）は、「明らかな虚偽の主張、立証を行う」「嘘の主張、立証を法廷で平気で行う」等と準備書面に記載した事例である。これは必要性があり、上記表現もやむを得ないものであり、結論として違法性がないとしたが、救済判例的な色彩がないとはいえない。

④ 司法書士の弁論活動における行為規範

以上の考察に基づき、司法書士の弁論活動における行為規範（執務準則）として整理すると、司法書士は、相手方ないし第三者の人格権を損なうことのないよう書面作成およびその陳述に配慮する義務がある。

第1に、司法書士が訴訟代理人として弁論活動をするに当たり、名誉毀損的弁論として不法行為責任を問わすことを避けるためには、相手方の名誉を毀損する意図に基づく事実主張をしないことである。本来、訴訟代理人としては、そのような意図を形成することはないはずであるが、依頼者がことさら虚偽の事実を語り、それを鵜呑みにして主張することがあるとすれば、大きなリスク

がある。さらに、訴訟代理人が相手方の不誠実な行動や対応に立腹し感情的になってしまうという「代理人の当事者化」に陥ることのないよう心すべきであろう。訴訟代理人は、冷静な姿勢を堅持することでその真価を発揮するものなのである。

第2に、司法書士としては、背景事情を述べることが裁判所の事案の理解に役立つと考えて、相手方の人物属性や行動を記述する場合に、名誉毀損的な事項に及ぶことがないとはいえないが、その場合であっても、要証命題と関連性のない事実を主張することは避けるべきである。

第3に、司法書士としては、表現内容、表現方法・態様が適切さを欠き、相当性を逸脱するような書面作成を抑制することが要請される。相手方の主張が虚偽であると考える場合でも、嘘つきなどと言うのではなく、具体的な証拠との関係または経験則から事実ではない旨の論陣を張ることが求められる。また、相手方を犯罪者呼ばわりすること、差別的な記述・表現などは回避しなければならない。

以上に共通するものとして、司法書士としては、違法弁論活動に関する裁判例の動向を十分研究しておくことが要請される。

IV その他の職務過誤類型

司法書士が訴訟外の和解などの交渉活動をする過程において、損害を与えた場合に、職務過誤として相手方ないし第三者から民事責任を追及されることがある。

司法書士としては、訴訟外の和解などの交渉活動をする場合において、社会常識に裏打ちされた合理的対話をしていくべき義務があると解される[17]。この場合、司法書士が、注意義務に違反し、一定の許容範囲を逸脱することは、相手方当事者に対する不法行為責任を生じさせることになる。例えば、弁護士が示談交渉の過程における活動によって相手方の名誉を毀損するというケースが想定できる。示談交渉における主張・意見表明と名誉毀損との関係について判

---

17) 加藤・前掲注2) 332頁。

示した裁判例としては、《22－28》東京地判昭和 63・5・25（判時 1294 号 64 頁）がある[18]が、司法書士についても同様に解される。

《22－28》にもみられるように、民事訴訟における弁論の論争過程の共通性を考慮すると、示談交渉においても、司法書士として、相手方に言い分の論拠を求めることはもとより、必要な反論を展開することも許容されるべきである。したがって、示談交渉の中でされる主張や意見表明が名誉毀損となるのは、例外的なケースとみるべきであり、示談交渉における具体的言葉の表現内容、方法、態様等が社会通念上許容されるものかどうか等によって判定されることになると解される。その意味で、司法書士は、社会通念（良識）を涵養することが求められるのである。

[18] 《22－28》は、交通事故による鞭打ち症の被害者との示談交渉過程において、保険会社担当者が被害者代理人の弁護士に宛てた文書中に「被害者の治療が延引したのは、被害者の資質が加味されたものではないかと思われる」旨の記載をしたことは、被害者の主観的な名誉感情が害されるとしても、名誉を毀損したことにならないとしたケースである。司法書士としても、依頼者の利益を守るために、必要な指摘をすることは、相手方の人格権との関係で問題が生じるとしても、それが相当である限り許容されることになる。

第23章 債務整理をめぐる専門家責任

I はじめに

　本章では、債務整理にかかる法律事務を受任した司法書士の民事責任について考察する。司法書士の専門家責任・専門家倫理の構造は、弁護士のそれと同様のものであることは、繰り返し述べてきた事柄であるが、このテーマにおいても、そのことを再確認することになる。

　考察の対象とするのは、《23－1》最判平成25・4・16（民集67巻4号1049頁、金判1418号8頁）である（原審判決　福岡高宮崎支判平成23・12・21金判1418号17頁＝変更・請求棄却、原々審判決　鹿児島地名瀬支判平成23・8・18金判1418号21頁＝請求一部認容）。

　《23－1》は、最高裁で債務整理事務処理について説明義務違反という弁護過誤を認めた判例[1]であり、司法書士の職務過誤にもそのまま応用可能なケースである。しかも、法廷意見のほか弁護士出身の田原睦夫裁判官、大橋正春裁判官の補足意見が付されていて、参照価値が高い。

　本章では、《23－1》判決について検討を加え、司法書士にも妥当する専門家責任規範を考察することにする。

---

[1] 弁護過誤を肯定した最高裁判例として、最判平成19・4・24（民集61巻3号1102頁、判時1971号119頁、判タ1242号107頁）がある。これは、不当弁護士懲戒に関し、「懲戒請求が事実上又は法律上の根拠を欠く場合において、請求者が、そのことを知りながら又は通常人であれば普通の注意を払うことによりそのことを知り得たのに、あえて懲戒を請求するなど、懲戒請求が弁護士懲戒制度の趣旨目的に照らし相当性を欠くと認められるときには、違法な懲戒請求として不法行為を構成する」と判示したものであるが、この弁護士懲戒を代理した弁護士について不法行為責任を認めたものである。なお、加藤新太郎「弁護士懲戒請求の規律」名古屋大学法政論集227号1頁（2008）参照。

II 債務整理を受任した司法書士の責任——法廷意見

1 本判決の要旨

《23－1》判決は、「債務整理に係る法律事務を受任した弁護士が、特定の債権者の債権につき消滅時効の完成を待つ方針を採る場合において、上記方針に伴う不利益等や他の選択肢を説明すべき委任契約上の義務を負うとした事例」である。司法書士が債務整理にかかる法律事務を受任した場合についても、ここで示された規範はそのまま妥当するものである。

2 事案のアウトライン

本件は、弁護士に債務整理を依頼した者の相続人が、弁護士に対し、債務整理の方針についての説明義務違反があったとして、債務不履行に基づき慰謝料等を損害賠償として求めた案件である。事実関係は、次のとおりである。

(1) 弁護士Yは、平成17年6月30日、Aから、消費者金融業者に合計約250万円の債務があるとして、その債務整理について相談を受けた。Yは、債務の返済状況等を聴取した後、Aに対し、「過払金が生じている消費者金融業者から過払金を回収した上、これを原資として他の債権者に一括払による和解を提案して債務整理をすること、債務整理費用が30万円であり、過払金回収の報酬が回収額の3割であること」などを説明し、YとAは、同日、債務整理を目的とする委任契約を締結した。

(2) Yは、利息制限法所定の制限利率に従い、Aが債権者に弁済した元利金の充当計算をしたところ、B（当時の商号はC）・Dに対してはまだ元本債務が残っているが、E・F・Gに対しては過払金が発生していることが判明した。

そこで、Yは、平成17年9月27日までに、Aの訴訟代理人として、E・F・Gに対して過払金返還請求訴訟を提起し、その後、上記3社とそれぞれ和解をして、平成18年6月2日までに、合計159万6793円の過払金を回収した。

(3) Yは、E・F・Gから回収した過払金により、B・Dに対する支払原資を確保できたものと判断し、平成18年6月12日、B・Dに対し、「ご連絡（和

解のご提案）」と題する文書を送付して、元本債務の8割に当たる金額（Bについては30万9000円、Dについてはすべての取引を一連のものとして計算した9万4000円）を一括して支払うという和解案を提示した。上記文書には、「御社がこの和解に応じていただけない場合、預った金は返してしまい、5年の消滅時効を待ちたいと思います」、「訴訟等の債権回収行為をしていただいても構いませんが、かかった費用を回収できない可能性を考慮のうえ、ご判断ください」などと記載されていた。

　Bは上記の内容による和解に応じたが、Dはこれに応じなかった。

　(4) Yは、平成18年7月31日頃、A方に電話をかけ、Aに対し、回収した過払金の額やDに対する残元本債務の額について説明したほか、「Dについてはそのまま放置して当該債務に係る債権の消滅時効の完成を待つ方針（時効待ち方針）を採るつもりであり、裁判所やDから連絡があった場合にはYに伝えてくれれば対処すること、回収した過払金に係る預り金を返還するがDとの交渉に際して必要になるかもしれないので保管しておいた方が良いこと」などを説明した。

　また、Yは、その頃、Aに対し、「債務整理終了のお知らせ」と記載された文書を送付した。同文書には、Dに対する未払分として29万7840円が残ったが消滅時効の完成を待とうと考えているなどと記載されていた。

　(5) Yは、平成18年8月1日、回収した過払金合計159万6793円から過払金回収の報酬47万9038円および債務整理費用30万円の合計77万9038円、Bに支払った和解金等を差し引く経理処理を行い、残額の48万7222円から振込費用を控除した残金をAに送金した[2]。

　(6) Yは、平成21年4月24日、Aに対し、「消費者金融業者の経営が厳しくなったため以前よりも提訴される可能性が高くなっており、12万円程度の資金を用意できればそれを基に一括して支払う内容での和解交渉ができる」などと説明したが、Aは、Yが依頼者から債務整理を放置したことを理由とする損

---

[2] 本件では、弁護士Yは依頼者Aに「債務整理終了のお知らせ」の文書を送付し、平成18年8月の時点で回収した過払金から報酬等を控除して送金しているから、通常はこの段階で委任事務は終了したと解されるが、3年後の平成21年4月に依頼者Aに連絡をとっており、6月に解任されている。そうすると、平成18年8月の時点では委任契約は終了していないことになるが、この点はやや不明瞭な感が残る。

害賠償請求訴訟を提起されたとの報道等を受けて、Yによる債務整理に不安を抱くようになり、同年6月15日、Yを解任した。

Aは、弁護士甲に改めて債務整理を委任した。弁護士甲は、Aの代理人としてDと交渉し、平成21年12月17日、AがDに対して和解金50万円を分割して支払う内容の和解を成立させた。

(7) Aは、平成22年3月16日、本件訴訟を提起したが、第一審係属中である平成23年3月20日に死亡し、その妻であるXが本件訴訟にかかるAの権利を承継した。

争点は、「依頼者から債務整理について受任した弁護士の依頼者に対する説明義務の有無及びその内容」という論点を前提とした「債務整理の方針についての説明義務違反の有無」であった。

原審判決(福岡高宮崎支判平成23・12・21金判1418号17頁)は、上記事実関係等の下において、争点について、Aが、Yから上記(1)および(4)の内容等の説明を受け、Yの採る債務整理の方針に異議を述べず、その方針を黙示に承諾したと認められることなどからすれば、Yが上記説明義務に違反したとは認められないと判断して、Xの請求を棄却した。

③ 本判決の概要

本判決は、次のとおり判示して、原判決を破棄し、損害の点等についてさらに審理を尽くさせるため、差し戻した(裁判官全員一致)。

【時効待ち方針の意義】本件においてYが採った時効待ち方針は、DがAに対して何らの措置も採らないことを一方的に期待して残債権の消滅時効の完成を待つというものであり、債務整理の最終的な解決が遅延するという不利益があるばかりか、当時の状況に鑑みてDがAに対する残債権の回収を断念し、消滅時効が完成することを期待し得る合理的な根拠があったことはうかがえないのであるから、Dから提訴される可能性を残し、一旦提訴されると法定利率を超える高い利率による遅延損害金も含めた敗訴判決を受ける公算が高いというリスクをも伴うものであった。

【代替選択肢の有無】また、Yは、Aに対し、Dに対する未払分として29万

7840円が残ったと通知していたところ、回収した過払金からYの報酬等を控除してもなお48万円を超える残金があったのであるから、これを用いてDに対する残債務を弁済するという一般的に採られている債務整理の方法によって最終的な解決を図ることも現実的な選択肢として十分に考えられたといえる。

【Yの説明義務】このような事情の下においては、債務整理に係る法律事務を受任したYは、委任契約に基づく善管注意義務の一環として、時効待ち方針を採るのであれば、Aに対し、時効待ち方針に伴う上記の不利益やリスクを説明するとともに、回収した過払金をもってDに対する債務を弁済するという選択肢があることも説明すべき義務を負っていたというべきである。

【Yの説明義務違反】しかるに、Yは、平成18年7月31日頃、Aに対し、裁判所やDから連絡があった場合にはYに伝えてくれれば対処すること、Dとの交渉に際して必要になるかもしれないので返還する預り金は保管しておいた方が良いことなどは説明しているものの、時効待ち方針を採ることによる上記の不利益やリスクをAに理解させるに足りる説明をしたとは認め難く、また、Dに対する債務を弁済するという選択肢について説明したことはうかがわれないのであるから、上記の説明義務を尽くしたということはできない。そうである以上、仮に、Aが時効待ち方針を承諾していたとしても、それによって説明義務違反の責任を免れるものではない。」

4 考 察

本判決は、最高裁判決として初めて、「債務整理に係る法律事務を受任した法律専門職が、特定の債権者の債権につき消滅時効の完成を待つ方針を採る場合には、この方針に伴う不利益等や他の選択肢を説明すべき委任契約上の義務を負う」ことを規範として明示し、本件事実関係に当てはめをして説明義務違反を肯定したものである。弁護士だけでなく、認定司法書士にも射程が及ぶものと受け止めるのが相当である。

本判決が示した法律専門職の執務規範（民事責任肯定）に関する理路は、次のとおりである。

【A 時効待ち方針の不利益・リスクの存在】債権者が依頼者に対して何らの

措置も採らないことを一方的に期待して残債権の消滅時効の完成を待つという「時効待ち方針」は、最終的解決が遅延するという不利益、提訴されると法定利率を超える高い利率による遅延損害金も含めた敗訴判決を受ける公算が高いというリスクがあった。

【B 現実的・オーソドックスな代替選択肢の存在】回収過払金を用いて残債務を弁済する方法によって最終的解決を図るという代替選択肢があった。

【C 時効待ち方針を採用する場合の善管注意義務・説明義務】時効待ち方針を採る場合には、善管注意義務の一環として、その不利益・リスク、代替選択肢を説明する義務があったが、Yはそうした説明をしなかった（説明義務違反あり）。

法律専門職の善管注意義務の発現として、依頼者の当面する問題を解決するため、自らの専門的知識・経験に基づき、どのような活動をしていくかの具体的措置を選択する段階では、一般的には、「問題解決にふさわしい措置を選択すべき義務」があり、選択した措置について依頼者に対して説明して承諾を得る段階では、「依頼者が意思決定をするのに必要にして十分な説明をする義務」がある[3]。この点は、弁護士も認定司法書士も同じ執務規範で規律されている。

本判決は、依頼者が意思決定をするのに必要にして十分な具体的説明は、時効待ち方針の不利益・リスク、代替選択肢の存在である旨示した。時効待ち方針の不利益・リスク、代替選択肢の存在を説明することが意思決定をするために必要・十分なものであるから、そのような説明がされていない以上、依頼者が時効待ち方針を承諾していたとしても、その承諾には法的に意味がないと解したのである。

法廷意見に代替する論理としては、時効待ち方針は専門家の方針選択としては不適切であり、方針選択それ自体を善管注意義務違反と評価することが考えられる。この点は、田原補足意見に関する検討部分で、さらに考えることにする。

---

[3] 加藤新太郎『弁護士役割論〔新版〕』149頁（弘文堂・2000）。

III 債務整理を受任した司法書士の責任——大橋補足意見

1 大橋裁判官の補足意見

大橋裁判官は、次のとおり補足意見を述べる。

「【A 法律事務を受任した弁護士の依頼者に対する説明義務】法律事務を受任した弁護士には、法律の専門家として当該事務の処理について一定の裁量が認められ、その範囲は委任契約によって定まるものであるが、特段の事情がない限り、依頼者の権利義務に重大な影響を及ぼす方針を決定し実行するに際しては、あらかじめ依頼者の承諾を得ることが必要であり、その前提として、当該方針の内容、当該方針が具体的な不利益やリスクを伴うものである場合にはそのリスク等の内容、また、他に考えられる現実的な選択肢がある場合にはその選択肢について、依頼者に説明すべき義務を負うと解される。

【B 状況即応的報告義務】さらに、受任した法律事務の進行状況についての報告が求められる場合もあるというべきであり、例えば、訴訟を提起して過払金を回収したような場合には、特段の事情がない限り、速やかにその内容及び結果を依頼者に報告すべき義務を負うものと解される。

【A・Bの義務の性質】こうした弁護士の依頼者に対する説明義務が委任契約に基づく善管注意義務の一環として認められるものであることは、法廷意見の述べるとおりであり、上記の報告義務についても同様に解すべきであろう。

【C 時効待ち方針の適切性の疑義】本件においてYが採用した時効待ち方針には、法廷意見が指摘する不利益やリスクがあり、また、他に考えられる現実的な選択肢があったのであるから、これらを説明しなかったYは説明義務違反を免れないものである。さらに、弁護士からの受任通知及び協力依頼に対しては、正当な理由のない限り、これに誠実に対応し、合理的な期間は強制執行等の行動に出ることを自制している貸金業者との関係においても、時効待ち方針は、債務整理を受任した弁護士が積極的に採用するものとしてはその適切性に疑問があり、こうした方針を採用する場合は弁護士には依頼者に対しその内容等を説明することがより強く要求される。

【D 倫理との関係】 弁護士職務基本規程36条は、『弁護士は、必要に応じ、

依頼者に対して、事件の経過及び事件の帰趨に影響を及ぼす事項を報告し、依頼者と協議しながら事件の処理を進めなければならない』と弁護士の依頼者に対する報告及び説明義務を定めているが、同条はその違反が懲戒の対象となり得る行為規範・義務規定として定められたものであり（基本規程82条2項参照）、弁護士と依頼者との間の委任契約の解釈適用に当たって当然に参照されるべきものである。弁護士の依頼者に対する報告及び説明義務については、自治団体である弁護士会が基本規程36条の解釈適用を通じてその内容を明確にしていくことが期待される。」

2）考察

大橋補足意見は、法廷意見を、次の点において敷衍している。

第1に、弁護士の執務（委任事務処理）における裁量性を肯定している点である。執務における裁量性は、委任事務処理の専門性との関係から導かれるものであり、専門職に特有の問題である（医師にも同様の裁量性が肯定される）。法廷意見も、このことを前提にしていると解してよいであろう。

法律専門職のとり得る選択肢が複数ある場合には、どのようにするのが相当か。この点については、どの選択肢をとっても格別の問題がない場合には、各選択肢にメリット・デメリットがあり甲乙つけがたい場合には、その裁量に委ねられる[4]。このように、法律専門職は、その執務において裁量権を有するのが原則であるが、裁量の範囲内の執務であるかどうかについては、①平均的な法律専門職が通常考慮する要素を意識して判断したか、②公益など社会的に許容されるかにつき配慮したかという観点から判定されることになる（田原補足意見参照）。

第2に、時効待ち方針の適切性について、貸金業者との関係にも配慮して、疑義を表明している点である。もっとも、田原補足意見のように、時効待ち方

---

[4] 加藤・前掲注3）155頁。なお、《23-2》東京地判平成21・1・21（判タ1301号234頁）は、司法書士と依頼者との間の債務整理委任契約について、契約書中の報酬の定めの一部が不明確であるとして、当該部分にかかる報酬合意の成立が否定されたケースであるが、解任された司法書士に善管注意義務違反があったという主張が裁量の範囲の逸脱ないし濫用はないとして排斥されている。

針の選択が裁量権の範囲を逸脱しているとまでは述べていない。方針の疑問性を説明義務をより強める方向に作用するものと捉えているのである。

第3に、受任時の説明に加えて、進行に応じた状況即応的報告義務のあること、説明義務も状況即応的報告義務も善管注意義務の一環として認められるものであることを明示している点である。

第4に、弁護士職務基本規程36条（事件処理の報告及び協議）について言及している点である。本件の弁護士Yの行為は、民事責任を負う[5]だけでなく、懲戒処分の可能性もあることを含意するとともに、弁護士会の責務について注意喚起をするものである。なお、司法書士倫理21条2項（事件の処理）は、「司法書士は、依頼者に対し、事件の経過及び重要な事項を必要に応じて報告し、事件が終了したときは、その経過及び結果を遅滞なく報告しなければならない」と定めており、弁護士職務基本規程36条とほぼ同旨である。

IV 債務整理を受任した司法書士の責任——田原補足意見

1）田原裁判官の補足意見（総論）

田原裁判官は、次のとおり補足意見を述べる。まず、総論部分をみることにする。
「1 債務整理の依頼を受けた弁護士の説明・報告義務について
(1) 受任時における説明義務について

弁護士は、法律事務の依頼を受ける依頼者に対しては、委任契約締結過程における信義則上の義務の一環として、依頼を受けることとなる事務の内容に関

---

[5] 本件の弁護士Yは依頼者から債務整理を放置したことを理由とする損害賠償請求訴訟を提起されたという報道がされているように、他にも執務上の問題を抱えていたように見受けられる。また、他の依頼者からも弁護過誤による損害賠償請求訴訟が提起されており、①鹿児島地名瀬支判平成21・10・30（判時2059号86頁）、②鹿児島地名瀬支判平成22・3・23（判時2075号79頁）では、民事責任が肯定されている。もっとも、①は③福岡高宮崎支判平成22・12・22（判時2100号50頁）により、②は④福岡高宮崎支判平成22・12・22（判時2100号58頁）により、変更されその民事責任は否定されている。しかし、《23－1》が明示した規範および判断枠組みに照らすと、③④の結論の当否には疑問が残る。

して説明義務を負うものであるが、その受任する事務の内容は、一般に法律事務としての専門性が高く、またその事務の性質上受任者に一定の裁量権を伴うことが前提とされるところから、その受任時において、その委任契約の締結に伴う種々の問題点について説明すべき義務を負っているものというべきである。以下、その具体的内容についてみてみる。

ア【事案適合的説明義務】依頼者から債務整理の依頼を受けた弁護士は、その受任に当たり、当該事案に応じて適切と認められる法的手続（例えば破産、個人再生、特定調停、私的整理等）について、依頼者の資力や依頼者自身の対応能力等に応じて適切な説明をなすべき責任がある。

イ【説明義務の基本的内容】その説明に当たっては、それらの各手続に要する時間やコスト、依頼者自らが行うべき事務等の負担の内容等、メリット・デメリット（破産手続を選択する場合の免責の見込みの有無、免責を受けられない場合の就業制限等の制約内容、個人再生手続を選択する場合の履行の見込み、各手続と保証人等関係者への影響の有無、程度等）を説明することが求められる。

ウ【説明義務の付随的内容】依頼者が経済的に困窮しているような場合には、法律扶助手続の制度の説明も含まれるというべきである。

エ【本件への当てはめ】本件記録を見る限り、Yが本件受任時に上記の説明義務を尽くしていたかという点については、大きな疑義が残る。

(2) 受任後の説明義務について

【善管注意義務の発現としての適宜報告説明義務】弁護士は、依頼者から法律事務の委任を受けた後は、途中経過についての報告義務を免除するなどの特段の合意がない限り、委任契約における善管注意義務の一環として、適宜に受任事務の遂行状況について報告し、説明すべき義務を負うものというべきである。殊に、委任事務の内容が財産の管理にかかわるものである場合、その財産管理の状況を適宜に報告すべきことは委任事務の性質上当然と言えよう。そして、債務整理は、財産管理に係る事務であるから、債務者から途中経過の報告義務を全面的に免除する旨の明示の意思表示を受けている等の特別の事情のない限り、受任者として受任事務の区切り毎に報告・説明すべき義務があるものというべきである。

【善管注意義務の発現として説明義務の実定法上の根拠】殊に、過払金返還

請求は、積極財産の処理である以上、かかる義務が存するのは当然である（民法644条による直接の効果であり、同法645条の請求による報告義務とは別の義務である。本件では原審までの審理過程において、委任者の自己決定権との関係について双方が主張を闘わしているが、それとは直接関係しないものというべきである。）。

【状況即応的説明義務】上記の報告・説明義務の内容には、受任時以降の事案の進展状況に応じたその後の見通し、対応等に関する説明義務が当然に含まれるものというべきである。

2　受任事務の遂行にかかる善管注意義務について
(1) 受任事務の遂行と裁量権の行使について
【執務原則としての裁量権】一般に弁護士の受任する法律事務の遂行においては、弁護士業務の専門性との関係上、委任契約に特段の定めがない限り受任者たる弁護士に一定の裁量権が認められていると解することができる。

【裁量権行使の限界】しかし、その裁量権の行使に当たっては、専門家としての善管注意義務を尽くして行使すべきものであって、①その行使の際に専門家として通常考慮すべき事項を考慮せず、②あるいはその行使の内容が、専門家たる弁護士が行うものとして社会的に許容される範囲（それは、弁護士倫理上許容される範囲と必ずしも一致するものではない。）を超え、その結果依頼者外の関係者の権利を侵害するに至る場合には、善管注意義務違反が問われることとなる。

(2) 受任事務の適宜遂行義務について
【善管注意義務に内在する時間的制約】受任者は、その受任事務を、その事務の性質上社会的に許容される期間内に適切に処理すべき義務を受任者としての善管注意義務の内容として求められる。

その履行が、その事務の性質上通常求められる期間を超えた場合には、債務不履行責任を問われることとなり、また、弁護士倫理違反として懲戒処分の対象となり得る。」

2　総論についての考察

田原裁判官の補足意見は、これまで最高裁判例では論じられることのなかっ

た、弁護士の委任事務の対応のあり方についての規範を明示するものであり、その意義は大きい。認定司法書士の委任事務に関する執務規範も同様に解される。

田原補足意見は、法廷意見を詳細に敷衍し、債務整理の依頼を受けた法律専門職の説明・報告義務の法的位置づけを語るものである。すなわち、法律専門職は、事案適合的な説明をすべき義務に基づき、各手続に要する時間・コスト、依頼者自らが行うべき事務等の負担の内容等、各手続のメリット・デメリットのほか、債務整理の依頼者層に特有の経済的困窮に対応すべき法律扶助手続の制度などの内容の説明をすることになる[6]。この説明義務の実定法上の根拠は民法644条であり、民法645条による委任事務処理の報告・説明義務とは性質が異なる点に留意すべきであろう。

田原補足意見（執務原則としての裁量権とその限界）は、裁量権の行使に当たり、平均的な法律専門職が通常考慮する要素を考慮せず、公益など社会的に許容される範囲を超え、その結果、「依頼者外の関係者の権利を侵害した場合に、善管注意義務違反が問われる」という。執務原則としての裁量権を肯定することは問題ない。しかし、善管注意義務は法律専門職と依頼者との委任契約に基づく合意規範であるから、依頼者ではない第三者に対しては、善管注意義務違反が問われるのではなく、一般的損害発生回避義務ないし公益配慮義務違反が問われるというのが相当ではないかと解される[7]。もっとも、この点は、理論的な問題であり、実際の法適用の場面において、結論を異にするものとはならないであろう。

田原補足意見にいう、善管注意義務に内在する時間的制約の指摘も重要である。その事務の性質上社会的に許容される期間内に適切に処理すべきであり、着手の遅れも、同じ問題である。債務不履行責任であるばかりか、倫理違反として懲戒処分の対象となる点は、司法書士も同様である。

6）『債務整理事件処理に関する指針』は、日弁連理事会が平成21年7月に議決した債務整理事件処理に関するガイドラインであるが、同3条（配慮すべき事項）は、平成22年3月に改正され、民事法律扶助の告知が追加されている。田原補足意見は、この点を意識したものと解される。

7）加藤新太郎『コモン・ベーシック弁護士倫理』232頁（有斐閣・2006）。

3）田原裁判官の補足意見（各論）

　田原裁判官の補足意見のうち、本件事実関係の当てはめ（本件における「時効待ち」手法の選択と善管注意義務）について、みてみよう。
　「3　本件における『時効待ち』手法の選択と善管注意義務について
　(1) 債務整理における『時効待ち』手法の選択の可否について
　ア　債務整理における債権者に対する誠実義務
　【相手方に対する信義則上の誠実衡平対応義務】債務整理を受任した弁護士が、その対象となる債権者に受任通知及び債務整理についての協力依頼の旨を通知した場合には、債権者は、正当な理由のない限りこれに誠実に対応し、合理的な期間は強制執行等の行動に出ることを自制すべき注意義務を負担し、それに違反する場合には不法行為責任を負うものと解されている（東京高裁平成9年6月10日判決・高裁民事判例集50巻2号231頁）[8]こととの対応上、かかる通知を発した弁護士は、その対象となる債権者に対して、誠実に且つ衡平に対応すべき信義則上の義務を負うものというべきである。
　そして、受任弁護士の債権者に対する不誠実な対応の結果、債権者との関係が悪化し通常の対応がなされていれば適宜の解決が図れたのにも拘らずその解決が遅れ、その結果、依頼者がその遅延に伴い過分な負担を負うこととなった場合には、当該弁護士は依頼者に対して債務不履行責任を負うことがあり得るといえる。

8）東京高判平成9・6・10（高民集50巻2号231頁、判時1636号52頁、判タ966号243頁、金判1037号16頁）は、「債務整理の依頼を受けた弁護士から受任通知並びに債務内容についての調査協力・解決案の検討及び直接の権利行使の自制の依頼を受けた貸金業者が、これに誠実に対応することなく、公正証書に基づいて、この通知を受けてから数日後に、これまで約1年の間毎月ほぼ期限どおりに弁済をしてきた債務者が1回の分割弁済金の支払を怠ったことを理由としてその給料債権を差し押さえた場合には、特にこのような措置に出る正当な根拠が存在しない限り、その貸金業者は、債務者に対する不法行為責任を免れない」旨判示した。評釈として、鎌野邦樹「判批」判時1652号186頁（1998）参照。
　なお、貸金業法21条は貸金業者の取立行為を規制しており、同条1項9号は、債務者等が債務の処理を弁護士・司法書士に委託し、弁護士・司法書士から書面によりその通知があった場合において、正当な理由がないのに、債務者等に対し、弁済を要求するなどの取立行為を禁止している。

上記で述べたところからすれば、受任した弁護士が一部の債権者と示談を進め乍ら、他の債権者との交渉をすることなく『時効待ち』を行ったり、債権者と誠実な交渉を行うことなく一方的に示談条件を提示し、その条件以外では示談に応じることを拒み、他の債権者とのみ交渉を行うようなことは許容されないと言わねばならない。

　　イ　債務整理における『時効待ち』の手法と債務者の地位

　【経済的再生に最適な債務整理の選択と助言】弁護士が債務整理につき受任する場合、債務者の経済的再生の環境を整えることがその最大の責務であり、専門家としてそれに最も適した債務整理の手法を選択して、それを債務者に助言すべき義務を善管注意義務の内容として負っているものというべきである。

　【経済的再生と債務整理に要すべき時間との関係】債務者が経済的再生を図るには、債権者からの取立ての不安を払拭し、安心して自らの再生への途を踏む態勢を整えることが肝要であり、債務整理に徒に時間を費やすべきではない。

　【時効待ち手法の適否】かかる観点からすれば、債務整理の手段として『時効待ち』の手法を採ることは、対象債権者との関係では、時効期間満了迄債務者を不安定な状態に置くこととなり、その間に訴訟提起された場合には、多額の約定遅延損害金が生じ、又債権者が既に債務名義を取得している場合には、給与債権やその他の財産に対する差押えを受ける可能性がある等、債務者の再生に支障を来しかねないのであって、原則として適切な債務整理の手法とは言えない（原則不適切）。かかる手法は、①債権者と連絡がとれず交渉が困難であったり、②債権者が強硬で示談の成立が困難であり且つ当該債権者の債権額や交渉対応からして訴の提起や差押え等債務者の再生の支障となり得る手段を採ることが通常予測されない等、特段の事情があると認められる場合に限られるべきである。

　【債権者の属性との関係】そして、債権者が上場企業等一定の債権管理体制を備えている企業の場合には、一般に、債権の時効管理は厳格に行われており、超小口債権で回収費用との関係から法的手続を断念することが予想されるような場合を除き、時効まで放置することは通常あり得ないのであって、かかる債権者に対して『時効待ち』の手法を採ることは、弁護士としての善管注意義務違反に該るということができる。

【文献の存在は時効待ち手法を正当化するか】なお、債務整理に関する一部の文献に、債務整理の手法として『時効待ち』の手法が紹介されていることをもってＹはその主張の根拠としているが、法的な正当性を欠くそのような文献の存在をもって、安易に『時効待ち』の手法を採用することを合理化する理由とはならず、上記の善管注意義務を免除すべき理由とはなり得ないというべきである。

【一部の債権者との和解と否認】また、一部の債権者と和解し、一部の債権者に対して『時効待ち』の対応をし、その後破産手続に移行した場合には、当該債権者との和解それ自体が否認の対象となる可能性が生じるのであって、却って全体の解決を遅らせる危険も存する点についても配慮すべきである。

　ウ　本件における『時効待ち』の手法の選択の適否

　本件では、Ｙは、Ｄの残債権額について同社との間での確認作業を十分に行わず、Ｙが算定した計算結果（記録によれば、過去の取引履歴からして、取引が二口に岐れ、一口については過払金返還請求権が時効にかかっている可能性があるのにそれを無視して一連計算した結果）に基づいて一方的に示談条件を提示し、Ｄがそれに応じないからとの理由で『時効待ち』の方針を採用したことがうかがわれるが、①かかる方針の採用自体、上述の受任弁護士としての債権者に対する誠実義務に反するものであり、又、②Ｄが上場企業であって、企業としてシステム的に時効管理を行っていることが当然に予測される以上、『時効待ち』によってその債権が時効消滅することは通常予測し得ないのであるから、『時効待ち』の方針を採用すること自体、受任弁護士としての裁量権の逸脱が認められて然るべきである。

(2)『時効待ち』手法の選択と説明義務について

　本件において、Ｙが『時効待ち』の手法の選択をＡに薦めるに当っては、①Ｄの債権額についてＤの主張する金額とＹが算定した金額との差異について、その理由を含めて詳細にＡに対して説明し、②訴訟を提起される場合に負担することとなる最大額、及び③時効の成立まで相当期間掛りその間不安定な状態におかれることについて具体的に説明すべきであり、また、④Ｄが上場企業であって、時効管理について一定のシステムを構築していることが想定されるところから、『時効待ち』が奏功しない可能性が高いことについても説明すべき

義務が存したというべきである。

　ところが、Yは、法廷意見に指摘するとおり、裁判所やDから連絡があった場合には、Yに伝えてくれれば対処すること、Dとの交渉に際して必要になるかもしれないので返還する預り金は保管しておいた方がよいことなどの説明はしたものの、記録によれば『時効待ち』方針を採る場合の不利益やリスクについて具体的に説明していないばかりか、仮に裁判所やDから通知があった場合に、Yが具体的にどのように対処するのか、その際にYに対して新たな弁護士報酬が発生するのか否か、Yが対処することによってAは最大幾何程の経済的負担を負うことになるのか、またそれにどの程度の期間を要するのか等について、説明をしていないのであって、Yの説明義務違反は明らかである。」

４　各論についての考察

(1) 時効待ち方針の適否

　田原補足意見は、相手方に対する信義則上の誠実衡平対応義務との関係で、時効待ち方針は、時効期間満了まで債務者を不安定な状態におき、その間に約定遅延損害金がかさむほか、差押えを受け経済的再生の支障をきたしかねないなどデメリットが大きく、原則不適切であるという。例外は、①債権者と連絡がとれず交渉が困難であったり、②債権者が強硬で示談の成立が困難でありかつ当該債権者の債権額や交渉対応からして訴えの提起や差押え等債務者の再生の支障となり得る手段を採ることが通常予測されない等、特段の事情があると認められる場合であるとする。

　①は、現実に交渉ができない場合であるから、やむを得ない。②は、債務者の再生の支障になる手段を債権者はとらないと予測できる場合であるから、例外としてよいが、実際には、このような場合は多くはないであろう。とりわけ、田原補足意見が指摘するように、債権者が一定の債権管理体制を備えている企業の場合には、法的手段をとらない蓋然性は低い。認定司法書士が一定の方針の採否を検討する際にも、このようなメリット・デメリットの要素を考慮することになろう。

(2) 文献の存在は時効待ち方針を正当化するか

　債務整理に関する文献に、時効待ち手法が紹介されていることは、これを選択することを正当化・合理化するであろうか。一般には、ある論点について複数の学説がある場合には、そのいずれかに依拠することは、専門家としての裁量の範囲ということになりそうである。

　しかし、時効待ち方針は、上記にみたとおりデメリットが大きく、その限りで法的な正当性を欠くと評価すべきものと解される。田原裁判官は、そのように考えて、法的な正当性を欠く見解を紹介する文献の存在をもって、安易に時効待ち手法を採用することを合理化する理由とはならないと判示する。確かに、時効待ち手法といえば、聞こえはよいが、要は何もしないという対応である。これは、極めて安直で、ある意味では手抜きともいえるような手法と評されてもやむを得ない面がある。法律専門職としては、問題状況によって時効を適切に活用することが重要な場面があることは確かである。しかし、その点を留保してもなお時効待ち手法に問題が多いことに思い至ることは、平均的な法律専門職にとって、自分の頭で論理的・実際的に考えれば、それほど難しいこととはいえないであろう。

　この点を定式化すると、「法律専門職の選択する方針の正当性は、事柄の実態に裏打ちされた論理性に求められるものであり、文献の存否にかかわらない」ということになる。すなわち、選択肢の一つである旨を記した文献がなくても、事柄の実態に裏打ちされた論理的推論から、一定の方針選択が正当化される場合はある。その反面において、そのように記した文献が存在し、思慮をめぐらすことなくこれに依拠したからといって、その方針選択の正当性を根拠づけられない場合もあると解される。このことは、例えば、医療過誤事件において、医師が、自己の選択した治療が医学文献に登載されていることだけで、選択した治療方法に問題がないということにはならないことと同様である。まさしく専門職の方針選択のあり方の根幹にかかわり、司法書士の執務方針の選択においても、この規範は妥当する。

(3) 一部の債権者との和解と否認

　田原補足意見は、時効待ちと和解の方針を併用して、一部の債権者との和解した場合には、破産手続に移行したときに否認されるリスクがあることも指摘

する。本件における、時効待ち手法の不適切要因についての重要な指摘である。

(4) 時効待ち方針の選択は裁量権を逸脱するか

田原補足意見は、本件の時効待ち方針の選択は、弁護士の裁量権を逸脱するものであるという。その理由は、①受任弁護士としての債権者に対する誠実義務に反すること、②債権者が上場企業であり時効消滅は予測できないことに求める。債権者に対する誠実義務の内実は、前述のとおり、公益配慮義務ないし一般的損害発生回避義務と解することが相当であると思うが、田原補足意見の論旨の大筋は説得的である。

これに対して、法廷意見は、時効待ち方針の選択そのものが弁護士の裁量権の逸脱であるか否かには言及していない。法廷意見は、弁論主義の原則の下、その方針選択は裁量の範囲内であるかを問題とすることなく、当該方針には不利益とリスクがあるから説明義務ありとしているものと解される。その限りで、田原補足意見は、法廷意見を超えたものになっており、田原裁判官のいわれる補足的意見とみるべきであろう。

(5) 説明義務について

法廷意見は、本件における説明義務の範囲（説明すべき事項）は、「時効待ち手法の不利益・リスク、代替選択肢」とした。これに対して、田原補足意見は、「①債権額について債権者の主張する金額と弁護士が算定した金額との差異とその理由、②訴訟を提起される場合に負担することとなる最大額、③時効の成立まで相当期間掛りその間不安定な状態におかれること、④債権者が上場企業であって、時効管理について一定のシステムを構築していることが想定されるところから、『時効待ち』が奏功しない可能性が高いこと」について説明すべきであるとした。すなわち、田原補足意見は、時効待ち手法の不利益・リスクとして、「時効待ちが奏功しない可能性が高いこと」まで含むことを補足的に明示する点に意義がある。そのような説明がされれば、依頼者は、代替選択肢を希望するであろうから、本件のような顛末は回避されたと考えられる。

ところで、田原裁判官は、上記(4)のとおり、本件における時効待ち方針は専門家の方針選択としてはデメリットが大きく不適切であり、弁護士の裁量権を逸脱するものであるとしていた。そのように解した場合においても、なお依頼者に対して裁量権を逸脱した時効待ち方針を説明することは、善管注意義務の

発現として必要とすべきであろうか。この点については、端的に、弁護士が裁量権を逸脱した「時効待ち方針」を選択したこと自体を善管注意義務違反と評価できないかという問題が残されている[9]。時効待ち方針の選択自体を善管注意義務違反と解する場合には、仮に、依頼者にその方針の不利益・リスク、代替選択肢を説明し、依頼者が承諾していたとしても、法的に意味がないことになる。

V 専門家責任論からのまとめ

《23－1》判決から、司法書士にとっても、次のような執務規範を学ぶことができると解される。

第1に、司法書士が委任事務について裁量権を逸脱した方針を決定したと評価判断されるケースについては、端的に、それをもって、善管注意義務違反と評価される。したがって、司法書士としては、委任事務の目的を考え、手段を構想し、裁量の範囲を逸脱することのないよう配慮することが実践的な課題となる。

第2に、司法書士の裁量権を逸脱した方針決定か否かが明確でないグレーゾーンのケースについては、説明義務違反で規律される。したがって、司法書士としては、対応方針のメリット・デメリット、代替選択肢などにつき依頼者が理解できるように説明することが要請される。

第3に、司法書士の方針決定が裁量権の範囲内であるが、説明が十分でないケースについては、自己決定権の侵害として損害賠償の対象となることがある。司法書士としては、受任時のみならず、状況即応的に報告・説明を重ねることが必要となる。

なお、本判決が登場した背景事情としては、近時の債務整理・過払金返還請求案件における法律専門職の執務の安直化傾向（事務員任せ、依頼者との面談を

---

9) この点については、本件では原告が説明義務違反のみを債務不履行の理由にしていたことから、弁論主義の原則により、端的に時効待ち方針の選択の不適切を債務不履行の理由とすることはできなかったのである。しかし、理論的な問題としては、本文で指摘した問題は残されている。

しない、説明がおざなり、着手が遅く、十分な連絡をしない等）が伏在していることを見逃すべきではない。その意味では、司法書士も本判決をもって他山の石とすべきであろう。

第24章 司法書士の執務をめぐるその他の問題

I はじめに

　これまで、司法書士の相談業務、登記申請代理業務、簡裁訴訟代理業務を対象にして、その執務のあり方を考え、専門家責任規範の内実を考察してきた。

　本章では、それ以外のこれまで取り上げられなかった裁判例を素材にしたい。具体的には、公正証書作成にかかる事務を依頼された場合における事実確認・調査義務の問題（《24－1》、《24－2》）、守秘義務の問題（《24－3》）を考察する。

　検討の対象にする裁判例は、次のものである。

　《24－1－1》釧路地判平成5・5・25（判時1477号129頁）
　《24－1－2》札幌高判平成6・5・31（判時1562号63頁、判タ872号238頁）
　《24－2》　　東京高判平成22・7・15（判タ1336号241頁）
　《24－3－1》横浜地判平成8・10・2（税資221号1頁）
　《24－3－2》東京高判平成9・3・19（税資222号1010頁）

II 公正証書作成にかかる事務―《24－1》

1) 本判決の要旨

　《24－1》は、公正証書作成の嘱託を受けた司法書士の注意義務違反の存否が争点となった。「公正証書の作成を委任された司法書士は、利息制限法違反、割賦販売法違反の内容が含まれる準消費貸借契約の公正証書の作成を代理人として嘱託した場合には、事実の調査・確認義務に違反する過失があり不法行為

責任を負う」としたケースである[1]。

2 事案のアウトライン

　Aは、割賦購入あっせん業務等を業とするBとの間で自動車購入代金の立替払契約を締結し、さらに、立替金債務を原因とする準消費貸借契約を締結した。そして、Bは、司法書士であるYに準消費貸借契約の公正証書の作成嘱託を委任するとともに、Xを準消費貸借契約の連帯保証人とする旨のX名義の委任状をYに交付した。Yの公証人に対する作成嘱託により、上記準消費貸借契約およびXを連帯保証人とする公正証書が作成された。

　その後、Xは、公正証書に基づきBから給与債権の差押えを受けたため、Yに対し、①司法書士として委任者の意思を確認する義務があるのにこれを怠った、②公正証書は利息制限法および割賦販売法に違反する契約内容が記載されており、準消費貸借契約の原債務が何であるかについて特別に注意をし、強行法規に違反する内容の公正証書の作成嘱託をしないよう注意すべき義務があるのにこれを怠ったとして、不法行為に基づく損害賠償を請求した。

　なお、このほか、Xは、Bに対して損害賠償を請求し、また、公正証書を作成した公証人に無効な公正証書作成につき過失があるとして、国に対しても損害賠償を請求した。本件は、司法書士の専門家責任の問題と並んで、あるいはそれ以上に「公正証書の内容となる法律行為の法令違反等に関する公証人の調査義務」に関するケースとして注目されたものである[2]。

3 本判決の概要

(1) 第一審判決

　《24－1－1》判決は、次のとおり判示して、司法書士であるYの損害賠償

---

1) 加藤新太郎編『判例Check 司法書士の民事責任』331頁〔酒井良介〕（新日本法規・2002）。
2) 例えば、《24－1－1》の評釈として、原島克己「判批」判タ825号70頁（1993）、飯塚和之「判批」判タ831号61頁（1994）があるが、いずれも公証人の民事責任についてのみ論じている。

責任を認めた（5万円）。

「Yは、Bが割賦購入あっせんを業として行っていることを知っており、本件委任状にも『債権者の加盟店から買い受けた衣類等の買掛代金』と記載されていたのであるから、その中に割賦販売法30条の3の年6パーセントの規制が働く取引が含まれているのではないかと疑い、この点をB等に確認すべき義務を有していたところ、これを怠った過失があるといわなければならない。確かに、割賦販売法は、利息制限法ほどには一般的に知られていないため、その強行法規としての適用が見落とされがちであることは当裁判所としても十分認識しているところであるが、Yが司法書士として公正証書の作成嘱託業務を処理する以上、割賦販売法30条の3の適用の点に思い至らなかった点は、やはり過失があると考えざるを得ない。

さらに、Yは、『買掛代金』の中に利息制限法に違反する貸金債権が含まれているのではないかと疑い、その点をBらに確認すべき義務を負っていたところ、それを怠ったため、利息制限法に違反する内容の公正証書の作成嘱託をした過失があるといわなければならない。

確かに、YがBから単発的に公正証書の作成嘱託を依頼されたのであれば、本件委任状の記載内容から貸金の点についてまで疑問を持つべきであるとすることは無理であろう。しかしながら、Yは、以前の支払命令申立書の作成や委任状の定型用紙の内容の検討により、Bが貸金業務も行っており、その利息は利息制限法の制限を超えていること及び顧客の不履行を契機として公正証書が作成されることを知っていたが、Bに対し、貸金分は公正証書の作成嘱託上どのように扱っているのかを確認したことはなく、貸金分が適正に処理されていると信じるに足りる相当な根拠もなかったものである。このように、YがBの営業内容を知り、継続的にその債権管理業務の一環をなす公正証書の作成嘱託に関与しながら、公正証書の作成嘱託に当たり、貸金分がどのように処理されているのか何ら確認しなかった点は過失ありと解さざるを得ない。

よって、Yは、右の過失によってXに生じた損害を賠償する義務がある。」

(2) 控訴審判決

《24－1－2》判決は、次のとおり判示して、司法書士であるYの損害賠償責任を認めた（4万円）。

「Yは、Bから依頼を受けて司法書士の立場から定型用紙の内容の確定に関与し、以後これを利用して多量の公正証書の作成嘱託業務を処理していたのであるから、このような場合には、その処理に当たっての注意義務もより高度のものが要求されるというべきである。

しかし、利息制限法違反の公正証書作成を嘱託した過失についてはこれを認めることができない。

すなわち、前記定型委任状用紙及びこれに基づく公正証書には、準消費貸借の原債務としては『債権者の加盟店から買い受けた衣類等の買掛代金』と印刷されており、貸金債権がこれを含まないことは文言上明らかであるところ、Bが前記定型委任状の作成をYに依頼した際の具体的状況は証拠上必ずしもつまびらかでなく、（証拠略）によっても、Bではかねて顧客に債務の遅滞があったときは債務承認弁済契約公正証書を作成していたが、他地の専門店会やその連合体で用いられていた書式を取り寄せたりして、Bの債権処理に合ったものを作成するということでYに相談したという程度の事実しか認められないことからして、いまだ、Bが、自ら行っている貸金業務によって生じた債権も原債務に入れるということを明示して上記依頼を行ったとまで認めることは上記の文言からして困難である。」

4 考　察

本件は、司法書士が準消費貸借契約の公正証書作成にかかる事務を依頼された場合における事実調査および法律判断に関する注意義務の存否に関するものである。

《24－1－1》《24－1－2》は、司法書士が依頼された準消費貸借契約の公正証書作成にかかる事務は、継続的に債権者の債権管理業務の一環をなすものであったことを前提として、司法書士が公正証書の作成嘱託に当たり、準消費貸借契約の旧債務である貸金がどのように処理されているのか何ら確認しなかったことについて、調査・確認義務違反として過失と評価した。

その判断枠組みを規範として整理すると、次のようになる。

【A】執行認諾条項のある公正証書（執行証書）は、債務名義としての効力を

有し、直ちに強制執行を行うことができるものである。

【B】債権者を介して債務者から公正証書の作成嘱託の委任を受けた司法書士は、債権者から提出された委任状その他の書類に基づいて検討し、①法令違反の存在や法律行為の無効等の疑いが生じた場合はもとより、②当該委任事務処理およびそれ以前の事務処理の過程で知った事情等から法令違反の存在等に疑いが生じた場合においても、債権者等に必要な説明を求めるなどして、違法な公正証書の作成嘱託をしないようにする義務がある。

【C】本件事実関係の下においては、司法書士には過失がある。

このうち【B】①②は疑念性をいうものであるが、司法書士が疑念を感じ、準消費貸借契約の旧債務である貸金がどのように処理されているか調査すれば、そこに割賦販売法違反、利息制限法違反があることが判明し、そうした公正証書の作成嘱託をしなければ、Xが損害を被ることを回避することができたはずであるという論理に基づいている。《24－1－1》は、司法書士は、準消費貸借契約の旧債務につき利息制限法違反、割賦販売法違反の有無の両方を検討すべき義務を負っており、いずれの義務にも違反したとしたのに対し、《24－1－2》は、割賦販売法違反の有無についての調査・確認義務違反を肯定するに止まっているが、それは大きな問題ではない。司法書士の専門家責任を認める点において、判断枠組みの大枠は共通しているからである。

問題は、司法書士に対し、このような調査・確認義務を課する根拠をどこに求めることができるかである。《24－1－1》は、Yが司法書士であることを注意義務の根拠としていると解される。すなわち、司法書士が法律専門職であり、その職責からして、本件のように疑念性がある場合には調査・確認義務が発生すると考え、司法書士の専門家責任を肯定しているのである。これに対し、《24－1－2》は、司法書士Yが継続的に公正証書の作成嘱託を受け、多量の公正証書作成業務を処理していたという点を注意義務加重の根拠としており、個別具体的事情に着目している[3]。

この点については、《24－1－1》において司法書士の調査・確認義務の根拠は判文上明らかになっておらず、実質論としても、議論の余地があるとする

---

[3] 《24－1－2》の評釈として、秋山義昭「判批」判評455号33頁（判時1582号195頁）(1997)、浦木厚利「判批」判タ913号100頁 (1996)。

見解[4]) がみられる。司法書士に対し一般的に事実調査および法律判断の義務を課すためには、司法書士が一般的に専門的能力を備えていることが与件となるが、司法書士は、法律上業務が限定されており（司法書士法3条）、これまでは、登記手続など司法書士特有の専門分野以外の分野において一般的な法律判断をすることは想定されていなかったし、弁護士と比べて、資格試験、研修等の制度において大きな差異があるから、司法書士の本来的な業務の範囲を超えた分野についてまで当然に注意義務を課すことの相当性を疑問視するのである。また、《24－1－2》が公正証書の作成嘱託の継続性を注意義務加重の根拠としていることをもって、司法書士の専門家としての能力ないし責務から当然に私法上の注意義務を導き出してはいないと読み取り、《24－1－2》からは、司法書士には一般的に利息制限法や割賦販売法等の法律に留意して事実関係の調査義務や違法な内容の公正証書の作成を防止する義務があるとは解されないとする見解[5]) もみられる。

　しかし、《24－1－2》が司法書士の法律専門職としての職責を注意義務の根拠としていないと読みとることは相当とはいえない。また、司法書士の法律専門職としての位置づけの仕方にもよるが、執務において、法令違反の疑念性がうかがわれるような場合には、これを回避するための注意義務を措定することはおかしなことではないと解される。司法書士に簡裁訴訟代理権が付与され、関連する法律相談も業務として許容されるようになった現在においては、認定司法書士でなくとも、法律専門職としての職責から、一般論としてこうした注意義務が生じ得るとみることが相当であろう。もっとも、当該状況における法令違反の疑念性の存否の判断については、個別事情を総合的に評価することが求められるであろう[6])。《24－1－2》に対しては、司法書士Yが上告しなかったため、最高裁の判断が示されていないが、司法書士の専門家責任の観点からは、以上のように整理しておきたい。

　なお、Xの国に対する請求は、第一審、控訴審とも一部認容判決がされたが、

---

4) 井上直哉「判批」判夕852号104頁（1994、《24－1－1》の評釈）、加藤編・前掲注1) 331頁〔酒井〕。

5) 加藤編・前掲注1) 331頁〔酒井〕。

6) 本件事実関係の下においては、具体的疑念性がないとして司法書士Yの注意義務違反が否定される判断もあり得るといえよう。

上告審において原判決破棄、請求棄却の判決がされた（最判平成9・9・4民集51巻8号3718頁、判時1617号77頁、判タ953号86頁）[7]。判決要旨は、「公証人は、法律行為についての公正証書を作成するに当たり、聴取した陳述により知り得た事実など自ら実際に経験した事実及び当該嘱託と関連する過去の職務執行の過程において実際に経験した事実を資料として審査をすれば足り、その結果、法律行為の法令違反、無効及び無能力による取消し等の事由が存在することについて具体的な疑いが生じた場合に限って、嘱託人などの関係人に対して必要な説明を促すなどの積極的な調査をすべき義務を負う」というものである。そして、上告審判決は、本件事実関係の下においては、具体的な疑いが生じたとはいえないとして、公証人の注意義務違反はないと判断したのである。

III 司法書士立会いの下に作成された公正証書遺言の効力—《24-2》

1 本判決の要旨

《24-2》は、「司法書士立会の下に作成された公正証書による遺言が認知症により遺言能力を欠き無効であるとされたケース」である。

司法書士の民事責任が追及された事案ではないが、公正証書遺言にかかる事務を依頼され、立会いをした司法書士の役割を考えるのに適した裁判例である。

2 事案のアウトライン

本件は、87歳であった亡Aの全財産を妹Yに遺贈する旨の公正証書による遺言について、Aの養子であるXらが、本件公正証書はAの意思に基づかずに作成され、Aは作成当時認知症が進行し遺言能力を欠き、本件遺言は無効であると主張して、遺言無効確認およびYが本件遺言に基づいてした所有権移転登

---

[7] 評釈として、野山宏「解説」最判解説平成9年度1128頁（2000）、同「解説」ジュリ1128号78頁（1998）、松浦馨「判批」私法判例リマークス17号154頁（1998）、尾崎安央「判批」ジュリ1135号103頁（1998）、内田博久「判批」民事研修489号39頁（1998）、小林久起「判批」民事法情報134号52頁（1997）など。

記の抹消登記手続を請求した事案である。

　Yは、本件公正証書は証人である司法書士2名および公証人がAの意向を確認しAの意思に基づき作成されたものであり、Aが認知証により判断能力が低下していたとしても、遺言能力はあったと反論して争った。

3) 本判決の概要

　本判決は、次のように判示して、本件公正証書は無効であり、本件公正証書に基づいて行われた本件不動産の所有権移転登記も無効であると判示した[8]。

　「亡Aは、平成14年4月の夫の死亡の際には83歳であり、そのころから軽度の認知症と思われる症状が出始め、平成16年にはその症状が進み、妄想的被害を訴えたり、昼夜の認識や場所の見当識が薄れる状況となっていたのであり、平成17年3月及び5月には、医師から痴呆ないし認知症の診断を受けるようになっている。亡Aは平成17年2月に大腿骨骨折により入院し、退院後も車椅子生活となって介護老人保健施設に入所し、平成17年12月の本件公正証書作成まで入所を継続していること及び平成18年9月の医師の診断においては、大きく進行した認知症の症状が表れていることからみて、本件公正証書作成当時は、少なくとも平成17年3月及び5月時点より認知症の症状は進行していたものと認められる。認知症の症状として亡Aに出る症状は、金銭管理が困難であること、被害妄想的であること等であり、甲司法書士に話した内容、すなわち、Xらから虐待を受けている、Xらには絶対財産をやらない、財産をYに上げたいと盛んに述べたということ自体、被害妄想の一つの表れとみることができる。そして、本件公正証書による遺言の内容は、長年亡Aと同居して介護に当たり、養子縁組もしているXらに一切の財産を相続させず、Yに

---

[8]《24－2》の判決文は、認知証の高齢者の遺言能力判定に関するポイントを示すものとして参考になるものである。なお、行政書士が不動産売買契約および登記申請手続に関与した場合において、老人性認知症に罹患していた高齢の売主に意思能力が欠けているとして売買契約が無効とされたケースとして、東京地判平成20・12・24（判時2044号98頁）がある。これは、行政書士が不動産登記申請に関与した非司案件であるばかりでなく、当事者の意思能力を顧慮することなく売買契約書を作成させている悪質性において、参考になる裁判例である。解説として、「司法書士執務のための最新重要判例解説」市民と法61号63頁（2010）。

遺贈するという内容であり、特に亡Aの財産に属する本件不動産にはXらが居住していることも合わせ考えると、このような認知症の症状下にある亡Aには、上記のような遺言事項の意味内容や当該遺言をすることの意義を理解して遺言意思を形成する能力があったものということはできない。本件公正証書の作成に関与した甲司法書士等は、公正証書作成当日初めて亡Aに会ったものであること、亡Aは当時87歳で介護老人保健施設に入所しており、公正証書の作成を依頼した親族により車椅子に乗せられてきたこと、及び甲司法書士等は亡Aを診察したことのある医師や亡Aの介護に当たっていた老人介護施設職員の意見を聴取していないことを考えると、仮に甲司法書士等が当日の亡Aとの会話の中で、その受け答えに基づいて亡Aに遺言能力があると感じたとしても、これによって上記の認定が妨げられることはないものといわなければならない。

そうすると、亡Aが当時はっきりと述べたことを公正証書にしたからといって、この公正証書による遺言について、亡Aに遺言能力があったものと直ちに認めるのは困難であり、このほかに亡Aが公正証書作成当時に遺言能力を有していたことを認めるに足りる証拠はなく、結局のところ、亡Aにはその当時、遺言能力が欠けていたものと認めるのが相当である。」

4) 考 察

認知証の高齢者の遺言能力については争いになる事例がしばしばみられるが、本件もそのような類型のものである。ここでの問題関心は、司法書士が関与していることであり、それが遺言能力の有無の判断にどのように関わるかという点である。

司法書士の関与の経過と実体は、《24－2》判決によれば、次のようなものであった。

① Yの子は、平成17年10月19日、甲司法書士の事務所を訪ね、亡Aの遺言作成について相談をし、亡Aは養子であるXらに対する不信感が強く、財産を一切渡したくないと繰り返し話している旨述べているなどと説明をした。

② 甲司法書士は公正証書作成の段取りを整え、平成17年12月16日、Y夫婦が介護老人保健施設から亡Aを連れて甲司法書士の事務所へ行き、そこから

同人とともに公証役場へ向かった。甲司法書士が亡Aと会ったのは、これが初めてであった。

③ 道中、亡Aは甲司法書士に対し、Xらから虐待を受けていると訴え、Xらには絶対財産をやらない、Yに上げたいと盛んに述べていた。

④ 亡Aは車椅子であり公証役場2階にある事務室まで階段を上れなかったので、1階の入口スペースで本件公正証書が作成された。

⑤ 甲司法書士は、乙司法書士とともに、Yからの依頼を受けて証人として署名を行った。

⑥ 両司法書士は、亡Aを診察したことのある医師や亡Aの介護に当たっていた老人介護施設職員の意見を聴取していない。

このうち、①はAの遺言によって利益を得るYの子の説明であり、伝聞でもあるから、甲司法書士としては、Aに直接その意向・意思を聴取することが必要となる。しかし、甲司法書士は、それをすることなく、公正証書作成の段取りを整えることを先行させ、当日にはじめてAと面接した（②）。甲司法書士とAとが従前から公私の関係で知人でありAの状態をよく知っていたような場合には、本件のような対応も考えられるが、本件ではそうではないのであるから、もう少し慎重な構えが必要であった。もっとも、Aに対する意向・意思の確認は公証役場への道中にしている（③）。しかし、Aが介護老人保健施設に入所しており、④のような状態であったことから、遺言能力について意識すべきであった。少なくとも、医師や介護に当たっていた老人介護施設職員の意見を聴取することが想定されたが、それはすることなく（⑥）、証人として署名した（⑤）。

このような場合には、まず公証人が高齢者の遺言能力の有無について配慮して公正証書作成の事務が行われるべきではあるが、司法書士として公証人任せにしてよいとはいえないであろう。本件のような場合に、甲司法書士の職務の仕方が、直ちに民事責任に問われるわけではないが、法律専門職として司法書士に期待されるところからは乖離があるように思われる。

IV 司法書士の守秘義務―《24-3》

1) 本判決の要旨

《24-3》は、司法書士の守秘義務違反の有無に関するものである。すなわち、「司法書士が、国税局の職員に対し質問検査に応じ、登記申請業務で受領した報酬の領収書に記載された金額の内訳を回答したことが守秘義務に違反しない」としたケースである。

2) 事案のアウトライン

Xは、本件訴訟の前に、所得税減額更正処分、所得税額の決定等の課税処分とこれに先立つ税務相談等に違法があったとして、国を相手方として損害賠償請求訴訟を提起していた。国税訟務官室係官Aは、Xの上記訴訟における主張内容を確認するため、Xが不動産譲渡の登記手続を委任した司法書士であるYに質問検査をし、Yは、X宛てに発行した、上記委任契約によりYが受領した報酬の領収書に記載された金額の内訳を回答した。そこで、Xは、Yに秘密保持義務違反（司法書士法24条）、他人間の訴訟への関与の禁止義務違反（改正前司法書士法10条〔現行法では削除〕）の違法があるとして、不法行為に基づく損害賠償を請求した。

本件の争点は、「司法書士が国税庁の職員の質問検査に応じたことが、依頼者との関係で不法行為となるか」というものであった。

3) 本判決の概要

本判決は、次のとおり判示して、守秘義務違反にはならないとして、Xの請求を棄却した。なお、Xは、国税訟務官室係官の行った質問検査権に違法があるとして、国に対しても国家賠償法に基づく損害賠償を請求したが、棄却された。

「司法書士法11条（改正前〔現行法24条〕）は、司法書士は正当な事由があ

る場合でなければ、業務上取り扱った事件について知ることのできた事実をほかに漏らしてはならない旨規定しているが、この規定は、登記申請人等のプライバシー、営業上又は名誉若しくは信用上の秘密を保護するためのものと解される。しかし、一方では、国税庁、国税局又は税務署の当該職員についても同様の守秘義務が課されており（国家公務員法100条1項）、当該職員に対する告知が当然に漏洩とはならないことにかんがみると、当該職員が司法書士に対して質問検査権を行使する場合においては、その調査が必要とされる範囲内の事項については、特別の事情のない限り右質問に応じて回答することは司法書士法11条（改正前〔現行法24条〕）所定の秘密保持義務に違反するものではないと解するのが相当である。

　前記認定のとおり、Yは、A事務官の質問調査に応じて本件領収書のあて先及び内訳について回答したにとどまるのであり、その後、A事務官において、Yの回答内容を証拠とするために本件聴取書を作成し、前訴における被告国の書証として提出したからといって、Yの回答行為が司法書士法10条（改正前、業務範囲を超える行為の禁止〔現行法削除〕）が禁止している他人間の訴訟に関与することに当たるとはいえず、この点で違法性を認めることはできない（後述のとおり、A事務官とYが違法な目的の下で協力し合ったという事実を認める証拠はない。）。」

4) 考　察

　司法書士は、正当な事由がある場合でなければ、業務上取り扱った事件について知ることができた事実を他に漏らしてはならない（司法書士法24条）。正当な事由がある場合とは、依頼者の承諾のある場合、刑事訴訟における証人として証言する場合などが挙げられる[9)][10)]。

---

9) 小林昭彦＝河合芳光『注釈司法書士法〔第3版〕』200頁（テイハン・2007）。
10) 徳永秀雄＝高見忠義『司法書士法解説〔新版〕』109頁（日本加除出版・1987）は、①司法書士がその取り扱った事件につき証人として警察官署に答え、または始末書等を提出するのは守秘義務違反となる、②犯罪捜査の必要により司法警察職員が司法書士事件簿の閲覧を求めることは、「正当な事由」に該当し、守秘義務に反しない、③司法書士が取り扱った地積更正登記手続に関連して、当該土地の隣地である地方

《24－3》判決は、一般論として、税務調査の公益性および税務職員に守秘義務が課されていることを考慮して、調査に必要な事項に関しては、特別の事情のない限り、調査に回答しても秘密保持義務違反とはならないものとしたものである。端的に、正当な事由がある場合としたわけではないが、結果的としては同様になる。

　《24－3》判決を規範命題として整理すると、「司法書士は、税務調査に必要な事項について、特別の事情のない限り、回答しても守秘義務違反にはならない」ということになるが、そこでいう「特別の事情」とは何かという問題が残る。本判決は、特別の事情はないと判示しており、税務調査の公益性と司法書士の秘密保持義務のバランスを図ったものと解されている[11]。

　しかし、本件については、Ｙが回答した事項は業務上知り得た秘密に当たらないとみることが相当と思われる。本判決でもその旨判示しているように、具体的当てはめにおいて守秘義務の前提を欠くものと解してよいであろう。

　　　公共団体の所有地をとり込み詐欺を行ったとの容疑で刑事事件が発生している際、司法書士が町議会から地方自治法により登記手続等の事情につき証言を求められた場合、これに応じて証言しても守秘義務に反しない、とする。
 11) 加藤編・前掲注１）336頁〔酒井〕。

第25章 専門家責任論と司法書士の諸相

I はじめに

　本章は、司法書士の専門家責任についてのまとめである。

　司法書士は職層総体としてみると、専門家責任をよく果たしてきている。本書の基礎にあるメッセージは、司法書士の専門家責任の基本は、利用者である国民の期待に的確に応えていくことのできる力量を備えることであり、そのパフォーマンスにおいて、裁判例にみられる規範論および自らに課した職務倫理を拳拳服膺すべきであるというものである。

　この最終章では、第1に、専門家責任論の意味合いについて、今一度考えてみることにしたい。

　そして、第2に、その延長上にある問題として、司法書士の専門家責任論の範囲についての考え方を整理しておくことにしたい。

　さらに、第3に、私が裁判実務の中で担当した事件に登場した司法書士の活動の実相について、いくつかのエピソードを紹介しておきたい。国民の司法書士に対する期待は、個々の司法書士の活動についての評価を反映するものである。そこで、いくつかのエピソードが社会的にどのように受け止められるか、国民の眼にはどのように映るかを考えてみる素材を提供する趣旨のものである。

II 専門家責任論の意味合い

1) 総説

　本書では、司法書士は、法律専門職（法律実務家）であり、その執務・活動においては、専門家としての責任が伴うという意味で、「司法書士の専門家責任」

を当然の前提として議論を進めてきた。このこと自体には、さしあたり異論はないと思う。

ここで、問題とするのは、医師、弁護士、司法書士、土地家屋調査士、不動産鑑定士など専門家に共通する専門家責任を観念することができるかという、やや理論的なものである。これについては、いくつかの考え方があるので、これをみていくことにする。

２）専門家に共通する専門家責任を観念することができるか

「専門家に共通する専門家責任を観念することができるか」という問題について、学説には、三つの考え方がみられる。

第１に、専門家責任否定説がある。これは、医師、弁護士、司法書士などについて、それぞれの法律の定めがあるので、それらの法令に基づき個別的に各専門家の責任を論じることで足り、専門家共通の責任を論じる必要はないという見解である。

例えば、河上正二教授は、専門家と他の業種の職業人との差異は相対的なものであるから、つまり、専門家性を支える要素は、業務内容の複雑さ、裁量の幅、給付や対象についての一定の傾向というべきであり、専門家性のある業務に携わる者は、「あたり前の注意」を払うことが要求されるが、その具体的内容は、各業務の特性と契約当事者間の合意内容により決定されることになるものであるから、専門家といわれる職種それぞれを個別に検討すれば足りるといわれる[1]。また、潮見佳男教授、森島昭夫教授も、同様の考え方を示される[2]。これらが、専門家責任否定説である。

第２に、専門家責任絶対的肯定説があり得る。これは、専門家の定義は可能であり、その共通の責任を演繹的に論じることはできるという考え方であるが、実際には、この見解をとる学説は見当たらないが、検討には値する。

第３に、専門家責任相対的肯定説がある。これは、専門家の定義をすること

---

1) 河上正二「『専門家の責任』と契約法理」法時67巻2号6頁（1995）。
2) 川井健〔司会〕〔座談会〕『専門家の責任』法理の課題」法時67巻2号31頁〔潮見佳男発言〕、38頁〔森島昭夫発言〕（1995）。

なく、医師、弁護士を一つのモデルとして、責任の性質やその共通性を見定め、他の専門家性ある職種の責任の性質の異同や共通性を明らかにすることは可能であり、そのように機能的に専門家責任を明らかにすべきであるという考え方である。専門家責任は、緩やかな形で、いわば相対的に肯定することができるという見解である。

　例えば、加藤一郎教授は、専門家責任論の縦軸は、医師、弁護士のそれぞれの業務における責任であり、横軸は、共通の責任であるが、基本は縦軸の問題であると言われる[3]。また、鎌田薫教授は、専門家責任は、業務内容の専門性や依頼者との関係の特性に応じた特別の配慮を要するが、他の民事責任類型と異質の原理に立脚するものではないので、専門家の概念につき厳密な定義をすることは重要ではなく、医師、弁護士を一つのモデルとして、専門家責任のあり方を検討し、他の業種・業態には、モデルとの共通性が認められる範囲で、専門家責任の考え方を及ぼしていけばよいと論じておられる[4]。さらに、川井健教授も、専門家責任の概念を相対的にとらえるならば、医師、弁護士を専門家の典型とみて、他の職種で、これに近いものがあれば、これも専門家に属するものとみてよいとする。そして、医師、弁護士の責任論には、説明義務、自己決定の原則など共通性があるし、他の専門職種に個別の修正があるとしても、共通する責任原理について、契約法・不法行為法上の一類型として、専門家責任という規範で括ることがよいと言われる[5]。これらが、専門家責任相対的肯定説の考え方である。

3）検　討

　この議論の基礎には、「専門家責任をどのようなものとして観念することが相当であるか」という理論的な問題と、それと並んで、「専門家責任論をどの

3）川井健＝西嶋梅治〔司会〕「シンポジウム　専門家の民事責任」私法57号86頁〔加藤一郎発言〕（1995）。
4）鎌田薫「専門家責任の基本構造」山田卓生編集代表・加藤雅信編『新・現代損害賠償法講座3』298頁（日本評論社・1997）。
5）川井健「専門家責任の意義と課題」川井健＝塩崎勤編『新・裁判実務大系(8) 専門家責任訴訟法』9頁（青林書院・2004）。

ような方法で研究していくのが相当か」という実践的な問題がある。

　このような観点から、各説を比較すると、第１に、専門家責任否定説は、対象とする専門職種を個別に検討していけば足りるというものであり、加藤教授のいう専門家責任の縦軸を徹底的に追求していくことにより議論が深められると考えるものといえる。しかし、研究手法として横軸の探求、すなわち個別の専門家責任を横断的に考察することは意味のあることであり、これを不要であるというのは相当でないように思われる。

　第２に、専門家の歴史を紐解くと、専門家責任絶対的肯定説には、一定の説得力がある。というのは、典型的な専門家である医師、弁護士は、歴史的には、プロフェッションとしての共通性を有していたからである。伝統的プロフェッションは、医師、弁護士のほか、僧侶、神職、神父などの宗教家、聖職者である。これらの伝統的プロフェッションは、いずれも、人々が人生の危機に遭遇したときに接することになる職業であり、プライベートな事柄を扱うがパブリックな面に繋がるという要素があるという点で共通性がある。すなわち、医師は、健康上の問題を扱い、体の不具合・不調を治してくれるが、それを通じて防疫の役割を果たす。宗教家は、心の問題に対応し、社会全体の平安に寄与する。法律家は、人と人との関係、人と社会との関係の問題に対して、依頼者の希望に可能な限り沿う、あるべき解決方法を提示・実現することにより、社会的秩序をもたらす専門家である。

　プロフェッションは、「学識に裏づけられ、それ自身一定の基礎理論を持った特殊な技能を、特殊な教育または訓練によって習得し、それに基づいて不特定多数の市民の中から任意提示された個々の依頼者の具体的要求に応じて具体的奉仕活動を行い、よって社会全体の利益のために尽くす職業」と定義されている[6]。プロフェッションは、①高度の専門的知識と技能を備えていること、②高い職業倫理が要請されていること、③職能団体の教育訓練による後継者の自力育成が、その特色である。獲得した高度の専門的学識に基づいて、市民からの依頼に応じて活動し、それによって社会全体の利益になるという職層であるから、プロフェッションには、その責任にも共通性があると考えられる。こ

---

[6] 石村善助『現代のプロフェッション』25頁（至誠堂・1969）。

のように、専門家を伝統的プロフェッションに限定すれば、専門家責任絶対的肯定説は十分成り立つようにも思われる。しかし、現在では、伝統的なプロフェッション以外にも多数の専門職能が生まれている。そうであるとすると、専門家責任絶対的肯定説では、専門家責任論というには対象が狭すぎて、実用性に欠けるということになりかねない。そうすると、これをとることも相当とはいえない。

　以上の検討によれば、専門家責任相対的肯定説が基本的に相当であると解される。もっとも、専門家の定義をすることは不可欠ではないが、できる限りこれを言語化する努力は必要であるように思われる。また、単に私的な利益のみを追求するために専門的技能を身につけているにすぎないビジネス・スペシャリストにも、専門家責任を及ばせることは必要であるが、専門家の中核に位置するのは、プロフェッションであると考えることにしたい。弁護士は、リーガル・プロフェッションといわれるが、例えば、これを「単に法的な情報、知識を持っているだけではなく、法システムや司法制度の社会的役割を踏まえ、法による正義の実現のために、その知恵を生かそうとする価値観、使命観を持って仕事をしていく専門的技能を活用すべき職能」と定義する見解[7]がみられる。このような定義によれば、まさに司法書士は、それと同じ意味でのリーガル・プロフェッションであることが容易に理解できるはずである。

　賢明な読者はお分かりのことと思うが、本書も、実は、以上のような意味合いでの専門家責任相対的肯定説を前提として論じてきたものである。

III　司法書士の専門家責任論の内実と方向

　それでは、司法書士の専門家責任論の中身は、どのように整理することができるか。

　司法書士の専門家責任論は、司法書士の職責に関する事柄について、規範的な議論群で構成されるものであるが、その外延は緩やかなものと解することが相当である。これを具体的にみると、次のとおりである。

---

[7] 田中成明「司法の機能拡大と裁判官の役割」司法研修所論集 104 頁（2002）。

第1に、司法書士の専門家責任論の中核は、民事責任（民法415条、709条）である。その意味では、司法書士の執務における各場面において、規範的な観点から、どのような注意義務が要請されるかという問題を検討することが重要であることは間違いないところである。

　第2に、司法書士の専門家責任論は、規範的な議論群で構成されるものであるから、刑事責任も、その範囲内のものと考えるべきであろう。それは、司法書士の職責は、刑事罰を科することにより担保されるべきものが含まれていることを意味するものである。

　第3に、司法書士の専門家責任論は、司法書士の職責を対象にするものであるから、法的責任論のみならず、倫理責任に関わる職務倫理（司法書士倫理）も、当然視野に入れるべきである。司法書士に倫理が要請される実質的な理由は、依頼者との関係、社会との関係にある[8]。

　依頼者との関係では、依頼者と司法書士の間の法的知識、あるいは依頼者の希望する法的な事項を実現するのに必要な法的情報の差には圧倒的なものがあり、依頼者には、司法書士の執務の適否がよくわからないのが通常である。そこで、司法書士として、「われわれは一定の倫理を遵守します」ということが執務にビルトインされていることが必要となる。社会との関係では、司法書士が依頼者の利益を最大限に実現するよう努めるのは当然であるが、その執務において社会的公正に配慮すること（例えば、目的のために手段を選ぶことなど）が要請される。司法書士がある案件に関与した場合には、もちろん依頼者のために熱心に活動するであろうが、無用な社会的あつれきを生じさせたり、ましてや社会に害悪を与えることはおよそないであろうという社会的な信頼が求められている。

　司法書士は職層として執務において一定の倫理を遵守し、公益的な配慮をしてくれるであろうという依頼者の期待・社会的期待に応えるものが、職務倫理（司法書士倫理）なのである。そう考えると、司法書士の専門家責任論は、当然に、職務倫理（司法書士倫理）を含むものでなければならない。

　第4に、司法書士の専門家責任論の外延は緩やかなものと解することが相当

8）加藤新太郎＝馬橋隆紀『簡裁訴訟代理と手続の基本〔簡裁民事実務NAVI第1巻〕』94頁〔加藤〕（第一法規・2011）。

である。司法書士のある執務が、民事実体法上の義務違反もなく、司法書士倫理にも違反しているとはいえない場合であっても、それが依頼者の失望をもたらし、第三者ないし広く世間の反感を買うような事態は、いくらでも想定することができる[9]。これが、依頼者または第三者の司法書士の職務に対する無理解に起因するものであれば別であるが、そうでないときには、専門家である司法書士の執務としては成功したものとは解されない。

　そのような事態を回避するためには、依頼者の理解能力に応じて言葉を尽くして状況の説明をし、好感度の高いスタンスで対人関係を形成するという、自律的な執務姿勢が求められる。司法書士の専門家責任論には、義務論、責務論に限定されない、自律的な執務姿勢のあり方も考えるものとしたい。そうすると、司法書士の専門家責任論は、司法書士役割論といっても差し支えないということになろう。

IV　民事訴訟にあらわれた司法書士

1）総　説

　個別の民事訴訟において、司法書士が登場するケースが散見される。登記関係訴訟において、司法書士が関与しているケースでは、どのような業務をしているかにより、争点となる局面が変わることがある。また、登記関係訴訟以外にも、司法書士が登場する案件は少なくない。司法書士がどのような関わり方をしているか、それは裁判官や訴訟関与者にとってどのように映るかをいくつかのエピソードでみてみよう。

2）【エピソード1】領収書の発行を助言しない司法書士

　このケースでは、甲司法書士（千葉県）が立会いをしているのにもかかわらず、消費貸借契約をした当事者間で貸金を被担保債権として抵当権設定登記をする

9）加藤新太郎『弁護士役割論〔新版〕』2頁（弘文堂・2000）。

際に、金銭の授受が行われているのに領収書が発行・交付されていなかった。取引関係訴訟において、金銭が授受されているのに領収書がないケースは、特別の事情のない限りみられない。

貸主は、本人尋問で「どうして領収書がないのか」を問われ、「消費貸借契約書の中に、『〇〇万円を授受したこと当事者双方で確認した』旨の条項があるし、司法書士の立会いもあったから、領収書をもらわなくても大丈夫だと思った」と答えた。この事例では、借主は、金銭授受を全面的に否認するのではなく、授受されたのは240万円ではなく、200万円であり、利息として40万円を天引きされたものと主張して争っていた。このような争点を作らせないようにするにも、甲司法書士としては、原則どおり領収書の発行を助言すべきであった。司法書士が立会いをするのは、予防司法的な意味合いがあることに留意すべきである。

こうしたケースは、裁判官に、「立会いの基本を理解していない司法書士もいるのか」、「司法書士の力量は紛争を予防するには足りないのか」という印象を残すことになる。

3)【エピソード2】本人の意思確認をしない司法書士

このケースは、貸金業法の登録を取り消された貸金業者Yが、Aに高利で融資し、Aの父親であるX所有の土地に抵当権設定登記をしたが、この登記手続がXの知らないままにされていたことが論点の一つになっていた。

この登記申請代理を受任した乙司法書士（新潟県）は、陳述書において、次のとおり述べている。

① 銀行融資ではない個人間の貸金で抵当権設定登記の申請代理をする場合執務の基本型は、登記権利者と登記義務者の双方に司法書士事務所に来てもらい、本人確認と登記意思の確認を行い、同意が得られれば必要書類に署名押印を求める。個人間の抵当権設定契約書は司法書士（自分）が作成し、その後の手続を進める。

② 本件登記の申請に当たり、登記原因証明書として抵当権設定金銭消費貸借契約書、印鑑証明書、代理権限証明書、登記済証を添付した。

③ 本件登記申請代理においては、自分はＸと会ったことはなく、連絡もとっていない。Ｙが、Ｘの運転免許証のコピーを含む関係書類一切を司法書士事務所に直接持参した。本件の抵当権設定金銭消費貸借契約書は自分が作成したものではない。登記手続の終了後、関係書類は登記済証も含めてすべてＹに返却した。

④ Ｙからは、５年間ほど登記申請代理を受任したが、別件でトラブルがあり、それ以来関係を断っている。

⑤ Ｙは貸金業法違反で警察に逮捕され、自分も参考人として事情聴取されたことで、初めて無登録業者であることを知った。Ｙが無登録業者であることを知っていれば、登記申請代理を受任することはなかった。

⑥ 本件登記申請代理において、Ｘと連絡もとらず、面接をしなかったことは自分の落ち度であるが、Ｙのいいように利用されてしまい悔んでいる。

乙司法書士は、20年余の経験があるという。この陳述書では、無登録の貸金業者に利用された面を強調しており、自分の執務の基本型である①のような仕事をしなかった理由は記載されてはいない。Ｙが、登記済証、Ｘの印鑑証明書、運転免許証のコピーなどを持参して、「大丈夫である」と言ったことは想定されるが、そうであっても、執務の基本型に則ることは困難ではなかったはずである。あるいは、乙司法書士は、①が執務の基本型であると述べているが、それは建前で、日常的に（または、しばしば）、本件のような杜撰な仕事ぶりをしているのかもしれない。いずれにしても、専門職としては、大きなリスクを抱える執務であるというほかない。

このエピソードには後日談がある。

乙司法書士は、その後、別件で２週間の業務停止（懲戒処分）を受けたのである。

乙は、平成〇年２月に、自分の事務所において、Ａを貸主、Ｃを借主、Ｂを連帯保証人とする金銭消費貸借契約に関して、債務支払がないときにはＢ所有の土地建物の所有権をＡに移転する所有権移転請求権仮登記および所有権移転本登記申請の依頼を受任した。その際には、関係者と面談しており、格別の問題もなく、乙の登記申請代理により本件仮登記は完了した。

その後の同年5月に、乙は、AからCの債務不履行を理由とする本件本登記申請の具体的依頼を受け、必要書類も受領した。しかし、乙は、必要書類のうちBの土地建物の登記済証を紛失したにもかかわらず、改めてBの本人確認・登記申請意思確認を行わずに、2月に面談した結果に基づきBの本人確認情報を作成して、本件本登記申請代理をして、本登記を完了させた。

　乙司法書士は、本件仮登記は、仮登記担保契約に関する法律の適用を受ける事件であるのに、これを見落として手続を進めているという非違行為と併せて、2週間の業務停止に処されたのである。

　もっとも、事後処理をみると、乙司法書士は非違行為を素直に認め、反省し、Bが必要とする金員を貸し付けるなど紛争解決に協力しているということであるから、司法書士として、適切な事後対応をしていることも指摘しておくべきであろう。しかし、それでは遅いのである[10]。

4 【エピソード3】金銭消費貸借契約を仲介する司法書士

　このケースでは、丙司法書士（東京都）は、金銭消費貸借契約を仲介し、自らも貸金返還債務の保証をしたが、貸金の返済はされず、民事訴訟になった。丙は、その後、貸主から話が違うと責められ、自己の所有建物について抵当権設定仮登記を余儀なくされた。

　丙は、知人であるXに、「Aは〇〇市内で割烹料理店を改修して新規開店するため、地元信用金庫に工事費の融資を申し込んだが、決済が下りるまで1か月かかる。その間に、工事業者等の支払をするため、1500万円を貸してやってほしい。〇〇市内の土地建物を担保に入れさせるし、自分も保証する」旨の申し入れをした。

　Xは、平成〇年8月30日、「借主は、Aの娘であるY及び法人B（割烹料理店を経営する会社、代表者Y）、貸金1500万円、返済日平成〇年9月30日、返済金は1700万円、保証人丙」と合意して、1500万円をBに交付した。

　これだけならば、丙司法書士は、Xに、1か月間1500万円を融通することで、

---

10) 加藤新太郎「司法書士の本人確認義務の現在問題」登記情報613号9頁（2012）。

200万円の高利を得られる儲け話をもっていったことになる。司法書士として本来の仕事ではなく、金貸しのブローカーまがいのことをしている点において、品位が問題とされるに止まる。しかし、話のとおりに進むことはなく、Xにはまったく貸金の返済はされなかった。Xは、Yに対し、貸金返還請求訴訟を提起したが、YはAが無断でしたことで、自分には責任がないとして争っている。Y側の言い分は、当時のA・Yの関係や借用書のYの署名の真正いかんによっては法的に通らないともいえない。もっとも、その場合には、Aに対して不法行為（詐欺）に基づく損害賠償請求は可能であるが、Aには資力がない。

このケースでは、丙司法書士が、なぜこのような金貸しのブローカーまがいの金銭消費貸借契約の仲介をしたのか明らかではないが、おそらくはA・Y側から何らかの見返り（報酬）を得ているのであろう。A・Y側は、当初から1700万円を一括返済するつもりはなかったと思われるが、丙は、そこまで共謀していたのではなさそうである。また、丙は、Xから責められ、所有建物について抵当権設定仮登記をしているから、自分の責任についての認識はないとはいえないが、実際には、Xは貸金の回収はできていない。

このような目にあったXが、その後、丙司法書士に対してはもとより司法書士層全体に対して、どのような気持ちを持つかについては、多言を要しないであろう。

5 【エピソード4】司法書士資格を有する会社支配人

このケースでは、司法書士資格を有する丁（東京都）は、A社の代表取締役Bに頼まれ、A社の支配人となっていた。丁は、もともと公認会計士、税理士、司法書士、行政書士の資格を持っていたが、当時は資格登録を抹消していた。

Xは、A社の従業員から、同社の無価値な社債を購入させられ、損害を被ったとして、A社支配人丁に対し、損害賠償を請求した。丁は、自己の業務はA社の訴訟に関する事務、税務調査の立会い・対応であり、違法な業務の認識を欠いていたと主張して争った。

丁は、法律・会計・税務の専門家であることが買われ、海外出張の多いB不在時の穴埋めとして支配人となったという経緯があるうえ、税務調査の対応を

していたこと、訴訟対応をしていたことから、A社の事業内容・経理内容の認識のほか、違法な社債募集をして損害賠償請求訴訟が提起されたことを認識していたと推認される。そして、支配人の立場にありながら、A社の違法な社債募集という事業の継続に関与し、阻止すべく社員に働きかけることをしなかったことは、Xに対する不法行為を構成すると解される余地がある。

司法書士資格を有する丁は、もとの資格を買われていわゆる詐欺商法をする企業に一本釣りされたが、自分は直接違法な事業をしていたわけではない。しかし、自分の業務を通じて自社が詐欺商法をしている企業であること、自分の仕事もその継続に寄与しているという認識形成はできる状態であった。このような場合に、丁に不法行為責任が生じるかは、Bとの共同意思の有無、違法事業の認識・容認の度合いなどの要因により判定されることになる。

司法書士としての資格登録を抹消していたとしても、また登録の意思があるのであれば、丁としては、このような仕事に関与すべきではなかった。もっとも、このケースでは、丁は、Xに損害の一部を賠償する旨の和解をしており、その限りで、一応専門家責任を果たしたということができる。

6 検 討

以上のエピソードについて、簡単にコメントしておくことにしよう。

第1に、領収書の発行を助言しない司法書士(【エピソード1】)は、不動産登記の立会い業務における基本的事項(領収書の発行についての助言)を実践できていないようにみえる。そうであるとすれば、勉強不足であり、法令実務に精通すべく精進することが必要であろう。もっとも、このケースでは、司法書士の証人尋問は行われていないから明らかにはなっていないが、司法書士が領収書の発行につき助言したのにもかかわらず、当事者が領収書に貼用すべき収入印紙代を惜しんで発行しなかったというのが真相かもしれない。そういう場合でも、依頼者は、「司法書士の立会いもあったから、領収書をもらわなくても大丈夫だと思った」と弁解するものなのである。

第2に、本人の意思確認をしない司法書士(【エピソード2】)は、不動産登記代理業務における善管注意義務に違反している。無登録貸金業者のAに利用

された面もあるが、そうであるからといって、落ち度を正当化することはできない。民事責任が発生するのみならず、懲戒処分もされており、まさしく司法書士の専門家責任が問われる中核の事例である。

第3に、金銭消費貸借契約を仲介する司法書士（【エピソード3】）は、司法書士委任契約上の問題というよりも、それ以前の金貸しのブローカーまがいの仲介行為が極めて問題である。司法書士の品位を毀損する所業とみるべきものといえよう。

第4に、司法書士資格を有する会社支配人（【エピソード4】）は、専門家としての能力を買われて支配人に起用されたが、実は、詐欺商法をしている悪辣な企業に利用されたというケースである。しかし、司法書士としては、自分が悪人に利用されているかどうかを見抜くことも必要なのであり、無前提の依頼者性善説に立つことはできないことを肝に銘じるべきであろう。

その他に、司法書士が、遺言執行者として、被相続人の兄に対し不当利得返還請求をし、被告訴訟代理人弁護士を相手に健闘したのはよいが、訴訟上の和解において、譲歩することなくがんばりすぎて、いたずらに期日を重ねることになった事例（【エピソード5】）、司法書士が父の遺産分割に関し法律知識を悪用して利得したため、妹らから不当利得返還請求された事例（【エピソード6】）なども経験したことがある。【エピソード5】は、最終的には首尾よく和解で終了したが、司法書士としては、何事も過ぎたるは及ばざるがごとしという格言をかみしめるべきであろう。【エピソード6】は、自分が当事者である民事訴訟が提起されたものであるが、そのような場面でも、司法書士は普通の人とはひと味違うという対応をみせたいものである。

Ⅴ　むすび

司法書士に対する社会の期待は決して小さなものではない。これを受けて、司法書士の制度的位置づけは、近時高まりつつある。

簡裁訴訟代理権付与はまさしくそれであるが、それ以外の例としては、認定司法書士が、犯罪利用預金口座等に係る資金による被害回復分配金の支払等に関する法律（いわゆる振り込め詐欺救済法）3条にいう「捜査機関等」に当たる

とされていることが挙げられる[11]。

それはよいのであるが、他方で、「司法書士が法外報酬 成年後見1年半で500万円」、「認定司法書士が過払い事件報酬の所得税脱税」などの新聞報道がみられるのも現実である。

このような中で、司法書士は日々の執務に取り組んでいる。

司法書士は、大変ではあるが、いい仕事だと思う。人の役に立ち、困った人を助けることができ、社会の役に立つからである。司法書士の執務の体系・専門家責任の構造は、弁護士の執務の体系・専門家責任の構造と基本的に同じであるが、それは、リーガル・プロフェッションとしての共通性があるからである。司法書士の専門家責任は、新しい業務に関する対応（筆界特定制度、仲裁、ADR関係）の関係、事務所の共同化に関する対応（共同事務所、司法書士法人）の関係でも深化することが求められている。

司法書士がリーガル・プロフェッションとして自覚し、倫理をきちんと実践していくことこそが、専門家責任の基盤となる。そのためには、司法書士の執務に関する規範論を知ることが必要不可欠である。「知ること」は「気づき」のきっかけであり、知識なくして、見識は生まれない。

「見識なき司法書士は事件屋に等しい」、「技能なき司法書士は素人よりこわい」[12]。司法書士は、個々に、また総体として、リーガル・プロフェッションとしての見識と力量を兼ね備えることを、その目標としたい。

Ⅴ◎むすび

---

11) いわゆる振り込め詐欺救済法においては、金融機関は、捜査機関等からの情報提供などを勘案して、犯罪利用預金口座等である疑いがあると認めるときは、その預金口座等にかかる取引の停止等の措置を実施することができる。そして、認定司法書士は金融庁、消費生活センターなどの公的機関や弁護士と並んで、当該預金口座等の不正な利用に関する情報の提供をする捜査機関等として位置づけられている。この点について、干場力「犯罪利用預金口座等に係る資金による被害回復分配金の支払等に係る事務取扱手続について」銀行法務21・691号24頁（注1）(2008)。

12) オリジナルは、「見識なき法曹は事件屋に等しい」、「技能なき法曹は素人よりこわい」である。加藤新太郎『コモン・ベーシック弁護士倫理』81頁（有斐閣・2006）。

事項索引

あ

相手方からの依頼による他の事件の受任　304
相手方の協議を受けて賛助した事件　303
悪意除外説　327

い

遺言能力　365
一般的損害発生回避義務　317
委任契約　3, 35
　　――の趣旨・内容　294
　　――の成否　12
　　――の成立時期　9
　　――の任意解除　63
委任契約書　13
委任契約上の義務　340
委任契約前　98
委任事務の終了時の善管注意義務　312
委任者の属性　71
委任の解除　4
委任の終了事由　5
違法弁論型　326
依頼拒否　142
依頼に応じる義務　123, 134, 293
印鑑登録証明書等の偽造　117
　　――の看過　119

か

過失相殺　76, 95, 106, 157, 252
仮登記の移転登記申請代理　260
関係規範　7

き

疑念性　363
疑念性判断維持・修正モデル　207, 296
疑念性判断モデル　204, 221, 234, 280, 295
客観的違法要素　321
教示義務　131
共同事務所　305
業務の形式的処理モデル　52
業務の形式的把握　88
業務の実質的把握　90
業務を行い得ない事件　301, 302

共有物分割の訴えの受任　307
虚偽の証拠　31
虚偽の本人確認情報提供と刑事責任　212

く

具体的措置の選択　311

け

形式説　126
形式的処理モデル　237
競売申立書作成　245
契約締結の立会人　171

こ

合意規範　7
公益配慮義務　317
交渉活動　337
公正証書　359
公正証書遺言　365
公正誠実職務遂行義務　8
高度注意義務・忠実義務二分説　236
誤回答　38
5号相談　17
コミュニケーション　289

さ

債務整理　339
裁量性　346

し

時効待ち方針　354
自己決定権の侵害　358
事実調査　310, 362
事情聴取　310
実質説　127
実質的処理モデル　241, 291, 297
執務の流れ　15
司法書士・依頼者間の契約　3
司法書士会埼玉訴訟　329
司法書士相談　15
司法書士の訴訟代理　300
司法書士の立会い　166
司法書士倫理4条　288

司法書士倫理 8 条　289
司法書士倫理 9 条　290
司法書士倫理 16 条　48
司法書士倫理 17 条　283
司法書士倫理 21 条　347
司法書士倫理 51 条　286
司法書士倫理 52 条　290
司法書士倫理 54 条　183
司法書士倫理 61 条　304
司法書士倫理 82 条　306
主観的違法要素　321
主債務者と連帯保証人からの受任　306
受任後の手続遅滞　73
受任時における説明　309
受任事務の放置　31
受任者による受取物引渡し義務　4
受任者による費用等の償還請求等　5
受任者による報告　4
受任者の報酬　5
受任できない事件　301
守秘義務　369
状況即応的説明義務　349
状況即応的報告義務　345
使用者責任　274
職業責任賠償保険　50
職務上知り得た事情　108
職務遂行と依頼者との連絡　312
職務の公共的性格　125
助言義務　172
書類保管義務　80, 82
資料収集　310
真摯・誠実性　36
真実義務　26
真正な登記　286
真否を疑うべき相当な理由　119

せ

正当な事由　126, 145
説明義務　8, 160, 252, 256, 264, 343, 356
　──の位置づけ　236
　──の限界　263
説明・助言義務　150, 235, 249, 251, 297
　事務の遂行に関する──　241
説明・助言義務違反　152, 343
説明すべき事項　356
説明責任の限界　266
説明と承諾　311

説明・報告義務の法的位置づけ　350
善管注意義務　6, 285
　──の発現　308, 344
　──の類型　51
　訴訟代理における──　299
　登記申請代理における──　267, 285
善管注意義務・忠実義務二分説　237
専門家規範二分説　237
専門家責任絶対的肯定説　375
専門家責任相対的肯定説　373
専門家責任否定説　375
専門家責任論の意味合い　372
専門家責任論の内実　376

そ

相続登記申請　106
相談の法的性質　35
双方代理の許容性　62
双方代理の禁止　60
組織変更　39
訴訟代理における善管注意義務　299

た

立会い　148, 163, 165
立ち会う趣旨　158
単独での委任契約の解除　65
担保的効力　262

ち

注意義務三分説　236
中間省略登記　287
中立公正性　36
懲戒処分　208
調査確認義務　279, 363
調査義務　154

つ

通知義務　68, 71, 79

て

提訴時の行為規範　325

と

登記意思確認義務　219
登記依頼拒否　127
登記関係書類の返還　58
登記関係費用　243

事項索引

登記原因の説明義務　259
登記権利者の利益　66
登記書類調査確認義務　101
登記書類調査義務　85, 110, 295
　　──の免除　95
登記書類保管義務　269
登記申請代理　61
　　──における善管注意義務　267, 285
登記済証の偽造　91
　　──の看過　102
登記手続の段取り　247
登録免許税　257
特段の事情　67
「特段の事情」アプローチ　90

● な
7号相談　20
成りすまし　111, 174, 184, 188, 200, 298

● に
二段階違法性阻却説　327
認定司法書士　299

● は
犯罪収益移転防止法　183

● ひ
必要書類持参督促義務　239
必要書類保管義務　53, 292
秘密保持　36
品位保持　48

● ふ
復委任　271
複数の依頼者　306
復代理禁止原則　273
不適切性許容説　328
不動産登記手続における倫理　290
不動産登記法の改正　181
不動産売買のリスク　119
不当訴訟　318
不法行為責任　317
文献の存在　355

● へ
平成14年改正法　16
弁護士の立会い　179
弁論活動　326
　　──における行為規範　336

● ほ
法令違反の疑念性　364
法的検討　311
法的判断限定説　18
法律相談　21
法令実務の精通　37
保証書　222
補助者　40, 274, 275, 279
本人確認義務　183, 193, 205, 295
本人確認義務違反　197
本人確認義務原則モデル　207, 296
本人確認情報提供制度　182
本人の意思確認　379

● み
民事に関する紛争　20

● む
無料法律相談　25

● め
免除肯定説　96
免除否定説　96
面接技法　34

● も
目的的法的判断肯定説　18

● ゆ
融資立会い　160
有料法律相談　28

● り
リーガル・プロフェッション　376

● る
類型考慮説　328

事項索引

判例索引

昭和 10 〜 19 年
大（連）判昭 18・11・2 民集 22-1179 ··· 320
大判昭 19・2・4 民集 23-42 ··· 61, 291

昭和 20 〜 29 年
大判昭 20・12・22 民集 24-137 ··· 222 〜 223
横浜地判昭 25・9・11 下民集 1-9-1438《22−19》··· 335
東京地判昭 26・9・27 下民集 2-9-1138《22−20》··· 335

昭和 30 〜 39 年
最判昭 35・4・21 民集 14-6-946 ·· 287
最判昭 35・7・12 民集 14-9-1744 ·· 138, 143
最判昭 36・5・26 民集 15-5-1440 ·· 171
東京高判昭 39・9・29 高刑集 17-6-597 ··· 166

昭和 40 〜 49 年
京都地判昭 40・2・23 訟月 11-7-996《7−1》····································· 86 〜 88, 97, 110
最判昭 40・9・21 民集 19-6-1560 ··· 287
東京地判昭 41・12・26 判タ 205-157《17−2》························· 235, 239 〜 240, 249
千葉地館山支判昭 43・1・25 判時 529-65《22−10》··· 333
最判昭 43・3・8 民集 22-3-540 ··· 61, 291
東京地判昭 43・6・20 判タ 226-167《22−21》··· 335
最判昭 43・12・24 民集 22-13-3428 ·· 322
最判昭 44・7・8 民集 23-8-1407 ··· 322
東京高判昭 47・12・21 判タ 292-258 ·· 220
東京高判昭 48・1・31 判タ 302-197・金判 360-19《7−2》········ 88 〜 90, 91, 97, 110
大阪地判昭 48・11・26 民集 32-5-875 ·· 55
東京地判昭 49・3・13 判時 747-75《22−6》··· 324
東京地判昭 49・8・28 判時 760-76《21−5》··· 312
東京地判昭 49・12・19 判時 779-89《21−9》··· 316

昭和 50 〜 59 年
東京高判昭 50・9・8 判タ 335-216《17−1》··································· 235, 237 〜 239, 249
大阪高判昭 50・9・23 民集 32-5-884 ··· 55 〜 56
最判昭 50・11・28 金法 777-24・裁判集民事 116-557《16−1》···· 206, 218, 219 〜 223
松山地西条支判昭 52・1・18 判時 865-110・判タ 351-210《2−1》················· 18, 19
東京地判昭 52・6・28 判時 873-62《1−1》·· 9 〜 11
東京地判昭 52・7・12 判タ 365-296《7−3》······························· 90 〜 91, 97, 109, 110
東京地判昭 52・9・28 判時 886-71《21−4》··· 32, 312
最判昭 53・7・10 民集 32-5-868《4−1》································ 53 〜 58, 59, 63 〜 64, 66, 67, 68, 69, 72,
　　　　　　　　　　　　　　　　　　　　　　　　　　　　76, 82, 140, 269 〜 270, 271, 289, 290, 292
東京地判昭 54・5・30 判タ 394-93《21−1》··· 311
高松高判昭 54・6・11 判時 946-129・判タ 388-57《2−2》································· 18, 19

東京高判昭 54・7・16 判時 945-51・判タ 397-78《22－5》……………………………………… 324, 325
大阪高判昭 54・9・26 判タ 400-166《8－4》…………………………………………………………… 109
東京高判昭 55・10・29 判タ 433-99 ……………………………………………………………………… 95
仙台高判昭 56・2・17 判タ 438-119 ……………………………………………………………………… 96
千葉地判昭 56・6・11 判時 1024-100《19－1》…………………………………………… 267, 268 ～ 271
東京地判昭 56・10・26 判タ 453-107《22－22》………………………………………………………… 335
岐阜地判昭 56・11・20 判時 1043-119《16－2》……………………………… 218, 223 ～ 225, 231, 234
名古屋地判昭 57・2・10 金判 643-42《1－2》《4－2》………………………………………… 11, 57, 58
東京地判昭 57・5・10 判時 1064-69《2－3》…………………………………………………………… 27
大阪地判昭 57・12・24 判タ 496-148《8－1》……………………………………………… 97, 98 ～ 101, 294
高知地判昭 58・1・24 判時 1125-126 …………………………………………………………………… 246
横浜地判昭 58・9・30 判時 1092-87・判タ 511-148《6－2》…………………………… 12 ～ 13, 72, 77 ～ 80
大阪地判昭 58・10・31 判時 1105-75《22－11－1》…………………………………………………… 333
静岡地判昭 59・3・23 民集 42-1-14 ……………………………………………………………………… 318
高松高判昭 59・4・11 判時 1125-121・判タ 532-173《17－5》………………………… 235, 245 ～ 247, 249
東京高判昭 59・10・29 民集 42-1-21 …………………………………………………………………… 319
青森地判昭 59・11・12 判タ 655-171 …………………………………………………………………… 74

昭和 60 ～ 64 年

大阪高判昭 60・2・26 判時 1162-73《22－11－2》…………………………………………………… 333
大阪地堺支判昭 60・3・7 判時 1166-123《4－3》………………………………………………… 57, 58
東京地判昭 60・9・25 判タ 599-43《13－1》……………………………………… 166 ～ 173, 174, 179
大阪地判昭 61・1・27 判時 1208-96・判タ 612-59《8－3》…………………………… 98, 106 ～ 109, 110
名古屋地判昭 61・5・8 判タ 623-162《19－2》………………………………………… 267, 271 ～ 274
福岡地判昭 61・5・16 判時 1207-93《5－2》……………………………………… 68 ～ 71, 79, 251, 252, 265
東京地判昭 61・10・31 判時 1246-111・判タ 646-179《16－3》……………… 218, 225 ～ 226, 231, 234
京都地判昭 62・1・30 判時 1246-122《17－3》……………………………… 235, 241 ～ 243, 245, 249, 265
大阪地判昭 62・2・26 判時 1253-83《7－5》…………………………………………… 94 ～ 95, 97, 110
仙台高判昭 62・4・27 判時 1238-93・判タ 655-165《6－1》……………………… 68 ～ 69, 72, 73 ～ 77
最判昭 63・1・26 民集 42-1-1《22－1》……………………………………… 318 ～ 322, 323, 324, 325
東京地判昭 63・5・25 判時 1294-64《22－28》………………………………………………………… 338
大阪地判昭 63・5・25 判時 1316-107・判タ 698-241《12－1》……………………… 148, 149, 150 ～ 154,
                                                                  157, 166, 291, 296 ～ 297

平成元～ 9 年

東京高判平元・3・22 判タ 718-132《22－23》………………………………………………………… 335
東京地判平元・9・25 判時 730-133《8－5》…………………………………………………………… 109
京都地判平 2・1・18 判時 1349-121《22－12》………………………………………………………… 333
最判平 2・1・22 判時 1340-100 …………………………………………………………………………… 322
東京高判平 2・1・29 判時 1347-49・金法 1259-40《16－4》…………………… 218, 226 ～ 227, 231, 234
東京地判平 2・3・23 判時 1371-113・判タ 748-211《19－3》………………………… 267, 275 ～ 279
名古屋地豊橋支判平 2・8・21 判時 1374-87・判タ 746-171《6－3》………………………… 72, 80 ～ 83
福岡地判平 2・11・9 判タ 751-143《21－8》…………………………………………………………… 315
東京地判平 2・11・20 判時 1393-108《17－4》…………………………… 235, 243 ～ 245, 249, 265 ～ 266, 297
東京地判平 3・2・28 金判 881-35《16－5》………………………………………… 218, 227 ～ 229, 231, 234
東京地判平 3・3・25 判時 1403-47・判タ 767-159《12－2》………… 149, 154 ～ 158, 160, 166, 179, 324
京都地判平 3・4・23 判タ 760-284《22－7》………………………………………………………… 324 ～ 325

神戸地判平 3・6・28 判時 1441-85《12－3－1》……………………………… 149, 158 ～ 160, 164, 166, 294
東京高判平 3・10・23 金法 1321-20《17－6》……………………………………………… 235, 247 ～ 249
大阪高判平 4・3・27 判時 1441-82《12－3－2》……………………………… 149, 158 ～ 160, 164, 166, 295
東京地判平 4・4・28 判タ 811-156《21－6》………………………………………………………………… 312
浦和地判平 4・7・28 判時 1464-112・判タ 801-178《14－1》………………………… 184 ～ 188, 199
東京高判平 4・9・29 判タ 811-164《21－7》………………………………………………………………… 312
釧路地判平 5・5・25 判時 1477-129《24－1－1》……………………………………………… 359 ～ 365
東京地判平 5・7・8 判時 1479-53・判タ 824-178《22－13》……………………………………………… 333
大阪地判平 5・9・27 判時 1484-96《2－5》《3－1》……………………………………………………… 32, 35
浦和地判平 6・5・13 判時 1501-52・判タ 862-187《22－9－1》……………………………… 329 ～ 332
札幌高判平 6・5・31 判時 1562-63・判タ 872-238《24－1－2》……………………………… 359 ～ 365
広島地判平 7・7・17 判タ 895-153《2－4》…………………………………………………………………… 30
福島簡判平 7・9・5 刊行物未登載 ………………………………………………………………………………… 66
東京地判平 7・11・9 判タ 921-272《13－2》…………………………………………………… 166, 174 ～ 178
東京高判平 7・11・29 判時 1557-52《22－9－2》……………………………………………… 329 ～ 332
東京地判平 8・2・23 判タ 1578-90《22－8》………………………………………………………… 324, 325
福島地判平 8・9・30 判時 1614-78 …………………………………………………………………………… 66
横浜地判平 8・10・2 税資 221-1《24－3－1》………………………………………………… 359, 369 ～ 371
最判平 8・10・31 民集 50-9-2563 ……………………………………………………………………………… 307
神戸地判平 9・1・21 判タ 942-164《10－1》…………………………… 128, 129 ～ 130, 131 ～ 132
東京高判平 9・3・19 税資 222-1010《24－3－2》…………………………………………… 359, 369 ～ 371
仙台高判平 9・3・31 判時 1614-76・判タ 953-198《5－1》………………………………… 65 ～ 68, 290
東京地判平 9・5・15 刊行物未登載 …………………………………………………………………………… 334
東京地判平 9・5・30 判時 1633-102《18－1》…………………………………… 251, 252 ～ 256, 264, 297
東京高判平 9・6・10 高民集 50-2-231・判時 1636-52・判タ 966-243・金判 1037-16 ……… 351
最判平 9・9・4 民集 51-8-3718・判時 1617-77・判タ 953-86 …………………………………… 365
東京地判平 9・9・9 金法 1518-45《7－4》………………………… 91 ～ 94, 95, 97, 105, 110, 294
大阪高判平 9・9・17 判時 1652-104・判タ 974-140《14－2》…………… 184, 188 ～ 193, 199, 204
大阪高判平 9・12・12 判時 1683-120・判タ 980-185《10－2》……………… 128, 129, 130 ～ 133, 251, 252, 265, 297
東京高判平 9・12・17 判時 1639-50・判タ 1004-178《22－14》……………………………… 329, 334
東京地判平 9・12・25 判タ 1011-182《22－24》……………………………………………………… 335 ～ 336
東京地判平 9・12・26 判タ 1008-191《22－25》…………………………………………………………… 336

平成 10 ～ 19 年

福島地郡山支判平 10・3・6 判タ 1037-203 ……………………………………………………………… 161
東京地判平 10・3・25 判タ 1015-164《18－2》……………………………………… 251, 256 ～ 260, 264
仙台高判平 10・9・30 判時 1680-90・判タ 1037-200《12－4》………………… 149, 160 ～ 163, 164, 166
東京地判平 10・11・27 判時 1682-70《22－26》……………………………………………………………… 336
最判平 11・4・22 判時 1681-102・判タ 1006-141《22－2》……………………………………… 322, 323
東京高判平 11・9・22 判タ 1037-195《22－15》……………………………………………………………… 334
福岡高判平 12・6・28 刊行物未登載《16－6》………………………………………………… 219, 230, 231, 234
福島地郡山支判平 12・8・22 判時 1755-99《18－3》…………………………… 251, 260 ～ 264, 265, 266
仙台高判平 12・12・26 判時 1755-98《18－4》…………………………………… 251, 260 ～ 264, 265, 266
大阪地判平 13・1・26 判時 1751-116《21－2》…………………………………………………………… 311
東京地判平 13・5・10 判時 1768-100・判タ 1141-198《8－2》……… 53, 97, 102 ～ 106, 108, 110, 119
水戸地判平 13・9・26 判時 1786-106《22－16》…………………………………………………………… 334

東京地判平 14・5・20 判タ 1123-168《3－3》·· 39～40
東京高判平 15・2・4 刊行物未登載 ··· 137
最判平 16・6・8 判時 1867-50・判タ 1159-130《11》························· 128, 129, 134～140, 142,
　　　　　　　　　　　　　　　　　　　　　　　　　　　　　　　　　　　143, 144, 145, 146, 292, 294
東京地判平 16・8・6 判タ 1196-120《9－1》·· 111～113, 120, 121
東京地判平 16・8・23 判時 1865-92《22－27》·· 336
東京地判平 16・9・6 判タ 1172-197《16－7》·· 219, 232～233, 234, 295
東京地判平 16・10・27 判時 1891-80・判タ 1211-113《21－3》····························· 32, 311
最判平 17・7・19 民集 59-6-1783 ··· 33
東京高判平 17・9・14 判タ 1206-211《9－2》············· 111, 113～118, 119, 120, 121, 295
東京地判平 17・11・29 判タ 1232-278《19－4》·· 219, 233, 234, 267, 279～284
大阪地判平 17・12・21 判例秘書《15－4》··· 200, 212～217
東京地判平 18・3・20 判時 1934-65《22－17》·· 334
大阪高判平 18・5・30 刊行物未登載 ··· 212
最判平 19・4・24 民集 61-3-1102・判時 1971-119・判タ 1242-107 ··················· 339

平成 20～25 年

東京地判平 20・11・27 判時 2057-107・判タ 1301-265《14－3》·················· 182, 184, 193～198,
　　　　　　　　　　　　　　　　　　　　　　　　　　　　　　　　　　　199, 205, 206, 207, 296
東京地判平 20・12・24 判時 2044-98 ·· 366
東京地判平 21・1・21 判タ 1301-234《23－2》··· 346
東京地判平 21・2・19 判時 2059-72《3－2》··· 38～39
最判平 21・10・23 判タ 1313-115《22－3》··· 322, 323
鹿児島地名瀬支判平 21・10・30 判時 2059-86 ··· 347
鹿児島地名瀬支判平 22・3・23 判時 2075-79 ··· 347
宮崎地判平 22・5・26 判時 2111-45《15－1》··· 199, 201, 205
東京地判平 22・5・27 判時 2084-23《22－18》·· 334～335
最判平 22・7・9 判タ 1332-47《22－4》·· 322～323
東京高判平 22・7・15 判タ 1336-241《24－2》·· 359, 365～368
福岡高宮崎支判平 22・10・29 判時 2111-41《15－2》··············· 199, 200～206, 207, 296
東京地判平 22・12・21 判タ 1378-232 ·· 279
福岡高宮崎支判平 22・12・22 判時 2100-50 ·· 347
福岡高宮崎支判平 22・12・22 判時 2100-58 ·· 347
名古屋地判平 23・4・22 判例秘書《15－3》··· 199, 208～212
鹿児島地判平 23・8・18 金判 1418-21 ··· 339
福岡高宮崎支判平 23・12・21 金判 1418-17 ·· 339, 342
最判平 25・4・16 民集 67-4-1049・金判 1418-8《23－1》·············· 339, 340～344, 347, 357

〔著者〕

加藤新太郎（かとう・しんたろう）／弁護士

1950年生まれ。博士（法学・名古屋大学）。
1975年裁判官任官（東京地方裁判所）。その後、名古屋、大阪、釧路に勤務。1988年司法研修所教官（第2部）、1992年司法研修所事務局長、1998年東京地方裁判所判事（部総括）、2001年司法研修所上席教官（第1部）、2005年新潟地方裁判所長、2007年水戸地方裁判所長、2009年東京高裁判事（部総括）、2015年中央大学法科大学院教授、同年弁護士登録。

『弁護士役割論』（弘文堂・1992、〔新版〕2000）、『コモン・ベーシック弁護士倫理』（有斐閣・2006）、『手続裁量論』（弘文堂・1996）、『リーガル・コミュニケーション』（編著、弘文堂・2002）、『リーガル・ネゴシエーション』（編著、弘文堂・2004）、『民事事実認定と立証活動Ⅰ・Ⅱ』（編著、判例タイムズ社・2009）、『民事尋問技術』（編著、ぎょうせい・1996、〔新版〕1999、〔第3版〕2011）、『民事訴訟法の論争』（共著、有斐閣・2007）、『コンメンタール民事訴訟法Ⅰ～Ⅳ』（共著、日本評論社・〔Ⅰ・Ⅱ〕2002、〔Ⅲ〕2008、〔Ⅳ〕2010、〔Ⅴ〕2012、〔第2版〕〔Ⅰ・Ⅱ〕2006）、『条解 民事訴訟法〔第2版〕』（共著、弘文堂・2011）など

司法書士の専門家責任

2013（平成25）年11月30日　初版1刷発行
2023（令和5）年9月30日　同　2刷発行

著　者　加藤　新太郎
発行者　鯉渕　友南
発行所　株式会社　弘文堂　　101-0062 東京都千代田区神田駿河台1の7
　　　　　　　　　　　　　TEL03(3294)4801　　振替00120-6-53909
　　　　　　　　　　　　　http://www.koubundou.co.jp

装　幀　大森　裕二
印　刷　大盛印刷
製　本　井上製本所

Ⓒ 2013 Shintaro Kato. Printed in Japan

JCOPY ＜(社)出版者著作権管理機構　委託出版物＞
本書の無断複写は著作権法上での例外を除き禁じられています。複写される場合は、そのつど事前に、(社)出版者著作権管理機構（電話 03-5244-5088、FAX 03-5244-5089、e-mail : info@jcopy.or.jp）の許諾を得てください。
また、本書を代行業者等の第三者に依頼してスキャンやデジタル化することは、たとえ個人や家庭内の利用であっても一切認められておりません。

ISBN978-4-335-35579-0

民事事実認定の技法

加藤新太郎 著

裁判実務の豊富な経験をふまえた民事事実認定の実践的手法を伝授。実践的スキルの暗黙知と形式知を明示。裁判例や著者自身が執務で経験した事例を素材に、汎用性・事件類型性に即して整理・解説。民事実務認定の広がりや深さを味わえる章末のコラムも必見。法律実務家に必須のスキルが身につく決定版。　Ａ５判　352頁　3000円

民事事実認定論

加藤新太郎 著

民事事実認定にかかわる議論群を、具体的なケースを素材に、本質論・対象論・方法論・過程論・基盤論に整理して考察。自らの豊富な実務経験と深い思索による民事事実認定研究の集大成。事実認定スキルを執務に必須の基本的な技能として体得することが求められている実務家のみならず、「実務から理論へ」「理論から実務へ」を実現した本書は、研究者にとっても必読。Ａ５判　368頁　5200円

弁護士役割論〔新版〕

加藤新太郎 著

弁護過誤として弁護士の責任を追及している全判例を分析しつつ、弁護士の基本的性格、依頼者に対する誠実義務・規律の問題などを、実務と理論を統合した視点で徹底解明。「期待される弁護士像」を初めて具体的に示す。初版刊行以降に現れた裁判例の補充、民事訴訟法改正に対応させるための補訂、弁護士の誠実義務をめぐる章の追加で、さらに内容充実。〈オンデマンド版〉400頁　6200円

手続裁量論

加藤新太郎 著

今までブラック・ボックスだった訴訟運営の各場面における裁判官の行為規範を明示し、「適正、迅速、公平、廉価」な裁判の実現へ向け、具体的な提言を試みる。審理と証拠をめぐる主要なテーマにつき、「実務の理論化」「理論の実務化」を基本的モチーフとした実務と理論を架橋する注目の書。〈オンデマンド版〉280頁　4800円

＊定価（税抜）は、2023年9月現在のものです。

民事訴訟実務の基礎〔第4版〕

加藤新太郎 編著
前田惠三・村田渉・松家元 著

民事訴訟実務は、実体法と手続法とが交錯するダイナミックな現場である。具体的な建物明渡事件を題材に、民事紛争の発端、訴訟準備から、民事保全、判決、執行までをカバーし、民事紛争解決プロセスの全体像が把握できる。事件記録を収めた「記録篇」と実務と理論を架橋したわかりやすい記述の「解説篇」の2冊組み。

　　　　　Ａ５判　並製　2冊組み　472頁　3200円

リーガル・コミュニケーション

加藤新太郎 編著
伊藤博・加藤新太郎・羽田野宣彦 著

法実践の場で、意思の疎通は重要なポイントを握っている。弁護士は、依頼者へのインタビュー、法律相談、助言、カウンセリングで、裁判官は、口頭弁論、準備弁論手続、和解手続などの法実践の場で、「意思」をどう伝え合うのか。裁判官と弁護士が、日常業務の諸例や臨場感溢れる対談を通じ、コミュニケーション能力の本質に迫る。

【民事プラクティスシリーズ1】　Ａ５判　並製　232頁　2000円

リーガル・ネゴシエーション

加藤新太郎 編著
柏木昇・豊田愛祥・堀龍兒・佐藤彰一 著

当事者の利害が衝突し、これを何とか解決しなければならない場面に直面することは法律実務家にとって日常茶飯事である。その際、最も重要な能力が法的交渉能力である。裁判官・弁護士・企業法務出身研究者が、理論と実務の双方から「学としての法的交渉論」の構築に挑み、法実践の場でのネゴシエーション能力の本質に迫る。

【民事プラクティスシリーズ2】　Ａ５判　並製　260頁　2200円

＊定価(税抜)は、2023年9月現在のものです。

民事裁判の法理と実践

加藤新太郎先生古稀祝賀論文集

三木浩一・山本和彦・松下淳一・村田渉▶編

実務家として理論家として、わが国の民事司法の発展に多大な寄与をされてきた加藤新太郎先生の古稀を祝し、第一線で活躍する研究者・実務家39名が、多彩な分野（判決手続、執行法、倒産法、国際民事訴訟法、ADR、司法制度、裁判実務、民事実体法）にわたる重要テーマに挑む。理論と実務を架橋し、民事裁判を多様な視角から光をあてる必読の論文集。　A5判　上製　箱入り824頁　14000円

第1部　判決手続
　　　三木浩一／我妻学／杉浦徳宏／関口剛弘／西川佳代／畑瑞穂／
　　　手賀寛／村田渉／佐瀬裕史／坂田宏／山本和彦／髙田昌宏／
　　　萩澤達彦／松村和徳／山本克己／森宏司／菱田雄郷／垣内秀介／
　　　小林学／長谷部由起子

第2部　執行法・倒産法
　　　中島弘雅／下村眞美／八田卓也／工藤敏隆／佐藤鉄男／
　　　島岡大雄／松下淳一

第3部　国際民事訴訟・ADR
　　　安達栄司／古田啓昌／村上正子／山田文

第4部　民事司法一般
　　　内海博俊／石田京子／太田勝造／菅原郁夫／須藤典明／
　　　松田典浩／森炎／吉田和彦

＊定価（税抜）は、2023年9月現在のものです。